最高人民检察院检察公益诉讼研究基地
湘潭大学公益诉讼检察理论研究中心
湖南省人民检察院第八检察部课题组
“检察公益诉讼理论与运行机制研究”课题组

U1075512

检察公益诉讼理论与运行机制研究

——以湖南为样本

张彬 等著

湘潭大学出版社

序

检察机关提起公益诉讼制度，是以法治思维和法治方式推进国家治理体系和治理能力现代化的一项重要制度设计，是我国司法制度的一大创举。在以习近平同志为核心的党中央坚强领导下，在全国人大及其常委会有力监督下，公益诉讼检察制度从顶层设计到实践落地，从局部试点到全面推开、健康发展，形成了公益司法保护的“中国方案”，受到广泛关注。①

党的十九届六中全会通过的《中共中央关于党的百年奋斗重大成就和历史经验的决议》，深刻总结了马克思主义中国化的三次伟大飞跃，谱写了中华民族从站起来、富起来到强起来的伟大史诗，特别是新时代的辉煌成就，既包括行政法治的重大进步，也包括公益诉讼检察制度。近年来，全国检察公益诉讼每年的办案总量都超过十万件，从修改后的民事诉讼法、行政诉讼法规定的生态环境破坏等4个领域，到英雄烈士保护法、安全生产法等的规定，检察公益诉讼的法定领域已经达到9个②，具有中国特色的公益司法保护道路越走越宽广。

与此同时，中国特色社会主义进入新时代，党中央对维护国家利益和社会公共利益提出新的更高要求，人民群众在民主、法治、公平、正义、安全、环境等方面也有了更高期待。2019年，十九届四中全会决定明确提出“拓展公益诉讼案件范围”。2020年，第十三届全国人民代表大会第三次会议关于最高人民检察院工作报告的决议，指出要“积极、稳妥办理安全生产、公共卫生、生物安全、妇女儿童及残疾人权益保护、网络侵害、扶贫、文物和文化遗产保护等领域公益损害案件”。2021年7月，最高人民检察院

① 参见2019年10月23日，最高人民检察院检察长张军在十三届全国人大常委会第十四次会议上作的《最高人民检察院关于开展公益诉讼检察工作情况的报告》。

② 《张雪樵在中国法学会行政法学研究会年会上强调 坚持“两个确立”推动公益诉讼检察高质量发展》，《检察日报》2021年11月28日，第01版。

公布《人民检察院公益诉讼办案规则》，总结提炼了各地办理公益诉讼案件的经验做法和探索实践，进一步明确和细化办案各阶段、各环节的标准和要求。这是最高人民检察院落实党中央有关公益诉讼的新部署、新要求，回应实践中出现的新情况、新问题和人民群众新期待的举措。2021 年 8 月，中共中央专门印发《中共中央关于加强新时代检察机关法律监督工作的意见》，明确指出“积极稳妥拓展公益诉讼案件范围，探索办理安全生产、公共卫生、妇女及残疾人权益保护、个人信息保护、文物和文化遗产保护等领域公益损害案件，总结实践经验，完善相关立法。”公益诉讼检察工作既有广阔舞台，也面临更大挑战。

在此背景下，检察公益诉讼理论研究的首要任务是立足新时代，着眼新要求，坚持问题导向：研究基础性问题，致力于构建中国特色的公益司法保护体系、理论体系、话语体系和实践体系，不仅使这项制度在中国落地生根、蓬勃发展，而且成为全世界具有标志性的文明制度；研究战略性问题，围绕党的十九届四中全会决定关于“拓展公益诉讼案件范围”以及《中共中央关于加强新时代检察机关法律监督工作的意见》关于“积极稳妥推进公益诉讼检察”进行研究，实现公益诉讼检察的有序拓展，进一步完善公益诉讼制度；研究紧迫性问题，针对检察公益诉讼实践中存在的案件范围问题、调查核实权问题、损害鉴定问题、专业人才短板问题、线索管理和移送问题、检察建议效力机制问题、诉前程序与诉讼程序衔接问题以及检察机关诉讼地位和权利义务等问题展开对策性研究，提出切实可行的建议和方案；研究前沿性问题，依托大数据分析平台，扩展对智慧检察的建设研究，“互联网＋公益诉讼”研究，人工智能利用研究，多元主体参与公益保护研究，个人信息保护研究等。通过全方位、多角度、有重点、有针对的研究，丰富和发展中国特色社会主义公益诉讼检察理论，有效服务公益诉讼检察工作实践和法治中国建设。

湘潭大学是最早研究公益诉讼的高校之一，经过多年的沉淀，在环境保护与公益诉讼领域积累了丰富经验，取得了较为丰硕的成果。中心此时组织出版《检察公益诉讼理论与运行机制研究——以湖南为样本》，可谓正当其时。作为湘潭大学公益诉讼检察理论研究中心的第二个著作性成果，其在第一个著作性成果的基础上，重点围绕检察公益诉讼制度面临的重点难点问题进行细致研究，诸如案件范围拓展问题、检察机关调查核实权问题、协作机制运行问题、第三人定位与合法权益保障问题、检察建议效力机制问题、环境侵权赔偿问题、刑事附带民事公益诉讼诉讼程序问题、公益诉讼裁判类型问题等，在本书都有专门探讨。这充分体现了中心课题组成员紧扣检察公益诉讼制度发展的热点，时刻追踪检察公益诉讼制度运行的难点，并及时回应检察公益诉讼实践面临的痛点。

与此同时，本书选择以湖南为样本，可谓恰如其分。在公益诉讼检察实践方面，湖南可以说是做得很好的省份之一。在机制建设上，2017 年 7 月以来，湖南省检察机关紧紧围绕党委政府关注、人民关心、舆论关切的突出问题，有针对性的出台了内部协作规定、"一案三查"工作机制、线索管理和移送规定、行政公益诉讼听证规定、联席会议制度、一体化办案机制、诉讼办理规程、特点问题专项活动方案等一系列规范性文件，为检察公益诉讼制度运行和实践提供了规范指导。在办案效果上，2017 年 7 月至 2020 年 12 月，全省检察机关共收集公益诉讼线索 25337 件，立案 21225 件，发出诉前检察建议 17056 件，提起公益诉讼 622 件，审结 542 件。在生态环境与资源保护领域，共督促恢复、保护被毁坏林地、基本农田、湿地 84804.38 亩，督促治理恢复被污染水源地面积 35208.1 亩，清理被污染水域 50431.74 亩，清理河道 141.34 公里，网箱 3030 米，拆除非法矮围 15900 米，保护被污染土壤 3414.35 亩，督促清除处理违法堆放的各类生活垃圾 41211.74 吨，督促回收和清理生产类固体废物 93273.16 吨，督促关停和整治造成环境污染企业 435 家、关闭排污口 320 个，增殖放流 1804.78 万余尾。在食品药品安全领域，共查处、督促收回价值 567.2 万元假冒伪劣食品 159.43 吨，查处、督促收回销售假药和走私药品 80 余种，价值 2511.26 万元。在国有财产保护领域，共督促收回国有财产权益价值 6.3506 亿元。在国有土地出让领域，共督促收回土地出让金 78.0373 亿元。① 此外，在公共安全、个人信息保护、文物和文化遗产保护等"等"外领域也有所突破，办理了一批典型案例。

秉持中心一贯的"开放和合作"理念，"检察公益诉讼理论和运行机制研究——以湖南为样本"课题组的成员仍由高校研究人员和检察院、法院相关实务部门人员组成，根据各自研究的方向和专长，分成若干小组进行专门研究。其中，肖峰副教授、张小虎副教授、张彬博士、李海蛟检察官，主

---

① 文中所有数据，都是根据湖南省人民检察院第八检察部提供的相关数据材料汇总形成。

攻公益诉讼的整体发展情况，并形成观察报告；林艺芳副教授、王译博士、梁田副检察长，重点聚焦检察机关的调查核实权问题；吴勇教授、肖峰副教授、彭劲荣副主任，针对检察公益诉讼实践所面临的难题，展开对策研究；谭达宗博士、张彬博士，以裁判文书为载体，揭示检察公益诉讼制度运行的规律；湖南省人民检察院第八检察部、杨桢干副主任、陆科强检察官，负责提供湖南省检察机关公益诉讼体制机制建设相关规范性文件和湖南省2017－2020年检察公益诉讼典型案例，以及全省2017－2020年检察公益诉讼办案数据。

具体而言，全书分为三部分。第一编为理论研究，从整体观察、重点聚焦、运行难题与对策、实证分析四个视角展开；第二编为体制机制建设，根据湖南省人民检察院第八检察部提供的材料，聚焦整体工作机制、协作配合机制、线索管理和移送机制、重点领域专项建设机制四个层面进行介绍；第三编为典型案例评析，选取立法明确规定的五大领域以及湖南省检察机关拓展的4个“等”外领域的10个案例进行评析，分别是生态环境与资源保护领域、食品药品安全领域、国有财产保护领域、国有土地使用权出让领域、英烈保护领域、文物保护领域、野生动物保护领域、公共安全领域，以及个人信息保护领域。

“上医治未病，中医治欲病，下医治已病”。我们经常将利益冲突解决比作疾病治疗，预防风险是“治未病”，提早将冲突解决在萌芽状态是“治欲病”，事后解决是“治已病”，检察机关提起公益诉讼制度的功能不仅在于解决个人利益与公共利益之间的冲突，更在于预防和事前防治，可谓是既“治未病”，也“治欲病”，更“治已病”。检察公益诉讼看似是“小制度”，实际上却在全面推进依法治国建设中发挥必不可少的“大作用”。这项制度的健全和完善绝非几个人、几次研究就可实现，也不可能短时间内完成，尽管中心研究人员一直以来都密切关注我国检察公益诉讼制度建设情况，但由于该项制度本身就是一项新制度，在全国全面推开的时间还较短，加之中心研究人员学术视野、专业领域和思维方式的不同和局限，本书在研究深度和研究广度上还存在较大空间，中心研究人员任重而道远。

湘潭大学党委副书记，最高人民检察院检察公益诉讼研究基地

——湘潭大学公益诉讼检察理论研究中心主任　廖永安

目　录

第一编　理论研究

第二编　体制机制建设（部分选编）

第三编　典型案例评析

第一编
理 论 研 究

●整体观察

从全局和发展的角度对我国检察公益诉讼实践进行了回顾和总结，重点围绕案件范围拓展、野生动物保护民事公益诉讼、检察公益诉讼制度发展历程、环境侵权诉讼中的公益与私益融合四个方面展开。整体而言，检察公益诉讼制度自成立至今，在公益维护方面发挥了重大作用，也具有较大优势，但也存在诸多问题，例如范围拓展的被动性、随意性，野生动物保护刑事附带民事公益诉讼保护范围狭窄、诉讼请求单一，检察机关的调查取证权受限，环境侵权诉讼中公益与私益的主观划分等。检察公益诉讼制度研究仍有极大空间。

检察公益诉讼案件范围拓展实践的检视*

张彬**

摘　要：当前，检察公益诉讼案件范围拓展充分体现出政策考量、民生考量以及风险考量的倾向和依赖，这一“公共利益”的选择在维护公益的同时，也对检察公益诉讼制度之发展造成一定阻碍。究其原因，在于公益利益具有动态性与普遍性，很难被准确界定。而回归检察公益诉讼制度建立初衷，可以明显地发现公益诉讼所囊括的公共利益并非完整意义上的公益，而是一部分的公益，其关乎广大公众生存权、发展权，是遵循比例原则进行“质”与“量”因素考量后的选择。可见，对公益诉讼案件范围的拓展并非毫无规律可循，相反应有其原则和底线，即根据检察机关与行政机关在公益维护上的不同角色分工和定位，在案件范围拓展上，恪守民事谨慎、行政积极的原则，在公益维护上遵循行政优先、司法殿后的原则。同时，坚持案件范围拓展的必要性与适度性原则，让社会的归社会、行政的归行政、检察的归检察。

关键词：检察公益诉讼；案件范围；等外领域；公共利益；比例原则

2019年，十九届四中全会决定明确提出“拓展公益诉讼案件范围”，最高人民检察院落实决定精神，将“等”外探索原则从“稳妥、积极”调整为“积极、稳妥”。在此背景下，检察机关对“等”字的探索更为广阔，诸多领域涌现不少效果良好的案例。2020年5月28日，第十三届全国人民代

* **基金项目**：本文是司法部2019年度国家法治与法学理论研究项目“检察公益诉讼等外案件范围的大数据分析”（19SFB3023）的阶段性研究成果。

** **作者简介**：张彬，女，法学博士，湘潭大学法学院讲师，湘潭大学检察公益诉讼理论研究中心研究员，主要研究方向为行政法、行政诉讼法、公益诉讼。

表大会第三次会议关于最高人民检察院工作报告的决议，指出要“积极、稳妥办理安全生产、公共卫生、生物安全、妇女儿童及残疾人权益保护、网络侵害、扶贫、文物和文化遗产保护等领域公益损害案件”。

2020年9月18日，最高人民检察院第八检察厅印发《关于积极稳妥拓展公益诉讼案件范围的指导意见》，明确提出四个重点把握的新领域案件，即“突出办理全国人及其常委会明确要求的新领域案件”“办好地方性法规支持探索的新领域案件”“注意办理中央层面改革文件等要求研究探索的其他新领域案件”①“参照指导性案例、借鉴典型案例办理同类新领域案件”②。且不说这四个新领域的案件到底是否适当，仅就范围而言，这四个领域几乎可以把当前没有在立法中明确列举的所有“侵权”行为都纳入公益诉讼的“等”外范围，甚至未来可能出现的新型侵权行为，也可以参照此种模式进行。虽然意见出台的初衷是为案件范围的拓展提供指导和规范，但文字的魅力就在于它有无限种解读可能。可以说，在没有明确标准和界限的前提下，检察机关的“公益诉权”可能发生变质，即突破“权力”属性，转向“权利”属性，从“法无明文规定即禁止”转向“法无明文禁止即自由”。基于此，在检察公益诉讼案件范围拓展已成为一种时代发展的必然趋势下，我们有必要回归检察公益诉讼制度建立初衷，去检视案件范围拓展的

① 目前主要包括：《中共中央国务院关于推进安全生产领域改革发展的意见》提出的“研究建立安全生产民事和行政公益诉讼制度”；《国务院关于完善进出口商品质量安全风险预警和快速反应监管体系切实保护消费者权益的意见》提出的“加强重点领域质量安全公益诉讼工作”；最高人民法院《关于为设立科创板并试点注册制改革提供司法保障的若干意见》提出的“研究探索建立证券民事、行政公益诉讼制度”；最高人民检察院、全国妇联《关于建立共同推动保护妇女儿童权益工作合作机制的通知》提出的“针对国家机关、事业单位招聘工作中涉嫌就业性别歧视，相关组织、个人通过大众传播媒介或者其他方式贬低损害妇女人格等问题，检察机关可以发出检察建议，或者提起公益诉讼”；最高人民检察院、中央军委政法委员会《关于加强军地检察机关公益诉讼协作工作的意见》提出的“积极稳妥探索办理在国防动员、国防教育、国防资产、军事行动、军队形象声誉、军人地位和权益保护等方面的公益诉讼案件”；《2020年推动长江经济带发展工作要点》提出的“探索开展危化、尾矿、交通等安全生产领域公益诉讼检察工作”。

② 最高人民检察院根据年度公益诉讼检察工作要点，顺应公益保护形势发展需要，适时分批分类发布新领域指导性案例和典型案例。2020年重点发布安全生产、文物和文化遗产保护、网络侵害（个人信息保护）等新领域典型案例。各省级检察院应当加强案例学习培训，指导辖区检察机关参照办理同类新领域案件。

实践及成因，进而对检察公益诉讼制度的发展完善进行反思。

一、案件范围拓展的实践探索及其“公共利益”选择

《民事诉讼法》和《行政诉讼法》对公益诉讼案件范围进行了较为严格的框定，但“等”字也为公益诉讼案件范围的拓展预留了广泛空间，且十八届四中全会是从强化对行政权监督和制约的角度提出建立检察公益诉讼制度，最终所期望实现的应当是检察机关在涉及国家利益和社会公共利益的全领域均承担起监督职能①，而不仅局限于少数领域。为此，从中央到地方，从人大到检察机关，到各相关职能部门，对于充分发挥检察公益诉讼职能、推动形成公益司法保护的合力达成了高度共识。

（一）规范层面

近年来，地方人大积极推动“等”外领域的探索，从规范层面为检察机关拓展公益诉讼案件范围提供制度支撑和规范指导。一方面，积极推动地方立法。例如，多个省份出台“红色资源保护立法”，2019 年山西省人大常委会出台《山西省红色文化遗址保护利用条例》、2020 年山东省人大常委会出台《山东省红色文化保护传承条例》、2021 年湖南省人大常委会表决通过《湖南省红色资源保护和利用条例》、上海市人大常委会表决通过《上海市红色资源传承和保护利用条例》、四川省人大常委会表决通过《四川省红色资源保护传承条例》等，从中央顶层设计到地方立法，检察公益诉讼职能在推动革命文物、英烈纪念设施等红色资源保护方面发挥了重要作用。另一方面，对检察公益诉讼案件范围作出专项决定。截至 2021 年 9 月，全国已有 26 个省级人大常委会出台关于拓展公益诉讼案件范围的指导意见，分析各省人大常委会关于加强检察公益诉讼工作决定之内容，可得出以下四点：

其一，决定为拓展实践提供了规范依据和指引。地方人大常委会出台的决定有早有晚、有粗有细，但都带有地方立法性质，对于公益诉讼领域拓展而言，无疑可以提供法治支撑，为当地检察机关提起“等”外领域公益诉

① 苗生明：《新时代检察权的定位、特征与发展趋向》，《中国法学》2019 年第 6 期。

讼提供制度支持和指导。① 对于检察机关而言，这些决定无疑都释放一个信号，对于明确列举的“等”外领域，可以积极进行探索。

其二，拓展领域范围广泛。各省决定明确拓展的领域，按出现频率依次包括文物和文化遗产保护、安全生产、个人信息安全、公共卫生安全等30余个方面。例如，河北省强调要重视防灾减灾的公益诉讼案件，云南省则重点增加了未成年人和老年人的权益保护问题；海南省将旅游消费、金融安全等案件列入。可见，经过四年多的实践，具有中国特色的公益司法保护道路在各地方都呈现出了极大优越性，在公益维护上发挥了重要作用，地方人大常委会通过决定方式，对检察公益诉讼制度进行拓展，且范围极其广泛，这不仅是对各地检察公益诉讼制度实践的认可，亦是对这一制度未来发展的期许。

其三，拓展领域相似度极高。除去早期4个省份出台的决定没有明确列举拓展的领域之外，其他22个决定均对拓展的领域进行了明确列举。其中，82%左右的决定中都列举了安全生产领域，77%左右的决定列举了文物和文化遗产保护，73%左右的决定列举了公共安全或公共卫生，68%左右的决定列举了网络（互联网）侵害，64%左右的决定列举了个人信息保护，此外，妇女儿童及残疾人权益保护、扶贫等领域也高达50%左右。可见，各个省份决定拓展的领域呈现高度相似性。而追根溯源，可以发现，出现频次高的领域恰恰是中央文件中所关注的领域，例如，《中共中央国务院关于推进安全生产领域改革发展的意见》提出的“研究建立安全生产民事和行政公益诉讼制度”。党的十九届四中全会提出“强化提高人民健康水平的制度保障”的要求，将加强公共卫生服务体系建设、及时稳妥处置重大新发突发传染病作为治理体系和治理能力现代化的重要目标和任务；强调预防为主，加强公共卫生防疫和重大传染病防控，稳步发展公共卫生服务体系。十九届五中全会提出“强化历史文化遗产保护”等。

其四，决定在列举之后使用“等”字为拓展之外的拓展留有余地。在上述22个明确列举了具体领域的决定中，有20个决定都采取“领域列举+等”模式，“等”意味着其之前的列举并不完全，只是部分领域，而非检察机关可以拓展的全部领域，这无疑为公益诉讼案件范围的二次拓展、三次拓

① 王春业、王娟：《行政公益诉讼范围的“等外”解读》，《浙江学刊》2019年第6期。

展，甚至多次拓展预留了空间。

（二）司法实践

除制度上出台相关文件明确拓展领域以外，在实践中，最高人民检察院和地方各级检察机关都开展了广泛的探索，具体表现有二：

一是地方先行探索。在十九届四中全会决定明确提出“拓展公益诉讼案件范围”之前，各地早已开展探索实践。其中，首当其冲的就是安全生产领域。据统计，因安全事故造成的死亡人数仅 2017 年就有 37852 人，2018 年 34046 人，2019 年有 29519 人，虽然数量上逐年下降，但相对于其他领域造成的伤亡而言，安全生产领域仍是事故“重灾区”。为此，各地在请示之后，开始积极探索安全生产领域公益诉讼。2019 年 3 月，青岛检察机关办理首起安全生产公益诉讼“等”外案件，针对公共场所电梯未经检验运行，依法发出诉前检察建议，建议相关机关依法履行监督管理职责。在电梯安全之外，针对建筑工程安全、瓶装液化气代销点安全、重点密集场所消防安全等领域，检察机关都适时进行了“等”外探索实践。除安全生产领域之外，在文物和文化遗产保护、未成年人保护、公共卫生安全、个人信息安全、违法使用人民币图样、互联网侵权等领域都可见检察机关的身影。据统计，2019 年至 2021 年 3 月，全国检察机关共办理文物和文化遗产领域公益诉讼案件 5800 余件，发出诉前检察建议 4800 余件，提起民事、行政公益诉讼 60 余件。截至 2020 年 11 月，全国检察机关聚焦“三农”领域问题，立案办理公益诉讼案件 29249 件，发出诉前检察建议或民事公益诉讼公告 22015 件，提起行政公益诉讼诉讼 137 件、民事公益诉讼（含刑事附带民事公益诉讼）646 件。

二是发布典型案例和指导案例。为统一检察公益诉讼立法的适用标准，增加现有制定法的确定性和安定性，自 2017 年检察公益诉讼制度全面推开以来，最高人民检察院多次分批发布指导性案例和典型案例，不仅树立了立法明规定的“4 + 1”领域办案“样本”，亦为各地检察机关拓展公益诉讼案件范围提供有益指导和补充。如表 1 所示，最高人民检察院已针对“骚扰电话”、个人信息保护、安全生产、传统村落、精准扶贫、文物和文化遗产保护、未成年人保护、红色资源保护等领域发布专门性的指导案例和典型案例，落实中央有关政策和精神，攻克社会普遍存在的重点难点问题，回应民众期许，充分发挥检察监督职能。

表1　关于检察公益诉讼"等"外领域的指导案例和典型案例

序号	发布时间	类型	案例名称	相应"等"外领域
1	2018年12月25日	检察公益诉讼十大典型案例	浙江省宁波市"骚扰电话"整治公益诉讼案	骚扰电话
2	2019年10月11日	检察公益诉讼全面实施两周年典型案例	浙江省诸暨市房地产、装修行业侵犯消费者个人信息公益诉讼案	个人信息保护领域
			河南省人民检察院郑州铁路运输分院督促整治违建塘坝危害高铁运营安全行政公益诉讼案	安全生产领域
			贵州省榕江县人民检察院督促保护传统村落行政公益诉讼案	传统村落
3	2020年2月24日	服务乡村振兴、助力脱贫攻坚典型案例	河北省沽源县人民检察院督促落实社会救助兜底保障和贫困人口赡养政策系列行政公益诉讼案等15件①	精准扶贫

① 分别是河北省沽源县人民检察院督促落实社会救助兜底保障和贫困人口赡养政策系列行政公益诉讼案、浙江省金华市婺城区人民检察院督促整治保护箬阳茶质量与品牌行政公益诉讼案、广西壮族自治区南宁市良庆区人民检察院督促整治废弃农资包装物污染行政公益诉讼案、新疆生产建设兵团人民检察院第一师检察机关督促整治农业残膜污染系列行政公益诉讼案、黑龙江省红兴隆人民检察院督促保护黑土地行政公益诉讼案、湖北省随县人民检察院督促整治非法占用耕地行政公益诉讼案、河南省洛阳市老城区人民检察院督促整治垃圾污染行政公益诉讼案、广东省廉江市人民检察院督促整治灌溉渠污染行政公益诉讼案、福建省惠安县人民检察院督促整治农村旱厕行政公益诉讼案、甘肃省酒泉市肃州区人民检察院督促保护无公害蔬菜质量安全行政公益诉讼案、湖南省慈利县人民检察院督促保护食用农产品质量安全行政公益诉讼案、贵州省清镇市人民检察院督促保护农村食品安全行政公益诉讼案、江西省鹰潭市检察机关督促保护农村饮水安全系列行政公益诉讼案、四川省兴文县人民检察院督促保护毓秀苗族乡饮用水源地行政公益诉讼案、新疆维吾尔自治区吉木乃县人民检察院督促保护萨吾尔山冰川水资源行政公益诉讼案。

续表

序号	发布时间	类型	案例名称	相应“等”外领域
4	2020年12月2日	文物和文化遗产保护十大典型案例	新疆维吾尔自治区博乐市检察院诉谢某某等9人盗掘古墓葬刑事附带民事公益诉讼案等10件①	文物和文化遗产保护领域
5	2020年12月14日	第23批指导性案例	北京市海淀区人民检察院督促落实未成年人禁烟保护案	未成年人保护领域

① 分别是新疆维吾尔自治区博乐市检察院诉谢某某等9人盗掘古墓葬刑事附带民事公益诉讼案、陕西省府谷县检察院督促保护明长城镇羌堡行政公益诉讼案、甘肃省敦煌市检察院督促保护敦煌莫高窟行政公益诉讼案、福建省晋江市检察院督促保护安平桥文物和文化遗产行政公益诉讼案、江苏省无锡市滨湖区检察院督促保护薛福成墓及坟堂屋行政公益诉讼案、山西省左权县检察院督促保护八路军杨家庄兵工厂旧址行政公益诉讼案、江西省龙南市检察院督促保护客家围屋行政公益诉讼案、上海市虹口区检察院督促保护优秀历史建筑德邻公寓行政公益诉讼案、浙江嵊州市检察院督促保护中共浙江省工作委员会旧址行政公益诉讼案、湖北省恩施市检察院督促保护崔家坝镇鸦鹊水村滚龙坝组传统村落行政公益诉讼案。

续表

序号	发布时间	类型	案例名称	相应“等”外领域
6	2020年12月24日	最高检、中国国家铁路集团有限公司联合发布铁路安全生产领域公益诉讼典型案例	广西壮族自治区永福县公路上跨铁路立交桥危害铁路运行安全行政公益诉讼案等10件①	安全生产领域
7	2021年3月23日	最高检、应急管理部联合发布安全生产领域公益诉讼典型案例	陕西省略阳县人民检察院督促整治尾矿库安全隐患行政公益诉讼案等9件②	

① 分别是广西壮族自治区永福县公路上跨铁路立交桥危害铁路运行安全行政公益诉讼案、湖北省孝感市违规建设工程规划许可危害高铁运行安全行政公益诉讼案、宁夏回族自治区中宁县禁牧区违规放养马匹危害沙漠铁路运行安全行政公益诉讼案、江苏省南京市小区树木侵入架空电力线路安全保护区危害铁路运行安全行政公益诉讼案、浙江省杭州市砂石料场违章作业侵入架空电力线路安全保护区危害铁路运行安全行政公益诉讼案、重庆市垫江县天然气管道违规下穿铁路危害高铁运行安全行政公益诉讼案、山西省大西高铁沿线地下水禁采区违法取水危害高铁运行安全行政公益诉讼系列案、湖北省阳新县违规养殖畜禽危害铁路运行安全行政公益诉讼案、内蒙古自治区乌海市违法建设堵塞河道危害铁路泄洪桥运输安全行政公益诉讼案、河北省邢台市非法采砂危害高铁大桥运输安全公益诉讼系列案。

② 分别是陕西省略阳县人民检察院督促整治尾矿库安全隐患行政公益诉讼案、安徽省蚌埠市禹会区人民检察院诉安徽省裕翔矿业商贸有限责任公司违规采矿民事公益诉讼案、浙江省衢州市衢江区人民检察院督促整治自备储油加油设施安全隐患行政公益诉讼案、黑龙江省七台河市检察机关督促整治燃气安全隐患行政公益诉讼系列案、江苏省泰州市人民检察院督促整治违法建设安全隐患行政公益诉讼案、浙江省海宁市人民检察院督促整治加油站扫码支付安全隐患行政公益诉讼案、山西省晋中市榆次区人民检察院督促整治违法施工安全隐患行政公益诉讼案、江西省贵溪市人民检察院督促整治危险化学品安全隐患行政公益诉讼案、黑龙江省检察机关督促整治小煤矿安全隐患行政公益诉讼系列案。

续表

序号	发布时间	类型	案例名称	相应“等”外领域
8	2021年4月22日	个人信息保护公益诉讼典型案例	江西省南昌市人民检察院督促整治手机App侵害公民个人信息行政公益诉讼案等11件①	个人信息保护领域
9	2021年6月27日	最高检与退役军人事务部联合发布红色资源保护公益诉讼典型案例	陕西省志丹县人民检察督促保护保安革命旧址行政公益诉讼案等14件②	红色资源保护领域

① 分别是江西省南昌市人民检察院督促整治手机App侵害公民个人信息行政公益诉讼案、浙江省温州市鹿城区人民检察院督促保护就诊者个人信息行政公益诉讼案、甘肃省平凉市人民检察院督促整治快递单泄露公民个人信息行政公益诉讼案、江苏省无锡市人民检察院督促保护学生个人信息行政公益诉讼案、江西省乐安县人民检察院督促规范政府信息公开行政公益诉讼案、河南省濮阳市华龙区人民检察院督促整治装饰装修行业泄露公民个人信息行政公益诉讼案、浙江省杭州市余杭区人民检察院诉某网络科技有限公司侵害公民个人信息民事公益诉讼案、河北省保定市人民检察院诉李某侵害公民个人信息民事公益诉讼案、上海市宝山区人民检察院诉H科技有限公司、韩某某等人侵犯公民个人信息刑事附带民事公益诉讼案、贵州省安顺市西秀区人民检察院诉熊某某等人侵犯公民个人信息刑事附带民事公益诉讼案、广东省广宁县人民检察院诉谭某某等人侵犯公民个人信息刑事附带民事公益诉讼案。

② 分别是陕西省志丹县人民检察院督促保护保安革命旧址行政公益诉讼案、贵州省人民检察院督促保护刀靶水红色遗址行政公益诉讼案、广东省台山市人民检察院 广州军事检察院督促保护鸡罩山散葬烈士墓行政公益诉讼案、四川省旺苍县人民检察院督促保护木门军事会议纪念馆行政公益诉讼案、江西省宜丰县人民检察院督促保护熊雄烈士故居行政公益诉讼案、黑龙江省牡丹江市爱民区人民检察院督促保护烈士纪念设施行政公益诉讼案、浙江省开化县人民检察院督促保护红色革命史迹行政公益诉讼系列案、新疆维吾尔自治区和硕县人民检察院督促保护马兰红山军博园军事遗迹行政公益诉讼案、西宁铁路运输检察院 西宁军事检察院督促保护铁道兵英烈纪念设施行政公益诉讼案、福建省晋江市人民检察院督促保护“八·二三”金门炮战遗迹行政公益诉讼案、湖南省平江县人民检察院 长沙军事检察院督促保护湘鄂赣省委、省苏维埃政府、省军区旧址革命文物行政公益诉讼案、河北省保定市莲池区人民检察院督促保护“七六”殉难烈士纪念碑行政公益诉讼案、江苏省淮安市清江浦区人民检察院督促保护周恩来童年读书处旧址周边文物行政公益诉讼案、山西省古县人民检察院督促保护岳北军分区驻地旧址行政公益诉讼案。

续表

序号	发布时间	类型	案例名称	相应“等”外领域
10	2021 年 8 月 19 日	第 29 批指导性案例	河南省人民检察院郑州铁路运输分院督促整治违建塘坝危害高铁运营安全行政公益诉讼案	安全生产领域
			贵州省榕江县人民检察院督促保护传统村落行政公益诉讼案	传统村落
11	2021 年 9 月 15 日	23 件检察公益诉讼典型案例	陕西省宁强县人民检察院督促履行尾矿库安全监管职责行政公益诉讼起诉案	安全生产领域
			陕西省泾阳县人民检察院督促履职文物保护监管职责行政公益诉讼起诉案	文物和文化遗产保护领域

（三）探索总结：拓展实践中的“公共利益”选择

检察公益诉讼案件范围拓展的关键在于对“等”字的解读，根据最高人民法院《关于审理行政案件适用法律规范问题的座谈会纪要》（法〔2004〕96 号）之规定，“法律规范在列举其适用的典型事项后，又以‘等’‘其他’等词语进行表述的，属于不完全列举的例示性规定。以‘等’‘其他’等概括性用语表示的事项，均为明文列举的事项以外的事项，且其所概括的情形应为与列举事项类似的事项。”那么何谓“类似”呢？回到两大诉讼法的立法规定，“等”外的拓展应当与所列举的四大类型之间满足一个共同的核心要素，即“公共利益”。公共利益这一概念的最特别之处，在于其“利益内容”的不确定性及“受益对象”的不确定性。[①] 正是这种不确定性才导致立法者不可能对其范围和内容进行完全列举，而只能借鉴行政诉讼法所固有的立法模式，进行类型化处理和选择性处理。因此，对

① 颜运秋：《公益诉讼理念与实践研究》，法律出版社 2019 年版，第 1 页。

“等”外范围的探索可转化成何种公共利益需要公益诉讼予以保护？从上述拓展实践来看，检察公益诉讼案件范围的拓展不是无源之水无本之木，相反可以明显看出其内含的“公共利益”选择。

其一，向政策拓展，落实中央精神。探索建立检察机关提起公益诉讼制度，是党的十八届四中全会作出的一项重大改革部署，也是以法治思维和法治方式推进国家治理体系和治理能力现代化的一项重要制度安排。不仅全国检察机关高度重视，各地党委和政府亦是高度关注，围绕党和国家中心工作，积极落实中央决定和精神。如此就导致公益诉讼案件范围拓展实践中一个非常有趣的现象，即中央关心什么，检察公益诉讼实践就偏向什么。检察公益诉讼案件范围的拓展与中央政策之间呈现一种正相关关系。如表 2 所示，当前已开展的“等”外领域拓展实践，无论是规范层面，还是司法实践层面，都可以明显看出其所依赖的政策背景，检察公益诉讼职能具有极强的政治导向，其目的不仅在于通过诉讼保护公共利益，更重要的是充分发挥检察机关在整个国家治理能力和治理体系中的作用。

表 2　“等”外拓展领域与政策背景之间的对应关系

背景	相应拓展实践
2016 年《中共中央国务院关于推进安全生产领域改革发展的意见》明确提出“研究建立安全生产民事和行政公益诉讼制度”。2020 年 4 月，国务院安委会办公室印发《全国安全生产专项整治三年行动计划》，聚焦安全生产事故易发多发的煤矿、非煤矿山、危化品、消防、道路运输、民航铁路交通运输、工业园区、城市建设、危险废物等 9 个行业领域，集中开展安全整治。2021 年 1 月，十三届全国人大常委会第二十五次会议审议安全生产法修正草案时，多位委员建议建立安全生产公益诉讼制度。	1. 在 26 个省级人大常委会出台的专项决定中，有 21 个明确列举了安全生产领域； 2. 最高检多次发布包括“安全生产”在内的指导案例和典型案例； 3. 2021 年 3 月 22 日，最高检与应急管理部联合发布安全生产领域公益诉讼典型案例。
党的十九届五中全会提出“强化历史文化遗产保护”。	1. 19 个省级人大常委会出台的专项决定中明确将文物和文化遗产保护纳入公益诉讼新领域案件范围； 2. 最高检专门就文物和文化遗产保护发布典型案例。

续表

背景	相应拓展实践
2020年是决胜全面建成小康社会目标实现之年，是全面打赢脱贫攻坚战收官之年	1. 5个省级人大常委会出台专项决定，把乡村振兴、扶贫作为公益诉讼新领域； 2. 最高检于2020年2月推出“服务乡村振兴、助力脱贫攻坚典型案例”，明确将“扶贫攻坚”作为拓展重点。
在中国共产党迎来建党100周年的历史性时刻，中共中央政治局就用好红色资源、赓续红色血脉进行第三十一次集体学习。习近平总书记在主持学习时强调，红色资源是我们党艰辛而辉煌奋斗历程的见证，是最宝贵的精神财富。要加强红色资源保护和利用，尊重历史事实，准确评价历史，正确学史用史。	1. 最高检专门下发《关于结合党史学习教育切实做好革命文物等红色资源保护检察公益诉讼工作的通知》，“部署开展革命文物保护等检察公益诉讼专项活动”作为落实十九届四中全会“拓展公益诉讼案件范围”改革任务的重要举措。 2. 各地结合实际迅速落实，吉林、辽宁、陕西、湖南、湖北、广东、上海、江西、福建等地检察机关开展形式多样的红色资源保护公益诉讼检察专项监督活动，以“检察蓝”守护“革命红”。 3. 2021年6月27日，最高检与退役军人事务部联合发布红色资源保护公益诉讼典型案例。

其二，向民生拓展，体现司法为民宗旨。司法为民是检察机关拓展公益诉讼案件范围的一个重要特征。最高人民检察院检察长张军多次强调，检察业务政治性极强，工作中应不断体现检察业务建设以人民为中心的发展要求①，检察公益诉讼案件范围拓展应及时回应人民诉求，持之以恒“解新题、答难题”。据最高检7月25日发布的办案数据显示，2021年1至6月，全国检察公益诉讼共立案79075件，其中，聚焦民生领域公益损害问题，共立案18390件，同比上升83.8%。比如，针对安全生产事故多发现象，结合安全生产法增设检察公益诉讼条款的要求，对涉及安全生产领域案件立案577件。再如，随着新修订的《未成年人保护法》《预防未成年人犯罪法》明确确立未成年人公益诉讼制度，检察机关可以针对常见的侵犯未成年人权益的问题，依法运用公益诉讼的方式，提出诉前检察建议，督促行政机关依

① 张军：《关于检察工作的若干问题》，《国家检察官学院学报》2019年第5期。

法履职，切断未成年人获取烟酒等的途径，防止未成年人沉溺网络，实现社会问题的前端治理。① 除此之外，针对“骚扰电话”、垃圾短信、无障碍通道（残疾人权益保护）、露天垃圾、一次性餐具、老旧小区升级改造、老年人保护等问题，都积极予以回应，可以说，只要民众有所呼，检察必有所应。当然，积极回应民众需求非常重要，但一定要注意区分民众的意愿与公共利益之间是否必然等同，一部分民众的诉求是否就等于公共利益？如何去判断民众的诉求？如何去平衡不同纠纷解决机制之间的适用？如何去界分公民私益与公共利益之间的界限？等等，这些都是检察机关在公益诉讼案件范围拓展实践中需要去积极攻克的难题。

其三，向风险拓展，解决时代难题。时代性是检察公益诉讼实践的一个明显表征。随着社会和科技的发展，不仅公共利益不再局限于传统的表现形态，公益侵害亦带有时代发展的特征。习近平总书记指出，“当今世界正经历百年未有之大变局，国际形势复杂多变，改革发展稳定、内政外交国防、治党治国治军各方面任务之繁重前所未有，我们面临的风险与挑战之严峻前所未有。我们要打赢防范化解重大风险攻坚战，必须坚持和完善中国特色社会主义制度，推进国家治理体系和治理能力现代化，运用制度威力应对风险挑战的冲击。”② 在此背景下，检察公益诉讼案件范围逐步向风险拓展，以防范和化解重大风险作为突出重点之一。例如，为服务疫情管控大局，各地积极办理野生动物保护公益诉讼、医疗废弃物安全处置公益诉讼、口罩等防疫物资公益诉讼，各省人大常委会更是出台专项决定，将公共卫生安全作出重点拓展领域。为应对技术发展带来的公益侵害，各省人大常委会出台专项决定，将大数据安全、互联网侵害公益、国家尊严或民族情感等领域纳入公益诉讼案件范围。最为典型的是，随着《民法典》（2021 年 1 月 1 日起施行）、《个人信息保护法》（2021 年 11 月 1 日起施行）的出台，公民个人信息保护正式步入法治化轨道，为切实保障公民个人信息，不仅有 16 个省级人大常委出台专项决定，将“个人信息保护”纳入公益诉讼案件范围，且最高检于 2021 年 4 月 22 日，发布个人信息保护公益诉讼典型案例，为应对技术发展带来的个人信息泄露难题，提供有力指引。

---

① 《聚焦民生领域 发力公益诉讼》，《人民日报》2021 年 07 月 26 日。

② 习近平：《关于 < 中共中央关于坚持和完善中国特色社会主义制度 推进国家治理体系和治理能力现代化若干重大问题的决定 > 的说明》，2019 年 11 月 5 日。

二、案件范围拓展实践之检视

我国公益诉讼发展至今已经经历了四个年头，各级检察院在四大领域之外进行积极拓展，同时，各级行政机关、社会组织等积极与检察机关合作，通过联合发文、圆桌会议等形式共同推进检察公益诉讼新领域的探索。作为一项新增诉讼类型，从改革试点到全面推开，从有限列举到范围拓展，检察公益诉讼制度无疑树立了公益司法保护的“中国样本”，为世界公益的保护提供了“中国方案”，其效果自不待言，但仅就检察公益诉讼案件范围拓展实践而言，亦暴露了诸多制度难题和不足。

（一）欠缺系统的判断标准

当前检察机关在面临案件范围拓展时，呈现“政策关注什么，我们就办什么”“民众关心什么，我们就办什么”“风险有什么，我们就办什么”的倾向和依赖，没有形成一个完整的三阶段式判断法：

第一阶段：公共利益识别标准，解决可不可以提起公益诉讼的问题。何种公共利益应被纳入检察公益诉讼保护的范畴，是检察公益诉讼案件范围拓展的核心和首要问题。[①] 可不可以提起公益诉讼的核心就是识别公共利益，即行为人的侵权行为所侵犯的到底是公益还是私益。就当前公益诉讼拓展实践而言，检察机关所采取的“公共利益”识别标准主要有三：政策标准、民生标准、时代标准。更进一步而言，其相对应的分别是“民族精神”指标、“数量多”指标、“风险大”指标。其一，该行为侵犯的是带有民族印迹或精神的利益，其影响将更多的作用于人们的内心，很难进行可视化的衡量，因此，只要涉及民族精神、民族象征、民族文化等内容的，应当属于“公共利益”中国家利益范畴。其二，该行为或诉讼所产生的效果存在溢出效应，即除当事方之外还涉及诸多第三人，包括特定的第三人和不特定的第三人，简单来说，就是受公益侵害行为影响的人数量较大。其三，该行为虽未产生危害后果，但一旦发生危险，其后果将不可估量。基于这三个指标，我们完全可以作出一个判断，即几乎所有的行为、所有的领域都可以纳入“公共利益”范畴，只要这个行为不是纯粹的合同关系，那么任何一个行为

① 潘剑锋、牛正浩：《检察公益诉讼案件范围拓展研究》，《湘潭大学学报（哲学社会科学版）》2021 年第 4 期。

都存在潜在的第三人和风险。比如，一个简单的行政许可行为，某个地方要建一个化工厂，这个化工厂无论怎么选址，都涉及第三人的问题，而且这个第三人可以很多，很难确定，其充分满足“数量多”指标，那么仅就这个化工厂的许可行为，是否属于公共利益呢？是否可以提起公益诉讼呢？再比如，中国的刺绣闻名世界，是国家级非物质文化遗产，极具收藏价值和保护传承价值。某天张三买了一幅苏绣回家，被邻居看见了，这位邻居不仅对这幅苏绣肆意贬低，而且直接上升到对整个苏绣发表一些不正当言论，那么这位邻居的行为是否侵犯了公共利益？是否可以提起公益诉讼？再比如，对于风险问题，其实宽泛来讲，几乎任何行为都涉及风险，比如，安全驾驶行为，李四在高速路上一边打电话一边驾驶机动车，或者酒后驾驶机动车在城市道路行驶等行为，是否存在风险呢？毫无疑问，当然存在安全风险，那么，此类行为是否就属于公共利益呢？是否可以提起公益诉讼呢？等等。以上行为在我们日常生活中极其常见，但仅依靠现有标准，很难作出一个准确判断。

第二阶段：必要性标准，解决有没有必要提起公益诉讼问题。有没有必要提起公益诉讼解决的是检察公益诉讼的必要性问题。即针对已经作出“公共利益”判断的行为，是否有必要通过公益诉讼来解决？是否一定要通过公益诉讼来解决？是否有其他的途径可供替代？从现有检察机关办理的“等”外案件中，我们很难看到检察机关对“等”外领域提起公益诉讼的必要性分析，大多数“等”外案件都停留于第一阶段的公共利益判断，甚至很难说是公共利益判断，因为更多都是一种客观事实的陈述。当然，有个别案例在公共利益的证明上下了功夫。例如，表 1 所列浙江省宁波市“骚扰电话”整治公益诉讼案中，检察机关为了判断“骚扰电话”是否损害了公共利益，委托第三方机构进行实名调查，用充分民调数据证明“骚扰电话”侵害了众多民众的利益，从而实现公共利益的证成。① 但这一案例也仅仅是解决了第一阶段的“公共利益”判断问题，对于第二阶段的必要性判断仍是不足的。而之所以提出这个问题，是因为从当前检察公益诉讼发展的趋势来看，能够进入公益诉讼案件范围的“公共利益”将不断扩大，甚至如学

① 信息来源于 2018 年 12 月 25 日，最高人民检察院召开新闻发布会，通报了 2018 年以来检察公益诉讼工作情况、发布了最高检第十三批指导性案例及检察公益诉讼十大典型案例。

者所言，“党的十八届四中全会从强化对行政权力的制约和监督的角度强调了检察机关的监督职权，最终所期望实现的应当是检察机关在涉及国家利益和社会公共利益的全领域均承担起监督职能，而不仅仅局限于少数领域”①，未来检察公益诉讼极可能覆盖“全领域”公共利益，而不存在“等”内“等”外之分。在此阶段，范围也不再成为问题，检察机关面临的关键在于面对“全领域”公共利益时，是否都有必要提起公益诉讼呢？也就是说当检察公益诉讼制度发展到一定阶段时，对公共利益的筛选将成为检察机关的重点，也即再次回到检察公益诉讼制度建立之初衷。但遗憾的是，在现有实践中，检察机关并未重视这一问题。

第三阶段：类型化标准，解决应当提起什么样的公益诉讼问题。从某种程度上而言，第三阶段与第二阶段其实存在交叉性或并行性，即在对能够进入公益诉讼的公共利益进行筛选的同时，就会相应的考虑其所适合的公益诉讼类型。从当前检察公益诉讼实践来看，检察机关存在一定的偏好。以湖南省检察公益诉讼实践为例，2017－2020年间，行政公益诉讼案件线索数为23781件，民事仅有1556件；行政立案数为19994件，民事立案数仅1231件。可见，无论是从案件线索，还是立案数量来看，行政公益诉讼明显高于民事公益诉讼；而在行政公益诉讼中，81.7%的案件通过诉前程序解决，最终提起诉讼的只有20件；而在对待民事公益诉讼时，则更多倾向于选择刑事附带民事公益诉讼的方式。我们可以感受到，检察公益诉讼其实更多的涉及行政权与司法权之间的关系问题，从法理上而言，在对待公益问题上，应当要明确的一个原则就是行政权优于司法权，即在面对公益侵害时，应当首先督促行政机关履行职责，毕竟相对于行政机关广泛且强有力的行政措施而言，检察机关往往力不从心。这一原则在实践中得到了充分体现。检察机关在面对行政公益诉讼案件时，充分体现了对行政权的尊重。但这一良好的实践经验，究竟是检察机关有意为之，还是各种机缘巧合不得不为之，我们无法从中得到答案。但从长远发展角度而言，检察机关极其有必要将实践中良好的经验予以规范化、制度化，建立一套符合公益诉讼发展规律的类型化标准，将进入公益诉讼这张“网”中的“鱼”进行分类和分流。

---

① 苗生明：《新时代检察权的定位、特征与发展方向》，《中国法学》2019年第5期。

（二）系统性不强

当前，拓展公益诉讼案件范围已成为全国检察机关的一项重要工作，其运行成效直接关系到整个检察公益诉讼制度的发展和完善，因此，不仅各地检察机关都非常重视，积极探索，而且最高检也多次发文予以规定。例如，2020 年最高检与全国妇联联合发文规定国家机关、事业单位招聘中如若出现性别歧视的现象，检察机关可以依法定程序提起行政公益诉讼。① 这一文件显然为地方检察机关开展就业歧视公益诉讼提供了有益指导。但除响应最高检的号召以外，从实践来看，各地检察机关拓展的范围明显过大，系统性不足。具体而言，主要表现如下：

一是拓展权限泛化。各地检察机关在探索拓展公益诉讼案件范围工作中，所涉及的领域非常广泛，这是由检察机关法律监督范围的广泛性和行政机关权力行使领域的广泛性所决定的。② 由于我国行政机关拥有广泛职责，国家利益和社会公共利益的每个领域几乎都有对应的机关来履行相应的职责，因此只要是行政机关对于自身所负责的领域实施了违法的行政行为或者是不作为，导致国家利益与社会利益受到损害的，都要受到检察机关的法律监督。③ 检察监督所能够覆盖的范围，等同于行政机关行使行政职权的范围。在实践中，只要检察机关自己认为某项领域属于公共利益，在得到上级检察机关核准后，即可纳入公益诉讼范围。各地检察机关拓展的领域涉及安全生产、个人信息保护、消防安全、交通安全、教育、就业等 30 多个方面。从某种程度上而言，检察机关拓展公益诉讼“等”外案件范围的权力非常强大，其“个案突破”行为所受限制不多④，甚至可以说当前检察机关并未建立相应的约束机制，从而导致个案拓展的泛化和随意化。

二是拓展领域“碎片化”。当前各地出台的文件当中所明确列举的

---

① 最高人民检察院、中华全国妇女联合会：《关于建立共同推进保护妇女儿童权益工作合作机制的通知》2020 年。

② 王春业、王娟：《行政公益诉讼范围的“等外”解读》，《浙江学刊》2019 年第 6 期。

③ 李洪雷：《检察机关提起行政公益诉讼的法治化路径》，《行政法学研究 2017 年第 5 期。

④ 黄学贤、李凌云：《论行政公益诉讼受案范围的拓展》，《江苏社会科学》2020 年第 5 期。

"等"外领域范围极其广泛，几乎囊括了公民的衣食住行、科教文卫等各个方面，除安全生产、文物和文化遗产保护、互联网侵害、公共卫生安全和个人信息保护五个领域在24个省市中具有极大的共通性之外，其他20多个领域都是极个别存在，例如，投资者权利保护、危化品管理、公共实施安全、乡村振兴、红色文化资源、反不正当竞争、知识产权保护、弘扬社会主义核心价值观领域、进出口商品质量安全、教育领域、就业等领域仅出现1次，说明这些领域只存在于某个省市。而地方之所以将其纳入"等"外范围，与当地检察机关已经开展的探索实践息息相关。也就是说，因为当地检察机关正好开展了某项领域的探索，人大据此出台文件将其固定，从而为检察机关开展拓展探索提起制度支持。但至于更为根本的考量因素，从"民生""老百姓呼声高""社会反映强烈"等词语可窥见一二。可以说，无论是人大，还是检察机关，都欠缺一套系统的宏观规划，拓展领域的"碎片化、零时性"是必然的。

三是拓展实践不规范。与拓展实践碎片化一脉相承的另一个特征就是，拓展实践的不规范化。即便是同类领域，在不同省市的范围也存在较大差别。例如，对于"个人信息保护"领域，不同省市就存在不同表达，诸如"不特定公民个人信息保护""互联网个人信息保护""个人信息安全""个人信息保护""电信互联网涉及众多公民个人信息保护"等。再如，特殊群体保护领域，在24个省市出台的文件中就存在七种表达方式，即妇女儿童合法权益保护、残疾人合法权益保护、老年人合法权益保护、未成年人合法权益保护、妇女合法权益保护、未成年人妇女合法权益保护以及特殊群体权益保护。由此而言，实践中对特殊群体的理解是不统一的，而且在用语方面，也是不规范的。例如，对于儿童与未成年人的表达，根据《民法典》的规定，不满十八周岁的自然人为未成年人；而《儿童权利公约》（1991年12月29日第七届全国人民代表大会常务委员会第23次会议批准）将"儿童"界定为18岁以下的任何人。虽然年龄上二者范围是一样的，但从我国实际而言，刑法所规定的幼女界定为14周岁以下。因此，未成年人与儿童的表达应当统一，否则在实践中极易引发争议。

（三）程序性不足

公益诉讼案件范围的拓展从表面上看是个实体问题，即判断什么是公共利益，但从本质上而言，更多的是一个程序性问题，即建立公益判断的程序规则。① 毕竟对于何谓公益，无论是概括表达还是正向列举，都很难作出准确界定，更何况“公益”本身就具有变动性，哪些公益应当优先纳入拓展的范围，而哪些则可以暂缓，都很难抉择。因此，公益诉讼的拓展实践，除需要建立一套公共利益的判断标准之外，还需导入相应的程序规则。甚至可以说，程序规则比实质判断标准更具优先性和迫切性。但从现有探索实践来看，当前各地开展的“等”外公益诉讼明显程序性不足。具体表现如下：

一是程序性规则缺失。程序性规则的缺失并非意味着现有拓展实践并非完全没有规则可循，相反，在个别领域中，可以看到检察机关运用了程序性的因素去判断是否属于公共利益的范畴。例如，浙江宁波“骚扰电话”整治公益诉讼案就采用的民意判断法。检察机关为了判断“骚扰电话”是否损害了公共利益，委托第三方机构进行实名调查，用充分民调数据证明“骚扰电话”侵害了众多民众的利益，从而实现公共利益的证成。除此之外，还有一些地方启动专家咨询程序，面对一些较难判断的专业问题，邀请专家提供相应指导。但是，遗憾的是，上述两种程序性判断因素并没有形成一种常态性规则，也没有建立相应的规则机制，而仅仅停留于一种有益尝试。比如，什么时候可以启动民意调查、如何选择被调查的民众、如何进行民意调查、专家如何确定、专家如何选择、专家咨询意见的法律性质，等等。类似问题都没有得到很好的解决。但无可否认现有实践确实可为“等”外案件范围拓展的完善提供有益借鉴。诸如，民意调查、专家咨询、听证程序等都可以作为程序性判断规则的参考因素。

二是说理不充分。公益诉讼案件范围拓展的核心就是判断受损的“公共利益”是否属于立法所规定的“公共利益”范畴。因此，“公益”的判断是检察机关进行“等”外探索的一个关键论证点，也是“等”外案件的重要争议焦点。要想顺利开展“等”外领域拓展实践，让社会大众心服口服，对“公共利益”的论证或者说理必不可少。但可惜的是，现有实践往往欠缺这一环节，除个别案例专门论证了某个行为属于侵犯公共利益的行为之外，例如浙江宁波“骚扰电话”案，绝大多数“等”外案件都仅仅陈述该行为极大地损害了国家利益或社会公共利益”的事实，而未说明为什么。如表3所示，归纳上文所列典型案例，可明显发现，检察机关在办理“等”

① 汤维建：《拓展公益诉讼案件范围应把握好“无论”》，《检察日报》2021年3月29日，第003版。

外领域公益诉讼案件时，一般使用“广大”“广泛”“大量”等代表数量多的词语解释“公共利益”，使用“民族精神”“国家形象”“文明”“历史文化”“民族地域特色”等词语代表“国家利益”，而在安全生产领域、特殊群体保护领域，似乎只要涉及安全生产，或未成年人、老年人、妇女儿童等特殊群体都理所当然的是公共利益，而无需证明。但恰恰相反的是，公益的拓展绝非不证自明，尤其是民事领域，更需要充分且精准的论证。毕竟，公益的拓展绝非表面公益诉讼的延伸，更重要的是检察权的拓展。

表3　“等”外领域典型案例中“公共利益”相关关键词

拓展领域	典型案例	“公共利益”关键词
安全生产领域	陕西省宁强县人民检察院督促履行尾矿库安全监管职责行政公益诉讼起诉案	安全生产、人民群众
	最高检、中国国家铁路集团有限公司联合发布铁路安全生产领域公益诉讼典型案例	国家形象、安全风险、最大多数
	河南省人民检察院郑州铁路运输分院督促整治违建塘坝危害高铁运营安全行政公益诉讼案	
个人信息保护领域	浙江省诸暨市房地产、装修行业侵犯消费者个人信息公益诉讼案	广泛、民意、广大
	江西省南昌市人民检察院督促整治手机 App 侵害公民个人信息行政公益诉讼案等 11 件个人信息保护公益诉讼典型案例	大量、犯罪、重大、极大困扰、民生痛点、众多不特定公民、频发
文物和文化遗产保护领域	新疆维吾尔自治区博乐市检察院诉谢某某等 9 人盗掘古墓葬刑事附带民事公益诉讼案等十大典型案例	文明、历史文化、民族精神、公益性
	陕西省泾阳县人民检察院督促履职文物保护监管职责行政公益诉讼起诉案	
传统村落	贵州省榕江县人民检察院督促保护传统村落行政公益诉讼案	环境、生存和发展、独特、民族地域特色
扶贫攻坚	河北省沽源县人民检察院督促落实社会救助兜底保障和贫困人口赡养政策系列行政公益诉讼案等 15 件典型案例	乡村治理、民生热点、安全隐患、环境卫生

三、案件范围拓展实践之反思

习近平总书记强调，“检察官作为公共利益的代表，肩负着重要责任；中国检察机关是国家的法律监督机关，是保护国家利益和社会公共利益的一支重要力量。”自 2015 年推行检察公益诉讼制度改革试点，到 2017 年修改《民事诉讼法》和《行政诉讼法》正式确立检察公益诉讼制度，公益诉讼检察制度从顶层设计到实践落地，从局部试点到全面推开，形成了公益司法保护的“中国方案”，备受关注。不可否认，检察公益诉讼制度在维护国家利益和社会公共利益层面发挥了重要作用，也呈现了无可比拟的巨大优势。但从上文分析可知，这一拓展趋势也存在诸多问题。其背后是对检察公益诉讼制度设立初衷的检视，亦是对检察公益诉讼制度未来发展的铺垫。由此，我们不得不反思究竟为何要建立公益诉讼制度，何种公益诉讼制度才是我们需要且适合我们的。

（一）公益诉讼中公共利益特征与考量因素

公益诉讼，顾名思义就是为了维护公共利益而提起的诉讼。从我国《行政诉讼法》和《民事诉讼法》的规定来看，其并非是完整意义上的“公共利益”，而只是在类型化的基础上进行选择后所框定的公共利益，是极少部分的公共利益。这极少部分的公共利益基于何种因素考量而得以进入公益诉讼案件范围，是我们在探讨范围拓展时必须思考的前提。

1. 公共利益的动态性与人的生存利益、发展利益问题

公共利益的动态性也可以理解为不特定性，与具有特定对象的私人利益相对应。学界对于公共利益能否具体描述存在着争议，但单论性质而言，公共利益本身的属性决定了它并不是直接指向一个具体的利益群体，因此其受益主体不特定，利益范围也不特定，从而使得公益诉讼案件范围具有拓展性与延伸性。但这并不意味着，所有涉及不特定公众合法利益的行为或领域都可以提起公益诉讼。毕竟，在现代法治社会，立法为各种利益的保护和各种利益冲突设计了诸多方式，比如调解、仲裁、信访、复议、诉讼。冲突的性质不同、形式不同、激烈程度不同，其相应的解决方式亦有所不同。

在不同的时代背景下，公共利益的表现形式也有所不同。现行立法所列举的生态环境和资源保护领域、食品药品安全领域、国有财产保护领域、国有土地使用权出让领域以及英烈权益保护领域，从利益层次上可分为社会公

共利益和国家公共利益。我们一般对于多大范围的国家公共利益应当纳入公益诉讼范围没有太多的质疑，因为检察机关作为国家法律监督机关，从宪法上早已确定了其作为国家利益的监督者和维护者的地位，因此，对于检察机关基于维护国家公共利益需要提起公益诉讼的，只要符合法定程序即可。自一开始，理论界和实务界更多的关注点实际上就对准了社会公共利益，即哪些社会公共利益可以纳入或应当纳入公益诉讼案件范围。在检察公益诉讼制度改革试点时期，基于迫切的社会需求，生态环境和资源保护、食品药品安全领域首当其冲，成为改革试点先行区，也是立法明确列举领域。而这几个领域，从其所涉及的公共利益本质而言，有其共通点，即无论是生态环境、资源保护还是食品药品安全领域，实际上都与人的生存权、发展权密切相关。生态环境与资源问题，涉及人类的生存空间和可持续发展，正如习近平总书记所强调，生态环境保护“关系人民福祉，关乎民族未来”“是功在当代、利在千秋的事业”，实际上，生态环境与资源保护何止关乎中国民族，更甚是整个世界之事业，整个人类之事业。而食品药品领域，则关乎人的生命健康权。这意味着，无论是改革试点还是立法在对公共利益的选择上，有其自身的逻辑和考量，即“等”字的拓展也应当关涉人之所以作为人的基本生存利益和发展利益，而非任何利益。

由于人是社会性动物，人的生存、发展与社会紧密相连，随着社会发展变化而变化。因此，无论对于公共利益，还是对于人本身而言，生存权与发展权的内涵并不固定，都应当随着社会发展、科技发展进行调整，例如，大数据、网络等在以前还仅存在于电影创制，但现在则成为现代人生存和发展的必需品，而电子技术给人们生活带来便利的同时，也埋下了泄露个人信息、侵犯个人隐私等隐患，而且这个隐患所涉及的对象是几乎所有的现代人，且直接危及现代人的正常生活。因此，当前个人信息保护、网络安全等领域无疑与生态环境、资源保护、食品药品安全领域的性质等同，当然可以纳入公益诉讼案件范围，但要注意的是，并非所有涉及个人信息保护、网络安全的行为都理由当然的提起公益诉讼，而是要考量其所涉及的范围和侵害力度，如果仅仅是小部分的，例如骚扰电话、垃圾短信等，此类行为完全可以靠民众自己去解决，或拉黑、或标记、或阻拦等，没有必要启动检察公益诉讼制度。

2. 公共利益的普遍性与比例原则的适用

在探讨公共利益的普遍性时，有部分学者把公共利益的范围与行政机关行使职权的范围相等同，认为公共利益的范围理应与行政机关的管理范围形成一个相互衔接的闭环系统①，行政管理的职权在哪里，公共利益就延伸到哪里。然而，立法本身是一种利益衡量，行政执法更是如此。所以，立法给行政预留了诸多自由裁量空间，这一自由裁量就涉及利益与利益的取舍，需要我们在各个利益和各种价值要素之间，通过质与量的比较，进行利益判断与价值选择。② 所以，才有了行政法上的比例原则。

在公益诉讼中公共利益的判断上，也应当坚持比例原则，即在各种受损的公共利益之间，进行质与量的比对，只有最紧迫、最广大且通过其他途径无法达到最优效果的公益才是我们应当去考量的。至于剩余的利益，则留给其他救济途径。

以安全生产领域为例，自中央提出“研究建立安全生产民事和行政公益诉讼制度”以来，地方检察机关开展了广泛探索。新修改的《安全生产法》以法律授权的形式对检察公益诉讼予以明确，为检察机关办理安全生产领域公益诉讼案件提供了直接法律依据。安全生产公益诉讼成为“等”外案件拓展的主战场，且愈演愈烈，建筑工程、资源开采、道路运输、消防、特种设备、铁路交通、水上交通、航空、校车、农业机械等通通进入安全生产领域的范畴，成为民众、检察机关的重点关注对象。而从实践来看，对于何谓安全生产，目前并无统一界定。《安全生产法》第 2 条规定：“在中华人民共和国领域内从事生产经营活动的单位（以下统称生产经营单位）的安全生产，适用本法；有关法律、行政法规对消防安全和道路交通安全、铁路交通安全、水上交通安全、民用航空安全以及核与辐射安全、特种设备安全另有规定的，适用其规定。”从该条规定而言，安全生产的范围极其广泛，只要与生产、经营活动相关都可纳入其中，虽然后面所列举的 6 项适用特别规定，但从另一个角度而言，如果没有特别规定的，理应适用《安全生产法》。且从国家安全监管总局发布的文件和统计数据来看，安全生产是一个大类，包括煤矿、道路运输、商贸制造、建筑、渔业船舶、交通、特种设备、电力等方方面面。由此而言，安全生产公益诉讼的范围似乎可以无限扩大，只要检察机关愿意，就可以对行政机关的所有安全监管职权、许可审

---

① 黄学贤、李凌云：《论行政公益诉讼受案范围的拓展》，《江苏社会科学》2020 年第 5 期。

② 颜运秋：《论法律中的公共利益》，《政法论丛》2004 年第 5 期。

批权，生产经营者的所有生产经营活动进行监督，实现所谓的公益保护。但反过来，我们必须思考，这样的公益保护形式真的是检察公益诉讼制度所期望的吗？在法治社会，公益维护的方式有多种，诉讼只是其中一种，且是非常态的一种。如果公益诉讼发展成为维护公益的常态，那么我们就有必要来反思这项制度设立的合理性问题。正如学者对酒驾入罪合理性的质疑一样，酒驾入刑的目的是减少甚至消灭因饮酒驾车所导致的交通事故频发问题，但当这一罪名占据我国所有刑法犯罪的30%时，我们就不得不思考设置这一罪名的合理性与必要性。公益诉讼亦是如此，如果通过提起公益诉讼来实现公益的维护成为一个国家、一个社会的常态甚至最主要的方式，其意味着检察机关成为"警察"，那我们是不是要再次授权给检察机关更多的"执法权"呢？

所以，面对浩瀚的公益侵犯，我们要去衡量其背后所涉及的公共利益"质"与"量"的因素比对，按照比例原则的要求，去选择能够覆盖最广大人民利益、最迫切需要公益诉讼进行保护的那部分公共利益。

（二）行政权与司法权的关系

公益诉讼制度设立的目的在于维护公共利益，而从我国权力机关的定位而言，行政机关是公益的第一维护主体，也是首要主体，因此，作为司法监督中不可或缺的一环，在扩大案件范围的过程中，需要从司法权和行政权关系的角度出发，探讨司法权介入行政权的空间和界限。因为，一方面行政权的运行有其自身规律，检察机关应当尊重行政机关的判断权；另一方面，司法资源是有限的，检察机关何时介入公益侵害之中，关系着如何最大化利用司法资源，如何能在有效节约司法资源的同时维护好公共利益，这是实践中需要考量的。

1. 检察机关的性质——国家的法律监督机关

检察机关的性质问题，即检察机关在一国国家权力结构中所处的地位和在国家权力划分中的归属，是决定其在国家管理活动中所起作用的根本属性。[①] 检察机关的性质如何，直接决定了检察机关在国家管理活动中的职能，也直接决定了权力架构中的"相对方"或"受权方"。对于检察机关性质的定位，在1954年《人民检察院组织法》制定时就备受关注，1979年

① 邓思清：《检察权研究》，北京大学出版社2007年版，第23页。

《人民检察院组织法》修订时，将检察机关正式定位为法律监督机关，并得到“八二宪法”的确认。但到底何谓“法律监督”呢？

正确认识一国制度——无论是本土的还是外来移植的——都应当回归于其本土，即没有比立足于本国国情来分析这一制度更为恰当和适宜，因为制度具有国别性和地域性，要防止其“水土不服”，就必须在分析本国国情的基础上作出取舍、更新、整合和重构。① 中国人民民主专政的社会主义国家属性和根本政治制度——人民代表大会制度，决定了中国的检察机关只能是为人民服务的，只能是人民实现当家作主的一种工具或途径，这意味着：（1）在中国，检察机关所行使的法律监督一般是针对国家公权力而言，不能指向人民。正如彭真在《实现四化一定要有一个生动活泼、安定团结的政治局面》（1979 年）的讲话所言：“公、检、法机关是无产阶级专政的武器，是党和人民的刀把子，根本任务是打击敌人，保护人民。”② 即便检察机关所承担的任务随着无产阶级政权的发展和巩固而不断调整和改变，但其自始至终都围绕“保障宪法和法律的正确实施”“保障人民合法权益”这一核心。基于此，（2）检察机关一方面要防止公权力机关及其工作人员对人民合法权益造成的损害；另一方面，当这一损害实际发生时，检察机关要代表人民（或国家）对其进行“问责”。与此同时，（3）检察机关还要追诉某些人（民）的犯罪行为——这些行为已经不单单是对个人权利的侵害，而且是对国家秩序和人民整体利益的侵害。（4）为了保障以上目的切实可行——对公权力而言，法无明文规定即禁止——2018 年新修订的《人民检察院组织法》明确规定了检察机关行使侦查权、批准和决定逮捕、刑事公诉、依照法律规定提起公益诉讼、法律监督以及法律规定的其他职权。（5）检察权所固有的公权力属性使得行使这一权力的检察机关本身就是人民监督的对象，而不是相反。为此，现有立法对检察机关职权的规定既是检察机关

---

① 金观涛教授等通过大量文献的实证研究表明，所有当代中国政治法律观念的形成，一般都经历了三个阶段：第一个阶段是立基于中国原有的政治法律文化观念对外来资源进行选择性吸收；第二个阶段是对以前选择性吸收的外来资源在理解的基础上进行更新，使其更接近其本来内涵；第三个阶段是根据国家建设需要对所吸收的外来资源进行消化、整合、重构，从而形成中国自己的政治法律观念。参见金观涛、刘青峰：《观念史研究——中国现代重要政治术语的形成》，法律出版社 2009 年版，第 7－8 页。

② 彭真：《论新时期的社会主义的民主与法制》，中央文献出版社 1989 年版，第 34 页。

行使法律监督权的法律依据——依法行使检察权原则；同时也为检察机关介入普通民众之间划定了界限——一般限于刑事犯罪案件和法律规定的公益诉讼案件。

2. 行政公益诉讼的目的——维护客观法秩序

根据《行政诉讼法》第25条第4款的规定，检察机关提起诉讼的标准可分为两个层面：第一层面是行政机关是否存在违法行使行政职权或不作为的情形。只有在掌握了一定证据，对这个问题作出肯定回答时，才会进入到第二个层面，即判断行政机关在收到检察建议后，是否依法履行职责以及行为是否合乎法律的要求。如果行政机关在收到检察建议后仍不依法履行法定职责的，检察机关才能提起诉讼。① 就第一个标准而言，法院对行政机关是否履行法定职责的判断其实就是对"行政行为进行合法性审查"，然而，这种审查不同于一般行政诉讼中的"合法性审查"。从司法实践来看，行政机关不作为可分具体分为两类，一是法律明确规定了行政机关的监督管理职责，但行政机关不依法履行法定职责、未及时履行法定职责、或未全面履行法定职责；二是法律对行政机关的职责规定不清晰或没有明确规定该职责由行政机关承担，但检察机关认为行政机关积极作为可以避免国家利益和公共利益受损或挽回损失的，也通常被法院认定为不作为。由此可见，行政公益诉讼中"不履行法定职责"的范围远比一般行政诉讼的"违法行政行为"的范围要大。究其原因，其实是出于保护公共利益的切实需要，法院直接扩展了"合法"的含义。② 至于诉讼前置程序这个标准，无疑是立法对行政公益诉讼的一种特殊设置（一般行政诉讼无需经过诉讼前置程序，当然复议前置的除外），其目的是确定行政机关在公益保护上的优先性。据此而言，无论是实践中对行政机关"不履行法定职责"的扩大解释，还是诉前程序

---

① 实践中，行政机关与检察机关在认定是否依法履行职责问题上是不一致的，或者说不完全一致。行政机关的态度是只要有所行动就是履行了法定职责，毕竟在有限的时间内真正落实到位存在诸多因素制约，尤其是环境污染问题，需要长时间的投入方可见效，不可能一蹴而就；而检察机关的观点则是必须在《检察建议书》规定的时间内完全履行，否则就是违法。而从法院的态度来看，几乎绝大多数法院更倾向于支持检察机关的观点。其实，行政机关与检察机关的不同态度，无所谓对错之分，只是正好反映了二者在公益保护上的不同角色和不同位置而已。而这一点也正是行政公益诉讼在未来长期发展中所需要去调和的重点问题之一。

② 刘艺：《构建行政公益诉讼的客观诉讼机制》，《法学研究》2018年第3期。

的设置，至少可以证明一点，即我国行政公益诉讼的审查标准已然从“合法性”审查扩展到“维护或恢复客观法律秩序”层面。

（三）公益诉讼案件范围拓展的原则和限度

基于民事领域和行政领域性质上的差异，检察机关在案件范围拓展上，对于民事领域而言，应当恪守“谨慎”原则，而在行政领域，则应当秉持“积极”原则。这是检察机关拓展公益诉讼案件范围的首要原则，在此基础上，还应当考量其与行政机关以及与公民个人在公益维护上的不同的角色分工和定位。

1. 公益维护上遵循行政优先、司法殿后

行政机关的行为有其内在逻辑，因此在检察机关动用司法监督时，应当注意不影响行政机关的正常工作。各地各层级检察院在办理行政公益诉讼的相关案件时容易产生的一个误区就是不给予行政机关履行职务的期限，只要发现行政机关没有如期履职或没有正确履职，就在发出检察建议之后直接针对相关事项提起行政公益诉讼。而此时行政机关由于自身的工作节奏、上下级任务部署等因素无法在第一时间进行改善，既扰乱了行政机关既有的工作节奏，也让检察机关与行政机关之间产生了矛盾。这就要求行政机关在提起行政公益诉讼之前做好相关工作，非必要非紧急不必动用诉讼途径。行政公益诉讼的目的并非惩罚未尽职的行政机关，而是维护公共利益，若一味地挑行政机关的错处而忽视了对公共利益的保护，结果只能是因噎废食。笔者认为，公共利益的维护不能仅仅依靠行政机关或是检察机关，是需要各机关协同合作。北京一检察机关在发现外卖平台存在着欺诈消费者的现象，主动与监管部门联系，与监管机关一同制定相关解决方案，共同保护消费者的合法利益。

民事公益诉讼案件性质上需要检察机关介入的，如生态环境、国有资产受侵害、英烈名誉权侵害等，被侵害人提起诉讼存在较大阻力的，仅依靠个人或公益组织的力量难以得到解决，此时需要公权力机关的介入。而检察行政公益诉讼案件性质较为严重，需要主管行政机关整改之前的工作方式，在保证公共利益不受二次侵害的基础上，尽可能恢复受损的公共利益。因此，检察行政公益诉讼较检察民事公益诉讼而言，适用范围较小。具体到检察行政公益诉讼上来说，由于现阶段相关立法尚不完善，因此在处理案件的时候应当仔细研究，本着依法行政的原则，检察机关在进行诉前准备时，可以针对以下问题进行研究：被诉行政行为与公益损害之间是否存在直接关联，行政行为的作出是否符合比例原则、公共利益的损害程度以及接下来损害可能性等，在法律允许的范围内进行诉讼工作，树立起为民办事的公共形象，提高司法权威性。

2. 范围拓展上遵循必要性与适度性原则

尽管检察行政公益诉讼从模式上属于“官告官”，但同为为人民服务的公权力组织，在处理案件的时候应当尽量通力合作，在发出检察建议之后，开展实地走访、初设解决方案等措施，及时与行政机关协商，如若发现能够在诉前阶段解决存在的问题，则应当与行政机关一同妥善解决问题，以便于及时有效地保护受侵害的公共利益，而面对重大侵害危险时，也应当充分发挥检察行政公益诉讼的预防功能，推动源头治理，促进公益保护。提起行政公益诉讼的不能存在着“要狠狠地挑相关行政机构的刺”的心态，其目的并非是与行政机关相对抗，破坏兄弟机关的和谐关系，合作协商、共同治理才是发展的方向。同时，检察机关作为办案机关，应当积极向上级领导同志报告所处理案件的相关情况，汇报工作情况，介绍办案特点，获得党委和政府机关的支持与肯定，促进检察行政公益诉讼的发展。

关于应如何界定具有监督管理责任的行政机关的问题，笔者认为，“法无授权即禁止”，行政机关的行为必须得到法律法规的明确授权，避免公权力机关过多干预到经济生活之中，因此，这里的负有监管职责，应当理解为依据法律、法规或规章中明确授权行使的监督管理职责。而针对实践中存在观点认为运用公权力使用相关资金，组织其他组织或部门进行相关工作也应当属于监管职责之中，但法院认为在环境保护类案件中，应当不包括在其中。[①] 笔者认为，具体案件具体分析，如果被诉行政机关是整个项目的负责机关或牵头机关，那么该行政机关应当具有监管审查的权利，也就应当对相关行政行为进行审查，若未尽到审查义务而使得公共利益受到损害的，应当承担相应的责任。

3. 诉前程序中尊重行政机关的判断权

2019 年 1 月至 2020 年 6 月，全国检察机关共制发各类检察建议 277482 份，已收到回复 192939 份，已收到的回复中采纳检察建议的 186544 份，采

① 德惠市人民检察院诉德惠市朝阳乡人民政府不履行环保监督管理职责公益诉讼案，吉林省高级人民法院（2018）吉行再21号再审行政裁定书。

纳率为96.69%。① 当然，并非发出了检察建议就代表着检察机关可以当甩手掌柜了，仍需要对发出建议后的整改措施进行核查，是否达到了预期的效果，若未能达成效果则可以提起行公益诉讼，检察建议这一环节则提供了一个缓冲带，体现了司法的谦抑性，发挥好这个诉前程序的纠错功能够更好地维护公共利益。正所谓当局者迷旁观者清，从行政机关的角度出发，对于相关事件的考量或许做不到与检察机关一样，因此在开展工作的时候，检察机关可以给予行政机关一定的判断空间，或是与行政机关一同分析相关问题，全方位、多角度看待相关公益损害案件，尊重行政机关在处理相关事项时的判断，共同协商促进公益保护。

在疫情防控期间，有学者认为检察行政公益诉讼没有尽到相应的职责，没有参与到对行政行为的监督之中去，“建议行政公益诉讼应当承担起行政纠错的作用”。② 这从一个侧面体现出了行政公益诉讼蕴含的纠错功能。在实践中，有部分省市的检察机关在发出的检察建议中会提到针对问题的具体措施，可见，在检察建议这一阶段，检察机关既可以针对现阶段侵害公共利益的现象提出具体的解决方案，也可以针对行政机关在采取行政行为过程中体现的问题提出改进措施，这也是纠错功能在实践中的具体运用。

结语

法益的保护有多种方式，在法治社会中，诉讼被公认为是保护法益的一种普遍和有效的方式③，但绝对不是唯一方式和首要方式。公益诉讼制度设立的初衷是形成保护公共利益的意识和合力，如果通过其他手段已然实现了这一初衷，为什么一定要通过诉讼的手段来确认呢？十九届四中全会提出“拓展公益诉讼案件范围”，仅仅是指出公益诉讼的案件范围绝非立法所列举的四大领域，还可以向“等”外拓展，但这一拓展不等于必须拓展，也不等于无限拓展。毕竟，在公益维护上，行政机关远比检察机关更为专业，立法为行政机关配置了强有力的行政权，比如处罚权、许可权、强制权等，

---

① 《全国检察机关去年以来共制发检察建议27万余份》，载人民网，http：//paper. people. com. cn/rmrb/html/2020－08/06/nw. D110000renmrb_ 20200806_ 5－06. htm，2021年5月2日访问。

② 关保英：《论疫情防控中行政公益诉讼的维度》，《行政法学研究》2021年第2期。

③ 颜运秋：《公益诉讼理念研究》，中国检察出版社2002年版，第4页。

所以，面对公益侵害时，检察机关往往应当退居幕后，让行政机关走向台前，而不是代替行政机关行为，也即让检察的归检察，行政的归行政，社会的归社会。此外，更为重要的是，应当注意培育公民和社会对公益的保护，毕竟诉讼并非常态，也非检察机关一家之事，而是全社会、全体公民的共同责任。

我国野生动物保护民事公益诉讼观察报告（2017—2020年）*

"野生动物保护民事公益诉讼立法完善研究"课题组**

摘　要：野生动物保护是公益诉讼在生态环境和资源保护领域的重要内容。近年来，各地检察机关和社会组织办理了一批野生动物保护领域的公益诉讼案件，积累了一定的办案经验。2020年2月24日，十三届全国人大常委会第十六次会议通过《关于全面禁止非法野生动物交易、革除滥食野生动物陋习、切实保障人民群众生命健康安全的决定》，为继续推进野生动物保护公益诉讼提供了新的契机。在此背景下，观察2017年至2020年野生动物保护民事公益诉讼实践，可以直观地反映野生动物保护民事公益诉讼的司法运行现状，以及面临的现实难题。总体而言，检察机关是野生动物保护民事公益诉讼的最主要的主体，也是最为重要的主体，究其原因在于绝大多数危害野生动物的行为往往触犯刑法，检察机关在提起刑事诉讼的同时附带提起民事公益诉讼。这一诉讼模式最大程度地节省了司法资源，提高了诉讼效率，在打击犯罪的同时具有较大警醒和制裁作用。然而，从野生动物保护的范围、诉讼请求以及争议焦点来看，野生动物保护公益诉讼存在保护范围较狭窄，诉讼请求单一且较少运用惩罚性赔偿等问题，野生动物保护民事公益诉讼制度仍存在较大完善空间。

关键词：野生动物；刑事附带民事公益诉讼；检察机关；公共利益

---

* **课题项目：**本文为湖南省大学生创新训练项目"野生动物保护民事公益诉讼立法完善研究"研究成果。

** **作者简介：**"野生动物保护民事公益诉讼立法完善研究"课题组负责人为湘潭大学法学院2018级法学本科生曲艺奇，成员为2018级法学本科生田心如、王祎灿、黄碧涵，指导老师为湘潭大学法学院肖峰副教授。

近年来，随着我国经济社会不断发展，生态文明理念不断深入人心，人民群众对野生动物保护问题愈发关注。全国人大常委会于2020年2月初部署启动《野生动物保护法》的修改工作，同年2月24日通过了《关于全面禁止非法野生动物交易、革除滥食野生动物陋习、切实保障人民群众生命健康安全的决定》（以下简称《决定》），明确对《野生动物保护法》及其他现有法律禁止的侵害野生动物的行为要加重处罚，同时对国家保护的“有重要生态、科学、社会价值的陆生野生动物”以及其他陆生野生动物（包括人工繁育、人工饲养）规定了全面禁食的保护原则，极大地拓宽了野生动物保护的范围，加大了保护力度。在此背景下，观察2017年至2020年野生动物保护民事公益诉讼实践，不仅可以直观地反映野生动物保护民事公益诉讼的司法运行现状，而且可以从中发现该制度面临的现实难题和完善空间。本文以最高人民检察院发布的官方数据和中国裁判文书网、无讼网整理的2017—2020年的野生动物保护民事公益诉讼的裁判文书为例，对野生动物保护民事公益诉讼进行系统分析，形成观察报告。总体而言，观察报告由四大部分组成，分别是诉讼要件分析、争议焦点分析、“公益”的司法解读以及诉讼请求和法院裁判分析。

一、野生动物保护民事公益诉讼诉讼要件观察

为了客观地反映野生动物保护民事公益诉讼的整体概况，本部分选取野生动物保护民事公益诉讼诉讼主体、涉案事由、案件发生地、案件范围以及上诉情况等方面进行具体分析。

（一）诉讼主体

就起诉主体类型而言，在统计的208个案件中，起诉主体为检察机关的案件高达207个，占比99.5%，社会组织担任原告的案件1个，占比0.5%。对于公益诉讼原告类型进行界定的法定依据为《民事诉讼法》第55条，其规定“对于污染环境、侵害众多消费者合法权益等损害社会公共利益的行为，法律规定的机关和有关组织可以向人民法院提起诉讼。人民检察院在履行职责中发现破坏生态环境和资源保护、食品药品安全领域侵害众多消费者合法权益等损害社会公共利益的行为，在没有前款规定的机关和组织或者前款规定的机关和组织不提起诉讼的情况下，可以向人民法院提起诉讼。前款规定的机关或者组织提起诉讼的，人民检察院可以支持起诉”。可

见个人、社会组织、检察机关均为适格原告，但检察机关担任原告时要受到个人、相关社会组织先行主动提起民事公益诉讼前提条件限制。同时，在部分原告为检察机关的案例中对原告主体适格问题的讨论还存在通过以下逻辑来进行补充论证的情况。在我国，野生动物作为重要资源归国家所有，且我国是《濒危野生动植物种国际贸易公约》缔约国，国家对野生动物负有保护职责，而人民检察院作为国家法律监督机关有权提起民事公益诉讼。检察机关是由大量经过专业学习、具备丰富法学知识和司法实践经验的专业人员组成，且在设备、资金方面由国家进行支持，其作为民事公益原告在人、财、物上较其他两类主体有明显优势，因此不难理解在野生动物保护民事公益诉讼中以检察机关担任原告的情况居多的现状。在收集的案件中由社会组织担任原告的仅有岳阳市江豚保护协会与谢志达、周浩文侵权责任纠纷一案，岳阳市江豚保护协会符合《中华人民共和国环境保护法》第 58 条中对社会组织为适格原告的规定，其保护江豚为主的野生动物和水域环境保护的章程宗旨与涉案动物具有密切关联，作为原告提起诉讼既是其组织宗旨的必然要求，也是出于更好地保护涉案动物和社会公益的现实选择。

就被告类型而言，在统计的 208 个案例中，案件被告全为个人。在个人为被告的案例中既存在由独自触犯法律的一人承担全部法律责任的情况，仅由自然人一人实施危害行为的案件 125 个，占比 60%，也存在多人共同实施了不法行为，多人分别根据个人在案件中的行为性质以及行为所导致的后果来确定责任承担的方式和范围的情况，由自然人多人实施危害行为的案件有 83 个，占比 40%。

（二）涉案事由

在统计的 208 个案件中，刑事附带民事诉讼案件数量达 192 个，占比 92.3%，民事公益诉讼案件数量达 16 个，占比 7.7%。大多数被告实施的危害野生动物行为往往会触犯到刑法所保护的法益，其中以非法狩猎罪（111 个）和非法猎捕、杀害珍贵、濒危野生动物罪（44 个）定罪量刑的刑事附带民事案件居多。《刑法》在第六章第六节破坏环境资源保护罪中明确规定了危害珍贵、濒危野生动物罪，以及非法狩猎罪等涉及野生动物保护的罪名。野生动物作为国家资源，具有明显的国家财产属性，在触犯刑法的同时，被告的非法行为不可避免地会损害作为国家资源的野生动物民事利益，而被告理应在承担刑事责任的同时负担因其侵害行为所产生的民事责任，及时停止侵害行为并对国家财产因此遭受的损失进行赔偿。在民事公益诉讼中，侵权责任纠纷案件 11 个，海事海商纠纷案件 3 个，其他案件 2 个。在侵权纠纷案件中被告实施的破坏国家野生动物资源的侵权行为，会对生物多样性和生态平衡造成一定程度的破坏，进而损害社会公众的环境权益和生态环境公共利益，并应当承担侵权损害赔偿责任，对被破坏的野生动物资源和公共利益进行赔偿，并采取合理的后续生态修复措施。海事海商纠纷分别为刘阳、詹少文海事海商纠纷一案、沈大勇、姜国康海事海商纠纷一案，以及杨士秀、陈朋海海事海商纠纷一案。3 个案件都是因被告非法捕捞国家二级保护动物海龟，侵害生态环境利益，因此检察机关作为原告向浙江省舟山市人民检察院提起了民事公益诉讼，要求被告公开赔礼道歉，对生态修复赔偿金承担连带责任。

（三）案件发生地

案件发生地从省市上来看，四川省、湖南省、浙江省、江西省、陕西省、福建省、湖北省案件数量较多，青海省、广东省、北京市、上海市、西藏自治区案件数量较少，其中四川省案件数量高达 51 件，占比 24.5%，北京市、上海市、西藏自治区案件数量低至 1 件，占比 0.48%。全国范围内，东部地区案件数量 49 件，占比 23.6%，中部地区案件数量 66 件，占比 31.7%，西部地区案件数量 93 件，占比 44.7%。案件数量少的省份主要集中分布在东部地区经济发达的省份以及西部高原地区省份，如北京市案件数量受到自身城市职能和城市经济水平的影响，区域内城市化程度高，野生动物本身数量少。西藏自治区则是地处青藏高原地区，海拔高、气温低，人口稀少，野生动物数量少、种类单一。然而，案件数量较多的省份主要集中分布在长江干流及其支流流经的地区，如四川省、湖南省、江西省、浙江省、湖北省。在长江流域流野生动物资源较为丰富的西部地区省份案件数量最多，如四川省地区气候适宜，植被覆盖率高，野生动物数量多、种类丰富。长江流域是野生动物保护案件聚集的地区，最高人民法院、最高人民检察院、公安部、农业农村部联合印发《依法惩治长江流域非法捕捞等违法犯罪的意见》，细化了非法捕捞犯罪、危害珍贵濒危水生野生动物资源犯罪等非法行为的法律适用；最高人民法院最新发布的长江流域水生态司法保护典型案例加强了对长江流域生态保护案件审理的指导。在长江流域加强长江上中下游立法、司法、执法上的联合防治，对推进长江流域野生动物综合治理，提高野生动物民事公益诉讼案件处理效率、推进后续资源修复、加快诉讼收益转化具有重要意义。

（四）案件范围

在统计的208个案件中，涉案野生动物种类达184种，其中国家一级保护动物15种，占比8.1%；国家二级保护动物52种，占比28.2%；“三有”动物117种，占比63.5%。国家一级保护动物中林麝和梅花鹿出现次数较多，国家二级保护动物中黑熊、猕猴、斑羚、红腹锦鸡、岩羊出现次数较多，“三有”动物中野猪、珠颈斑鸠、山斑鸠、小麂、果子狸、画眉、麻雀、猪獾、画眉鸟出现次数较多。我国现行《野生动物保护法》采用的是重点保护和目录管理模式，将野生动物分为珍贵濒危动物、重点保护动物、“三有”动物 三类的分级别目录保护。其将1737种野生动物纳入保护范围，共有256种国家重点保护野生动物（视为一级保护野生动物、二级保护野生动）和1481种有重要生态、科学、社会价值的陆生野生动物。也有部分野生动物虽未被直接纳入保护名录但通过《濒危野生动植物种国际贸易公约》（CITES）被核准为国家一级和二级保护野生动物，如犀牛、斑马。但目录只能提供固定范围内的有限保护，不能穷尽需要保护的野生动物种类也不能及时根据实际情况更新。如《国家重点保护野生动物名录》虽然在2019年打击野生动植物非法贸易部际联席会议第二次会议上进行了调整，也曾公开向社会征求修订意见，但是自1989年实施以来仍未进行系统、全面的修订，保护动物名录滞后于生态环境资源变化和野生动物保护现实发展的需要，许多新的濒危物种没能被及时加入保护名录。同时，决定在野生动物保护法的基础上将禁食野生动物的范围从国家重点保护野生动物扩大到“有重要生态、科学、社会价值的陆生野生动物”以及其他陆生野生动物，包括人工繁育、人工饲养的陆生野生动物，其他不在国家保护动物目录和“三有”动物名录上的动物也因全面禁食野生动物被纳入了野生动物民事公益诉讼的保护客体中。针对此类处于名录保护空白区域的野生动物是通过不断修订名录的方式将其纳入法律条文所保护的对象，还是采取其他保护思路来实现特殊个体保护，这对于维护整个生物链条稳定和生物多样性都具有重要意义。

（五）上诉情况

在统计的208个案件中仅有陈学书非法收购、运输、出售珍贵、濒危野生动物、珍贵、濒危野生动物制品一案因当事人不服一审裁判而上诉至上级法院进行审理，二审裁判中赔礼道歉、赔偿国家资源损失费部分与一审裁判结果一致，但纠正了一审法院判令上诉人赔礼道歉对象及赔偿对象不明确的问题，其余案件均无上诉情况。上诉案件数量少主要有以下原因。第一，收集的案例中以刑事附带民事案例为主，绝大多数被告对原告控诉的行为事实和罪名罪行大多没有争议，直接认罪认罚，案件大多是对能否适用减刑、确定民事赔偿金额大小、多人犯罪中责任划分存在争议。而能否适用减刑在事实清楚的情况下依据现行法律规定容易得出结论；在民事赔偿金额的确定的问题上因为涉及对野生动物品种鉴定等需要专业知识来确定的问题，一般情况下都是直接交由具有相应资质的专门机构来进行鉴定，由中立且权威的第三方进行鉴定确认的结果引起争议甚至出现错误评估现象的可能性小；多人责任的划分严格依据其行为所产生的后果的模式由个人来对其行为结果承担相应责任。第二，收集的案例中原告多为检察机关，检察机关作为国家机关，享有法律所明确规定的保护国家财产和维护社会公共利益的权力，且有国家财力物力的支持。同时，其由熟悉法律、能运用法律来解决实际问题专业人员所组成，团队专业素养高，熟悉诉讼程序，受以上因素的影响其在查明案件事实、收集证据等方面比其他类型原告更具优势，其所了解的案件情况和掌握的证据更加全面客观，公权力的行使也使其在作为原告时的整个诉讼过程的行为更具公信力。

小结

依据《民法典》第251条“法律规定属于国家所有的野生动植物资源，属于国家所有”以及《中华人民共和国刑事诉讼法》第101条“如果是国家财产、集体财产遭受损失的，人民检察院在提起公诉的时候，可以提起附带民事诉讼”，野生动物作为国家不可或缺的自然资源，属于国家财产，国家有权对其进行保护。当野生动物利益遭到侵害时，检察机关有权以国家财产遭受损失为由向人民法院提起普通物权之诉，要求被告承担因损害国家财产行为所产生的法律责任。自2018年我国在宪法修正案中增加了“生态文明”的内容，野生动物在传统被视为国家财产观念的基础上的生态环境公共利益引起广泛关注。生态系统是一个完整且有一定自我修复能力的有机统一体，但当某一不可或缺的环节或物种缺少，造成的危害超出自我修复能力范围时会对整个生态系统产生不可逆的严重损害。野生动物正是生态系统中极为重要的组成部分，部分物种在生物链中发挥着不可替代的作用，其作为人以外的自然客体的利益对于保持生物多样性和维护生态平衡有着重要意义。根据《民事诉讼法》第55条规定，发生损害社会公共利益行为时，个人、社会组织、检察机关都可作为原告提起民事公益诉讼，但检察机关只有在前两类主体不主动作为时才可向人民法院提起诉讼。当发生危害野生动物行为时，个人、相关社会组织和检察机关可以以侵害生态环节公共利益为由向人民法院提起野生动物保护民事公益诉讼。野生动物的生态利益的维护仍需要在之后的立法过程中注重野生动物的生态属性，各方主体积极主动地参与到野生动物保护的活动中，形成野生动物保护合力。

二、野生动物保护民事公益诉讼争议焦点观察

争议焦点乃诉讼双方必争之核心问题，也是法院审理案件所要明确和解决的主要问题，其直接决定了案件的性质与裁判结果。野生动物保护民事公益诉讼的争议焦点大致可分为四类：民事责任争议、罪名争议、证据争议以及其他争议，在样本案例中，民事责任类争议的案件最多，共有34件，其次是涉及罪名争议有13件，证据争议的案件有12件，其他争议有9件。

（一）民事责任争议

根据《最高人民法院关于审理环境民事公益诉讼案件适用法律若干问题的解释》（以下简称为《解释》）第18条规定："对污染环境、破坏生态，已经损害社会公共利益或者具有损害社会公共利益重大风险的行为，原告可以请求被告承担停止侵害、排除妨碍、消除危险、恢复原状、赔偿损失、赔礼道歉等民事责任。"在208个样本案例中被告承担民事责任的主要方式也主要是以下三种：修复生态环境、赔偿损失、赔礼道歉。因此，在民事责任争议的案例中，大多数案件的争议与这三种民事责任的承担有关：涉及修复生态环境以及赔偿损失方面纠纷的案件有29个，涉及赔礼道歉的有7个。此外，还有4个案件涉及其他诉讼费用的争议。因此，笔者在研究此类争议的过程中主要围绕这四方面展开。

1. 修复生态环境

笔者通过对208个样本案例的整理发现，在实践中，“修复生态环境”的民事责任主要是通过判令被告承担生态修复补偿金、替代性生态环境修复费用等支出资金的方式实现。案件中的争议主要为修复生态环境的费用与野生动物资源的损失概念发生混同。这在具体样本案例中的相关争议主要表现为：按照野生动物的价值来确定修复补偿金的金额是否合理。如在（2019）浙72民初810号案件中，被告认为《农业部关于确定野生动物案件中水生野生动物及其产品价值有关问题的通知》（农渔发〔2002〕22号）中规定的野生动物价值是执法、司法部门作为刑事案件定罪量刑的依据，以此作为民事赔偿的依据不合理。但法院判决认为：农业部出台的关于水生野生动物价值标准的认定是在采用物种濒危原则、自身价值原则、物种等同原则和可操作性原则的基础上，综合考虑了水生野生动物物种经济、研究、生态、社会、遗传资源等各方面的价值而得出的计算方法。生态修复补偿金，应是野生动物资源和海洋生态环境修复所需的费用，本案中所认定的海龟价值均应归属于此，故舟山市人民检察院按照海龟的价值来确定生态修复补偿金的金额并无不妥。

在2020年12月23日《解释》最新的一次修订中，将第18条民事责任中的“恢复原状”修改为“修复生态环境”。笔者认为与“恢复原状”相比，“修复生态环境”更强调救济公共利益，因此更符合环境公益诉讼保护社会公共利益的根本目的。项目整理分析的208个样本案例是在《解释》的最新修订之前判决的案件，当时法律未明确将“修复生态环境”作为一种承担民事责任的方式，再加之当时社会对野生动物所具有的生态环境价值的忽视，造成了实践中野生动物民事公益诉讼直接涉及“修复生态环境”的争议较少，且大多与“赔偿损失”这一民事责任混杂。笔者认为实践中要想解决此类争议，国家在明确规定“修复生态环境”这一民事责任的同时，还需要明确区分在野生动物民事公益诉讼中修复生态环境和赔偿损失这两种民事责任，避免被告方甚至司法机关将二者混同。

2. 赔偿损失

经过统计，笔者发现，在与民事责任相关的争议案件中赔偿损失是双方争议最多的一种民事责任，可以大致将其分为三类。首先，关于野生动物资源损失赔偿的争议。该争议具体有两种表现形式，一方面，是否应当按照《野生动物及其制品价值评估方法》（下面简称《方法》）评估野生动物资源的损失。在野生动物个体及制品价值方面，我国当前虽然已经出台了《方法》，但在实践中，此方面仍存在较多争点。具体争议有被告要求按照其他法律文件进行评估的情况（例如：《陆生野生动物资源保护管理费收费办法》、林业部《关于野生动物案件中如何确定国家重点保护野生动物的价值标准的通知》），以及原、被告一方要求按照市场价进行评估。虽然《方法》第6条的规定："野生动物及其制品有实际交易价格的，且实际交易价格高于按照本方法评估的价值的，按照实际交易价格执行。"但在实践中一些野生动物买卖的犯罪还未完成交易，因此并没有明确的实际交易价格。另一方面，关于应赔偿的野生动物数量的争议案件也较多，这类案件的产生一种情况是因涉案的野生动物种类单一，但数量巨大，由于公安机关或鉴定部门认定最终数量的标准与被告认定数量的标准不同，导致争议的发生。另一种情况是不少被告人认为自己虽然抓捕但没有杀害其中部分野生动物，被相关部门放生的野生动物不能纳入赔偿范围。笔者认为此类争议的产生一方面是因为我国虽然出台了《方法》，但其只按物种规定了野生动物及其制品的价值，而在实践中许多涉案野生动物虽然物种相同，但往往亲幼体、雌雄混杂，而他们的市场价格也不同，因此被告往往拒绝按照相同标准赔偿。另一方面野生动物资源的损失是否包括涉案的仍存活的野生动物个体，现阶段的法律法规也未作出明确规定。在这个问题上，笔者认为野生动物公益诉讼中的野生动物资源的损失仅仅是经济价值的损失，放生的野生动物若并未严重受伤，影响后续的生存，则其回归自然，它们的经济价值也应认定为未受到损害。因此被告赔偿的野生动物资源损失，不应包括涉案的健康活体野生动物。

其次，第二类争议是野生动物资源损失赔偿与替代性修复费用赔偿是否重复。在实践中，被告认为原告既主张野生动物资源损失又主张生态环境修复费用，属于重复赔偿，法院往往会根据《解释》第20条的规定："原告请求修复生态环境的，人民法院可以依法判决被告将生态环境修复到损害发生之前的状态和功能。无法完全修复的，可以准许采用替代性修复方式。"不支持被告的主张。但笔者认为野生动物民事公益诉讼与一般的环境污染公益诉讼不同，野生动物案件对野生动物的侵害绝大多数是不可恢复的，被告需要赔偿野生动物资源本身的价值，而替代性修复补偿金与赔偿野生动物资源损失的数额在一定意义上都是对野生动物资源的弥补，具有一定的重复性。

再次，赔偿野生动物资源损失与刑事罚金是否冲突。在208个野生动物民事公益诉讼案件中，刑事附带民事公益诉讼是其主要诉讼方式，因此绝大多数野生动物民事公益诉讼案件，都会涉及刑事罚金和赔偿野生动物资源损失。例如在（2020）浙0591民初80号案例中，被告方认为被告已经受过刑事处罚缴纳了罚金，不应该再承担民事赔偿。该案法院只强调了民事赔偿的合法性，并没有分析民事赔偿与刑事罚金是否存在冲突，以及如何解决的问题。笔者认为，刑事罚金是对被告的犯罪行为进行惩罚的费用，而民事损害赔偿是被告赔偿国家野生动物资源损失的费用，二者不存在冲突。此外，新出台的《民法典》第1232条规定："侵权人如果违反法律规定故意污染环境、破坏生态造成严重后果的，被侵权人有权请求相应的惩罚性赔偿。"笔者认为从性质上来看，《民法典》规定的惩罚性赔偿与刑事罚金都是带有惩罚性的，二者会存在一定的冲突。

3. 关于赔礼道歉方面的争议

首先，在媒体公开赔礼道歉是否有法律依据。根据《侵权责任法》第15条规定"承担侵权责任的方式主要有：……（六）赔礼道歉；（七）赔偿损失"，《最高人民法院关于审理环境民事公益诉讼案件适用法律若干问题的解释》第18条规定"对污染环境、破坏生态，已经损害社会公共利益或者具有损害社会公共利益重大风险的行为，原告可以请求被告承担停止侵害、排除妨碍、消除危险、恢复原状、赔偿损失、赔礼道歉等民事责任"。但并没有法律规定一定要通过在媒体公开赔礼道歉的方式，而在实践中，法院为了扩大案件的影响，号召民众保护野生动物，绝大多数都会要求被告通过媒体公开赔礼道歉。其次，在媒体上公开赔礼道歉是否可以用其他道歉方式替代。在此类争议中，被告认为其已当庭宣读书面道歉，可以无需履行公益诉讼起诉人要求的在媒体上公开赔礼道歉，对这一请求，一部分法院认为当庭宣读的书面道歉与公益诉讼起诉人要求在媒体上公开赔礼道歉的诉讼请求不符，不予支持。另一部分法院则认为责成被告通过由法庭现场监督、执行操作可观的庭审互联网直播系统向全社会受众道歉和进行反面典型宣传，同样可以实现教育和惩罚的双重目的。

针对此类争议，笔者认为在野生动物民事公益诉讼中，"赔礼道歉"是一种法定的民事责任，被告人应当承担。但在实践中绝大多数法院采取判决被告人在某类级别的媒体上公开赔礼道歉的方式，笔者认为可行性不大，因为许多野生动物案件的被告人文化程度不高，且生活较为拮据，让其在媒体上公开赔礼道歉实施的难度过大。而通过庭审直播道歉不仅对以司法科技手段促进生态环境修复保护教育的实践进行了积极探索，同时也以司法经济便利的方式实现了全社会对生态环境保护的关注。

4. 关于诉讼相关费用的争议

在野生动物民事公益诉讼中会涉及的诉讼相关费用有野生动物鉴定费用、无害化处理费用、公告费用、巡山费等，在实践中争议最多的是野生动物的鉴定费用。野生动物公益诉讼案件的鉴定包括刑事诉讼部分的鉴定和附带民事部分的鉴定两类，前者是办案机关为了查明案情，解决案件中某些专门性问题，指派、聘请有专门知识的人所作的鉴定；后者是法院应当事人的请求对民事赔偿部分的有关事项委托有关机构进行的鉴定。在野生动物刑事附带民事公益诉讼中，民事部分的鉴定往往都是直接引用刑事部分关于野生动物的鉴定，而不是当事人请求法院委托所作的鉴定，因此这类案件的鉴定费用较容易出现争议点。再加之，我国符合要求的野生动物鉴定机构较少，且鉴定费用较高，而此类案件的被告人绝大多数家中经济拮据，相关鉴定费用主要由检察机关支付，但检察机关办案费用有限，让其承担所有的鉴定费用，笔者认为会对检察机关在证明附带民事部分的环境公共利益损害、国有财产损失以及修复费用的具体数额时，造成不小的困难。

关于无害化处理费用、公告费用等其他诉讼中产生的费用，也没有明确的法律规定应由谁承担，实践中法院往往按照《诉讼费用交纳办法》第 12 条规定，根据谁主张、谁负担的原则，决定由当事人直接支付给有关机构或者单位，支持公益起诉人的请求。但被告承担的其他费用的范围也不能过大，例如，在（2018）青 2822 刑初 51 号案件中，公益起诉人请求被告支付巡山费并出示《情况说明》，法院认为“查找捕猎电网、捕兽夹、捕猎者”原本即为森林管护职能部门的本职工作，已由正常行政经费所开支，不具备与本案各被告人行为造成的生态保护侵权损害具有的关联性特征，驳回了检察院的请求。

关于刑事附带民事诉讼中的野生动物鉴定费用由谁承担的争议，笔者认为鉴定意见附带民事部分虽然仍引用了相同鉴定意见，但其形成于刑事侦查阶段，应当由检察机关承担。再考虑到野生动物鉴定费用较高，检察机关办案经费紧张，大多数被告经济负担能力较差等现实问题，笔者认为，一方面，我们应当寻找鉴定意见的替代措施，如借助“有专门知识的人”出庭提供专业意见，以更为灵活的证明方式降低鉴定成本。另一方面也可以从被告赔偿的其他费用中支出该项费用，不再将其单独作为一项来请求赔偿，《解释》第24条规定也为这种做法提供了法律依据，该条规定："人民法院判决被告承担的生态环境修复费用、生态环境受到损害至恢复原状期间服务功能损失等款项，应当用于修复被损害的生态环境。其他环境民事公益诉讼中败诉原告所需承担的调查取证、专家咨询、检验、鉴定等必要费用，可以酌情从上述款项中支付。"此外，今年新修订的《解释》第22条增加了原告可以请求被告承担"清楚污染以及防止损害的发生和扩大所支出的合理费用"，笔者认为这对野生动物民事公益诉讼中其他诉讼费用争议，如无害化处理费、野生动物的管理费等争议的解决提供了法律依据。

（二）证据争议

在48件有争议案件中，有证据争议的案件有13件，占比约为27%，且存在一个案件涉及多种证据争议的情况。通过对具体案件的分析可知双方主要是针对野生动物的鉴定问题存在争议，具体案件中体现为以下两个争议点：第一，鉴定机构是否有鉴定资质；第二，鉴定机构对野生动物价值的鉴定是否正确。

1. 关于鉴定机构的鉴定资质问题

通过检索相关文件可知，2017年农业部第2607号公告批准了32家科研教学单位承担《国家重点保护野生动物名录》《国家重点保护野生植物名录（第一批）》《〈濒危野生动植物种国际贸易公约〉附录》水生野生动植物种及其制品的鉴定工作，并且给出了各单位推荐鉴定的类群，但笔者在检索过程中尚未发现我国有关部门公布的具有鉴定陆生野生动植物资质单位的名单。而在2020年12月18日出台的《最高人民法院最高人民检察院公安部司法部关于依法惩治非法野生动物交易犯罪的指导意见》中对陆生和水生野生动物及其制品的鉴定作出了部分规定："六、对涉案野生动物及其制品价值，可以根据国务院野生动物保护主管部门制定的价值评估标准和方法核算……根据前款规定难以确定涉案野生动物及其制品价值的，依据下列机构出具的报告，结合其他证据作出认定：（一）价格认证机构出具的报告；（二）国务院野生动物保护主管部门、国家濒危物种进出口管理机构、海关总署等指定的机构出具的报告；（三）地、市级以上人民政府野生动物保护主管部门、国家濒危物种进出口管理机构的派出机构、直属海关等出具的报告。"笔者认为该指导意见并未完全限定鉴定机构的范围，而只是列举了三大类具有鉴定野生动物价值资质的机构，明确这三类主体出具的报告具有法律效力。而在本项目研究中，发现的对鉴定机构资质有争议的样本案件较少，且有争议的鉴定报告的鉴定主体主要是高校的司法鉴定所，此类机构并未规定在该指导意见当中。

2. 关于鉴定费用问题

笔者认为这受到两方面因素的影响，一方面是受当前鉴定技术的制约，现有技术使得鉴定人员并不能准确鉴定出涉案野生动物是野外生存的野生动物还是属于人工驯养的野生动物，在样本中有 2 个案件涉及此种争议。依据国家林业局 46 号令《野生动物及其制品价值评估方法》第 4 条的规定："野生动物整体的价值，按照《陆生野生动物基准价值标准目录》所列该种野生动物的基准价值乘以相应的倍数核算。"以及第 7 条："人工繁育的野生动物及其制品的价值，按照同种野生动物及其制品价值的百分之五十执行。"因此，鉴定野生动物是野生还是人工驯养，会对最后的赔偿数额产生较大的影响。另一方面是实践中公安机关有时会为了方便，未以野生动物及其制品的实物而多依据所拍摄的照片、视频送交鉴定机构，鉴定机构和鉴定人仅依据侦查机关提供的照片、视频进行鉴定并出具鉴定意见，这样作出的鉴定意见出现鉴定物种错误的概率会相对提高，被告方提出异议的可能性也会增加，最终使得鉴定意见作为证据的合法性也会受到影响。在样本争点案例中有 3 个案例的被告方就针对此问题向法院提出异议，如在（2020）川 3428 刑初 6 号案例中，多名被告均认为仅依靠供述及辨认照片，在没有实物的情况作出的鉴定真实性不能确定。

证据类的争议焦点大多数都涉及对野生动物进行鉴定的问题，因为在野生动物公益诉讼案件中对涉案野生动物的鉴定结果无疑是决定诉讼走向的关键因素。从最初的立案到最终判决的罪名和各种赔偿，都需要建立在相关鉴定机构能合法、准确地对野生动物作出鉴定的基础上。笔者认为，一方面需要国家发布文件，进一步明确具有鉴定资质的机构，特别是填补陆生野生动物鉴定资质的空白，且由于实践中诉讼双方不仅对物种鉴定存在争议，还对同一物种亲幼体鉴定等更细化的问题存在争议，因此未来细化鉴定机构资质的分类也是有一定必要性；另一方面也需要公安机关在侦查取证过程中更加规范化，确保实物送检，进而保证证据的证明效力。

（三）罪名争议

在208个样本案例中，刑事附带民事公益诉讼有192个。由此可以看出，刑事附带民事公益诉讼是目前野生动物保护民事公益诉讼最主要的形式。这一诉讼类型可以提高打击野生动物相关犯罪的力度和效率，更好地保护野生动物所代表的公共利益。

1. 罪名的种类

在刑事附带民事诉讼中，192个样本中共涉及7个罪名，分别是非法猎捕、杀害珍贵、濒危野生动物罪；非法收购、运输、出售珍贵、濒危野生动物、珍贵、濒危野生动物制品罪；非法狩猎罪；走私珍贵动物、珍贵动物制品罪；非法制造、买卖、运输、邮寄、储存枪支、弹药、爆炸物罪；非法持有、私藏枪支、弹药罪；以及掩饰、隐瞒犯罪所得、犯罪所得收益罪。

其中涉及非法狩猎罪的案例数量最多，达111例，其次是非法猎捕、杀害珍贵、濒危野生动物罪，数量为44例，涉及其余5个罪名的案例数量均小于10例。需要注意的是今年刚出台的《刑法修正案（十一）》将第341条第1款非法猎捕、杀害珍贵、濒危野生动物罪和非法收购、运输、出售珍贵、濒危野生动物、珍贵、濒危野生动物制品罪，合并为危害珍贵、濒危野生动物罪一罪，罪名的具体内容并未改变。

2. 犯罪形态

野生动物保护刑事附带民事公益诉讼主要涉及《刑法》第341条所涉及的六种犯罪形态。在192个案例中涉及猎捕行为的案件数量最多，达到161件，其次，涉及杀害行为的案件数量为52件，涉及收购行为28件，出售行为19件，运输行为为7件，走私行为有1件。

这6种犯罪形态可单独出现，也可同时出现。样本中有124个案件为只涉及一种犯罪形态，涉及两种犯罪形态的案件有54件，涉及两种以上犯罪形态的案件仅有8件。由此可以看出，野生动物保护刑事附带民事公益诉讼案件呈现出的作案行为绝大多数是单体性行为，涉及两种行为的较少，涉及两种以上行为的案件数量极少。在54例涉及两种犯罪形态的案例中，犯罪形态出现了四种组合方式：猎捕+杀害、收购+出售、猎捕+收购、收购+运输。其中"猎捕+杀害"的组合方式出现频率最多，案例数量达到43例；有9例样本是"收购+出售"的组合方式，"猎捕+收购"的组合方式有1例，"收购+运输"的组合方式有1例。这表明，在涉及两种行为的案件中，多为猎捕和杀害两种行为牵连，犯罪链条较短。

此外，被告类型也与野生动物保护民事公益诉讼案件的犯罪形态有关。在208个样本案例中，有126个案件的被告是自然人1人，82个案件的被告是自然人多人。被告人自然人一人的案件多为单一性犯罪，自然人多人的案件多为牵连性犯罪。

3. 犯罪目的

在192例刑事附带民事案件中，有45个案件的裁判文书中写明犯罪目的为食用野生动物，占比达到23.7%，此外，还有许多贩卖野生动物的案件，最终也是为了满足市场对食用野生动物的需求。随着2020年新冠疫情的全球性蔓延，我国打击食用野生动物相关犯罪的力度也随之增强，2020年2月全国人大发布禁令，全面禁止食用野生动物；10月《野生动物保护法修订草案》通过全国人大常委会审议，将禁止违法食用野生动物写入《野生动物保护法》；12月，《刑法修正案（十一）》将第341条中增加一款作为第3款："违反野生动物保护管理法规，以食用为目的非法猎捕、收购、运输、出售前两款规定以外的陆生野生动物，情节严重的，依照前款的规定处罚"，进一步加大了对非法食用野生动物的打击力度。此外，食用野生动物不仅会像其他野生动物犯罪一样，破坏生物多样性和生态平衡，更重要的是其与公共卫生安全紧密相关，食用野生动物可能会导致恶性传染性疾病的爆发，如此会对公益造成更严重的侵害。因此，野生动物保护民事公益诉讼未来要重视食用野生动物相关案件，可以制定并采取更有针对性的措施保护此类案件背后的社会公共利益。

4. 具体争议点

在这192个案件中有具体争议点的案件有13个。通过具体分析可知双方主要存在以下三个方面的争议：第一，主观上是否具有故意；第二，被告行为与损害结果之间是否有因果关系；第三，行为是否是刑法所规定的犯罪行为。

首先，关于主观是否为故意的争点，被告方多以不知是野生动物或猎捕是为了自食等理由，辩称主观上不存在故意。实践中法院会通过交易价格、被告知识文化水平，以及案发地是否靠近，或在保护区范围内等综合因素，判断被告是否具有故意。其次，被告行为与损害结果之间是否有因果关系。有9个案例涉及此类争议，辩护理由各不相同，但此类争议多出现在多人共同犯罪的案件中，具体主要有以下几种情形：第一，不是直接猎杀野生动物的被告，如购买野生动物死体或制品，认为自己没有直接侵害“公益”；第二，被告被抓获时，猎捕的野生动物依然存活，之后死亡，其行为与野生动物死亡之间没有必然的因果联系。最后一类争点所涉及的行为主要是被告有相关许可证，其行为是否属于犯罪。实践中存在大量被告用驯养繁殖许可证、经营利用许可证、狩猎证、生产专用标识等来“洗白”的行为，即名为养殖、狩猎，实为贩卖。在此类样本案例中，法院往往判定对超出审批准许驯养繁殖、经营利用的范围实施的行为，以及其他违反法律法规的行为，应承担相应的刑事责任。

野生动物保护民事公益诉讼案件中关于罪名的争点并不多，再加上认罪认罚制度的迅速发展，笔者认为双方有争议的案件数量未来应该会进一步下降。此类争议的焦点大多在于被告行为与损害结果之间是否有因果关系，这一点也会影响到民事责任的赔偿问题，如果没有因果关系，说明被告的行为没有侵害到“公益”，则其也无需承担民事赔偿责任。

由此可以看出：刑事附带民事公益诉讼是目前野生动物民事公益诉讼最主要的形式。通过统计分析 194 个案件所涉及的刑事罪名，可以大致了解野生动物公益诉讼领域所涉及的犯罪形态，即侵犯公益的具体行为。在此基础上，提高打击野生动物相关犯罪的力度和效率，更好地保护野生动物所代表的公共利益。

（四）其他争议

除上述争议点之外，野生动物保护民事公益诉讼在“公益”范围、起诉主体资格、犯罪工具等方面亦存在较大争议。

1. 是否侵害了“公益”

人工驯养的野生动物是否属于公益诉讼所保护的“公益”。在（2018）粤 0882 刑初 282 号案件中，被告提出有些人工驯养繁殖的野生动物自生到死皆与周围的自然环境隔离，与当地的生态毫无关系，因此各被告人的行为无从破坏生态平衡，对社会公共利益没有实质损害。但法院认为人工繁育的野生动物仍属于野生动物资源的一种，也属国家重点保护野生动物，应被予以保护，杀害该动物的行为严重破坏生态平衡，侵害了公益。笔者认为当前人工驯养繁殖的野生动物需要进一步细化分类，不能一概而论，对所有涉及人工驯养繁殖的野生动物的案件，都采取民事公益诉讼的方式解决也是不可取的。

走私境外野生动物的行为是否侵害了我国的“公益”？在某些跨境走私

野生动物及其制品的案件中，外籍犯罪人员认为其行为仅对野生动物原产地的生态环境有危害性，而对中国来说危害性显著轻微，请求减轻处罚。例如在（2020）云刑终442号案件中，被告人将从缅甸购买的穿山甲、白眉长臂猿头颅等珍贵野生动物及其制品，走私、贩卖至我国云南，被告认为涉案野生动物及其制品均来自缅甸，对中国生态环境影响轻微。但在此案中两审法院均认为中国与缅甸山水相连，属于同一生态区域，被告的走私行为所产生的一系列危害对我国的生态系统造成了破坏，已经损害了“公益”。野生动物民事公益诉讼虽然涉及走私情节的案件较少，但该案作为一例特殊案件，其涉及的野生动物民事公益诉讼跨境管辖权以及跨境“公益”问题值得后续更进一步的研究。

2. 民事公益起诉主体资格

首先，检察院是否具有起诉主体资格。在208个案例中，有2个案件对检察院的起诉主体资格提出异议，法院均未支持。这表明检察院作为民事公益起诉人的合法性已经被绝大多数被告及其辩护人所知晓，也是对近年来检察机关重点发展环境检察公益诉讼的肯定。其次，社会组织是否具有起诉主体资格。在208个案例中，有1个案件对公益诉讼的起诉主体资格提出异议，法院未支持被告。虽然只有1个案件提出异议，但提出此异议的案件为208个案件中唯一一个原告为社会组织的案件，这一方面说明社会组织对提起野生动物民事公益诉讼积极性不高，另一方面也说明社会组织的起诉主体资格认可度也较低。

3. 车辆是否属于作案工具

在此种争议中被告方往往会辩称车辆并不是专用于实施犯罪的物品，犯罪工具是实施猎捕、杀害野生动物的工具，车辆只是将被告人送达犯罪地进行作案的交通工具。对于此种争议，在样本案例中法院均不予采纳。

小结

综上可知，在野生动物刑事附带民事公益诉讼案件所涉及的犯罪中，主要适用《刑法》第341条关于非法狩猎罪和非法猎捕、杀害珍贵、濒危野生动物罪的规定。此外，通过对第341条所涉及的具体犯罪形态的数量统计，可以发现在野生动物刑事附带民事诉讼领域中，野生动物相关犯罪大多呈现单体性行为，如果是牵连性作案行为，则主要是“猎捕+杀害”两种犯罪形态牵连，犯罪链条较短，这与此类案件大多数被告都是出于食用的犯罪目的有关。此外，由于食用野生动物可能会对公共安全卫生造成的隐患，进一步侵害“公益”，笔者认为实践中有关机关需要对以违法食用野生动物为目的，及贩卖可供食用野生动物的公益诉讼案件，给予更多的关注。

三、野生动物保护民事公益诉讼中“公益”司法解读

在野生动物保护民事公益诉讼的法院判决书中，法院对“公益”的解释起着举足轻重的作用。作为说理部分，它一方面可以说服被告人，使被告人自觉履行判决书中规定的法定义务，又可以彰显现阶段“公益”的内涵。研究判决书中法院对野生动物保护民事公益诉讼中“公益”的解释，可以使我们更透彻地了解野生动物民事公益诉讼制度设立的初衷，其需要保护的“公益”的范围，又可以发现实践中的问题，并在后续的工作中不断加以完善，使得我国的野生动物民事公益诉讼制度得到更好的发展。

（一）“公益”司法解读的关键表达

各省一审法院在审理野生动物保护民事公益诉讼案件的过程中，用来解释“公益”的关键语句彰显出一定的普遍性与特殊性。在208个样本案件中，共出现了20种解释语句。其名称及数量情况如下表所示：

名称	出现次数（次）	名称	出现次数（次）
损害社会公共利益	145	破坏自然资源	7
侵害野生动物资源	144	侵害公共利益	6
破坏生态环境（生态系统）	76	侵害国家对野生动物资源的所有权	5
破坏生物多样性和生态平衡	71	增加动物灭绝的风险	3
损害国家利益	49	破坏基础基因和特别基因的遗传多样性	3
损害公众环境利益、环境权利	16	侵害了国家对野生动物资源的保护	3
造成国家自然资源损失	14	影响其正常繁衍、生长	3
破坏生物链	11	给国家造成损失	2
造成国家经济损失（国家财产受损失）	8	造成社会影响	1
野生动物种群数量减少（物种减少）	7	破坏野生动物栖息地	1

由上表可知，一审法院主要以损害社会公共利益、侵害野生动物资源、破坏生态环境（生态系统）和破坏生物多样性和生态平衡作为对“公益”的解释语句。在208个样本案例中，一审法院直接写明被告人侵害野生动物的行为损害了社会公共利益的案件共有145件，占到全部案件数量的69.71%；在研究的18个省1个自治区1个直辖市样本中，以“损害社会公共利益”作为解释语句的省份有安徽省、贵州省、湖北省、河南省、湖南省、江苏省、江西省和云南省。其中，安徽省的一审法院主要运用“损害社会公共利益”一词对侵害野生动物行为所损害的“公益”进行解释，安徽省案件中的5个案件都出现了“损害社会公共利益”，占到安徽省样本中的71.43%。相较于直接写明损害社会公共利益的案件，直接写明侵害了野生动物资源的案件共144件，占比达到69.23%；直接写明破坏生态环境（生态系统）的案件共76件，占比36.54%；直接写明破坏生物多样性和生态平衡的案件共71件，占比34.13%。这表明一审法院在审理野生动物保护民事公益诉讼案件时更强调公共利益以及野生动物的生态价值。

大部分法院还是对侵害野生动物所破坏的“公益”作出了一定的解释与说明，但还有一小部分案件中一审法院并未对侵害野生动物行为所破坏的“公益”作出任何解释。在调查的全部208个样本案例中，一审法院未对侵害野生动物所破坏的“公益”作出任何说明与解释的有17例，占到所研究案件的8.2%。

208个样本中，可以根据利益是否有主体归属将一审法院使用的20种语句所代表的“公益”共分为两类，分别是权益受损的主观表达类和生态环境被破坏的客观表达类，并以后者为主。生态环境被破坏的客观表达类语句使用次数占到所有语句使用次数的60%，而权益受损的主观表达类语句使用用次数占比40%。属于生态环境被破坏的客观表达类的语句有：1. 增加动物灭绝的风险；2. 破坏生物链；3. 影响其正常繁衍、生长；4. 破坏基础基因和特别基因的遗传多样性；5. 破坏生物多样性和生态平衡；6. 野生动物种群数量减少（物种减少）；7. 侵害野生动物资源；8. 破坏自然资源；9. 破坏生态环境（生态系统）；10. 破坏野生动物栖息地。属于权益受损的主观表达类的语句有：1. 造成社会影响；2. 损害公众环境利益、环境权利；3. 侵害公共利益；4. 损害国家利益；5. 造成国家自然资源损失；6. 给国家造成损失；7. 造成国家经济损失（国家财产受损失）；8. 损害社会公共利益；9. 侵害了国家对野生动物资源的保护；10 国家对野生动物资源的所有权。这其中，野生动物作为一种生物资源对公众具有美学、药用、生物学等价值，而造成社会影响，侵害公共利益，损害社会公共利益反映了行为人侵害野生动物的行为损害了具有公共效用的野生动物，损害了公共利益。因此属于公共利益范畴。根据《民法典》第 251 条之规定：法律规定属于国家所有的野生动植物资源，属于国家所有。《野生动物保护法》第 2 条第 2 款规定："本法规定保护的野生动物，是指珍贵、濒危的陆生、水生野生动物和有重要生态、科学、社会价值的陆生野生动物。"第 3 条第 1 款规定："野生动物资源属于国家所有。"而造成国家自然资源损失，给国家造成损失，造成国家经济损失（国家财产受损失），侵害了国家对野生动物资源的保护，侵害国家对野生动物资源的所有权反映了行为人侵害野生动物的行为已经影响到了国家对野生动物资源的占有、使用、收益和处分权利。需要特别注意的是损害公众环境利益、环境权利和损害国家利益两语句的属性，环境权是人的重要权利（或权益），是与人身、财产权（或权益）并列的一种权利类型，其特征为权利主体的集合性，不特定性、利益的公众性与整体性。在我国，环境权还未被法律明文规定，因此还处于权益范畴。在损害国家利益这一语句中，国家利益内容广泛，指满足或能够满足国家以生存发展为基础的各方面需要并且对国家在整体上具有好处的事物。它包含有许多国家应享有的权力、权利以及还未上升到权利层面的权益，由此属于权益范畴。而不论是在法律中已经明文规定的国家对特定野生动物的权利还是未上升到权利层面的权益，都是被法律所确认并且受法律保护，在受到侵害时，都可以请求人民法院予以保护。

通过对一审法院使用的 20 种解释语句分类进行研究，可以对侵害野生动物行为所损害的"公益"作如下分析：首先，野生动物作为生态环境的重要组成部分，侵害野生动物的行为会对野生动物本身造成伤害，甚至影响整个生态系统；其次，侵害野生动物行为不仅会对生态圈造成破坏，其行为更是涉及了国家对野生动物的权利或权益；最后，野生动物具有药用、美学等价值，侵害野生动物的行为会侵害不特定成员的利益，侵害公共利益。

（二）关键语句的组合使用

除了研究单个语句在样本案例中出现的次数，本文亦对组合语句进行了分析。通过分析组合语句可以在一定程度上揭示一审法院在对被告人伤害野生动物行为所侵害的"公益"进行解释时所做出的的考量，也反映出一些问题。在208个样本案例的所有语句中，选取两两语句的组合并且出现比例在3%以上的25种组合语句作为研究对象，其名称、使用组合语句次数及在样本案例中占比情况如下表所示：

组合	出现次数（次）	占比
损害社会公共利益＋侵害野生动物资源	112	51.85%
损害社会公共利益＋破坏生物多样性和生态平衡	62	28.70%
损害社会公共利益＋破坏生态环境（生态系统）	61	28.24%
侵害野生动物资源＋破坏生物多样性和生态平衡	50	23.15%
损害社会公共利益＋损害国家利益	47	21.76%
侵害野生动物资源＋破坏生态环境（生态系统）	47	21.76%
侵害野生动物资源＋损害国家利益	41	18.98%
破坏生物多样性与生态平衡＋破坏生态环境（生态系统）	32	14.81%
破坏生物多样性与生态平衡＋损害国家利益	18	8.33%
侵害野生动物资源＋损害公众环境利益、环境权利	13	6.02%
损害国家利益＋破坏生态环境（生态系统）	13	6.02%
损害社会公共利益＋损害公众环境权利、环境权益	12	5.56%
损害社会公共利益＋造成国家自然资源损失	12	5.56%
侵害野生动物资源＋造成国家自然资源损失	11	5.09%
侵害野生动物资源＋破坏生物链	10	4.63%
破坏生物链＋破坏生态环境（生态系统）	9	4.17%
损害公众环境利益、环境权利＋破坏生态环境（生态系统）	9	4.17%
损害社会公共利益＋造成国家经济损失	7	3.24%
损害社会公共利益＋破坏自然资源	7	3.24%
破坏生物多样性与生态平衡＋损害公众环境利益、环境权利	7	3.24%
破坏生物多样性和生态平衡＋损害公众环境利益、环境权利	7	3.24%
损害国家利益＋造成国家自然资源损失	7	3.24%

续表

组合	出现次数（次）	占比
造成国家经济损失（国家财产受损失）+损害社会公共利益	7	3.24%
野生动物种群数量减少（物种减少）+侵害野生动物资源	7	3.24%
野生动物种群数量减少（物种减少）+破坏生态环境（生态系统）	7	3.24%

上表显示，在两两搭配的语句中，使用频率最高的是损害社会公共利益+侵害野生动物资源，损害社会公共利益+破坏生物多样性和生态平衡与损害社会公共利益+破坏生态环境（生态系统）三种搭配语句。安徽省也是如此，主要使用“损害社会公共利益+侵害野生动物资源”与“损害社会公共利益+破坏生物多样性和生态平衡”两种搭配，再结合具体案件情况，加入诸如“造成国家自然资源损失”“损害国家利益”“野生动物种群数量减少（物种减少）”等语句作为一审判决书中对“公益”部分的解释。内蒙古自治区的样本案例呈现出独特之处。在研究内蒙古自治区的6个样本中，一审法院在每一案件中都同时使用“损害国家利益”“造成国家自然资源损失”“损害社会公共利益”“侵害野生动物资源”作为对“公益”的解释。经过分析原因如下：内蒙古自治区人大制定有适合本自治区实施的保护野生动物的地方性法规：《内蒙古自治区实施〈中华人民共和国野生动物保护法〉办法》，内蒙古自治区的地方性法规与《中华人民共和国野生动物保护法》为法院解释“公益”提供了法律依据，使得内蒙古法院对“公益”的解释更专业化、统一化。

这25种组合可分为生态被破坏的客观表达类语句组合、权益受损的主观表达类语句组合，生态被破坏的客观表达与权益受损的主观表达类语句三类。属于生态被破坏的客观表达类语句的组合为：1. 侵害野生动物资源+破坏生物多样性和生态平衡；2. 侵害野生动物资源+破坏生态环境（生态系统）；3. 侵害野生动物资源+破坏生物链；4. 破坏生物多样性与生态平衡+破坏生态环境（生态系统）；5. 破坏生物链+破坏生态环境（生态系统）；6. 野生动物种群数量减少（物种减少）+侵害野生动物资源；7. 野生动物种群数量减少（物种减少）+破坏生态环境（生态系统）。属于权益受损的主观表达类语句组合为：1. 损害社会公共利益+损害公众环境权利、环境权益；2. 损害社会公共利益+损害国家利益；3. 损害社会公共利益+造成国家自然资源损失；4. 损害社会公共利益+造成国家经济损失；5. 损害国家利益+造成国家自然资源损失；6. 造成国家经济损失（国家财产受损失）+损害社会公共利益。属于两者结合组合为：1. 损害社会公共利益+侵害野生动物资源；2. 损害社会公共利益+破坏生物多样性和生态平衡；3. 损害社会公共利益+破坏自然资源；4. 损害社会公共利益+破坏生态环境（生态系统）；5. 侵害野生动物资源+损害国家利益；6. 侵害野生动物资源+损害公众环境利益、环境权利；7. 侵害野生动物资源+造成国家自然资源损失；8. 破坏生物多样性与生态平衡+损害公众环境利益、环境权利；9. 破坏生物多样性与生态平衡+损害国家利益；10. 破坏生物多样性和生态平衡+损害公众环境利益、环境权利；11. 损害公众环境利益、环境权利+破坏生态环境（生态系统）；12. 损害国家利益+破坏生态环境（生态系统）。从数量和占比情况来看，208 个样本案例中一审法院主要以生态被破坏的客观表达与权益受损的主观表达类语句的方式对被告人侵害的"公益"进行解释。

由此，可以看出，一审法院在对"公益"进行解释时，将生态被破坏的客观表达类语句和权益受损的主观表达类语句混为一谈。现如今一审法院对"公益"作出的主要解释语句分为三类，即国家对野生动物享有的权利及权益、公共利益和野生动物对于生态系统的价值。不同的类别对应着不同的程序。对于行为人侵害国家对野生动物享有的权益的行为，构成犯罪的，可由检察机关向人民法院提起公诉，对于行为人的民事责任部分，根据《刑事诉讼法》第 101 条第 2 款之规定："如果是国家财产、集体财产遭受损失的，人民检察院在提起公诉的时候，可以提起附带民事诉讼。"因此，检察机关可以直接就损害国家对野生动物所有权的行为提起附带民事诉讼。对于行为人侵害不特定成员的利益，侵害公共利益的行为，《民法典》第 1234 条规定："违反国家规定造成生态环境损害，生态环境能够修复的，国家规定的机关或者法律规定的组织有权请求侵权人在合理期限内承担修复责任。侵权人在期限内未修复的，国家规定的机关或者法律规定的组织可以自行或者委托他人进行修复，所需费用由侵权人负担。"根据《民事诉讼法》第 55 条的规定，可由法律规定的机关和有关组织可以向人民法院提起诉讼，人民检察院可以支持起诉，在没有法律规定的机关和组织或者法律规定的机关和组织不提起诉讼的情况下，人民检察院可以向人民法院提起民事公益诉讼。针对行为人伤害野生动物、破坏生态的行为，根据《野生动物保护法》第四章法律责任部分的规定，行政机关有责任阻止行为人实施侵害野生动物的行为，并对其违法行为进行处罚。当负有监督管理职责的行政机关在履职过程中存在行政监管漏洞或者执法不到位、不严格问题，致使国家利益或者社会公共利益受到侵害的，根据《行政诉讼法》第 25 第 4 款的规定，应主动与行政机关进行磋商、沟通，有针对性地提出检察建议，督促其依法履行职责。行政机关不依法履行职责的，人民检察院依法向人民法院提起诉讼。当出现部门间职责模糊交叉对具体案件的认定有重大分歧时，尽量通过行政公益诉讼立案后磋商程序和诉前圆桌会议等形式妥善化解分歧，促进有关问题一揽子解决。

小结

综上所述，从一审法院对“公益”的解释情况中可以发现一些问题。首先，尚有一部分案件中一审法院并未对行为人侵害野生动物行为损害的“公益”作出任何解释。在现如今的野生动物保护民事公益诉讼制度仍需要在法院出具的判决书方面予以完善，先保证一审法院在制作判决书时对侵害野生动物的行为所损害的“公益”作出解释，之后才能再进一步考虑解释的完善度和对当事人、对全社会的说服度。其次，现如今“公益”的概念尚不清晰。从一审法院的判决书中可以发现侵害野生动物行为损害的三种利益，分别是国家对野生动物享有的权利及权益、公共利益和野生动物对于生态系统的价值，而不同利益对应着不同的救济程序。在行为人侵害野生动物的行为发生后，应首先判断侵害的主要利益，当行为人侵害野生动物的行为构成犯罪，并损害了国家对野生动物的权利或权益时，就需要检察机关在向人民法院提起公诉后直接就损害国家对野生动物所有权的行为提起附带民事诉讼；在行为人的行为侵害了公共利益时，就需要法律规定的机关和有关组织可以向人民法院提起诉讼，在没有法律的机关和组织或者法律规定的机关和组织不提起诉讼的情况下，人民检察院可以向人民法院提起民事公益诉讼。在行为人的行为主要侵害了野生动物、破坏生态时，就应由负有监督管理职责的行政机关对其违法行为进行处罚，当负有监督管理职责的行政机关违法行使职权或者不作为，致使国家利益或者社会公共利益受到侵害的，检察机关应当向其提出检察建议，督促其履行职责，行政机关不依法履行职责的，再由检察机关依法向人民法院提起诉讼。

四、野生动物保护民事公益诉讼诉讼请求观察

诉讼请求，承载着起诉主体在办理公益诉讼案件过程中的实体要求。其不仅是修复受损国家利益及社会公共利益的判定依据，也是在对案件证据及事实综合考虑的基础上所提出的限定审理及裁判范围、指引诉辩方向的重要航标。① 本部分首先将从整体上呈现起诉主体的诉讼请求类型，随后将借助于国家统计局对我国经济地区的分类具体阐述原告诉求类型与人民法院的支持情况。

（一）诉讼请求整体概况

通过对野生动物保护民事公益诉讼的200多个案例进行统计分析发现，在野生动物保护民事公益诉讼领域，原告的诉求主要包括物质方面的金钱赔偿和精神方面的赔礼道歉的两种类型，而金钱赔偿又主要分为用于支付由被告不法行为造成的生态环境损害和诉讼过程中所需专家意见咨询费、鉴定费等内容。具体来说主要有几下几种：①与资源破坏有关的诉讼请求：请求支付破坏野生动物赔偿金、请求支付生态资源修复赔偿金、请求被告公开赔礼道歉、请求被告进行替代性赔偿。其中原告请求对因破坏野生动物资源的行为而造成的损失进行赔偿的有186例，占全部案件的88.6%，赔偿数额要求最低的为人民币80元，要求最高的为人民币118400元；原告请求判决被告进行赔礼道歉的有154例，其中未明确赔礼道歉的形式及载体级别的有21例，判决当庭道歉和在国家级媒体上道歉的各有5例，在省级媒体上道歉的为24例，判决在市（州）级媒体上道歉的案例数量最多，为66例，在县级媒体上公开道歉的判例数量为29例；原告请求判决被告进行替代性赔偿的案件共有17例，其中有4例未明确替代性赔偿的种类及方式，明确请求判决被告进行公益劳动或积极参加公益活动的有6例，明确以支付替代损害修复费用为替代性赔偿方式的有2例，明确印发宣传资料的有2例，还有3例采取或义务劳动或承担替代性修复费用的判决方式。②与诉讼有关的

① 陈泽林、张源：《行政公益诉讼如何实现诉讼请求“精准化”》，《检察日报》2019年7月21日，第003版。

赔偿请求：支付野生动物价值评估费、请求被告承担诉讼费用、请求被告承担公告费、专家意见咨询费、专家鉴定费。原告请求法院判令民事公益诉讼被告支付公告费的有9例，支付专家意见咨询费的有6例，支付专家鉴定费的有17例，请求判令被告承担诉讼费用的有2例，请求支付野生动物价值评估费用的有1例。③其他诉讼请求：在这二百多个案例之中有6个案例的原告提出了其他的诉讼请求，其中有3例中的原告请求判令被告进行与野生动物保护有关的宣传或参与相关的活动，剩余3个案例则是原告请求判令被告支付寄养费、保护费等费用。

相对于较为简单的诉讼请求而言，法院的态度相对复杂。具体而言，法院对原告的诉讼请求，从裁判结果来看，分为完全支持、未完全支持金钱数额、未完全支持请求事项、未完全支持金钱数额+请求事项、法院依职权主动变更五种情况。在样本案例中，针对原告的诉讼请求，人民法院具体的支持情况如下：①完全支持的有173例，占全部案例的83.2%。②人民法院未完全支持（金钱数额），即人民法院支持原告的诉求类型，但未完全支持原告提出的数额要求的有15例，占全部案例的7.2%。③人民法院未完全支持（请求事项），即人民法院对原告提出的诉讼请求的种类未完全支持但对赔偿金额完全支持的有9例，占案例总数的4.3%。其中有2个案例为驳回被告承担专家鉴定费的诉讼请求，有1例为驳回原告提出的被告支付破坏野生动物赔偿金的主张，有2例为驳回原告请求判令赔礼道歉的主张，有1例为人民法院未支持原告主张判令被告赔礼道歉的媒体级别，有1例为未支持原告提出的判令被告进行与野生动物保护有关的宣传或参与相关的活动的主张，1例为驳回原告提出的要求被告支付巡山、维护产生的管理费。④人民法院依职权主动变更诉讼请求类型或提高赔偿数额的有10例占全部案例的4.8%。在这10个案例中，人民法院提高被告赔礼道歉的媒体级别的有2例，明确被告赔礼道歉方式的有5例，主动增加被告赔礼道歉有1例，主动提高被告赔偿生态环境损害金的有1例。还有1例较为特殊，极具创新意义，即将破坏野生动物赔偿金变更为提供公益劳动。对于“何谓公益劳动”，目前并无法律单独规定。而第一份出现公益劳动的判决书出自2014年江苏省连云港市中级人民法院，该法院认为被告人王某自愿在经济能力不足的情况下通过公益劳动等方式进行抵补，该举动相比于经济赔偿更有利于受损环境的修复与治理，该案极具“创新性”的审判方式第一次将“劳役代偿”的理念与举措引入环境民事公益诉讼的领域中。2015年《最高人民法院关于审理环境民事公益诉讼案件适用法律若干问题的解释》第20条开始对替代性修复方式作出规定，规定“原告请求恢复原状的，人民法院可以依法判决被告将生态环境修复到损害发生之前的状态和功能。无法完全修复的，可以准许采用替代性修复方式”，但仅从条文来看，最高人民法院关于审理环境民事公益诉讼案件适用法律若干问题的解释（2020）目前仍未对替代性修复方式适用的情形及标准作出具体的规定，因而目前各地法院的法官在类似案件的判决中自由裁量的空间比较大。⑤人民法院对原告诉求类型和数额均未完全支持的仅有1例，在该案例中，人民法院除对赔偿数额进行变更以外，人民法院还对被告进行赔礼道歉媒体的级别和方式作出改变。

（二）不同地区诉讼请求的具体差异

1. 东部地区

东部地区案件数量分布如下：北京市1例，辽宁省8例，上海市1例，江苏省8例，浙江省16例，福建省8例，山东省4例，广东省2例，天津、河北、广西、海南均为0例。从案件数量分布情况来看，东部地区内部北方野生动物保护民事公益诉讼的案件量明显少于南方。

在野生动物保护公益诉讼中原告的诉求类型在不同的省市体现出不同的特色。在北京市仅有的1个案例是由检察机关提起的，涉及民事公益诉讼部分的诉讼请求是仅仅在省级媒体上对社会公众公开赔礼道歉，未涉及物质方面的金钱赔偿。

在福建省的8个案件中，有2个案件仅要求在省级媒体上公开赔礼道歉，这2个案例的原告均是福建省南安市人民检察院，其余的6个由市、县人民检察院的诉讼请求均为要求支付破坏野生动物赔偿金和赔礼道歉，其中唯有明溪县人民检察院提出了要求被告参加义务劳动或交纳公益补偿的诉讼请求。

广东省的2个案件起诉主体均是人民检察院，诉求均为支付赔偿金和公开赔礼道歉。

在辽宁省的8个案件中，有7个案件的诉讼请求均包括赔偿损失和公开赔礼道歉，其中仅有一个由大连市普兰店区人民检察院提起的公益诉讼的诉讼请求还增添了要求被告承担惩罚性赔偿一项，另外一个由朝阳市双塔区人民检察院做原告的案件其诉讼请求并未涉及损害赔偿，仅要求公开赔礼道歉。

江苏省的8个诉讼均由人民检察院提起，诉求类型均为赔偿损失和赔礼道歉。

山东省共有4例与野生动物保护民事公益诉讼有关的案件，提起诉讼的主体均为人民检察院，其中有3例诉讼请求均未赔偿损失+公开赔礼道歉，仅有1例诉讼请求为公开赔礼道歉。

在上海市仅有的1个案件中，原告的诉讼请求为赔偿损失和公开赔礼道歉，但并未明确道歉的方式及媒体的级别，且人民法院在判决中也没有做进一步明确。

在浙江省的16个案件中，由舟山市人民检察院做原告的3个案件原告均在案件审理过程中申请撤回要求被告承担鉴定评估费的主张。由临安区人民检察院作原告的3个案件、青田县人民检察院作原告的2个案件以及由建德市人民检察院提起诉讼的1个案件里原告的诉求类型均只要求赔偿损失，其余的10个案件中原告的诉讼请求均为赔偿损失和公开赔礼道歉（在审理过程中撤回的诉讼请求视为未提出该诉讼请求）。

在法院裁判方面，北京市、福建省、山东省、上海市的人民法院对原告提出的诉讼请求作出完全支持的判决，广东省的2个案件人民法院对诉求类型均持支持的态度，但其中一个案件请求赔偿的数额却未得到人民法院的完全支持。在辽宁省的8个案件中，人民法院完全支持的有2个，在金钱数额方面未完全支持的有3个，法院依职权主动变更的有3个，其中2个为人民法院主动明确被告公开赔礼道歉的媒体的级别，另外1个为增加赔偿数额。江苏省的8个案件中，人民法院完全支持的案件数量为6个，另外2个分别为未支持人民检察院提出的请求判令被告支付专家意见咨询费的主张、未完全支持人民检察院要求被告承担的赔偿金额且改变被告赔礼道歉的方式。在浙江省的16个案件中，人民法院仅对其中1个案件且仅在赔偿数额上未完全支持原告的诉讼请求。

2. 中部地区

中部地区各省市案件数量分布如下：内蒙古自治区6例，吉林省1例，黑龙江省6例，安徽省7例，江西省14例，河南省9例，湖北省10例，湖南省21例，山西省0例。从案件数量分布情况来看，中部地区内部北方野生动物保护民事公益诉讼的案件量明显少于南方。

黑龙江省的5个案件的起诉主体均为人民检察院，有4个案件诉讼请求仅为赔偿损失，只有一个由黑龙江省大箐山县人民检察院提起的刑事附带民事诉讼除要求赔偿损失外还要求公开赔礼道歉。

河南省的9个案件均由人民检察院作为原告，有8个案件的诉讼请求为赔偿损失和赔礼道歉，剩余有1个由河南省许昌市魏都区人民检察院提起诉讼的案件的诉讼请求仅要求赔偿损失。

湖北省的10个案件中有7个案件的诉讼请求为赔偿损失和赔礼道歉，其中由通城县人民检察院做原告的案件的诉求请求增添要求被告承担专家咨询劳务费一项，由孝昌县人民检察院提起的诉讼的诉讼请求增添要求被告承担公告费一项。其余3个案件中有2个为湖北省洪湖市人民检察院提起的诉讼，这两个案件的诉讼请求要求被告赔偿损失，并承担评估鉴定费和公告费，另1个案件的原告为湖北省英山县人民检察院，它的诉讼请求是要求被告支付公告费并进行公开赔礼道歉。

湖南省存在1例由社会组织提起的野生动物保护民事公益诉讼的案件，其诉讼请求为要求被告赔偿损失、公开赔礼道歉、承担专家鉴定费用以及诉讼费用。其余的20个案例中除1例由靖州苗族侗族自治县人民检察院提起的诉讼仅要求公开赔礼道歉以外，其余19个案件均提出要求被告承担赔偿损失的诉讼请求，由桂阳县人民检察院、株洲市渌口区人民检察院、资兴市人民检察院、桂东县人民检察院、宁乡市人民检察院6个诉讼没有提出要求被告承担赔礼道歉的主张，除此之外，桑植县人民检察院的1个案件还对要求被告承担公告费和作出替代性修复作了规定。由桑植县人民检察院、靖州苗族侗族自治县人民检察院、宁乡市人民检察院、湘阴县人民检察院提起诉讼的6个案件中，原告的诉讼请求包括要求被告进行替代性赔偿，但其中仅有1个案件提出了明确的替代性修复的方式。在湖南省由检察院提起诉讼的这20个案件中各有4个案件分别对要求被告承担专家意见咨询费以及专家鉴定费作出规定。

内蒙古自治区的6个案件均由人民检察院提起，均只要求赔偿损失。

吉林省的唯一的1个案件由人民检察院提起诉讼，要求被告赔偿损失并进行公开赔礼道歉。

在江西省的14个案件中，仅有7个案件原告主张了赔偿损失的诉求，在未主张损害赔偿的7个案件中，有4个案件的原告提出了明确的替代性修复的诉求主张，其余3个案件原告对赔礼道歉的要求较为严格，均要求出具书面道歉书并在案发所在地广泛张贴。

在安徽省的7个案件均为检察机关提起的诉讼，全都要求赔偿损失，检察机关仅在 3 个案件中请求判令被告进行赔礼道歉，仅在 1 个案件中要求被告承担公告费和专家鉴定费。

河南省、吉林省、江西省的案件中，人民法院完全支持原告的诉讼请求。在黑龙江省的 5 个案件中，人民法院对此 5 个案件诉求类型予以完全支持，仅对其中 1 个案件中的赔偿金额作出未完全支持的判决。在湖北省的 10 个案件中，人民法院对其中 9 个案件的诉讼请求采取完全支持的立场，对另 1 个案件的赔偿金额采取未完全支持的态度。内蒙古自治区的 6 个案件中，人民法院对原告的诉讼请求采取完全支持的态度，对其中 1 个案件依职权主动增加了一项要求被告进行赔礼道歉的判决。在湖南省的 21 个案件中，有 16 例案件人民法院对原告的诉讼请求采取完全支持的态度，有 1 例人民法院未完全支持原告提出的赔偿的数额，有 2 例案件人民法院均未完全支持原告提出的要求被告进行赔礼道歉的诉讼请求，还有 1 例案件人民法院依职权主动明确了被告赔礼道歉的方式。安徽省的 7 个案件中，人民法院在其中 4 个案件中完全支持了原告的诉讼请求，在其中 1 个案件中未完全支持原告所要求的赔偿金额，另外 2 个案件的判决结果主动改变了诉讼请求，1 个将损害赔偿变更为判令被告承担替代性赔偿，另 1 个为主动提高被告赔礼道歉的媒体级别。

3. 西部地区

西部地区各省市案件数量分布如下：四川省 51 例，贵州省 6 例，云南省 7 例，西藏自治区 1 例，陕西省 11 例，甘肃省 4 例，青海省 3 例，重庆市 4 例，宁夏回族自治区、重庆市 0 例。

在西藏仅有的 1 个案件中，起诉主体为检察机关，与民事公益诉讼有关的诉求类型为赔偿损失和赔礼道歉。

青海省的 3 个案件均是由人民检察院提起诉讼，诉求类型均包含赔偿损失和赔礼道歉两项，其中 1 个案件原告还提出了要求被告承担巡山、维护产生的管护费，但未得到人民法院的支持。

重庆市的 4 个案件中原告的诉讼请求均包括赔偿损失和赔礼道歉，检察机关在其中 1 个案件中请求判令被告进行替代性赔偿，在其中 1 个案件中要求被告承担诉讼费用，在其中 1 个案件中请求判令被告支付野生动物价值评估费，在另外 1 个案件中请求判令被告支付专家鉴定费。

在云南省的 7 个案件中，检察机关在 6 个案件中均提出要求被告赔偿损失的诉求，在另外 1 个案件中，原告请求判令被告以参加公益劳动的形式折抵赔偿并进行公开赔礼道歉。在前述6个案件中有3个案件中的原告未对判令被告进行赔礼道歉的事项提出请求。

在甘肃省的4个案件中，原告均为检察机关，且均提出要求判令被告进行损失赔偿和赔礼道歉两项诉讼请求，其中2个由小陇山林区人民检察院提起的公益诉讼还要求判令被告支付专家鉴定费。

贵州省的6个案件均是由人民检察院提起诉讼，有2个要求赔偿损失的同时进行赔礼道歉，在这其中还有1个要求出资印发保护动物的宣传资料并进行发放。有1个仅要求赔偿损失，有1个仅要求赔礼道歉，另外两个均要求在赔礼道歉的同时印发保护动物的宣传资料。

在陕西省的11个案件中，原告均为检察机关，其在3个案件中仅提出赔偿损失的诉讼请求，在1个案件中仅请求判令被告进行赔礼道歉，在其他7个案件中均提出请求判令被告在赔偿损失的同时进行赔礼道歉的主张。

在四川省的50个案件里，检察机关在其中46个案件中提出要求被告赔偿损失的诉讼请求，在另外4个案件中仅要求赔礼道歉。在这4个案件中检察机关还在其中1个案件中请求判令被告支付公告费和专家鉴定费，并判令被告进行义务劳动，在其中1个案件中请求判令被告支付寄养费。在前述46个案件中有30个案件原告还同时主张了判令被告赔礼道歉，在剩余16个案件中有2个案件提出了判令被告承担替代性修复的主张，有1个案件提出要求被告进行义务劳动的主张，其余13个案件原告的诉讼请求均只有赔偿损失。在前述30个案件中，检察机关仅在其中1个案件中要求被告承担公告费，在其中3个案件中要求被告承担专家鉴定费。

在西藏自治区、重庆市、甘肃省、贵州省的案件中，人民法院完全支持了原告的诉讼请求，青海省的3个案件的诉求有1个案件得到人民法院的完全支持，有1个案件人民法院未支持原告要求被告承担巡山、维护产生的管护费的诉讼请求，还有1个案件人民法院主动明确了被告进行赔礼道歉的方式和媒体级别。云南省7个案件中有6个案件诉讼请求得到了法院的完全支持，有1个案件人民法院主动明确了被告进行赔礼道歉的方式和媒体级别。陕西省人民法院共处理过与保护野生动物民事诉讼相关的案件11例，对其中10例原告的诉讼请求完全支持，在另外1例中主动明确了被告进行赔礼道歉的方式和媒体级别。在四川省51个案件中，人民法院完全支持原告诉讼请求的案例有41例，在赔偿金额方面未完全支持的案例有6例，其余4例为在请求赔偿的事项未完全支持原告的诉求。在这4个案件例中有1个为未支持原告提出的请求判令被告进行赔礼道歉的诉求，有1个案件为驳回原告请求判令被告赔偿损失的诉求，还有1例为不支持原告提出的要求被告承担替代性修复的主张，另外1个案件为驳回原告要求被告支付专家鉴定费的主张。

小结

综上所述，从整体来看，在研究的210个案件中大部分案件的原告均提出了赔偿金的主张。将原告的诉讼请求进行排列组合可发现，将损害赔偿和赔礼道歉同时列为诉讼请求的最多，有128例，占总体的70%，仅要求损害赔偿的有49例，占整体的23.3%，仅要求赔礼道歉的有13例，占整体的6.2%，同时要求损害赔偿、赔礼道歉和替代性赔偿的有10例，占整体的4.8%，剩余7例采取其他的组合方式。从各省市的情况来看，每个省市原告的诉讼请求基本均以赔偿损失、赔礼道歉为主，无明显的地域特色。

检察公益诉讼制度的确立和发展

李海蛟*

摘　要：检察机关作为法律监督机关，依法负有法律监督职责，由检察机关提起公益诉讼，可以促使行政机关依法行政，督促民事主体依法行事，对促进法治政府建设和构建良好法治环境具有积极意义。检察公益诉讼制度的确立经历了探索阶段、试点阶段、全面推广阶段。目前检察公益诉讼制度存在的主要问题有：检察公益诉讼的领域较窄、检察机关的调查取证权受限、诉讼请求简单套用民事和行政诉讼模式、检察公益诉讼的裁量权缺乏监督。将来的公益诉讼制度立法应当扩大检察机关提起公益诉讼的范围、规定妨碍检察机关取证的不利后果、规定检察机关公益诉讼中的特殊请求权、赋予人民监督员对公益诉讼的监督权。应当认真研究是否制定独立的《公益诉讼法》。

关键词：检察机关；公益诉讼；诉讼请求；诉前程序；诉讼程序

公益是一种没有特定主体的整体利益，与公民、法人和社会组织没有直接的利害关系，当国家利益和社会公共利益受到侵害时，常常出现民事公益诉讼主体模糊、行政公益诉讼主体缺位的情况。检察机关作为法律监督机关，依法独立行使检察权，依法履行宪法法律赋予的法律监督职能，由检察机关提起公益诉讼，不仅可以避免受制于地方及部门利益的牵涉，还可以通过国家权力调查取证，很好地解决普通单位调查取证和举证困难的问题，更好地维护国家和社会公共利益，因此，社会各界长期呼吁由检察机关作为公共利益代表提起公益诉讼。

《关于全面推进依法治国若干重大问题的决定》（以下简称《决定》），

---

* **作者简介：**李海蛟，北京市东卫（重庆）律师事务所，律师。

对检察机关提起公益诉讼制度改革作出了重要部署和安排，首次提出“探索建立检察机关提起公益诉讼制度”。习近平总书记在作关于十八届四中全会《决定》的说明时强调：“由检察机关提起公益诉讼，有利于优化司法职权配置、完善行政诉讼制度，也有利于推进法治政府建设。”

一、检察公益诉讼制度的确立

任何一项制度的确立都要经过理论和实践的反复论证及总结经验，检察公益诉讼制度的确立也经历了探索阶段、试点阶段以及全面推广阶段。通过不断探索，发现问题，积累经验，确立了检察公益诉讼这一项新的司法制度，完善了法律监督体系和司法权力运行体系。

（一）探索阶段（1997 年至 2015 年 6 月）

20 世纪 90 年代初期，1990 年《行政诉讼法》和 1991 年《民事诉讼法》明确了检察机关对行政诉讼、民事诉讼活动的法律监督职能，为检察机关探索公益诉讼提供了空间。20 世纪 90 年代末开始，全国各地检察机关开始对国有资产、生态环境等领域损害国家和社会公共利益的行为主动提起公益诉讼。1997 年，河南省方城县人民检察院以原告身份起诉该县工商局擅自出让房地产致使国有资产流失案，是我国由检察机关提起的第一起公益诉讼案，是以直接起诉的方式监督纠正的国有资产流失案件。2000 年，最高人民检察院发布《关于强化检察职能、依法保护国有资产的通知》，强调“检察机关应充分发挥检察职能，对侵害国家利益、社会公共利益的民事违法行为提起诉讼”，对河南等地的检察公益诉讼实践表示支持。

但是，检察机关的这一立场在几年后发生了变化。最高人民法院于 2004 年对湖北省高级人民法院关于辖区检察机关提起的公益诉讼案件的请示作出批示，明确表示检察机关以保护公益为由，以原告身份代表国家提起诉讼，法院不应当受理。最高人民法院从维护法制统一的高度，支持并强化了湖北省高级人民法院在此案中的观点。同年，最高人民检察院出台《关于严格依法履行法律监督职责推进检察改革若干问题的通知》（最高检发〔2004〕14 号）要求：“检察机关不得对民事行政纠纷案件提起诉讼。近年来一些地方检察机关试行了提起民事行政诉讼，鉴于这一做法没有法律依据，尚需进一步研究、探索，今后，未经最高人民检察院批准，不得再行试点。”此后，各地检察机关提起公益诉讼工作暂时停滞。

自2007年开始，各地检察机关开始在生态环保领域开展了新一轮公益诉讼探索。自2007年11月20日至2012年8月31日期间，贵阳市、无锡市、昆明市等地纷纷通过尝试制定地方性法规的形式为环境公益诉讼提供法律依据，并由相关地方法院开展了成立环境保护审判庭、环境保护法庭审理环境公益诉讼案件的试点。如贵阳市中级人民法院发布的《关于贵阳市中级人民法院环境保护审判庭、清镇市人民法院环境保护法庭案件受理范围的规定》、贵阳市人大常委会制定的《贵阳市促进生态文明建设条例》（自2013年5月1日起《贵阳市建设生态文明城市条例》施行的同时，《贵阳市促进生态文明建设条例》被废止）。再如无锡市中级人民法院和无锡市人民检察院共同出台的《关于办理环境民事公益诉讼案件的试行规定》，以及昆明中级人民法院与昆明市人民检察院、昆明市公安局、昆明市环境保护局共同出台的《关于建立环境保护执法协调机制的实施意见》等。以上地方性规范均明确了检察机关、环境保护管理机构、环保公益组织基于环境公共利益，可作为提起环境公益诉讼的原告。

根据以上地方性规范，各地办理了一批有成效的案件。从案件性质来看，办理的公益诉讼案件均为民事公益诉讼，没有行政公益诉讼案件；从案件类型来看，主要涉及国有资产保护、环境保护等领域。检察机关提起公益诉讼的探索实践赢得了社会各界的认同，取得了较好的成效，也积累了一些经验做法，但始终缺乏明确的法律授权。

（二）试点阶段（2015年7月至2017年6月）

经过前期的探索，检察机关提起公益诉讼逐步取得了一定的经验。2014年党的十八届四中全会《决定》以中共中央文件的形式要求建立检察机关提起公益诉讼制度。2015年7月1日，第十二届全国人民代表大会常务委员会第十五次会议通过了《全国人民代表大会常务委员会关于授权最高人民检察院在部分地区开展公益诉讼试点工作的决定》（以下简称《授权决定》），同日，最高人民检察院印发了《检察机关提起公益诉讼试点方案》（以下简称《试点方案》），确定在北京、内蒙古、吉林等13个省、自治区、直辖市的检察院开展为期两年的试点。至此，检察机关开展公益诉讼试点工作正式拉开序幕。

在两年试点期间，各试点地区检察院共办理诉前程序案件7903件。其中，从诉讼类型来看，行政公益诉讼诉前程序案件7676件，占97.13%；

民事公益诉讼诉前程序案件227件，占2.87%。从案件领域来看，生态环境和资源保护领域5744件，占72.68%；食品药品安全领域61件，占0.77%；国有土地使用权出让领域745件，占9.43%；国有资产保护领域1353件，占17.12%。可见，公益诉讼诉前程序案件主要为生态环境和资源保护领域案件，而且为行政公益诉讼诉前程序案件。

在试点期间，各试点地区检察院共向人民法院提起公益诉讼1150件。其中，从诉讼类型来看，民事公益诉讼94件，占8.17%；行政公益诉讼1029件，占89.48%；行政附带民事公益诉讼2件，占0.18%；刑事附带民事公益诉讼25件，占2.17%。从案件领域来看，生态环境和资源保护领域783件，占68.09%；国有土地使用权出让领域115件，占10%；国有资产保护领域230件，占20%；食品药品安全领域22件，占1.91%。在向人民法院提起诉讼的公益诉讼案件中，也是行政公益诉讼类案件为主，案件领域生态环境和资源保护为主。

作为一项先于制度构建而进行的实践探索，检察机关提起公益诉讼的试点，一定程度上决定着未来的制度建设，而且公益诉讼的崭新实践，也为公益诉讼的理论研究提出了新的问题，拓展了学术研究的视野，推动着相关理论研究的活跃和深入。从两年的试点情况来看，检察公益诉讼制度充分实现了顶层设计的目标，推动依法行政和法治政府建设进程。一方面，检察机关通过诉前检察建议督促行政机关依法行政，促使行政机关及时纠正不作为和乱作为等违法情形，同时，利用诉讼这一有力保障手段，更好发挥检察监督的作用；另一方面，这项改革也充分调动了其他适格主体保护公益的积极性，促进了行政机关纠正违法行为和民事主体依法行事的主动性，有效节约了司法资源。

（三）全面推广阶段（2017年7月至今）

2017年5月23日，习近平总书记主持召开中央全面深化改革领导小组第三十五次会议，审议通过了最高人民检察院《关于检察机关提起公益诉讼试点情况和下一步工作建议的报告》。会议指出，试点后，“制度设计得到充分检验，正式建立检察机关提起公益诉讼制度的时机已经成熟。要在总结试点工作的基础上，为检察机关提起公益诉讼提供法律保障。”2017年6月27日，十二届全国人大常委会第二十八次会议作出《全国人民代表大会常务委员会关于修改〈中华人民共和国民事诉讼法〉和〈中华人民共和国行政诉讼法〉的决定》，以立法的形式正式确立了检察机关提起公益诉讼制度。值得注意的是，在试点阶段食品药品安全领域并未纳入行政公益诉讼范围，而在《行政诉讼法》修改后，行政公益诉讼的范围增加了食品药品安全领域。对此，在2017年6月27日全国人大常委会办公厅召开的新闻发布会上，最高人民检察院民事行政检察厅厅长胡卫列称，主要是基于两方面的考虑：一是食品药品安全领域的问题突出，社会各界高度关注，人民群众反映强烈；二是负有食品药品安全监管职责的行政机关不作为、乱作为仍然是导致食品药品安全问题的重要原因。《行政诉讼法》修改后，检察机关提起公益诉讼制度在全国范围内全面施行。

2017年新修订的《民事诉讼法》和《行政诉讼法》虽然以立法的形式赋予检察机关提起公益诉讼的职责，但是这两部法律仅仅是作为性质是民事诉讼和行政诉讼方面的基本法，对检察机关提起公益诉讼只能作出原则性规定。此后，2018年2月23日最高人民法院审判委员会第1734次会议、2018年2月11日最高人民检察院第十二届检察委员会第73次会议通过的《最高人民法院、最高人民检察院关于检察公益诉讼案件适用法律若干问题的解释》（以下简称《检察公益诉讼解释》）于2018年3月2日实施，《检察公益诉讼解释》对案件管辖、检察机关调查收集证据、诉前程序和审判程序等问题作了明确规定。

习近平总书记强调："检察官作为公共利益的代表，肩负着重要责任。"这一论断为完善检察机关提起公益诉讼制度提供了根本遵循。公益诉讼不是一种独立的诉讼形态，是一种以诉讼目的为价值评价的司法制度，但公益诉讼权是一种独立的检察权，刑事、民事、行政、公益诉讼，合称"四大检察"。

2019年1月1日起施行的《人民检察院组织法》第20条规定，人民检察院行使的职权中包括"依照法律规定提起公益诉讼"，公益检察权得到确认。2019年3月12日张军检察长在十三届全国人大二次会议上所作的《最高人民检察院工作报告》，第一次明确提出了检察机关的"四大检察"职能，即刑事检察、民事检察、行政检察和公益诉讼检察，报告两次提到"四大检察"一词：在回顾成绩时提到"刑事、民事、行政、公益诉讼'四大检察'法律监督总体布局有力推进"、在谈"2019年工作安排"时又指出要"促进地方检察机关内设机构改革落地，加强民事、行政、公益诉讼检察办案力量，把'四大检察'全面协调充分发展落到实处"。2019年10

月1日起施行的《检察官法》在检察官的职责中增加了一条，由原来的四条增加到五条，增加的内容主要包括检察机关审查逮捕、审查起诉、开展公益诉讼以及对刑事、民事、行政诉讼活动的监督，第一次将“四大检察”写入了法律。

二、检察公益诉讼的实施现状评估

检察公益诉讼制度的确立进一步丰富和完善了我国现有诉讼制度，优化了司法职权配置，为保护国家和社会公共利益提供制度保障。要让该制度按照预期设计目标有效运行，需要对检察公益诉讼制度在司法实践中的实施情况进行评估。

（一）诉前程序实施现状

诉前程序作为公益诉讼的前置程序，对约束检察机关的公益诉权，防止检察权过度介入民事法律领域及干预行政权，有效监督相关主体积极履行职责及节约司法资源具有重要意义。2017年7月至2018年底，全国检察机关共办理诉前程序案件111912件。其中，公告督促有关社会组织提起民事公益诉讼1877件；向行政机关发出检察建议110035件，94.2%得到采纳。从公益诉讼案件类型来看，行政公益诉讼占比较多。一方面，行政机关不作为或者不完全作为导致环境污染、食品药品等领域发生侵害公共利益的线索，检察机关通过接受群众举报、媒体曝光等途径容易发现；另一方面，检察机关作为专门法律监督机关的宪法定位，强调法律监督主要是对公权力的监督，行政公益诉讼及其诉前程序更加契合法律监督机关的职能定位。检察机关通过发出诉前检察建议，督促相关行政主体履行相应职责，起到监督行政执法的良好效果。从以上数据来看，检察机关发出诉前检察建议后，多数行政机关予以回复并积极整改，只有少数主体逾期没有纠正违法或履行职责。

通过诉前程序推动侵害公益问题的解决，是检察公益诉讼制度价值的重要体现。能够通过检察建议在诉前程序中督促纠正的，不仅可以节约司法资源，也对促使行政机关严格执法、依法行政具有积极作用。行政公益诉讼诉前程序表明，在公共利益保护方面，政府执法优先于司法救济。从诉讼目的来看，诉前程序能够更好地维护或恢复客观秩序；从效率来看，诉前程序避免了诉讼程序冗长、高成本等弊端。诉讼程序提供最终保障，诉前程序则发挥终结办理绝大多数案件。在诉前程序中，检察机关对检察建议落实情况进行跟踪监督，通过“回头看”“再监督”等措施对到期后行政机关仍不履职或者履职不到位的，及时采取起诉措施，发挥起诉在公益诉讼中的保障作用。

（二）诉讼程序实施现状

诉讼程序作为检察机关提起公益诉讼的保障程序，诉前检察建议不能有效落实，诉前公告后，相关组织没有提起民事公益诉讼的，检察机关就以诉讼、庭审接力推动问题解决，切实维护国家和社会公共利益。2017 年 7 月至 2018 年底，全国检察机关共向法院提起公益诉讼 3461 件，检察机关在公益诉讼制度全面推开的第一年取得了较好的效果，助推法治政府建设和依法治国战略积极向前发展，检察机关的法律监督地位和公益代表的角色得到了社会的普遍认同。例如，在全国首例行政公益诉讼案件中，山东省庆云县检察院针对环保部门监管不力，致使某污水处理厂在未通过环保设施竣工验收的情况下，长期违法生产造成环境污染的行为，在严格落实诉前程序后，依法向庆云县人民法院提起行政公益诉讼。法院判决确认庆云县环保局行政行为违法，并责令其依法履职。宣判后污染企业被责令停产，对其他不依法履职的行政机关和污染生产企业也起到震慑作用。

进入诉讼程序的案件是当前公益诉讼中的少数。从最高人民检察院提供的数据来看，检察机关提起公益诉讼及支持有关组织起诉的案件在所有进入诉前程序的案件中占的比例较低，仅为 3.09%。分析其原因主要有：一是由于诉前程序中行政公益诉讼占比较高，绝大多数行政机关在诉前程序都已经积极履职，多数行政公益诉讼案件在诉前程序中行政违法行为已经得到纠正。从试点地区的情况来看，检察建议的落实情况体现出“回复更及时、采纳率更高、实际效果更好”的新变化。二是目前检察机关办理公益诉讼案件线索来源及专业技术支撑依靠行政机关，尤其是依赖于行政执法部门及其所辖专业技术机构，导致检察机关在准备起诉时不得不考虑与行政机关的技术依附关系。比如，检察机关在办理生态环境损害类公益诉讼案件过程中，涉及监测、鉴定和评估等问题需要具备专业资质和专门知识的机构和人员的技术支撑，而该类机构和人员多集中在生态环境行政机关及其下属监测机构，所以导致检察机关在对生态环境部门提起行政公益诉讼时，不得不考虑其与生态环境部门的技术依附关系。三是诉前程序证据要求较低，检察机关在诉前程序中证据收集往往较简单，对行政机关职能职责的法定依据把握不准，行政机关履职情况被忽略以及检察机关缺乏对检察建议落实情况的后续跟踪监督，导致检察机关在起诉阶段出现底气不足、国家和社会公共利益持续受损的事实掌握不全面等情形。

（三）新时代公益诉讼的成功经验

新时代检察公益诉讼能够在较短时间内从试点走向全国，在立法上全面确立，在实践中全面展开，在检察公益诉讼制度全面开展的头一年，在公益诉讼各个领域取得了初步的成效。通过办理案件，督促治理被污染损毁的耕地、湿地、林地、草原211万亩，督促清理固体废物、生活垃圾2000万吨；督促查处、回收假冒伪劣食品40万千克，假药和走私药品9606千克；督促追收国有财产257亿元；追偿修复生态、治理环境费用30亿元。新时代检察公益诉讼的成功得益于以下两方面。

一是在中央的主导下自上而下合法推进检察公益诉讼制度。检察公益诉讼虽然经过前期司法实践的自发探索过程，但是其正式确立主要是中央自上而下合法推进的产物。由于行政机关追求利益和效率的本质属性以及民事组织维护公益的能力与动力不足，导致生态环境和资源保护、食品药品安全、国有土地出让、国有资产保护等领域侵害国家和社会公共利益的问题日益凸显，检察公益诉讼应运而生。国家决策者立足中国国情，检察公益从试点到全面推广都得到了中央的高度重视，作为司法体制改革的一项重大决策来部署和实施。

二是允许各地对检察公益诉讼工作机制不断探索和完善。例如，检察机关积极寻求当地党委和政府的支持，多地党委政府共同出台文件，要求各部门要重视和支持检察机关提起公益诉讼，为检察机关提起公益诉讼保驾护航，清除障碍。检察机关与多个行政部门共同出台文件，充分利用“两法”衔接平台，与行政执法部门有效衔接，拓宽线索来源渠道，与行政部门形成合力，在制度上保障检察公益诉讼有效运转。同时，检察机关与纪委监委形成监督合力，检察机关在办理公益诉讼案件过程中，发现行政机关工作人员存在不作为或乱作为等违纪违法行为的，移送纪委监委依法处理。纪委监委在办理违纪违法案件过程中，发现有损害国家和社会公共利益的情形的，移送检察机关依法提起公益诉讼。将纪检监察监督与检察监督的力量凝聚在一起，可以提高检察机关提起公益诉讼的震慑力。

三、检察公益诉讼制度存在的问题

检察公益诉讼制度虽然经历了长期的探索实践，但是由于在探索阶段检察机关仅仅以普通原告的身份向法院提起诉讼，与普通民事诉讼相比，除了原告的身份不同外，没有其他区别。在试点阶段，试点地区检察机关在线索发现、证据收集、诉前程序、诉讼程序等方面积累了大量经验，但也发现了立法规范和司法机制中仍然存在一些问题。

（一）检察公益诉讼的领域较窄

从目前法律规定及司法实践来看，检察机关提起民事公益诉讼主要在生态环境和资源保护，以及食品药品安全两个领域范围，检察机关提起行政公益诉讼主要是生态环境和资源保护、食品药品安全、国有财产保护以及国有土地使用权出让四个领域范围，以及《英雄烈士保护法》特别规定的在英烈保护领域，检察机关可以提起公益诉讼。

在检察机关提起公益诉讼试点以及初步推开阶段，由于检察机关没有足够的办案经验和人员保障，可以围绕重点领域的突出问题提起公益诉讼，监督相关主体积极履职，维护好国家和社会公共利益。但是，针对现在法律列举事项之外的其他领域严重侵害不特定多数人的生命健康、个人隐私等权益的行为，由于法律没有规定检察机关可以提起公益诉讼，导致检察机关即使发现在其他领域存在侵害不特定多数人的利益时，也无法提起公益诉讼。

（二）检察机关的调查取证权受限

检察机关作为公益诉讼起诉人，负有举示初步证据证明被告违法的责任，但是由于公益诉讼涉及众多专业领域的知识，非经专业机构鉴定一般难以发现，即使检察机关仅仅调查取证“公共利益受到侵害的初步证据”，在现实中仍然是困难重重。公益诉讼证据的收集需要专业技术和专业知识的保障，由于受制于传统业务和工作范围的影响，检察机关工作人员往往缺乏公益诉讼专业领域知识，导致收集相关证据困难。2015 年 12 月 16 日最高人民检察院第十二届检察委员会第四十五次会议通过的《人民检察院提起公益诉讼试点工作实施办法》（以下简称《实施办法》）中规定人民检察院调查核实有关情况，行政机关及其他有关单位和个人应当配合。《实施办法》并非法律，难以对行政机关及有关单位和个人设定法定配合义务，也无法规定行政机关及有关单位和个人拒不配合检察机关调查核实证据的法律责任。《检察公益诉讼解释》第6条也作了类似规定。但是相关法律没有赋予检察机关在行使公益诉权时可以采取强制性手段，导致调查对象不配合检察机关时，检察机关就没有其他救济渠道。

（三）诉讼请求简单套用民事和行政诉讼模式

《试点方案》中规定，检察机关在提起民事公益诉讼请求可以是要求被告停止侵害、排除妨碍、消除危险、恢复原状、赔偿损失、赔礼道歉等。检察机关在提起行政公益诉讼时，可以向人民法院提出撤销或者部分撤销违法行政行为、在一定期限内履行法定职责、确认行政行为违法或者无效等诉讼请求。《实施办法》中对检察机关提起公益诉讼的诉讼请求也作了同样的规定。《检察公益诉讼解释》虽然对检察机关提起公益诉讼的诉讼请求没有作明确规定，但是第26条规定："本解释未规定的其他事项，适用民事诉讼法、行政诉讼法以及相关司法解释的规定。"

以上解释没有解决公益诉讼与个人诉讼的衔接问题，导致检察机关提起公益诉讼时提出的诉讼请求可能与其他民事主体的利益发生冲突以及产生一些矛盾。例如，检察机关在对销售假药侵害不特定多数人利益的行为提起民事公益诉讼时，检察机关提出赔偿损失的诉讼请求后，针对损失的鉴定、赔偿金额以及赔偿金的处置等问题，法院与检察机关还未达成一致意见，实际被侵权人是否可以再向人民法院提出赔偿损失的诉讼请求等问题，法律及相关司法解释都没有作明确规定。可见诉讼请求简单套用民事和行政诉讼的请求模式，无法解决公益诉讼中的问题。

（四）检察公益诉讼的裁量权缺乏监督

《检察公益诉讼解释》中规定在审理行政公益诉讼案件过程中，被告依法纠正违法行为或者依法履行职责的，人民检察院可以撤回起诉或者变更诉讼请求，请求确认原行政行为违法；在审理民事公益诉讼案件过程中，人民检察院的诉讼请求全部实现的，人民检察院可以撤回起诉。现有法律规范对检察机关在公益诉讼过程中是否具有和解权、调解权等都没有明确规定，也没有对监督相关诉讼处分权作出规定。

公益诉权是基于检察机关代表国家利益而赋予其的职权，检察机关应当严格规范行使公益诉权，不得任意处分。公益诉讼所涉及的是社会公共利益，因此，原告不能像处分自己的权利那样来处分社会公共利益。虽然规定了只有检察机关的诉讼请求全部实现后检察机关才可以撤诉，但是有些诉讼请求是否完全实现难以认定，检察机关在提起公益诉讼时诉讼请求是否完全合理需要经过法庭审理才能确定。公益诉讼是检察机关代表国家的名义提起的，不是检察机关自身天然享有的权利，因此应当严格限制检察机关对公益诉权的处分权，并加强对检察机关提起公益诉讼裁量权的监督。

四、检察公益诉讼立法急需解决的问题

虽然检察公益诉讼制度通过立法的形式予以确立，但是目前法律没有对检察机关提起公益诉讼的具体程序作出明确规定。检察公益诉讼作为一种全新的诉讼模式，虽然在诉讼过程中应当依据《行政诉讼法》和《民事诉讼法》的相关程序进行，但是，公益诉讼有其独立的诉讼特点和不同的诉讼程序要求，例如，检察机关提起公益诉讼要经历线索、初查、立案、调查、诉前程序、后续跟踪监督、支持起诉或起诉等程序，而 2017 年新修订的《行政诉讼法》和《民事诉讼法》只对检察机关提起公益诉讼的领域等问题作出原则性规定，对具体程序没有作出规定，《检察公益诉讼解释》也没有就检察公益诉讼的具体程序作出明确规定。公益诉讼作为一种独立的诉讼形态，具有不同于普通行政诉讼和民事诉讼的特点，当前应进一步完善司法解释、出台规范性文件，及时回应实践问题，待前期司法实践和配套规定运行成熟后，应当就公益诉讼单独进行立法，具体规定公益诉讼的管辖、立案、调查、诉前、起诉和审判等程序，使检察公益诉讼权力在有法可依的轨道上运行。当前，我国公益诉讼制度立法急需解决以下问题。

（一）扩大检察机关提起公益诉讼的范围

案件范围之宽窄决定了检察权对行政权的司法监督力度。试点阶段，由于检察机关提起公益诉讼缺乏实践经验以及相关法律制度还不完善，应当持审慎的态度稳步推进。通过为期二年的试点，检察机关积累了丰富的办案经验，也逐步调整和适应了司法职权配置。2017 年修订的《民事诉讼法》和《行政诉讼法》都对检察机关提起公益诉讼的范围作出“等”的规定，如上所述，检察机关作为国家的专门法律监督机关以及公共利益的代表，应当赋予其对所有侵害国家和社会公共利益的行为提起公益诉讼的权利，彻底解决现有民事公益诉讼主体模糊和行政公益诉讼主体缺位的问题，充分发挥检察

机关的法律监督职能作用，维护国家利益和社会公共利益。

检察公益诉讼制度应当扩展到所有涉及侵害不特定多数人利益和国家利益的领域。尤其对当前社会比较突出的安全生产领域、未成年人保护领域、网络安全等领域侵害不特定多数人利益的情形，检察机关应当充分发挥其调查取证的优势和公益代表的职能作用，切实弥补通过行政监管和民事救济能力不足的问题。如安全生产领域，中央明确要求纳入公益诉讼的案件范围，2016 年 12 月 9 日印发的《中共中央、国务院关于推进安全生产领域改革发展的意见》明确提出“研究建立安全生产民事和行政公益诉讼制度”。“两高”可以根据司法实践的具体情况对公益诉讼案件范围的“等”字作扩大解释，这样才能更好发挥检察机关公益代表的作用。

（二）规定妨碍检察机关取证的不利后果

《检察公益诉讼解释》规定了检察机关在办理公益诉讼案件过程中调查收集证据的权力和有关行政机关以及其他组织、公民应当配合的义务。但是没有规定有关组织、个人不予配合调查的法律后果。

笔者建议，应当明确证据由对方当事人或者案外第三人控制且不予配合取证的情形下，检察机关可以强制调查收集证据，理由是，检察机关不是一般的当事人，而是国家法律监督机关，可以代表国家强制取证。若对方当事人或案外第三人拒不提交相关证据的，且该证据系行政机关据以作出行政行为的依据或据以证明有关单位和个人侵害国家和社会公共利益的证据的，应当推定为该证据存在。拒不配合或者有意阻挠检察机关调查取证的，应该承担相应责任。

（三）规定检察机关公益诉讼中的特殊请求权

公益诉讼最本质的特征就是公益性，检察机关提起公益诉讼的目的是为了维护国家和社会公共利益。因此，检察机关提起公益诉讼的诉讼请求应当严格限定在实现和维护国家和社会公共利益保护的目的的范围内，也就是说检察机关提起公益诉讼的诉讼请求不能与特定个体的合法权益或者行使保护该合法权益的权利相冲突。

在民事公益诉讼的诉讼请求中，赔偿损失主要针对的是因加害行为直接或者间接造成的不特定多数人的损失，比如因销售假药行为直接造成消费者购买该假药时的财产损失和间接造成的人身健康权益受到的损失。由于被侵害的个体是不确定的，该损失的范围和鉴定在检察机关提起公益诉讼时难以确定，一旦检察机关在提起民事公益诉讼时提出赔偿损失的诉讼请求后，被侵害的个体面临无法实现其被侵害合法权益的目的。针对以上问题，法律应当规定，检察机关在提起公益诉讼时不能代替特定个体行使相关诉讼权利。这样一方面可以保留特定民事主体就自己被侵害的合法权益向法院提出赔偿损失等诉讼请求的权利；另一方面也避免检察机关以保护公益的名义而过度介入民事领域，侵犯相关民事主体的权益。

针对行政机关的不作为，检察机关在向法院提起诉讼时一般是请求法院判令行政机关履行行政行为。但是在起诉过程中，行政机关开始履行职责了，检察机关往往变更诉讼请求为确认行政机关之前的不作为行为违法。这可能导致法院最终虽然支持了检察机关的诉讼请求，但是行政机关后续的履职情况没有在监督的范围之内了。对此，法律可以规定：检察机关可以打破传统行政诉讼确认之诉、撤销之诉、履行之诉、变更之诉、赔偿之诉等诉讼请求类型，提起确认违法并附条件履行的诉讼请求，即法院一方面确认行政机关之前的不作为行为违法，另一方面判令行政机关附条件履行职责。

（四）赋予人民监督员对公益诉讼的监督权

检察机关在公益诉讼过程中是否具有一般民事诉讼或行政诉讼当事人的诉讼处分权，这一权利必须受到限制。尤其是检察机关对涉及国家和社会公共利益的权利予以处分的，要严格限制并加强监督。对于检察机关与被告和解或者调解的权利，只有在不损害社会公共利益，双方同意且经过监督程序的情形下，才允许检察机关和解、调解、撤诉。

2018 年 10 月 26 日修订的《人民检察院组织法》第 27 条规定：“人民监督员依照规定对人民检察院的办案活动实行监督。”我们应当建立人民监督员对检察机关办理的公益诉讼案件监督机制。对人民检察院拟处分涉及国家和社会公共利益的诉讼权利的，检察机关应当邀请人民监督员进行监督，人民监督员在监督过程中可以查阅相关案件材料，案件承办检察官应当向人民监督员说明拟作出的决定及理由，由人民监督员进行评议，检察机关应当认真研究人民监督员作出的决议，对决议与检察机关拟作出的决定不一致的，检察机关可以听取人民监督员对决议的说明。只有在不损害公共利益，双方同意并经过监督程序后，检察机关才可以进行和解或调解。当检察机关的诉讼请求全部实现，且社会公共利益不受侵害的情形下，并经受诉法院审查后，检察机关才可以撤回起诉。通过人民监督员监督，可以促使检察机关更加依法合理行使公益诉讼职权。

结语

对检察公益诉讼制度立法和运行现状进行分析和评估可以发现，该制度存在的主要问题是立法不完善，而立法存在问题的主要原因是：公益诉讼的规范依附于民事诉讼制度和行政诉讼制度。其实，作为四大检察之一，检察公益诉讼的原则、制度和程序都具有很大的特殊性，依靠民事诉讼法、行政诉讼法作为主要程序法依据，解决不了公益诉讼的特殊问题，所以，是否制定独立的《公益诉讼法》，将现在遇到的问题进行一揽子解决，是我们必须认真考虑和研究的问题。

环境侵权诉讼的公益与私益融合研究

常芸　张小虎*

摘　要：环境公益诉讼中公益与私益的划分，有公益、国益、众益、私益相分离的观点，也有在特定案件中淡化边界的主张。事实上，环境公益诉讼的制度设置，作为环境利益保护的主观手段，并不能生硬割裂环境公益与私益交叉的客观存在。仅为环境公益诉讼的顺利提起，而对公益与私益进行概念的主观划分，不仅渐远了制度所应依据的现实需求，也未能在实践中真正解决公益诉讼的提起问题。过度区分环境公益诉讼与私益诉讼，看似多角度、双保险，却无法适应环境利益整体性的客观要求。其后果不仅未缓释环境私益诉讼行进困难，也导致诉前救济的疲软，最终演变成残缺的公益。公益诉讼与私益侵权的不同诉讼种类实为环境利益保护的不同手段，可在程序中相融处置，以达相互补益，充分保护环境利益的根本目的。

关键词：环境公益诉讼；环境私益诉讼；环境私益；环境公益

环境公益与私益诉讼要充分发挥作用自然需要一定程度的概念区分，我国当前关于公益与私益的区分已趋于成熟，而是否应融合处置尚有争议。有人认为应当并行处置，否则不利于公益诉讼的提起。也有人认为公益与私益概念的区分本是主观意志，依据公益与私益交叉的客观存在和环境权益保护的特殊性，应融合处置。笔者认为，后一观点更符合现实要求。可从长期生态破坏与短期环境污染的角度看待环境公益诉讼与私益诉讼。长期生态破坏，是指人类社会活动引起的生态退化及由此衍生的环境效应，导致了环境结构和功能的变化，对人类生存发展以及环境本身发展产生不利影响的现

---

* **作者简介：**常芸，湘潭大学法学院硕士研究生。张小虎，湘潭大学法学院副教授，湘潭大学公益诉讼检察理论研究中心研究员。

象；短期环境污染，是指自然人、法人或者非法人组织向周围环境排放污染物导致自然因素总体不良变化的行为。首先，从直接受害主体的利益上来看，环境公益诉讼间接性突出，私益诉讼则有程序行进困难的难题，且两者均着重于事后救济，对直接受害人的利益回复缺乏实效性。并行处置导致直接受害主体的利益得不到及时保护，私益侵权诉讼的程序困难加大。这不仅是公益的残缺，也是相关环保制度作用发挥的掣肘之源，而公益与私益诉讼的融合能有效解决这一难题。其次，从环境保护的长短期利益维护上来看，公益、私益诉讼是分别对应解决的双保险。环境公益诉讼与私益诉讼的背后，是长期间接利益受损与短期直接利益受侵的关系，长期利益包含了短期利益，公益诉讼实则包含私益诉讼，私益诉讼的提起同样维护了公共的环境利益，两者并非是冲突的矛盾体。所以，不应对公益与私益诉讼进行绝对性的割裂，而应做策略性的相互补益。

一、环境公益与私益的概念与关联

环境公益与私益的理论区分，对应了环境公益诉讼与私益诉讼程序的双轨运行，是为解决何种情况下可提起公益诉讼的制度实践难题。难题的产生不仅源于我国公益诉讼相关法律法规的偏原则性，也因公共利益本身具有高度抽象性。① 若单纯认为公共利益具备根本性，将环境私益指向简单的人身和财产利益，则偏离了环境利益这一特殊利益的基本性质。即便从概念划分上，公益与私益可通过诉讼主体确定而分离，但环境生态损害对私益与公益侵害的交叉客观存在。强行依据概念分离不仅无法解决制度实施难题，也无法达成实现环境可持续发展、环境利益充分保护的制度设置目的。

（一）环境公益与私益的概念

当前环境利益的主流分类有：环境公益、环境众益和环境私益，学界普遍认为众益本质上是私益的集合。环境公益，更多的是指全人类的利益。公益不受国界、民族、政治立场等因素的限制，现实中的利益特点显现较为长期、间接；环境私益，即单个或为数不多几人的直接利益，现实中显现得更为即时；环境众益，是多数人利益的合集，其本质上是多数人利益的简单相

---

① 丁国民、郭仕捷：《环境侵权诉讼中公益私益界定难题及策略选择》，《社会科学战线》2020 年第 11 期。

加，每一个利益主体所占份额是具体明确的。所以无论环境公益、众益和私益，其利益的损失都与环境损害行为有关，都是损害行为所导致的后果。但这并不意味着上述利益属于同一类型的利益，受同一司法程序之保护。①

与环境公益与私益理论概念对应的便是环境公益诉讼与私益诉讼。首先，是公益诉讼与私益诉讼的制度区分。我国《民事诉讼法》关于公益诉讼的界定是，只有不特定主体所享有的社会公共利益所引发的纠纷才能被纳入公益诉讼的客观范围。即环境利益保护是公益诉讼的救济对象，环境公益与私益的本质区别是利益主体的性质。公益是不能归属于特定人的利益，私益则是明确归属于特定人的特定利益。② 那么根据被侵害利益的不同，环境诉讼分为环境私益诉讼和环境公益诉讼。前者主要是作为民事权利主体的法人就环境侵权行为造成的个人损失所采取的私力救济，后者则是维护社会公共利益提起的诉讼，既包括没有直接利害关系的民事主体提起的保护社会公共利益的诉讼，也包括有直接利害关系的民事主体提起的保护社会公共利益的诉讼。③ 其次，是公益诉讼与私益诉讼的理论区分。学界通常认为，在环境公益概念的中心及外延范围内的为公益诉讼，反之则为私益侵权之诉。从客体上来看，环境诉讼的客体为环境利益。环境利益包含生态利益和经济利益，环境公益诉讼保护的是生态利益，私益诉讼保护的是经济利益。生态利益，主要以自然生态环境所蕴含的生态价值为载体，其有用性主要体现在满足人类生存繁衍及精神层面的需求；经济利益则是指自然环境直接或间接提供给人类的物质财富，主要表现为具有经济价值的自然资源和能够承载废弃物的环境容量。④ 而事实上，这样的区分所依据的仍然是公益与私益的主观性概念区分。既未适应环境利益整体性的客观存在，也未能达到制度设置的根本目的。

---

① 刘卫先：《环境公益诉讼制度独立性的基础及其目的》，《四川行政学院学报》2009 年第 3 期。

② 张卫平：《民事诉讼检察监督实施策略研究》，《政法论坛》2015 年第 1 期。

③ 王展飞：《环境民事公益诉讼和私益诉讼关系刍议》，《人民法治》2015 年第 5 期。

④ 范战平：《环境公益诉讼中“公益”的再审视》，《郑州大学学报（哲学社会科学版）》2020 年第 6 期。

（二）环境公益与私益的交叉关系

环境公益与私益实为一体。其一，环境公益的主体是不特定多数人，作为其客体的环境利益具有整体性和不可分割性，即其利益是不特定多数人整体的、不可分割的利益。环境侵权通常是对公益与私益的双重侵害。而就环境利益而言，并无客观的公益与私益划分，而是出于充分利益保护下的主观分层。其二，公益与私益界限模糊。在实践的世界里，公共利益和私人利益相互交错。自然资源的归属关系并不影响环境生态服务功能的共同性①，环境公共利益关系到每个个体，被每个个体所共同享有。环境侵权行为在损害了个体的经济利益的同时，也侵害到人类得以生存的生态利益。一言蔽之，当环境私益受到损失，代表环境公益的生态服务功能会同时受到损害。其三，公益诉讼与私益诉讼的交叉。环境公益和私益的界限在环境侵权诉讼领域显得更为模糊。

首先，环境与每个人的生活息息相关，具有强烈的公共性，环境私益侵权诉讼往往与环境公共利益存在千丝万缕的联系，而这种联系使得环境侵权行为所侵犯的利益，总是纠缠于公益与私益之间，可以说是公益和私益的混合存在。

其次，环境公益和环境私益的诉讼请求必然有一部分是重叠的。如在环境私益诉讼中，也可以彻底恢复环境生态服务功能。而鉴于私人合法权益已经不可能再遭受损害的事实，停止侵害、排除妨碍、消除危险等防御型诉讼请求已经不存在实体审理和判决的必要。因此，我们终究无法期望每个概念之间的界限都是泾渭分明的。

最后，公益诉讼应理解为对更广大私益的保护。公益诉讼影响力、执行力、震慑力更为强大，而代表环境私益的侵权损害赔偿诉讼则是公益诉讼的必要组成部分，它赋予了民众更直接、具体的维权路径。当公民和法人的权利受到环境侵权行为的侵害时，可依《侵权责任法》提起环境侵权之诉，此时的请求权基础是个人或多数人的人身、财产利益受损。

公益诉讼与私益诉讼并轨的制度初心，是将个人或多数人的环境利益具象化，便于权益维护。但环境私益诉讼因举证难、执行难以及较公益诉讼在

---

① 肖建国：《利益交错中的环境公益诉讼原理》，《中国人民大学学报》2016 年第 2 期。

程序上的开展难度更大；公益诉讼的直接性、即时性不足，案件覆盖面狭窄。多因素共同作用，最终导致制度孱弱无力。所以，公益诉讼的健康发展是私益诉讼的客观保障，两者在利益保护上应多层次、多角度互补，从而将利益保护落到实处。

二、环境公益与私益诉讼的融合必要性

学界有观点认为公益与私益不适合交错共生，应当完全厘清，否则将影响公益诉讼的顺利实施。但将公益与私益完全切割，浮于民众现实紧迫利益之上谈人类发展、环境公益实为无本之源，再依此理论建构环境诉讼并行模式将会成为空中楼阁。与并行模式相比，环境公益与私益诉讼的融合模式可以更好地兼顾公益与私益，同时提高诉讼效率，节约司法资源。

（一）并行模式的缺陷

生态环境的保护上，基于前文环境公益与私益无法进行明确界分的阐述，环境公益与私益的并行理论因缺乏实践性而导致对环境生态保护的不力。《侵权责任法》在于救济个人或特定多数人的人身与财产权，环境公共利益未被归入民事侵权范围中。这决定了私益救济不会过多考虑对环境公益的救济。而当环境污染对特定主体的利益损害较小，却严重损害到环境生态利益时，基于与公民自身利益的间接性，此类环境侵害行为极易被忽视，进而加剧对环境生态的污染。

环境诉讼利益的实现上，综合公益诉讼和私益诉讼的请求来看，环境类诉讼需要获得的诉讼权益在于：恢复环境生态服务功能、填补私人利益损失、预防环境生态破坏三大利益点。就环境类诉讼权利而言，无论是公益诉讼还是私益诉讼，关键是胜诉。若不能达成胜诉，法律所确定的环境利益、对生态环境的长远保护均是空谈。以此逻辑，应首要考量更有利于取得胜诉裁判的诉讼策略，从而兼顾三大利益点。2003 年，原告马长松与某渔场签订承包合同，约定在龙阳湖进行渔业养殖。后因环境污染造成马长松经济损失 239 万元。据此，马长松以周边数家大型排污企业为被告提起诉讼。同时，为了证据取得便利，马长松利用行政诉讼的举证责任倒置规则，分别以武汉市环保局、武汉市水务局为被告提起行政诉讼。武汉市中级人民法院、

汉阳区人民法院审结此三起关联案件。[①] 在这三起诉讼中，原告提起行政诉讼的目的实为获取在民事诉讼的关键证据的诉讼策略。虽行政诉讼案以撤诉结案，但原告的经济利益损失得到了补偿。武汉市环保局、武汉市水务局亦积极履行对龙阳湖污染治理的职责，受损的生态利益也得以恢复。但如若完全分离环境公益诉讼与私益诉讼，则不利于胜诉及兼顾“三大利益”的最终目的的达成。

（二）融合模式的现实基础

我国法律体系已为环境公益与私益诉讼的融合模式奠定了基础。

第一，两诉融合模式具备运行的前提条件。《环境公益诉讼解释》第10条、第29条规定，基于同一环境侵害事实既可以提起环境民事公益诉讼，又可以提起环境民事私益诉讼，即现有的并行模式。

第二，两诉融合具备事实认可条件。《环境公益诉讼解释》第30条、《最高法关于民事诉讼证据的若干规定》第9条规定，环境民事公益诉讼生效裁判所认定的事实可以直接适用于环境民事私益诉讼中，这使得环境损害事实认定仅需进行一次，仅需根据不同诉讼请求作出相应裁判。

第三，两诉融合具备双向沟通条件。《民事诉讼法》第55条、《最高法最高检关于检察公益诉讼案件适用法律若干问题的解释》第13条赋予了检察机关提起环境公益诉讼的权利，为检察机关主动参与到环境公益诉讼中提供了法律依据。在私益诉讼发生公益诉讼滞后时，可进行直接性的程序沟通，促进公益诉讼的及时提起，及时有效地维护环境公益。

（三）融合模式的优势

针对并行模式存在的弊端，学界也已对环境诉讼模式重新审视。在对现有并行模式分析的基础上，提出了环境公益与私益诉讼的融合模式，该模式虽属简单的融合，但在一定程度上解决了并行模式的弊端。例如弥补环境利益损害的诉前救济的缺失、协调公益与私益的优先保护、节约司法资源提高诉讼效率等。

首先，是救济的充分实现。将环境公益与私益从完全独立向相对融合的

---

① 杨凯：《从三起环境关联诉讼案例看环境公益诉讼之开端——在私益与公益诉讼之间徘徊的环境权益保护司法救济模式之选择》，《法律适用》2010年第Z1期。

关系转化，将更有利于达成环境公益与环境私益、事前与事后的充分救济。其一，《民事诉讼法解释》第221条规定了，当事人基于同一事实发生的纠纷分别向同一法院提起诉讼时，人民法院可以选择合并审理。基于环境破坏具有公益与私益交叉受损的特性，同一环境侵权行为，将同时触发环境公益诉讼与私益诉讼。两者在事实认定、责任认定等方面具有共通性，合并审理便于迅速查明案件事实，节省司法资源的同时平衡各方利益。其二，环境侵害存在渐进性，事前往往得不到有效救济。从环境污染类案件的发展过程上来看，环境侵害结果首先因环境侵害行为导致生态环境的破坏，继而直接或间接的致使个体人身财产的损害。环境公益损害并不必然导致或直接环境私益受损，但私益受损必以公益受损为前提。而无论公益或私益诉讼均侧重事后救济，即便环境公益诉讼更强调威慑性、预防性，但因缺乏私益诉讼所具备的即时效率性等优势而有气无力。再观私益诉讼，出于其主要关注个体利益及胜诉困难等原因，不仅易忽视环境公益，也无法更好地维护私益。若将公益与私益诉讼进行合理交融，则能充分发挥公益诉讼的预防性，同时私益诉讼可乘公益之便车更好地实现事前救济。

其次，是尊重了环境的整体性特征。在自然环境领域内，环境各要素具有公益与私益交叉的特性，这种交融性给予“公益”与“私益”高度的同一性。① 德国学者莱斯纳提出，环境问题具有多样性的特征，环境公益与环境私益并非处于对立地位，两者应是相辅相成的关系。② 环境公益与私益之间存在某种隐秘联系。③ 环境侵害的发生是一个动态联系的过程，遵循着“侵害行为—环境污染和生态破坏—人身财产损害或生态环境损害”的发生路径。④ 依据该路径，环境侵害可以理解为，在人的环境侵害行为发生的第一阶段首先必然产生的是公益的侵害，而后是可能直接导致特定公民的人身财产损害；在第二阶段时，公益与私益所受损害便同时明确体现。在整个环境侵害的动态发展路径中，第一阶段的发生是第二阶段的前提，因此环境民事公益与私益诉讼在损害事实的认定方面存在重合部分，两者的相互融合可

① 黄福玲：《论我国环境诉讼的司法保障——以传统民事诉讼制度为视角》，《广西社会科学》2011年第10期。

② 陈新：《德国公法学基础理论》，法律出版社2001年版，第200页。

③ 胡建淼、邢益精：《公共利益概念透析》，《法学》2004年第10期。

④ 吕忠梅：《论环境侵权的二元性》，《人民法院报》2014年10月29日，第008版。

以使侵害事实的认定以及责任分配更加清楚明确，在尊重环境整体性的基础上进而作出公益与私益兼顾的裁判。

最后，是环境诉讼中检察机关的监督作用的发挥。人民检察院的职能不局限于纵向监督，还涉及依据法律规定对诉讼过程的监督以及行政机关行为的行政监督等平等主体间横向监督①，其宗旨是维护宪法和法律的统一正确实施。实践到环境类诉讼案件，诉前检察机关发挥监督及支持作用，或督促有关组织提起环境公益诉讼，或在其履行诉讼职能时充分取证；诉讼中人民检察院可以行使监督权保证公益与私益诉讼充分进行举证质证以实现环境公共利益与私人利益的平衡；在执行过程中，检察机关可督促被告方履行环境公益以及私益弥补的裁判义务。环境公益与私益诉讼的融合模式下，人民法院与检察机关可通过诉讼研究、执行解决等多方协作配合来实现环境诉讼利益和程序的充分保护与监督，提升司法办案质量。

三、环境公益与私益诉讼的科学融合

环境公益与私益诉讼融合模式，系以案件整体为出发点，从宏观的视角掌握案件事实。一方面可以有效平衡环境公益与私益，另一方面也可以激励适格主体积极行使权利。将具有关联性、相融性的事实、证据合并审理，统一质证辩论，既有利于案件事实、证据的充分掌握，也有利于节约司法资源、提高诉讼效率；在环境私益诉讼中加入国家规定的有关机关或组织，可以缓释个体在诉讼中的各方面困难。我国幅员辽阔、人口众多，环境损害的结果往往涉及的受害人较多。环境公益与私益诉讼的合理融合，可将分散的各个私益诉讼进行科学合并，再通过与公益诉讼的协调，高效高质量地解决环境损害问题。同时，还可利用案件的社会影响力提高公民的环保意识。

《民法典》在进一步确立“绿色原则”的基础上，对环境污染和生态破坏责任进行了专章规定。表明我国立法对环境损害的救济重视的同时，也反映出环境损害的救济不再简单地遵循私法救济私益、公法救济公益的双轨并行路径。② 以绿色原则为前提，思考探索环境公益与私益诉讼的协调融合，

---

① 夏文忠：《检察监督职能的理论基础与发展态势》，《延边党校学报》2018 年第 6 期。

② 王世进、杨静佳：《论绿色原则视域下环境侵权私益与公益救济的协调》，《南京工业大学学报（社会科学版）》2021 年第 3 期。

对充分保护生态环境和填补因环境污染导致的私益损害具有重要实践意义。

（一）事实认定上的融合

第一，并行模式强调两者相对独立，忽视了环境公益与私益诉讼在损害事实、责任认定及承担等方面的重合。环境公益虽指向不特定多数人的共同利益，但包含了环境私益。在进行环境公益诉讼责任承担时，其预防性的环境损害赔偿已涵盖了或将有的私益诉讼利益损害填补。因此，对公民个人提出的环境民事私益诉讼，我们建议仅进行已有损害的赔偿，以防止环境民事公益与私益诉讼责任认定与承担方面的重合，以及利益填补不充分的问题。第二，环境公益与私益诉讼的融合不应将事实认定、程序差异等方面进行强行合并，而应首先侧重对环境侵权行为、因果关系及损害后果的充分查明，换言之，融合是事实查明的有效手段之一。环境类案件的胜诉，是维护环境公益与私益的前提，事实的查明、证据链的完整构建是胜诉的前提。

（二）程序上的合理交融

诉讼程序有不同的阶段，公益与私益诉讼的程序融合应当依照不同情况合理处置。且我国最新《民事诉讼法》规定，检察机关有权依法提起环境民事公益诉讼。当环境侵害行为发生，法律规定的有关机关及组织未提起环境民事公益诉讼时，检察机关可主动提起。[①] 检察机关的这种兜底式诉权恰好为公益与私益诉讼的程序融合创设了条件。

一方面，有关诉讼参与。在环境公益诉讼程序中，当环境损害行为发生后，如法律规定的机关或组织首先提起环境民事公益诉讼，法院可公告该起案件，进行受害方的登记审核后依法参与诉讼。在公益诉讼过程中的合理期限内，若有针对同一案件事实提起的环境私益诉讼，人民法院可合并审理。

另一方面，有关诉讼认可。在环境公益诉讼裁判生效后，个人或特定多数人在诉讼时效期间内基于同一损害事实提出环境私益诉讼的，可基于现行民事诉讼的免证事实认定及程序简化规则，并充分利用速调、速裁程序进一步降低私益人举证难度及诉累。同样，如特定个人或多数人率先提起环境私益诉讼，人民法院可依法公告提醒法定机关及组织提起相关公益诉讼。合理

---

① 彭中遥：《论生态环境损害赔偿诉讼与环境公益诉讼之衔接》，《重庆大学学报（社会科学版）》2021 年第 3 期。

期限内仍无公益诉讼提起的，可由人民检察院督促或行使其公益诉讼职能，此时人民法院可以依法合并审理，进行公益与私益的利益衡量，作出更为全面的裁判。

环境公益与私益诉讼融合的诉讼模式，是从生态环境的整体性出发，利用现行诉讼合并理论与程序规则，将两种诉讼所围绕的同一侵害行为进行纠纷的妥善解决、利益平衡的选择。该模式可在充分尊重当事人的诉讼权利的同时，弥补环境公益诉讼与私益诉讼并行模式的不足，最大程度兼顾了环境公共利益与私人利益。环境公益与私益诉讼制度自设立之初便具有不同的诉讼目的、诉讼要求及保护对象，其在运行中自然存在一定差异性，如果只关注其不同点将其进行明确的界分则会忽视环境问题的整体性，以及环境公共利益与环境私益的交织性，易造成公益与私益遮蔽、裁判矛盾、法律责任重复认定等结果，以环境公益与私益的平衡为出发点设立的新融合模式可以较好地弥补并行模式存在的问题。

结语

环境公益诉讼与私益诉讼的融合，并非简单的合并处置，而是从事实认定、证据掌握、程序适应并关照事前与事后救济充分到位的角度出发，所考量的科学的融合。当前学界公益与私益的交叉理论是环境公益与私益诉讼科学融合的前提之一，尽管科学融合理论尚显稚嫩，但融合模式有助于公益诉讼和私益诉讼之间形成协力，兼顾公益和私益的功能却是客观存在的。通常公益诉讼请求的实现，将有助于私益的弥补。这意味着，在公益和私益交织的前提下，如果率先提起公益诉讼的话，私益诉讼当事人可以“搭便车”，利用公益诉讼中取得的证据帮助自己获得在私益诉讼上的利益，甚至可以直接借助公益诉讼实现自身利益。随着科学融合理论研究的不断深入，终将激活各项环境保护制度，更高程度地保护环境利益。

●重点聚焦

2018年我国修订《人民检察院组织法》，并在第21条明确授权检察机关在行使法律监督权时可以进行调查核实，从而为人民检察院依法准确、有效地进行法律监督提供必要保障。研究调查核实权，将进一步充实检察理论建设，有利于检察机关顺利开展诉讼活动和法律监督。

检察机关调查核实权研究

林艺芳*

摘　要：为了确保法律监督职权落到实处，立法明确赋予检察机关调查核实权。界定检察调查核实权的适用对象，应以法律监督理论为基本依据。凡是有助于审查行为合法性、发现或纠正违法情况的检察行为，即属于调查核实的适用对象。解析检察调查核实权的具体措施，应注意措施种类包括讯问有关人员、咨询专业人员或者部门、查询查阅调取复制相关材料、检查勘验、委托鉴定评估审计和现场走访等，这些措施不能干涉被调查人的基本权利，不能违背被调查人的主观意愿。判定检察调查核实所获证据能否作为诉讼证据使用，应以诉讼证据概念为标准，肯定其具有诉讼证据资格的合理性，并在此基础上继续充实调查核实相关规定、明确调查核实证据进入诉讼的规则并加强证据合法性审查。

关键词：法律监督；调查核实；任意性调查行为；证据资格

根据《宪法》第129条的规定，检察机关是国家法律监督机关。这意味着，检察机关有责任亦有权力保证国家各个机关的公职行为符合法律要求。具体到诉讼程序中，人民检察院履行法律监督职权的目的在于确保公安司法机关的诉讼行为得到合法落实。然而在实践中，人民检察院依法行使法律监督权，存在依据欠缺、刚性不足的问题。② 一方面，检察机关对有关单位提出的法律监督意见，缺乏必要的证据材料依据，不具备说服力。另一方面，有些单位对人民检察院提出的检察建议或者纠正意见等法律监督形式不

---

* **作者简介：**林艺芳，湘潭大学法学院副教授，湘潭大学公益诉讼检察理论研究中心研究员。

② 朱孝清：《增强检察监督刚性》，《中国检察官》2018年第8期。

予重视，监督效果往往非常有限。为了解决这一问题，2018 年我国重新修订了《人民检察院组织法》，并在第 21 条明确授权检察机关在行使法律监督权时可以进行调查核实，从而为人民检察院依法准确、有效地进行法律监督提供必要保障。①

值得注意的是，调查核实权并非该法首创。我国于 2012 年修订《刑事诉讼法》和《民事诉讼法》时已经在法条中出现了“调查核实”的相关规定。现行《刑事诉讼法》第 57 条规定：“人民检察院接到报案、控告、举报或者发现侦查人员以非法方法收集证据的，应当进行调查核实。”即在审前非法证据排除过程中，人民检察院有权通过调查核实的方式确认是否存在非法取证行为。不过，在当时的刑事诉讼领域，检察调查核实权仅适用于非法证据排除制度中，适用对象非常有限。与之相比，《民事诉讼法》的规定就相对宽泛。根据该法第 210 条规定：“人民检察院因履行法律监督职责提出检察建议或者抗诉的需要，可以向当事人或者案外人调查核实有关情况。”这意味着，但凡属于人民检察院法律监督范畴的事项，皆可进行调查核实。而人民检察院在各个诉讼程序中进行法律监督，显然并不限于非法证据排除，而是几乎贯穿于程序始终。这一立法精神与《人民检察院组织法》的规定不谋而合。

应当明确的是，调查核实权是人民检察院法律监督职能的重要体现，这一权力不仅在各个诉讼体系中有其特殊之处，而且在实务操作中有其特定要求。研究调查核实权，将进一步充实检察理论建设，有利于检察机关顺利开展诉讼活动和法律监督，具有一定的理论价值和现实意义。

一、检察调查核实权的适用对象界分

人民检察院是国家的法律监督机关，这也是调查核实权的正当性基础所在。人民检察院进行调查核实，目的在于落实其法律监督职责。因此，检察调查核实权的适用对象即检察机关的法律监督行为。只有在清晰判断检察机关具体行为是否具备法律监督属性的前提下，才可能划定检察机关调查核实权的对象范围。但是，何为法律监督、检察行为与法律监督之间是何关系，则存在一定的理论争议。这也给检察调查核实权适用对象的界定设置了

---

① 高翼飞：《检察机关的调查核实权及其实现路径》，《检察日报》2019 年 3 月 18 日，第 3 版。

障碍。

（一）法律监督的理论争议

目前在理论界，关于检察行为的法律监督属性判断，存在两种不同的学说。根据检察行为“一元论”，人民检察院实施法律监督和进行诉讼行为是相互关联的，“检察监督是通过具体的讼职能实现检察职权，而不是超脱于监督对象之外的以旁观者姿态实施监督”。① 在此基础上，人民检察院进行审查逮捕、审查起诉、提起抗诉等具有典型诉讼特征的行为，不仅是其履行诉讼职能的体现，更应当被认为是检察机关发挥法律监督职能的集中体现。这进而意味着，无论人民检察院是进行专门的监督工作，还是其他诉讼行为，皆具有法律监督性质，都可以进行调查核实。但是，将人民检察院的所有行为不加区分，全部纳入法律监督范畴，都允许进行调查核实，在法理上也存在缺陷。

第一，从语义角度分析，“监督”是一方主体对另一方主体的单向作用，且监督方的地位往往高于被监督方的地位。但这与人民检察院在诉讼过程中的某些定位不符。② 以人民检察院和人民法院的关系为例，如果将人民检察院的公诉行为视同于法律监督，是对人民法院审判行为的监督，那么在审判过程中，检察机关的地位显然应当高于人民法院的地位，且法院应当随时接受检察机关对其提出的意见。但是这显然并不符合我国当前诉讼结构的基本要求。以刑事审判为例，人民法院是唯一的审判机关，其应当保持独立、客观、中立的立场。并且，从诉讼结构的角度来看，控、辩、审三方在法庭上应当保持“等腰三角形”结构，控辩平等对抗、法院居中裁判，以确保审判程序得以公正进行。如果检察机关基于其监督地位，可以凌驾于法院之上，那么不仅将破坏既有的审判结构，而且将影响法院的独立公正裁判，是有违诉讼基本规律的表现。我国在过去司法实践中就曾经出现过作为公诉人的检察官当庭监督法官审判过程的情况，引起法官群体的强烈抵触，也影响了法庭审判的权威性。

第二，从法律监督的作用上来看，人民检察院履行法律监督职权，目的

① 甄贞、梁景明：《“检察监督体系”建设的阶段论刍议》，《人民检察院》2018年第3期。

② 樊崇义：《法律监督职能哲理论纲》，《人民检察》2010年第1期。

在于审查诉讼行为是否合法并纠正违法行为。但是，检察机关的某些诉讼行为显然并不完全是为了实现这一目的。例如，检察机关出庭支持公诉，旨在指控犯罪，使自己的主张得到法院的认可。在审判程序中，检察机关主要是基于其公诉主体的地位而实施该诉讼行为，而并非为了进行法律监督。虽然检察机关在进行这些公诉行为时，可能发现人民法院存在违法审判情况，并据此进行必要的法律监督。但是这一行为已经超越了出庭支持的范畴，而属于与之相互独立的另一监督行为，不应随意混同具有不同目的的不同检察行为。

正因如此，不少学者提出检察行为的“二元论”，即将人民检察院的行为区分为诉讼行为与诉讼监督行为。凡是法律规定，由检察机关自己行使的诉讼权力都属于诉讼行为，包括侦查、审查逮捕、支持公诉等。而不是由检察机关直接、自我行使的职权，而是借由对其他机关或者个人行使的权力进行监督的行为，则属于诉讼监督行为，包括立案监督、侦查监督、审判监督和执行监督等。[①] 将检察行为分离为两种职能，意味着只有其中的诉讼监督行为才具有法律监督性质，才能进行调查核实。这种观点能在一定程度上能解决上述检察权行为“一元论”中存在的问题。但是，在司法实践中，人民检察院往往是在履行诉讼行为的过程中进行相应的法律监督，并出于发现或者确认违法行为的目的，才运用调查核实权。而上述诉讼监督行为及其调查核实权的运行，始终难以完全独立于个案办理之外。因此，将两种职能进行简单割裂，忽略二者之间的内在联系，也与检察工作的现实情况不符，无法保障调查核实权的有效落实。

并且，不得不承认的是，诉讼行为与监督行为之间的界限也并非泾渭分明，检察机关的有些行为难以被单独放置到两种不同的职能类型中，最典型的当数检察直接立案侦查行为。在刑事诉讼程序中，侦查行为一般被认为是典型的诉讼行为。根据《刑事诉讼法》第108条的规定，侦查是指“公安机关、人民检察院对于刑事案件，依照法律进行的收集证据、查明案情的工作和有关的强制性措施”。从这一定义来看，侦查与刑事案件的办理直接相

① 陈卫东：《转型与变革：中国检察的理论与实践》，中国人民大学出版社2017年版，第247页。

关，目的在于收集证据、查明案情，实质是侦查措施的运用和强制措施的实施。① 这足以说明，侦查行为应当归属于诉讼行为。而人民检察院的直接立案侦查属于刑事侦查的重要组成部分，自然也应当具有诉讼属性，属于诉讼行为。但是，从当前立法关于检察机关直接立案侦查范围的规定来看，其又具有一定的监督属性。国家监察体制改革之后，检察机关可以进行直接立案侦查的案件范围受到了一定的限制，仅限于“人民检察院在对诉讼活动实行法律监督中发现的司法工作人员利用职权实施的非法拘禁、刑讯逼供、非法搜查等侵犯公民权利、损害司法公正的犯罪”。② 从这一规定可知，立法者之所以要求上述案件仍然由检察机关进行立案侦查，主要是因为这些案件都与检察机关在诉讼过程中履行法律监督有关，检察机关可能通过履行法律监督职能获取上述案件的线索材料。为了维护检察机关的法律监督地位，确保检察机关与公安机关、人民法院等机关在司法体系中的权力均衡与相互制衡，将这些案件交由检察机关进行侦查，具有一定的合理性。正因如此，检察机关的直接立案侦查行为既具有诉讼性质，又具有监督性质。检察机关在直接立案侦查之时可否进行调查核实，根据检察行为“二元论”也无法得出明确答案。总之，将检察行为简单区分为诉讼行为和诉讼监督行为，也难以圆满解决法律监督的内涵问题，更毋论明确调查核实权的适用对象。

（二）检察调查核实权适用对象及其类型划分

观点之间的碰撞，主要源于检察行为性质认定和法律监督职能定位的困难性。笔者认为，无论是检察行为“一元论”还是检察行为“二元论”，都无法从根本上解决上述问题，也无法为调查核实权适用范围的界定提供合理的答案。唯有透过现象看本质，从法律监督的本源出发，才能准确界定人民检察院法律监督职权的内涵，并为调查核实权适用对象提供合理的理论前提。

一般而言，人民检察院在各个诉讼程序中进行法律监督，本质上是为了考核国家专门机关进行诉讼活动的合法性，及时发现和纠正其落实诉讼时存

---

① 程雷：《“侦查”定义的修改与监察调查权》，《国家检察官学院学报》2018 年第 5 期。

② 《刑事诉讼法》第 19 条第 2 款。除此之外，对于公安机关管辖的国家机关工作人员利用职权实施的重大犯罪案件，需要由人民检察院直接受理的时候，经省级以上人民检察院决定，可以由人民检察院立案侦查。这属于检察机关的机动侦查权。

在的违法情况。亦即，法律监督具有三重功能，一是审查行为的合法性，二是发现违法情况，三是纠正违法情况。而无论是审查诉讼行为的合法性，还是发现并确认其中存在的不合法之处，抑或是针对违法行为提出相应的检察建议、纠正意见等，都有必要查明具体情况，甚至收集相关证据材料，从而为法律监督的落实提供依据。从这个角度出发，凡是能发挥上述三重功能之一的检察行为即具有法律监督性质，人民检察院在进行此类行为时可以进行调查核实。法律监督属性不应当成为所有检察行为的唯一性质界定，检察行为也不应当被截然区分为诉讼行为和监督行为。应当承认某些检察行为具有混合性特征，即既属于法律监督职能，又属于诉讼职能。

从这个角度出发，可以适用调查核实权的检察行为包括如下两种，即典型的法律监督行为和混合型检察行为。前者是指仅具有法律监督属性的检察行为，而后者则是指既具有法律监督性质，又具有诉讼性质的混合性检察行为。在不同的诉讼程序下，两种可进行调查核实的检察行为所包含的内容有共通之处，也存区别。

1. 刑事诉讼程序中检察调查核实权的适用对象及其类型划分

以刑事诉讼程序为例，典型法律监督行为主要包括：

一是刑事立案监督行为，即对于公安机关应当立案侦查而不立案侦查，或者不应当立案侦查而立案侦查的情形，人民检察院依法予以审查。此种检察行为的目的仅在于发现侦查机关的错误立案或者不立案行为，并予以纠正，由于其目的的单纯性，因此属于典型的法律监督行为，可以进行调查核实。

二是侦查活动监督行为，即人民检察院对侦查活动中是否存在违法行为进行监督。侦查监督是检察机关法律监督职权在刑事诉讼程序中最集中的体现。根据《刑事诉讼法》和《人民检察院刑事诉讼规则》的要求，人民检察院既可以对侦查行为予以监督，也可以对侦查过程中采取的强制措施予以监督。上述两种行为一旦存在违法情况，且已经侵犯到特定人员的合法权益的，人民检察院可以接受申诉或者控告，情况属实的，通知有关部门予以纠正。可见，人民检察院进行侦查监督，主要目的在于审查、发现对象行为的合法性并纠正不法行为，因此也属于典型的法律监督行为，可以进行调查核实。不过需要注意的是，当人民检察院发现侦查活动中的违法情形已涉嫌犯罪，属于人民检察院管辖的，还应当依法进行立案侦查。一旦进行立案侦查，人民检察院对原侦查活动的作用方式已经超越了典型法律监督行为范畴，而是转变为另一独立的检察行为，即侦查行为。根据下文所述，侦查行为属于混合性检察行为。

三是审判活动监督行为，即人民检察院对审判活动中是否存在违法行为予以监督。人民检察院对于法院审判的监督，目的也是出于揭露并纠正审判活动中的错误诉讼行为，因此属于典型的法律监督行为，可以进行调查核实。但是在司法实践中，应注意区分此类行为与人民检察院出庭支持公诉行为。对于提起公诉的案件，人民检察院应当派员出庭支持公诉。人民检察院在出庭支持公诉过程中，可以参与法庭调查和法庭辩论活动，进行举证工作，提出公诉意见、变更追加补充或者撤回起诉等。但这属于具有诉讼属性的行为，不具有监督色彩。固然，人民检察院在出庭支持公诉过程中，可能发现人民法院的审判活动存在违法之处，此时人民检察院可以启动法律监督，对非法行为予以提出并要求纠正。亦有观点提出要将审判监督由事后监督改为同步监督。但是无论监督形式如何，其与出庭支持公诉之间是两种不同的检察行为，二者存在泾渭分明的界限，不能予以混同。否则，不仅将扰乱法庭秩序，还可能影响司法权威，违背了诉讼基本规律。

四是羁押必要性审查行为，即犯罪嫌疑人、被告人被逮捕后，人民检察院依法对其羁押必要性进行审查。羁押必要性审查是我国于 2012 年修订《刑事诉讼法》时提出的制度，其赋予人民检察院在办公过程中依职权对犯罪嫌疑人、被告人的逮捕合法性进行审查，对于不需要继续羁押的，通过建议有关部门释放或者变更强制措施等手段纠正错误逮捕行为。所以从本质上来看，这一行为仅着眼于监督，不涉及诉讼问题，因此属于典型的法律监督行为，可以进行必要的调查核实。

五是刑事判决、裁定的监督行为，即人民检察院对刑事判决、裁定和决定的执行工作以及监狱、看守所等监管执行活动实行法律监督。具体而言，此种监督包括交付执行监督，减刑、假释、暂予监外执行监督，社区矫正监督，刑事裁判涉财产部门执行监督，死刑执行监督，强制医疗执行监督，监管执法监督以及事故检察等。人民检察院的上述行为具有明确的监督对象，也具有明确的纠正违法目的，因此也属于可以进行调查核实的典型法律监督行为。其中，对于减刑、假释案件，根据相关司法解释的规定，人民法院应当采取开庭审理与书面审理相结合的方式。人民法院开庭审理减刑、假释案件的，人民检察院应当派员出席法庭，发表检察意见，并对法庭审理活动是否合法进行监督。可见，人民检察院出席减刑、假释审判程序，既要履行诉讼行为，又要履行法律监督行为。只有其中对人民法院审理减刑、价值的程序是否合法予以监督的行为，才属于刑事判决、裁定的监督行为，才可以进行调查核实。

在刑事诉讼程序中，混合性法律监督除了上文所提及的检察直接立案侦查行为以外，还应当主要包括如下检察行为：

一是审查逮捕行为。人民检察院审查逮捕，最核心的目的在于确定犯罪嫌疑人、被告人的人身危险性，以判断是否有必要对其采取逮捕措施。因而，其在本质上应当属于诉讼行为。但是，人民检察院在进行审查逮捕的过程中，应当附带地对侦查活动中是否存在违法行为予以监督，从而达到法律监督的目的。正因如此，人民检察院的审查逮捕行为属于混合性法律监督，可以进行调查核实。

二是审查起诉行为。人民检察院审查起诉，实质上是为了确认案件是否事实清楚，证据确实、充分，可否依法提起公诉，从而将诉讼程序推进至审判过程。因此从本质上看，其具有一定的诉讼属性。但是，与审查逮捕相似，人民检察院在审查起诉过程中仍需就侦查活动是否合法、证据是否依法收集等进行审查，从而具有一定的法律监督属性。可见，人民检察院的审查起诉行为也具有双重特征，属于混合性法律监督，可以进行调查核实。

三是二审前审查行为。对于因抗诉或者上诉而启动二审的案件，人民检察院应当就案件材料进行审查。这一做法的直接目的是为二审程序的公诉活动做准备，因此具有诉讼属性。但是通过这一行为也可以实现审查一审的审判活动是否合法的目的，因而也带有一定的法律监督属性。此类行为也属于混合性法律监督，可以进行调查核实。特别是针对被告人、辩护人提出被告人自首、立功等可能影响定罪量刑的材料和线索的，根据现行《人民检察院刑事诉讼规则》第 449 条的规定，人民检察院可以移交公安机关调查核实，也可以自行调查核实。

至于人民检察院参与非法证据排除程序的行为应当如何界定，这一问题则较为复杂。一般而言，我国设置非法证据排除规则，旨在遏制非法取证行为的发生。因此，非法证据排除程序都是围绕口供、证人证言、被害人陈述、物证、书证等是否合法收集，有无出现立法明确规定的应予非法排除的情形而进行。而人民检察院的职能行为，包括在审前程序中充当非法证据的审查者、在审判程序中担当非法证据的证明责任主体，也都是针对上述目的展开的。从该意义上来看，人民检察院适用非法证据排除规则的行为确实具有明显的法律监督属性，有权进行调查核实。正因如此，我国《刑事诉讼法》第57条明确规定，“人民检察院接到报案、控告、举报或者发现侦查人员以非法方法收集证据的，应当进行调查核实。”

但是，也应注意的是，人民检察院进行非法证据排除的行为在某种程度上也带有一定的诉讼属性。人民检察院是审前排除非法证据的主导者①，再根据上述第57条的规定，“人民检察院……对于确有以非法方法收集证据情形的，应当提出纠正意见；构成犯罪的，依法追究刑事责任。”而在审前阶段，人民检察院作为控诉者，应当为案件的公诉工作做好准备，这其中就包括如何进行证据的选择适用。因此，人民检察院在审前阶段排除非法证据的行为，实质上可以看成是人民检察院作为公诉机关，在诉讼过程中进行的正常证据遴选和过滤行为。其在审判过程中就证据收集的合法性加以证明，是为了防止受到消极的程序性裁判，或者承担败诉的风险。这些行为本身符合诉讼逻辑，具有诉讼特征。因此，人民检察院参与非法证据排除的行为属于混合型检察行为，可以进行调查核实。

2. 民事行政诉讼程序中检察调查核实权的适用对象及其类型划分

与刑事诉讼程序相比，在民事诉讼程序和行政诉讼程序中，情况有类似之处，也有相异之处。首先，应当认识到，人民检察院在上述诉讼程序中履行调查核实权，也应当以法律监督为前提。而根据《民事诉讼法》第14条和《行政诉讼法》第11条的规定，人民检察院有权对民事诉讼和行政诉讼实行法律监督，这就奠定了人民检察院在上述诉讼形式中进行调查核实权的正当性基础。其次，人民检察院进行民事诉讼和行政诉讼中进行调查核实的对象也区分为典型的法律监督行为和混合性法律监督行为。不过因为人民检察院在上述程序中的角色定位与在刑事诉讼程序中的角色定位有所差异，因此在具体行为种类是有所区别。

在民事诉讼程序中，人民检察院承担着如下职能：一是人民检察院在履行职责中发现破坏生态环境和资源保护、食品药品安全领域侵害众多消费者合法权益等损害社会公共利益的行为，在没有法律规定的机关和有关组织或者上述机关组织不提起诉讼的情况下，可以向人民法院提起诉讼；上述机关或者组织提起诉讼的，人民检察院可以支持起诉。二是对已经发生法律效力

① 陶建平：《非法证据的前段治理——履行刑事诉讼主导责任的检察立场》，《人民检察》2020年第16期。

的判决和裁定，有权提出抗诉，从而启动审判监督程序。三是对民事诉讼的全过程，包括民事执行活动，实行法律监督。

上述第一种情况属于典型的民事公益诉讼。在这种诉讼模式下，人民检察院的权力属性具有复合性。一方面，人民检察院是作为起诉方的代表参与此类诉讼，在诉讼过程中，人民检察院应当积极主动地进行证据收集工作，承担起诉职责，在审判过程中与对方当事人进行积极对抗，或者协助有关部门进行支持起诉。这些功能都带有较强的诉讼色彩，是人民检察院行使当事人诉权的具体体现。因此从本质上来看，人民检察院在公益诉讼案件中是以履行诉讼职能为主。但另一方面，也应当看到，人民检察院参与公益诉讼也与其监督职能存在一定的联系。检察机关基于法律监督治职能对损害国家利益和公共利益的行为提起诉讼或者支持诉讼，实质上也是从宏观层面通过法律监督的方式实现检察机关与其他相关国家职能部门之间的相互关系，协调当前法治秩序。① 因此，人民检察院的此种行为也带有一定的监督属性，属于混合性法律监督行为，可以进行适当的调查核实。

不过值得注意的是，人民检察院的此种监督行为并非局限于诉讼内监督，它并未着眼于诉讼本身的运行，而是关注损害社会公共利益的行为本身，是在弥补其他机关组织怠于行使或者无法行使的制裁不法职责。易言之，人民检察院的行为更倾向于是一种救济性行为。从这个层面来看，人民检察院在提起或者支持公益诉讼时进行调查核实，收集证据仍是其最主要的工作，而发现不法或者纠正不法，则处于相对次要的地位。这从 2020 年最新修订的《最高人民法院、最高人民检察院关于检察公益诉讼案件适用法律若干问题的解释》中即可得以窥见。其第 6 条明确规定："人民检察院办理公益诉讼案件，可以向有关行政机关以及其他组织、公民调查收集证据材料；有关行政机关以及其他组织、公民应当配合；需要采取证据保全措施的，依照民事诉讼法、行政诉讼法相关规定办理。"

上述第二种情况，即对已经发生法律效力的判决和裁定，有权提出抗诉，从而启动审判监督程序。这是一种混合性法律监督行为。一方面，审判监督程序属于民事审判程序的一种，人民检察院依法通过抗诉的形式启动该程序，属于运用其诉讼权力的表现，因而具有明显的诉讼属性。但是另一方

---

① 韩树军、卢晶、刘世强：《检察公益诉讼调查核实权的运作与保障机制探究》，《华北水利水电大学学报（社会科学版）》2021 年第 2 期。

面还需注意的是，民事诉讼的主导者是当事人双方。除非存在特殊情况，人民检察院并不属于民事诉讼的任何一方当事人。其对于已决裁判依法提出抗诉，目的在于发现并纠正民事审判过程中存在的不法行为，以及民事裁判中存在的错误之处。因此这一行为又带有很强的监督属性，属于法律监督范畴。正因如此，该行为属于混合性法律监督行为，可以进行调查核实。

上述第三种情况，即对包括执行在内的民事诉讼活动实行法律监督，则属于典型的法律监督行为。一般情况下，这种情形不带有诉讼色彩，是人民检察院审查行为合法性、发现行为违法性并纠正行为违法性的典型体现，因此毋庸置疑也是可以进行调查核实的。

在行政诉讼程序中，人民检察院承担着如下职责：一是人民检察院在履行职责中发现生态环境和资源保护、食品药品安全、国有财产保护、国有土地使用权出让等领域负有监督管理职责的行政机关违法行使职权或者不作为，致使国家利益或者社会公共利益受到侵害的，应当向行政机关提出检察建议，督促其依法履行职责。行政机关不依法履行职责的，人民检察院依法向人民法院提起诉讼。二是对已经发生法律效力的判决和裁定，有权提出抗诉，从而启动审判监督程序。三是对行政诉讼全程成进行法律监督。其中，第二种情形和第三种情形与人民检察院在民事诉讼中承担的职责是基本相同的，前者属于混合性法律监督行为，后者属于典型的法律监督行为，二者都能进行调查核实。而第一种情形虽然也属于公益诉讼领域，但人民检察院职能落实方式有所差异。

在第一种情形中，人民检察院实际上实施了两种不同性质的检察行为。一是向不履行法定职责的行政机关提出检察建议，督促其依法履行职责。这是人民检察院提起行政公益诉讼的前提基础。人民检察院作出上述行为，目的在于纠正有关行政机关的不作为，促使其尽快依法履行职责。这一检察行为是在法律监督的基础上作出的，带有明显的监督属性。另外，该行为并不具有诉讼属性，因此这一行为应当被界定为典型的法律监督行为，可以进行调查核实。值得注意的是，由于监督对象是行政机关的具体工作，因此人民检察院的上述法律监督行为并不局限于诉讼领域，不属于诉讼监督，而是属于广义法律监督的范畴，即属于一般性监督。这与民事公益诉讼中人民检察院职权属性有异曲同工之处。二是人民检察院有权在行政机关不依法履行职责时，向人民法院提起诉讼。这种行为则具有混合属性。一方面，依法启动诉讼，并作为一方当事人参与诉讼，这是人民检察院履行诉权的表现，具有诉讼属性。这是该行为最主要的性质定位。另一方面，人民检察院之所以向法院起诉，目的在于弥补因行政机关的不作为，导致国家社会公共利益受损的情况。其实质是作为上述法律监督行为效力的辅助与补充，也是通过监督手段调节检察机关与其他行政机关之间的关系。因此，此种行为也带有一定的监督色彩。总而言之，此种行为也属于混合性法律监督行为，有权通过调查核实手段，收集证明行政机关不作为的证据以及证明该不作为与国家公共利益受损之间关系的证据等。

二、检察调查核实权的具体措施解析

检察机关的调查核实权只有通过具体的措施，才能落到实处。从外部特征上看，检察调查核实的具体措施与刑事侦查行为有几分相似之处，都是通过对人或者对物的特定手段收集证据材料、发现事实，从而为进一步的处置提供必要依据。在具体措施方面，二者之间也有不少重合之处，例如都可以采取询问、查询、勘验、检查、鉴定、调取等相关活动。不过，检察机关的调查核实一般独立于或者先于刑事侦查，因此无法将其具体措施与刑事侦查行为完全相提并论。首当其冲的差异在于，根据相关立法的要求，人民检察院调查核实，一般不得接触被调查对象，不得采取限制人身自由和查封、扣押、冻结财产等强制措施。① 亦即，此种措施并不具备强制性，它不以国家强制力为依据，不得违背有关人员的自由意志，也不能侵犯有关人员的权利。换言之，检察机关调查核实措施属于任意性调查行为。

任意性调查行为是相对于强制性调查行为而言的分类模式。判断一种调查行为属于“任意性”或者“强制性”，主要考察两项因素：一是是否压制相关人员意志，即可否在违背个人意志的前提下进行调查行为；二是是否侵犯个人基本权利，即调查过程中是否可能限制甚至剥夺相关人员的人身、住宅、财产、隐私等基本权利。不过，任何调查行为都难免干涉相关人员意志，或者干涉上述权利，因此任意性调查行为也不是绝对宽松的行为类型，

---

① 例如《人民检察院刑事诉讼规则》第 168 条规定：“调查核实一般不得接触被调查对象。必须解除被调查对象的，应当经检察长批准。”第 169 条规定：“进行调查核实，可以采取询问、查询、勘验、检查、鉴定、调取证据材料等不限制被调查对象人身、财产权利的措施。不得对被调查对象采取强制措施，不得查封、扣押、冻结被调查对象的财产，不得采取技术侦查措施。”

判断其行为类型只要取决于行为受强制程度和权利受限制程度的强弱。[①] 从上述角度分析，检察机关调查核实权显然属于任意性调查行为，它限制有关人员接受限制的自由意志的强度显然较弱，它也不得行使某些可能侵犯公民基本权利的措施类型。

另外，某些本具有强制性色彩的调查行为，是可能通过一定的途径转化为任意性调查行为的。以搜查和扣押为例，这两类措施的共同特征在于，它们限制了相关人员的财产权和隐私权，且往往需要借助国家强制力予以落实，因此具有明显的强制性特征。但是，如果调查人员是在经相关人员允许的前提下，对其相关场所或者人身进行搜查并扣押涉案财物，那么由于其并不违背相关人员的自由意志，因而此种行为已经转化为任意性调查行为。不过，相关人员的允诺不是任何时候都能促成调查行为性质的转变。在涉及公民财产权、隐私权等情形中，相关人员的允诺跨越促成这一转变；但是涉及相关人员生命与人身自由权时，即便相关人员作出允诺也不可能使得强制性调查行为“任意化”。[②] 这就意味着，拘禁、逮捕等强制性调查行为是无法转变为任意性调查行为，那么也无法在调查核实中予以使用。

至于为何检察机关调查核实的具体措施被依法定位为任意性调查行为，则应当从该权力的属性和所处的程序阶段着手考察。首先，从权力属性方面看，检察机关调查核实权隶属于法律监督，是为了增强法律监督刚性和说服力而存在的权力类型。它旨在发现并揭发诉讼过程中存在的违法情况，并为违法情况的纠正提供依据。从这个角度看，它与单纯的诉讼程序之间存在本质区别，不具备诉讼属性。其次，从所处的程序阶段来看，调查核实虽然直接关注的是诉讼行为的合法性，但它往往并不内含于诉讼程序内部，而是独立于诉讼程序或者先于诉讼程序的开启。以刑事司法为例，根据《人民检察院刑事诉讼规则》第167条规定，对于人民检察院直接受理侦查案件的线索，人民检察院可以进行调查核实。在这一规定中，实质上调查核实是取代了过去的初查程序。初查是在刑事诉讼尚未开启的前提下，为确定案件是否符合立案条件而进行初步调查活动。它是过去检察机关从事职务犯罪侦查

① 吴桐：《侦查措施分类的逻辑专项与改革进路》，《中国人民公安大学学报（社会科学版）》2020年第2期。

② 万毅、陈大鹏：《初查若干法律问题研究》，《中国刑事法杂志》2008年第4期。

过程中确立的，并逐渐成为立案之前的一般性程序设计。① 不过，由于初查位于立案之前，而立案又是刑事诉讼程序启动的标志，因此初查程序往往不被当成刑事诉讼程序的组成部分。总之，无论是从权力属性角度，还是从所处的程序阶段视角，检察机关调查核实皆异于并独立于刑事诉讼程序。而侵犯有关人员基本权利或者违背有关人员主观意愿的强制性措施，只有在刑事诉讼程序正式开启之后、依据《刑事诉讼法》的规定才能予以实施，因此检察机关进行调查核实不能采取强制性调查手段，只能适用任意性调查行为。

具体而言，根据相关立法和司法解释的规定，目前检察机关在调查核实过程中主要可以采取如下具有任意性色彩的措施。

（一）讯问、询问有关人员

讯问和询问都是通过“提问”“回答”的形式了解有关案件信息，并取得言词性证据材料的途径。这两项措施并非新鲜事物，在刑事侦查程序、监察调查程序等中都被视为重要的取证环节，对于获取案件信息、查获证据具有不可替代的作用。检察机关在调查核实过程中进行讯问或者询问，一方面应当借鉴其他法律程序，遵循讯问和询问的通行规律或者逻辑，另一方面也应当结合调查核实的现实情况，形成符合调查核实实践需要的特殊规则。具体而言：

一是作为检察机关调查核实的重要手段，讯问和询问的目的都在于发现并查明诉讼行为中存在的违法情况、获取足以证明诉讼行为违法的有关证据。换言之，讯问和询问是取证手段之一，其取证的客体是诉讼行为本身的合法与否。二是讯问和询问应当由承担法律监督职责的检察人员实施。调查核实是加强法律监督刚性、提供法律监督依据的重要途径。人民检察院又是我国专门的法律监督机关。讯问和询问作为调查核实具体措施之一，自然应当由人民检察院内部承担具体诉讼监督职责的检察人员予以掌握和适用。三是讯问和询问的对象有所区别，这也是区分两种措施的关键之处。如果调查措施的适用对象是刑事诉讼程序中的犯罪嫌疑人、被告人，即检察人员通过向犯罪嫌疑人、被告人提问的方式了解诉讼行为的实施状况，那么此时适用

① 施鹏鹏、陈真楠：《初查程序废除论——兼论刑事立案机制的调整》，《社会科学》2014 年第 9 期。

的是讯问措施。如果调查措施的适用对象是其他知情人员，包括诉讼程序中除刑事犯罪嫌疑人、被告人以外的其他当事人、证人、其他诉讼参与人、办案人员以及其他案外知情人员等，那么此时适用的则应当是询问。对不同对象适用不同措施，主要是源于刑事诉讼程序对于被追诉人和其他诉讼参与人权利保障水平、程序机制设置的不同。检察机关调查核实虽然不属于刑事诉讼程序的组成部分，但由于其与刑事诉讼程序之间存在密切联系，在特定情况下甚至可能需要进行相互衔接转化，因此遵循刑事诉讼程序关于讯问和询问的相关规则则具有必要性。另外，根据《人民检察院刑事诉讼规则》第168条的规定，调查核实一般不得接触被调查对象。这一规定也是调查核实具有任意性的典型体现之一。据此规定，检察机关进行讯问和询问的对象不包括具体诉讼行为的实施主体，即不包括涉嫌实施违法诉讼行为的公安机关、检察机关、人民法院工作人员。四是讯问和询问应当遵循规范的程序机制。借鉴刑事侦查程序和监察程序，检察机关进行讯问和询问应当制作笔录，并由被讯问人或者被询问人以及调查人员签名盖章。在特定情况下，讯问过程中可以进行录音录像。录音录像既是一种保存言词性证据的手段，同时也可以在日后作为证明调查核实程序合法性、规范性的有力方式。一旦选择进行录音录像，那么录音录像就应当全程进行，保持完整性。不过，纵观我国目前多部关于检察调查核实的法律和司法解释，皆未就讯问和询问的具体程序机制予以具体明确规定，这可能是我国未来在该领域需要继续完善的地方。

值得思考的问题是，检察机关进行调查核实时可否强制有关人员到案，可否强制被讯问人或者被询问人回答问题。正如前文所述，检察机关调查核实的具体措施应具有任意性。这意味着，讯问和询问作为调查核实措施之一，也不得采取限制人身自由等方式，也不得违背相关人员的主观意愿。这么一来，检察机关进行讯问和询问只能通过传唤等非强制性手段通知有关人员到场。如果被调查人不到场接受讯问或者询问，检察机关不得采取拘传等手段强制其到案。被调查人到场之后，如果其拒绝回答问题，检察人员可以在笔录上说明有关情况，但不能强迫其回答问题。

（二）咨询专业人员或者部门

在调查核实过程中，检察人员除了通过讯问和询问的方式向有关知情人员了解案件相关信息以外，还可以通过咨询的方式就专业性问题向具有专门知识的专业人员或者部门寻求帮助。咨询也是通过“提问”“回答”的方式了解相关信息的取证手段。不过，相对于讯问和询问而言，咨询的内容有其特殊性。“术业有专攻”，除了法律知识以外，承担调查核实工作的检察人员往往缺乏其他专业领域的知识积累和判断技术。因此当遇到专业性问题时，检察人员便可以通过咨询专业人员的方式获取有用信息，从而服务于证据的收集和事实的认定。

另需注意的是，除了咨询以外，针对专门性问题，检察人员还可以采取委托鉴定、评估、审计等方式进行调查核实。相对而言，这几种措施的适用范围有所区别。咨询一般针对的是单纯的专业性问题，回答这些问题依靠的是专业人员的知识积累，无需采取特殊的技术手段。而无论是鉴定、评估还是审计，专业人员在协助调查核实过程中，除了运用自己的专业知识积累以外，还需借助特殊工作和技能进行必要的判断、分析、实验等，从而得出专业报告。可以说，后几种措施的难度较大，面临的问题也可能更为复杂。另外，咨询所获证据一般直接源于调查过程，而通过鉴定、评估、审计等所获证据材料则可能是由其他证据衍生转化而来。例如，专业人员对毛发进行DNA鉴定，并得出鉴定意见。此时该鉴定意见即是以毛发本身所蕴含的信息为依据，是从毛发这一物证衍生转化而来。

根据相关司法解释的固定，接受咨询的对象限于专业人员、部门或者行业协会。① 可以看出来，一方面，与鉴定不同，接受咨询的对象既可以是具有专门知识的自然人，也可以是从事专业领域的部门或者行业协会。而在鉴定程序中，进行鉴定的主体只能是具有专门知识的自然人。这进一步意味着，通过咨询所获的证据材料既可能是自然人出具“意见”，也可能是专业部门或者行业协会出具的“报告”。另一方面，对于接受咨询的专业人员、相关部门或者行业协会而言，其专业性如何进行判断。在检察人员实践办案过程中，除了科学技术领域的专门知识需要适用咨询措施以外，依靠长期生活经验或者工作经验所形成的专门知识也同样需要检察人员通过咨询手段获得有用信息。因此，此处的专业性和相应的专业人员都应当作广义解释。

① 例如根据《人民检察院民事诉讼监督规则（试行）》第66条的规定：“人民检察院可以采取以下调查核实措施：……（三）咨询专业人员、相关部门或者行业协会等对专门问题的意见；……”

（三）查询、查阅、调取、复制相关材料

查询、查阅是指检察机关调查人员为了获取案件相关信息，到有关部门查看、了解相关记录及其他材料的调查措施。它们往往和调取、复制措施一同适用。调取是指检察机关调查人员为了查明案件事实，依法从有关部门处获取与案件有关的法律文书、相关记录及其他案件材料。复制则是指检察机关调查人员对于与案件有关的文书、记录或者材料进行拷贝、扫描、复印、摘抄等。这些措施的共同之处在于，它们都针对的是文书类的证据类型。由于检察机关的调查核实工作主要针对的是诉讼行为，而根据我国相关立法的要求，公安机关、人民检察院和人民法院在进行诉讼程序时，应当对每一程序阶段进行必要的书面记载，形成所谓的案卷材料和相关记录。检察机关欲通过调查核实手段获知诉讼行为的合法性，就必然需要查询、查阅、调取或者复制上述文书类材料。

不过，这几项措施之间也有其不同之处。就查询和查阅而言，根据相关司法解释的规定，查询主要针对的是程序性、形式性的记录材料。例如在侦查监督中，检察人员有权查询犯罪嫌疑人出入看守所的身体检查记录及相关材料，从而发现侦查人员是否曾经采用刑讯逼供等非法手段收集犯罪嫌疑人供述。[①] 而相对而言，查阅所针对的材料类型则更偏向于详细记载案情的法律文书或者案件材料。换句话说，查阅主要是以案卷材料为主。由于相关法律文书或者案件材料往往篇幅较长、数量较多，无法通过简单的查询即可获取有用信息，因此必须通过仔细阅读的方式才能达到调查核实的目的。相比上述两类措施，调取在适用对象方面则没有上述限制，无论是可以进行查阅的记录性材料，还是可以予以查阅的案卷类材料，检察人员皆可通过调取的方式获取。不过调取的强度要大大高于查询与查阅。查询与查阅不以转移或者留置相关材料为目的，而调取意味着将相关部门应当将有关材料交到检察机关手中，因此涉及文书类材料的移送问题。

除此之外，还应注意的是，此处的复制应当作广义解释，它至少包括扫描、复印、拷贝和摘抄三种方式。扫描是指检察人员使用扫描装置，将纸质

---

① 根据《关于侦查监督部门调查核实侦查违法行为的意见（试行）》第5条的规定："人民检察院侦查监督部门根据需要，可以采用以下方法进行调查核实：……（七）查询、调取返祖嫌疑人出入看守所的身体检查记录及相关材料；……"

版的书面材料予以电子化的复制方式。复印则是使用打印复印机，将书面材料的内容予以再次印制，并保留材料的纸质属性。通过扫描和复印，检察人员可以方便地获取以纸质版方式存在的相关书面材料。拷贝针对的是相关文书类材料是以电子化形式呈现的情况。目前，我国不少地区公安司法机关已经推广适用了卷宗电子化。对于已经扫描成电子文本的材料，检察机关可以通过拷贝的方式快速获取相关案件材料。另外，还有不少证据本身即以电子化的形态存在的，电子数据是我国法定证据种类之一。对于此类证据，在特殊情况下也应当允许检察人员通过拷贝的方式保存这些证据。摘抄则是指检察人员有选择性地将相关证据材料的内容予以手动抄录，这主要针对的是内容不多的证据材料，或者不方便进行扫描、复印、拷贝的证据材料。

（四）检查、勘验

检查和勘验是典型的刑事侦查手段，在检察调查核实过程中也有一定适用空间。检查、勘验是指检察人员为了发现、收集和固定违法犯罪活动所遗留下来的各种痕迹和物品，而对于违法犯罪活动有关的场所、物品、尸体、人身等进行相应的勘查、检验。两种措施具有不少相似之处，都是保存、固定物证的有力手段，也都需要依靠一定的技术手段。区别两种措施的关键在于适用对象不同，检查主要指向活体的人身，进行的是伤情、病情检查；而勘验则针对的是现场、物品和尸体。目前在工作实践中，检查和勘验的种类繁多，包括现场勘查、物证检验、尸体检验、人身检查和调查实验等。目前，关于人民检察院在调查核实过程中适用检查或者勘验措施的相关规定，主要体现在《人民检察院民事诉讼监督规则（试行）》第69条、《关于侦查监督部门调查核实侦查违法行为的意见》第5条和《关于对司法工作人员在诉讼活动中的渎职行为加强法律监督的若干规定（试行）》第7条。综合上述规定，检察人员在适用检查或者勘验措施进行调查核实时，需注意如下问题：一是检查、勘验是在确有必要的情况下进行的。这意味着，并非所有的调查核实案件都需采取这些措施，只有当案件中涉及病情、伤情的评估衡量以及现场痕迹、物证的采集检验时，必须依靠检查、勘验揭示相关信息时，才适用这些措施。二是检查人、勘验人应当出示人民检察院的证件。检查人、勘验人既可能是办案机关工作人员，也可能是办案机关所委托或聘请的人员。无论检查人、勘验人人事关系是否隶属于办案机关，在进行调查核实的检查、勘验活动时，他们都代表的是检察机关，因此应当在检查、勘验过程中向被调查人出示证件，以表明其身份和来意。三是检查、勘验过程中应当邀请当地基层组织或者当事人所在单位派人参加。检查、勘验过程作为调查核实的重要手段之一，极可能出现程序不规范或者侵犯被调查人权利的情况。邀请上述人员参加，主要功能是作为见证人，对检查、勘验过程予以监督。四是在检查、勘验过程中，当事人或者当事人的成年家属也应当到场，拒不到场的，不影响检查、勘验的进行。当事人或者其成年家属在场，也是起见证检查、勘验过程的作用，并足以保证当事方的知情权。五是检查人、勘验人应当将检查、勘验情况和结果制作成笔录，由检查人或者勘验人、当事人和被邀参加人签名或者盖章。笔录是检查、勘验过程的记载，可以为检察人员后续办案过程中查明事实、证明程序的合法性提供依据。六是检查和勘验过程都不得限制被调查人的人身自由和财产权利。检察机关为了调查核实有关情况而采取检查或者勘验措施，难免需要被调查人予以配合。但是这并不代表着，检察机关可以以此为由，限制被调查人人身自由或者侵犯被调查人财产权利。这是由调查核实的“任意”属性所决定的。

（五）委托鉴定、评估、审计

委托鉴定、评估和审计是指检察人员在调查核实过程中，指派或者聘请具有专门知识的人员或者单位就案件中的某些专门性问题进行科学鉴别、判断、评价和衡量，并作出鉴定意见、评估意见或者审计意见的一种调查手段。此类调查核实措施的典型特点在于，其针对的是案件中的某些专门问题。对于这些问题，一般情况下检察人员依靠自己的知识储备很难予以分辨并得到准确的答案，因此需要委托具有该方面专门知识的人员或者单位对这些问题予以鉴定、评估和审计。除此之外，此类调查核实措施的另一典型特点在于，其所获取的证据材料具有较强的主观性。鉴定、评估和审计都是专业人士运用自身知识和技术对专门问题作出的回答，主体以自然人为主。而人的意识本身具有流动性，对于同一问题，不同的专家可能给出不同的答案。因此，区别于其他证据材料，此类证据的客观性较弱。正因如此，检察人员在运用此类措施并获取相关证据材料时，应当特别注意鉴定、评估或者审计主体的权威性、专业性，注意鉴定程序、评估程序或者审计程序的规范性、严肃性，避免偏听偏信、盲目迷信某一鉴定意见、评估报告或者审计结果，避免以鉴定、评估或者审计代替正常的调查核实程序。

（六）现场走访

现场走访是出现在《人民检察院检察建议工作规定》中的调查核实措施之一，是指检察为了查明案情，亲自到案发现场观察周围环境、访问知情人员的调查措施。在一些案件中，究竟当时的情况下是否可能发生相应的违法犯罪行为，单靠审阅书面材料、询问相关人员或者查看勘验、检查报告等方式无法得出答案，此时便要求检察人员亲自到现场走一走，了解案发现场的基本情况，向现场有关知情人员进行再次询问，从而发现之前未发现或者调查清楚的一些蛛丝马迹。现场走访与勘验有类似之处，都是在案发现场进行的调查活动。但相对而言，现场走访对专业技术知识的依赖水平不高，主要依靠的是办案人员的思维活动和实践经验。现场走访也需与其他调查核实措施相结合，在现场走访过程中进行适当的询问，或者进行物证的搜查和扣押，都是实践中较为常见的方法。

三、检察调查核实所获证据的诉讼证据资格判定

在《人民检察院刑事诉讼规则》第八章第一节关于“立案审查”的规定中，调查核实替代了过去“初查”对于刑事立案的地位与作用。[①] 初查是过去人民检察院对于可能直接立案侦查的案件，在立案之前对案件线索进行审查和初步调查的活动。在实践中，初查除了合法性不足以外，最大的困境莫过于初查证据是否具备进入刑事诉讼的资格问题。亦即，通过诉讼启动之前的初查手段所获取的证据，能否与其他普通的刑事证据一样，在刑事诉讼程序中继续发挥作用，甚至成为定罪量刑的依据，这一问题存在较大争议。[②] 虽然调查核实在内涵和适用对象方面远远超过了初查的界限，但是由于启动刑事诉讼也是调查核实的处理方式之一[③]，因此与初查一样，调查核实也将涉及类似的证据衔接问题。具体而言，检察机关就司法工作人员的违法诉讼行为进行调查核实之后，如果认为该行为已经具有较大的社会危害性并且触犯了我国《刑法》的相关罪名规定，依法应当追究刑事责任的，那么检察机关应当将案件线索移送负责侦查的部门统一受理，并对符合条件的

---

① 侯亚辉：《从初查到调查核实：立案审查工作机制的完善》，《检察日报》2020年2月9日第3版。

② 龙宗智：《初查所获证据的采信原则——以渎职侵权犯罪案件初查为中心》，《人民检察》2009年第12期。

③ 除此之外，根据《人民检察院组织法》第21条的规定，进行调查核实之后，人民检察院依法可以采取多种处理方式，包括提出抗诉、纠正意见、检察建议等。启动刑事诉讼程序只是其中最严重的一种处理方式，针对的是特定司法工作人员的职务犯罪行为已经涉嫌犯罪的情况。

案件办理立案手续。此时，检察机关在立案之前通过调查核实的手段所获得的证据材料，理所应当成为决定是否立案的重要依据。但是立案之后，当案件进入刑事诉讼程序之后，这些证据材料能否继续在刑事诉讼程序中发挥作用，甚至成为各个诉讼阶段定罪量刑的依据，则仍需进一步考量。

有观点认为，除了立案审查以外，检察机关在刑事诉讼其他具体诉讼阶段，例如审查逮捕或者审查起诉等，也可以行使调查核实权，获取相关证据。此时刑事诉讼程序已经启动，既然检察机关是在刑事诉讼过程中行使调查核实权，那么所获证据理所应当具有刑事证据资格，并无讨论的必要性。对此笔者认为，调查核实权是检察机关落实法律监督职能的体现。检察机关在诉讼过程中行使调查核实权，并非为了查明刑事案件事实、收集证明案件事实的证据，而是为了确认相关诉讼行为是否具有合法性、收集证明诉讼行为存在非法性的证据，这是两个不同层面的问题。调查核实所依托的刑事案件处于诉讼过程中，并不等同于针对诉讼行为合法性的问题可以甚至已经启动刑事诉讼程序。二者应当被看作两个不同的案件，分别适用不同的程序。在本部分，笔者着重讨论的是：针对诉讼行为合法性等法律监督问题，检察机关在尚未启动刑事诉讼程序之前行使了调查核实权并收集了相关证据。随后，这一问题被依法立案侦查，并进入刑事诉讼程序，那么先前通过调查核实所获证据，可否在随后的刑事诉讼程序中予以适用，获得证据资格。目前，我国相关立法和司法解释都未涉及这些问题，也给司法实践带来了一定的困惑。

（一）诉讼证据资格的不同判断标准

在我国当前证据法理论体系内，判断检察机关调查核实所获证据在刑事诉讼程序中是否具有证据资格，可以依据三种标准：其一是以“证据三性”理论为标准，其二是以证据能力为标准，其三是以证据概念为标准。而前两种判断标准存在明显缺陷，具体而言：

1. “证据三性”理论已遭到较多质疑，且未能体现证据的典型特征

以“证据三性”理论作为判断标准，意味着一旦检察机关调查核实所获证据符合证据的三大属性，那么该证据就应当具有刑事证据资格。“证据三性”是我国多年来关于证据属性的通说，一般指的是客观性、关联性、

合法性。[1] 其中，客观性源自我国“实事求是”的基本路线，通常是指证据是真实的，不是虚假伪造的，证据是不以人们的主观意识为转移的客观存在。[2] 合法性则指证据的形式、收集、出示和采纳等，都应由法律予以规范和调整，必须符合立法规定的采证标准。[3] 关联性是指证据与待证事实之间存在一定程度的特定联系。[4]

不过，将该理论作为判断调查核实所获证据在刑事诉讼程序中是否具有证据资格的标准，有不妥之处。首先，“证据三性”理论作为刑事证据属性曾经的主流观点，近年来遭到较多批判。以客观性为例，反对将其作为证据属性之一的观点认为，从理论角度看，客观性将证据法禁锢于存在论范畴，阻碍了证据法的认识论研究。客观性还具有将证据混同于事实的倾向，陷入了对案件事实的机械反映论。此外，从实务角度看，过分强调证据的客观性，还导致司法实践中形成了“命案必破”“不枉不纵”等过高要求，不仅不符合刑事办案规律，而且阻碍了法律职业化的发展。[5] 再以证据的合法性为例，其能否作为证据属性之一，也遭到不少质疑。近年来，随着我国刑事司法改革的不断推进，特别是非法证据排除规则的引入，证据合法性问题得到较多重视。但是，证据属性讨论的是作为证据的基本要求，而合法性更多考察的是证据收集和提取过程的规范性，应作为审查认定证据的标准，是证据作为定案根据的要求。易言之，合法性是证据在诉讼过程中被人为赋予

---

① 不排除在不同的证据法学教材中，关于证据属性采取的是稍有差异的说法，例如以“真实性”代替“客观性”，再如以“可采性”或者“法律性”代替“合法性”。

② 陈光中：《证据法学》，法律出版社 2011 年版，第 146 页；樊崇义：《刑事诉讼法学》，法律出版社 2013 年版，第 169 页。

③ 宋英辉、汤维建：《证据法学研究述评》，中国人民公安大学出版社 2006 年版，第 159 页。

④ 不过，关联性的具体内涵在学界历来存在争议。较早期的代表性观点包括内在联系说、内在必然说、客观必然说、内在客观必然说、有实际意义说、证明性替代说等。随着近年来英美证据法理论的大量引入，证据的关联性又新增了不少新视角，包括自然关系说、证据能力说、证明倾向说、客观实质性证明性说、实质性加证明性说、证明力说等。参见王秋荣：《证据关联性规则研究》，复旦大学 2012 年博士毕业论文，第 11 – 15 页。

⑤ 张保生、阳平：《证据客观性批判》，《清华法学》2019 年第 6 期。

的，不应被界定为证据属性之一。① 总之，虽然“证据三性”理论能够在一定程度上回答“何为证据”这一问题，但其权威性和可靠性已经大打折扣。将其作为判断检察机关调查核实所获证据在刑事诉讼程序中是否具备证据资格的标准，已经缺乏必要的理论支撑了。

除此之外，“证据三性”理论是各大诉讼程序中证据法的统一学说，无法体现刑事证据与其他证据类别的区分。该理论主要讨论的是作为证据应当具备的基本属性。大多数包含该理论的证据法论著并未严格区分刑事证据与其他证据，而是将它们都置于完全平等的讨论基调上。即便某些学者倾向于从刑事诉讼的角度解读这一理论，但也鲜见关于刑事证据典型特点的研究。而判断检察机关调查核实所获证据是否具备刑事证据资格，关键要素之一在于评价此类证据是否拥有刑事证据的核心特征，此时就应突出刑事证据在整体诉讼证据体系中的独特之处。以“证据三性”理论审视调查核实证据，显然无法达到这一目的。

2. 证据能力主要考察证据的合法性，与证据资格存在本质区别

以证据能力作为判断标准，意味着判断检察机关调查核实所获证据可否在刑事诉讼中作为证据使用，主要以其是否符合我国立法关于刑事证据能力的特殊规定。亦即，将刑事证据资格等同于刑事证据的证据能力。笔者认为此种观点值得商榷，其混淆了证据与定案证据的区别，可能给司法实践带来困境。

一般而言，有证据能力的证据又称为合法证据，是指外在形式和取证过程符合法律规定，且已经经过合法性审查的证据。② 在我国过去研究行政证据、监察证据可否适用于刑事诉讼时，即有观点认为，立法中所谓的“在刑事诉讼中可以作为证据使用”③，实质上等同于赋予该类证据以证据能力。

---

① 宋英辉、汤维建：《证据法学研究述评》，中国人民公安大学出版社 2006 年版，第 160 页；何家弘、马丽莎：《证据“属性”的学理重述——兼与张保生教授商榷》，《清华法学》2020 年第 4 期。

② 陈瑞华：《论瑕疵证据补正规则》，《法学家》2012 年第 2 期。

③ 《刑事诉讼法》第 54 条第 2 款规定：“行政机关在行政执法和查办案件过程中收集的物证、书证、视听资料、电子数据等证据材料，在刑事诉讼中可以作为证据使用。”《监察法》第 33 条规定：“监察机关依照本法规定收集的物证、书证、证人证言、被告人供述和辩解、视听资料、电子数据等证据材料，在刑事诉讼中可以作为证据使用。”

这么一来，此类证据不仅可以直接进入刑事诉讼程序中，而且天然地具有合法性，无需再次接受合法性审查。然而，这一观点是存在明显缺陷的。根据相关立法机关权威解释，所谓“在刑事诉讼中可以作为证据使用”仅赋予其进入刑事诉讼的资格，不需要刑事侦查机关再次履行取证手续。但是这些证据能否作为定案的根据，还需要根据立法的规定由公安机关、检察机关和审判机关在各个诉讼阶段分别审查判断。① 且根据我国《刑事诉讼法》第50条第2款的规定，“证据必须经过查证属实，才能作为定案的根据。”这意味着，无论是产生于刑事诉讼程序中证据，还是其他“外来”证据，都应当在诉讼过程的关键性环节，包括审查逮捕、审查起诉等，多次接受审查以确认其合法。可见，对于适用于刑事诉讼程序中的证据而言，获得证据资格是其第一道门槛，只有在此基础上，才可能就其证据能力予以讨论。将“在刑事诉讼中可以作为证据使用”等同于取得证据能力，实际上混淆了“证据”与“定案证据”的区别，不仅于法理不符，而且可能给司法实践带来困扰。②

同样的道理，将证据能力作为判断检察机关调查核实所获证据是否具有刑事证据资格的标准，也可能产生问题。这意味着，进入刑事诉讼程序的此类证据都应当具有所谓的“合法性”。“合法性”要求证据在外在形式、取证规范等方面符合立法规定。由于是对刑事证据的要求，那么此处的“立法”应当指的是《刑事诉讼法》关于侦查取证、证据种类的相关规定。然而，检察机关的调查核实行为虽然与刑事侦查工作有不少相似之处，但仍存在本质区别。它是检察机关履行法律监督职能的体现，并非检察机关履行诉讼职能的体现。在具体方式上，调查核实也有其特殊之处，调查核实一般不得接触被调查对象，也不得限制被调查对象的人身、财产权利。调查核实也不具备刑事侦查中完备的权利保障机制，相关规定并未明确律师可否介入调查核实过程等。除此之外，关于调查核实所获证据的外在形式，目前也缺乏必要规范。总之，在上述基础上，以《刑事诉讼法》关于侦查取证、证据种类等规定衡量检察机关调查核实所获证据的证据能力，并进而推断其证据资格，是不合理的。

---

① 全国人大常委会法制工作委员会刑法室：《〈中华人民共和国刑事诉讼法〉释义及实用指南》，中国民主法制出版社，第133页。

② 高通：《行政执法与刑事司法衔接中的证据转化》，《证据科学》2012年第6期。

综上所述，在判断检察机关调查核实所获证据可否进入适用于刑事诉讼程序方面，无论是以“证据三性”理论作为标准，还是以证据能力作为标准，皆存在明显缺陷。因此，笔者更倾向于第三种方式，即以证据概念为标准判断调查核实所获证据的证据资格问题。

（二）以证据概念为标准判断调查核实所获证据的证据资格

判断检察机关调查核实所获证据是否具有进入刑事诉讼的资格，关键在于审查其是否符合我国关于刑事证据的立法界定及其应然内涵。在我国刑事诉讼程序中，证据的概念随着《刑事诉讼法》的修改和司法实践的推进，曾经发生过变化。在1979年和1996年两部《刑事诉讼法》中，刑事证据的界定采取的是“事实说”，即“证明案件真实情况的一切事实，都是证据”。① 据此，证据与其所内含的事实内容相等同。但是这一界定明显存在逻辑上的缺陷，其并未区分主观性事实和客观性事实，混淆了证据与定案证据的区别，还忽略了证据的外在载体和取证程序等。② 正因如此，我国在2012年修改《刑事诉讼法》时，将“事实说”转变为“材料说”，认为“可以用于证明案件事实的材料，都是证据”，并且这一界定被沿用至今。③“材料说”认为，证据不仅包括其所蕴含的“事实因素”，而且具备承载并体现事实内容的“材料因素”。亦即，一方面证据应当能够证明案件事实，并与事实之间存在一定的关联性；另一方面证据具有外在表现形式和必要的取证程序，与事实之间不能划上等号。另外，“材料说”还强调了证据的原始性，并非所有证据都能成为定罪量刑的依据，只有经过查证属实的证据才可以被称为定案根据。

以刑事证据的概念衡量检察机关调查核实证据，可以发现赋予该类证据以刑事证据资格具有一定的正当基础。但由于客观条件的限制，调查核实证据与刑事证据之间仍不可避免地出现一些冲突之处。

1. 从“事实”视角解读调查核实证据的证据资格

“事实”是证据法中的一项常用概念，它是指“特定事物及其关系的真

---

① 1979年《刑事诉讼法》第31条第1款和1996年《刑事诉讼法》第42条第1款的规定。

② 陈瑞华：《证据的概念与法定种类》，《法律适用》2012年第1期。

③ 2012年《刑事诉讼法》第48条第1款和2018年《刑事诉讼法》第50条第1款。

实存在”，是实际发生于一定时空中的既成存在。[①] 但是，蕴含于证据中的事实并非绝对真实。事实具有可知性和可陈述性，其既有独立于人的意识而存在的客观性，又有通过人的感知和思维才能把握的经验性，其不能脱离人的表达而存在，总以某种判断的形式被人们把握。[②] 而证据是人们对事实进行查明、了解并通过特定形式予以表示的途径。人们知晓和表述事实的能力有限，证据承载事实的范围亦是有限的，因此证据中蕴含的事实并不必然与客观真实完全吻合。

调查核实所获证据是检察机关在对诉讼行为合法性予以法律监督的过程中收集的，其服务于违法诉讼行为的纠正和追究。作为证据形式的一种，其中必然蕴含着一定的事实成分，且该事实成分已经通过证据外在表现形态予以体现，可以被感知和陈述，以便在后续程序中作为处置依据。调查核实证据中所蕴含的事实并不必然与客观真实完全吻合，单一证据亦无法体现完整的诉讼行为违法事实，需要通过进一步的程序继续去伪存真、相互印证联系。从该视角看，调查核实证据在事实内核上符合刑事证据的基本要求。

不过，刑事证据中所蕴含的“事实”有其特殊之处，即应具有刑事属性。从上述《刑事诉讼法》关于证据的概念来看，刑事证据证明的是“案件事实”，但此处的“案件”不应理解为所有违法案件，而特指刑事案件。相应的，刑事证据中所蕴含的“事实”也并非泛指所有事物之间的存在关系，而限于刑事犯罪事实，即涉嫌犯罪、具有严重的社会危害性、可能追究当事人刑事责任的事实内容。只有蕴含此类刑事犯罪事实，证据才能在刑事诉讼中作为定罪量刑的依据，这也是刑事证据区别于其他证据形式的根本之处。当然，要求刑事证据中蕴含犯罪事实，并不意味着在诉讼过程中随时都要对证据进行事实层面的实质审查。应从证明目的角度对证据所蕴含的事实进行考察。如果某一证据的证明目的在于查明犯罪嫌疑人、被告人有罪或者无罪，犯罪情节轻重，那么该证据便应当被判定为蕴含刑事犯罪事实，属于刑事证据。

检察机关调查核实所获证据如要具备刑事证据资格，那么必定也需蕴含上述刑事犯罪事实，具备证明刑事犯罪事实的目的。不过在这一方面，该类证据可能与纯粹的刑事证据有一定区别。根据《人民检察院组织法》第20

① 张保生：《证据法学》，中国政法大学出版社2018年版，第1页。

② 张保生：《证据法学》，中国政法大学出版社2018年版，第3-6页。

条和第 21 条的规定，检察机关进行调查核实，目的在于行使法律监督职权，对诉讼活动中是否存在违法情况予以查明。检察机关进行调查核实之后，人民检察院可以采取多种处理方式，包括提出抗诉、纠正意见、检察建议等，而启动刑事诉讼只是其中最严重的一种处理方式，针对的是特定司法人员的职务犯罪已经涉嫌犯罪的情况。这意味着，调查核实的对象不限于刑事犯罪，也包括普通的违法情况。因此，调查核实所获证据包含的事实也不限于刑事犯罪，可能仅包含了普通违法行为；调查核实所获证据的证明目的不限于查明被调查人是否涉嫌犯罪以及犯罪情节轻重，还包括查明被调查人是否违法以及违法情节轻重等。而普通违法相关事实并不属于刑事证据的“事实”范畴。易言之，对于检察机关调查核实所获证据而言，其承载的事实中可能混杂着不少非刑事属性的成分，如何甄别此类“混血”证据，能否赋予其刑事证据资格，亟需进一步思考。

2. 从“材料”视角解读调查核实证据的证据资格

刑事证据的“材料因素”意指其承载事实内容的外在形式，以及获取证据的主体、程序等方面。亦即，“材料因素”是从程序法的角度对证据进行解读。另外，“材料因素”还摒弃了对证据“绝对真实”的强调，认为证据与客观事实之间不能划等号，应将证据与定案证据予以区别，证据只有经过查证属实，才能作为定案的根据，这为刑事证据的审查运用提供了一定的程序空间。调查核实所获证据是检察机关运用一系列调查核实措施收集所得，在一定程度上符合刑事证据在材料方面的要求。例如，此类证据的收集主体是人民检察院，而人民检察院依法也属于刑事诉讼程序中的侦查主体，有权通过适用侦查措施获取刑事证据。又如，作为证据类型之一，此类证据需通过一定的外在形式予以体现，并非脱离了具体载体的抽象存在；此类证据还需通过一系列措施予以获取，并非凭空产生。再如，无论是在检察机关运用法律监督职权的过程中，还是在后续处置程序中，调查核实所获证据皆需接受层层审查。这说明，该类证据并非绝对真实，只有经过查证属实，才能作为定案根据。总之，不管是在取证主体、外在表现、取证程序、内在性质等方面，调查核实证据都在某种程度上符合刑事证据关于材料方面的要求。但是，由于调查核实与刑事侦查之间具有本质区别，直接赋予检察机关调查核实所获证据以刑事证据资格也存在一定障碍。

（一）证据种类方面

根据我国现行《刑事诉讼法》的规定，刑事证据包括如下类型：物证，书证，证人证言，被害人陈述，犯罪嫌疑人、被告人供述和辩解，鉴定意见，勘验、检查、辨认、侦查实验等笔录，视听资料，电子数据。上述证据种类是我国通过历次立法修改所逐渐形成的。例如在我国刑事诉讼程序严格区分了犯罪嫌疑人与被告人之后，“被告人供述和辩解”于1996年修法时被修改为“犯罪嫌疑人、被告人供述和辩解”。再如，为了遏制实践中“以鉴代审”的情况，2012年修法将“鉴定结论”改为“鉴定意见”；为了适应电子科技发展对证据法领域的影响，此次修法亦新增了“电子数据”这一证据种类；为了对应侦查行为具体种类，此次修改还将“勘验、检查笔录”扩充为“勘验、检查、辨认、侦查实践等笔录”。①

相比而言，检察机关进行调查核实之后可以取得何种证据类型，无论是现行《刑事诉讼法》还是相关司法解释，皆未作出明确规定。不过，《人民检察院刑事诉讼规则》第169条规定了调查核实可以采取的措施种类，包括询问、查询、勘验、检查、鉴定、调取等。而根据司法实践经验，上述调查核实措施将产生对应的证据种类：（1）询问是获取言词证据的主要方式，通过这一措施可能产生被调查人供述和辩解、证人证言、被害人陈述等证据种类。②（2）查询针对的是存款、汇款、债券、股票、基金份额等财产，目的在于了解被调查人及其他相关人员的财产信息。在刑事侦查实践中，查询常常与冻结结合适用，通过冻结措施暂时限制上述财产的流动。但检察机关进行调查核实不能采取限制相关人员财产权利的冻结措施。在不对上述财产采取冻结措施的前提下，查询同样可能获得金融机构等单位出具的财产情况说明材料，这属于书证的一种。（3）勘验和检查一般指的是对违法犯罪有关的场所、物品、尸体、人身等进行勘查和检验，从而发现、收集和固定犯罪活动遗留下来的各种痕迹和物品的活动。在适用这两项措施的过程中，对

---

① 陈卫东：《2012刑事诉讼法修改条文理解与适用》，中国法制出版社2012年版，第47-52页。

② 值得注意的是，《人民检察院刑事诉讼规则》第168条规定：“调查核实一般不得接触被调查对象。必须接触被调查对象的，应当经检察长批准。”这说明，检察机关在调查核实过程中原则上不得直接询问被调查人，从而获取被调查人供述和辩解，但在经检察长批准的情况下，仍存在通过询问获取被调查人供述和辩解的可能性。

其具体程序予以记录将形成勘验、检查笔录这一证据类型。另外，在刑事侦查实践中，勘验、检查有时与扣押、查封一起适用，以提取、留置、封存相关物品和文件等。不过，当前立法并未赋予检察机关在调查核实过程中采取扣押和查封措施。在不对相关物品和文件进行扣押和查封的情况下，勘验和检查仍然可能发现物品和人身上的各种痕迹，而痕迹也属于物证的一种。(4) 鉴定是通过指派或者聘请具有专门知识的人就案件中的某些专门性问题进行鉴别和判断的一种行为。适用鉴定措施，将产生相应的鉴定意见。(5) 调取是指通过履行一定的手续从相关单位和个人处获取某种依法不对外公开的档案、资料或者属于特定机关管理范围的物品等。作为调查核实措施之一的调取，其所涉及的证据类型较为复杂，可能是某种可以证明案件事实的书证、视听资料、电子数据，也可能是其他执法机关先前收集并依法保管的证据材料。而后者可以包容几乎所有的证据类型。

总而言之，适用立法明确授权的调查核实措施，可以收集的证据材料几乎与刑事侦查证据的种类相重合。这为调查核实证据进入刑事诉讼程序，获取刑事证据资格奠定了重要基础。但是需要注意的是，通过询问被调查人所获取的言词证据只能被称为被调查人供述和辩解，难以直接将其与刑事诉讼程序中的犯罪嫌疑人、被告人供述和辩解划等号。再者，由于当前立法并未赋予检察机关采取侦查实验和辨认措施，除了调取“二手”证据这一间接手段以外，检察机关进行调查核实是无法获取侦查实验笔录和辨认笔录等证据种类。而这些在证据种类上的区别，为调查核实证据进入刑事诉讼程序设置了一定的障碍。

（二）取证机制方面

除了证据种类上存在一定区别以外，调查核实的取证手段、程序以及权利保障机制更与刑事侦查有着不同之处，这进一步削弱了直接赋予调查核实证据以刑事证据资格的合理性和正当性。

就取证手段而言，前述《人民检察院刑事诉讼规则》第 169 条虽然允许检察机关采取多项与刑事侦查行为相类似的措施进行调查核实，但严格要求适用上述措施不得限制被调查对象人身、财产权利，同时要求检察机关不得对被调查对象采取强制措施，不得查封、扣押、冻结被调查对象的财产，不得采取技术侦查措施。作出如此限定，主要考虑到调查核实的权力性质。调查核实是人民检察院行使法律监督职权的具体权能和措施，目的在于保障法律监督有效发挥作用。① 其核心在于查明诉讼行为中存在的违法情况，此处的“违法”应作广义解释，既包括涉嫌犯罪的情况，也包括违法程度较轻、无需启动刑事诉讼追究刑事责任的其他违法情况。因此，为了防止检察机关滥用权力侵犯公民的基本权利，检察机关在进行调查核实过程中只能采取不会对公民重要权益造成强制性干预或者侵犯的任意性措施。②

但是这么一来，可能导致部分调查核实证据的来源渠道较窄，“二手”获取的比例较高，进而使得证据本身的合法性无法得到保障。以物证和书证为例，这两类证据在刑事侦查中主要通过搜查、查封、扣押、冻结等方式获取，但是这些措施不能适用于调查核实过程中。因此检察机关只能通过调取的方式收集“二手”的物证和书证。调取并非我国立法明确规定的侦查措施之一，其所提取的证据材料能否得到刑事诉讼的认可尚未可知。另外，正如前文所述，调取旨在从相关单位和个人处获取依法不对外公开的档案、资料或者属于特定机关管理范围的物品等。换言之，作为“二手”证据，保有该证据的其他单位或个人先前是如何取证的，仍可能直接影响该证据在刑事诉讼中的适用。

在取证程序方面，我国当前《刑事诉讼法》对侦查机关的调查取证行为设置了严密的程序机制，侦查机关应当严格依照立法规定落实侦查行为，贯彻对侦查对象的权利保障，否则其所收集的证据将无法获得证据能力，成为定罪量刑的依据。但是，就检察机关调查核实而言，目前尚无规范性文件对其适用程序及相应的权利保障机制进行系统规范。《人民检察院检察建议工作规定》着眼于加强和规范检察建议工作，仅简单列举调查核实的措施种类、期限以及调查报告的制作。《人民检察院刑事诉讼规则》对调查核实的规定相对丰富，但也未就具体调查核实措施的适用机制及其权利保障等作出具体规定。由于调查核实服务于法律监督，其往往先于刑事诉讼的启动，即便是在特定诉讼环节中附带进行，也难以将其完全混同于刑事诉讼行为，更毋论刑事侦查行为。因此，也无法直接借鉴刑事侦查措施的具体规定，以填补检察机关调查核实措施的立法空白。

---

① 高翼飞：《检察机关的调查核实权及其实现路径》，《检察日报》2019 年 3 月 18 日第 3 版。

② 对于该问题，可以借鉴我国过去关于初查可采取措施的研究。参见万毅：《初查若干法律问题研究》，《中国刑事法杂志》2008 年第 4 期。

取证程序的不同必然导致所获证据存在差异。以言词证据为例，此类证据稳定性不足，非常容易受到外在取证环境的影响。根据我国过去刑事司法实践经验，权利保障机制不足的取证程序是导致犯罪嫌疑人、被告人、被害人以及证人作出虚假供述、陈述或者证言的重要诱因。正因如此，我国历次《刑事诉讼法》修改和司法改革都将规范侦查程序、尊重保障人权作为重中之重，相继设立讯问时录音录像、不得强迫任何人证实自己有罪等机制，并完善了侦查时律师辩护制度、讯问时间地点等，确保言词证据的取得更符合法治要求。但是，目前相关立法尚未将上述机制明确运用于调查核实过程。在取证保障措施相差甚远的情况下，能否将调查核实中获取的言词证据与通过刑事侦查收集的言词证据相提并论，可否直接赋予调查核实所获证据以刑事证据资格，便有待进一步商榷。除此之外，其他证据虽然稳定性高于言词证据，但是仍对程序规范性有一定要求。取证程序方面的迥异以及不同要求，仍将影响这些证据获得刑事证据资格的可能性。

（三）不赋予调查核实所获证据以证据资格的可能困境

以证据概念为标准，不管是基于事实视角，还是基于材料视角，直接赋予检察机关调查核实所获证据以刑事证据资格，似乎都存在一定障碍。那么，反其道而行之是否可行？否定此类证据的刑事证据资格，意味着当案件进入刑事诉讼程序之后，前期收集的证据将被弃之不用，依法负责立案侦查的机关必须对证据进行重新收集或者予以转化。然而，此种做法不仅与我国现行规定存在冲突之处，而且也必将给司法实践带来困境。

1. 与现行规定的冲突之处

彻底否定检察机关调查核实所获证据的刑事证据资格，与我国现行规定，尤其是《人民检察院刑事诉讼规则》相关规定存在冲突之处。该司法解释第166条至第170条是关于立案审查的规定。其中，第166条规定：“（人民检察院）负责侦查的部门对案件线索进行审查后，认为属于本院管辖，需要进一步调查核实的，应当报检察长决定。”可见，调查核实并不完全独立于刑事诉讼程序，处于该阶段的调查核实可以被看作是立案的准备阶段。而根据我国《刑事诉讼法》的规定，完整的立案程序不仅仅限于作出立案决定的特定时刻，更是包括从报案、控告、举报和自首材料的接受及审查行为，在此基础上作出是否立案的决定行为以及后续的通知行为等一系列行为。① 因此，作为立案审查组成部分的调查核实也理应被纳入立案程序之中，具有一定程度上的刑事诉讼行为色彩。在这一特定阶段收集的证据自然也具有了成为刑事证据的可能性。

《人民检察院刑事诉讼规则》第170条第2款也印证了这一结论，该条规定："调查核实终结后，相关材料应当立卷归档。立案进入侦查程序的，对于作为诉讼证据以外的其他材料应当归入侦查内卷。"此处所谓的"作为诉讼证据以外的其他材料"意味着，立案审查阶段调查核实所产生的证据材料可能有两种不同的处置：一是成为诉讼证据，被归入侦查案卷中的正卷，随案移送，可以供辩护人查阅、摘抄、复制。二是不成为诉讼证据，被归入侦查案卷中的内卷，不随案移送，不对外公开。总之，检察机关调查核实所获证据依法是有成为刑事证据的可能性，不能彻底否认其刑事证据资格。

2. 给司法办案带来的现实难题

不赋予检察机关调查核实所获证据以刑事证据资格，意味着必须对证据进行重新收集或者转化，但是这么一来也可能给办案实践带来问题。

第一，不少证据缺乏重新收集的可行性或者必要性。物证、书证等实物类证据，在第一次收集之后难以再次进行取证活动。将相应的证据重新放入犯罪现场或者其他存储空间，再由法定侦查主体重新对证据进行提取，这种做法显然不合常理，也徒增证据毁损丢失的风险。而且学界和实务界普遍认为，实物类证据的典型特点在于性质较为稳定，即便取证手段、调查程序有所不同，也难以撼动其基本形态，不会对其事实证明功能产生较大影响。② 因此在我国过去相关实践中，实物类证据即便并非通过刑事侦查手段获取，也往往可以直接适用于刑事诉讼程序。同样的道理，对于通过调查核实手段获取的实物类证据，侦查机关也往往倾向于直接予以接受，最多通过证据转化手段使其"合法化"。相比之下，言词类证据则被认为较不稳定，其内容非常容易受到外在取证环境的影响，因此实践中对于非产生于刑事诉讼过程中的"外来"言词证据，多提倡重新取证。一般情况下，当案件进入刑事

---

① 吕晓刚、李蓉：《初查证据能力之辩》，《佛山科学技术学院学报（社会科学版）》2014年第4期。

② 这也是我国立法在设置非法证据排除时，严格区分实物证据与言词证据，分别适用不同的排除规则的原因所在。参见陈卫东、胡晴晴：《我国非法证据排除规则的问题与完善》，《法治社会》2016年第5期。

诉讼程序之后，对犯罪嫌疑人、被告人、被害人或者证人进行重新讯问或者询问，是不存在太大障碍的。但是，现实情况往往非常复杂，某些被调查人、被害人或者证人等，可能因为死亡、失踪或者丧失行为能力，无法重新提供证据。如果不承认相应言词证据的刑事证据资格，那么恐怕将丧失不少影响案件认定的关键性证据，给合法适当定罪量刑带来障碍。

还有一类证据相对特殊，即鉴定意见和勘验、检查笔录。此类证据的典型特点在于，其以鉴定、勘验、检查等特定侦查行为为依托，是对其他实物类证据施以专业技术手段而形成的。一般情况下，重新对犯罪现场、相关物证等进行鉴定、勘验和检查，是不存在太大障碍的。但是，某些鉴定过程可能带来检材的损耗，这将约束重新鉴定的可行性。而勘验和检查要求适用对象，例如犯罪现场、尸体、人身以及其他物证等，仍保留案发后的原始状态。但是随着时间的推移，保持原样的难度将越来越大，也将影响重新勘验、检查的准确性。即便不存在上述情况，有重新进行鉴定、勘验、检查的空间，然而进行重新取证是否有其必要性，仍有待商榷。如果调查核实过程中采取鉴定、勘验、检查等措施的具体规则与刑事侦查无异，那么重新取证便显得有些多余了。

第二，证据转化手段缺乏法理上的正当性。对于难以重新取证的检察机关调查核实所获证据，如果有必要将其纳入刑事诉讼程序，那么只能采取证据转化的方式。在实践中，证据转化并非“新鲜事物”，已经被大量运用于非法定主体或者非刑事诉讼程序所取得的“外来”证据中。一般情况下，证据转化主要通过三种途径予以实现：其一，通过补齐手续的方式予以转化。以上述物证、书证等实物证据为例，此类证据难以重新取证且性质较为稳定，因此当案件移送立案侦查之后，侦查机关往往倾向于直接接收随案移送的实物证据，并通过重新审查、补齐相关手续之后，将其转化为刑事证据。[①] 其二，通过出具情况说明的方式予以转化。例如上述源自调查核实阶段的言词证据和鉴定意见，勘验、检查等笔录，如果因为某些客观原因而无法重新取证的，那么侦查机关可以通过情况说明的方式，陈述其取证过程并解释未能重新取证的原因等，从而将该类证据采纳为刑事证据。其三，通过

① 万毅：《证据“转化”规则批判》，《政治与法律》2011 年第 1 期。

将此类证据转化为彼类证据的方式。[①] 由于在调查核实过程中，“被调查人”还不能被称为“犯罪嫌疑人”“被告人”，因此，通过对其进行询问所获取的言词证据只能被称为“被调查人供述和辩解”，而非“犯罪嫌疑人、被告人供述和辩解”。在刑事立案之后，如果无法对该证据进行重新取证，那么也可以改变其外在形式，将其转变为犯罪嫌疑人、被告人供述和辩解。另外，检察机关在进行调查核实过程中有权适用调取措施，但这一措施显然并不属于法定的侦查行为种类。调取可以获取的“二手”证据范围宽泛，可能出现不属于法定刑事证据种类的证据材料类型，此时侦查机关如果决定将其纳入刑事诉讼程序，就不得不把它们转化为其他法定证据类型。

然而，无论何种证据转化方式，皆未经立法明确授权。通过上述方式赋予检察机关调查核实所获证据以刑事证据资格，也不存在正当的法理基础。第一种证据转化方式，即补齐手续的方式，掩盖了证据真实的取证程序，不仅可能架空证据的合法性审查，而且可能给不规范取证行为留下空间。当案件进入刑事诉讼程序之后，侦查机关以刑事侦查标准补齐相关手续。经过“精心包装”之后的证据，其最终呈现在侦查案卷中的效果可能与其他刑事证据没有本质区别。这么一来，后续负责证据审查的司法机关和有权申请启动非法证据排除程序的当事人及其辩护人、诉讼代理人也难以通过阅读案卷的方式，发现证据中存在的合法性问题。另外，一旦调查核实所获证据可以通过此种转化方式取得刑事证据资格，那么某些检察机关通过不正当手段获取的证据也可能借此地走进刑事诉讼程序，且难以受到相应的约束。这等于变相地放纵检察机关在调查核实中使用不规范的取证行为。

就第二种证据转化方式而言，情况说明在我国基层司法实践中的适用是非常广泛的，但仍存在属性不清、使用过于泛滥、形式不规范等问题。[②] 有些办案机关甚至存在以情况说明取代必要的侦查取证的趋势。实际上，情况说明是无法替代正当取证程序在刑事诉讼中的地位，更无法改变某项证据的真实属性。通过这种手段“洗白”的检察机关调查核实所获证据，可能给

---

① 此类转化方式主要针对的是不属于刑事诉讼法定种类的证据，例如在 2012 年《刑事诉讼法》修改之前，我国并未认可电子证据的合法地位，因此办案实践中，侦查机关往往不得不将电子证据转化为书证或者视听资料。不过，随着我国立法的不断修改完善，这一情况已经较少出现在刑事司法实践中。

② 王超：《刑事诉讼中的办案说明实证分析——山东省 B 市 Z 县办案数据为样本》，《人民检察》2020 年第 2 期。

人留下“来路不正”的印象，进而影响其在诉讼环节继续发挥证明事实的作用。

就第三种证据转化方式而言，将此类证据转化为彼类证据是否正当，则需分情况进行讨论。如果是将被调查人供述和辩解转化为犯罪嫌疑人、被告人供述和辩解，由于只是称谓上的改变，并未掩盖其真实来源，因此相对而言具有一定的合理性。但是若侦查机关未在相应案卷中说明证据转化情况，直接改变证据外在表现形式，也仍可能给后续证据审查工作带来迷惑性，甚至阻碍对证据合法性的检验工作。另外，如果是通过改变证据种类，将调取的“二手”证据转化为刑事证据，那么问题便显得更为复杂。这涉及非法定证据的种类问题，以及不具备法定的刑事证据外在表现形式的证据可否取得刑事证据资格的问题。对此，学界存在一定争议，有观点认为将法定证据种类作为证据法的理论和规则体系之基础，这本身即缺乏必要的合理性，可能导致事实认定过程的形式化以及程序正当性的虚无化。① 应当舍弃无用的法定证据种类之概念，即便不属于法定的证据种类，只要其具有证明案件事实的功能，也应当被看作刑事证据。但另有观点认为，从立法解释的角度看，我国《刑事诉讼法》第50条既通过界定概念的方式解释证据的内涵，又通过列举种类的方式划定证据的外延，不能抛弃证据种类而空谈证据，只有属于法定证据种类范畴内的证据，才具有刑事证据资格。

（四）调查核实所获证据适用于诉讼程序的完善路径

随着检察机关调查核实活动的深入展开，证据问题始终是实务部门需要面对的严峻考验。而解决这一难题，关键在于明确规则，既要充实检察机关调查核实相关规定，又应制定检察机关调查核实所获证据适用于刑事诉讼程序的具体要求。

1. 充实调查核实相关规定，引入刑事诉讼有益经验

深究检察机关调查核实所获证据取得刑事证据资格中存在的困境，根源在于我国检察机关调查核实的相关规定并不完善。我国虽然已经通过相关立法和司法解释明确了人民检察院调查核实权的适用范围和基本措施，但仍未具体规定检察机关适用相关措施的具体程序机制以及相应的权利保障机制。导致在需要进行证据衔接时，无法准确比较检察机关调查核实所获证据与刑

---

① 孙远：《论法定证据种类概念之无价值》，《当代法学》2014年第2期。

事证据的取证规范，难以从程序视角考察赋予调查核实以刑事证据资格的可行性。除此之外，我国现行规定亦未明确检察机关通过调查核实可以收集的证据种类。证据外在形式的不明确，不仅可能给实务工作带来困惑，也是检察机关调查核实所获证据转变为刑事证据的重要障碍之一。

针对这些问题，我国应当制定检察机关调查核实的专门程序性文件。出于顺畅程序和证据衔接的需要，建议有关部门在制定上述文件时，应尽量参考《刑事诉讼法》关于侦查行为的相关规定，在不妨碍被调查人及其他涉案人员相关权利的基础上，扩充调查核实措施的种类，将实践中行之有效的辨认等措施纳入调查核实体系中。同时，明确调取措施的具体内涵，并限定此类措施可能获取的“二手”证据的范围以及通过该措施收集证据的审查要求。在完善程序机制的前提下，也应当加强对被调查人及其他涉案人员的权利保障。将刑事诉讼程序中的录音录像制度、非法证据审查排除程序、不得强迫任何人证实自己有罪等有益经验引入其中，使调查核实的权利保障水平接近于刑事司法。我国在制定上述文件时，还应注意界定检察机关调查核实所获证据的种类，以及每种证据对应的收集要求和审查程序。调查核实所获证据的种类应当与检察机关可以采取的调查核实措施相对应，并注意吸纳当前证据法领域因为科技发展而衍生出的新证据种类。

2. 明确检察机关调查核实所获证据进入刑事诉讼的具体规则，赋予办案人员一定的自由裁量权

在明确调查核实相关规范的前提下，便能对证据衔接问题进行有的放矢的考察。根据前文所述，“一刀切”地赋予或者不赋予检察机关调查核实所获证据以刑事证据资格，都是不可取的。一般而言，调查核实之后，如果检察机关将案件移送立案侦查，那么案件可能已经涉嫌犯罪，而调查核实所获证据则是证明犯罪事实的重要依据，将其纳入刑事诉讼程序是十分必要的。并且正如前文所述，如果将调查核实所获证据一律挡在刑事诉讼程序之外，意味着侦查机关应当进行重新取证或者证据转化，而不少证据缺乏重新取证的空间，现行证据转化机制也于法理不符。因此，在原则上，我国应当允许调查核实所获证据进入刑事诉讼程序。不过，在赋予调查核实所获证据以刑事证据资格的同时，侦查机关应当在案卷中标明此类证据的真实来源，不得通过补充或更改手续等方式掩盖其真正取证情况。

在此基础上，我国也应当赋予侦查机关一定的自由裁量权，以拒绝部分不具备刑事证据基本特征的检察机关调查核实所获证据进入刑事诉讼程序。

这意味着，当案件移送立案侦查之初，侦查机关应当对随案移送的调查核实所获证据进行必要的审查。如果某一调查核实所获证据的证明对象并非指向司法机关利用职权实施的犯罪行为，而针对的是其他普通违法事实，那么侦查机关便没有必要将其纳入刑事证据范畴。另外，对于言词证据，侦查机关有权对相关人员进行重新讯问或者询问，在全面保障有关人员诉讼权利的前提下形成全新的犯罪嫌疑人、被告人供述和辩解，被害人陈述或者证人证言。如果因为客观条件限制，导致侦查机关无法就上述证据进行重新取证，那么侦查机关亦可以直接采纳调查核实中收集的言词证据。至于被调查人供述和辩解这一类在称谓上不符合《刑事诉讼法》的证据类型，侦查机关在将其转化为犯罪嫌疑人、被告人供述和辩解的同时，应注重在案卷中进行澄清说明，以防给后续的证据审查带来障碍。

3. 加强证据合法性审查，判断取证程序合法与否应以调查核实相关规定为标准

检察机关调查核实所获证据取得刑事证据资格，只是其进入刑事诉讼程序的第一道门槛，离其成为定案证据仍有一段距离。正如前文所述，普通的刑事证据在刑事诉讼特定环节皆需接受多重考查，以判断其是否具备必要的证据能力，能否成为定罪量刑的依据。检察机关调查核实所获证据亦不能享受特殊待遇，当此类证据被正式纳入刑事诉讼程序之后，有关司法机关不能放松对此类证据的严格审查，尤其是对其取证合法性的审查。如果此类证据在调查核实阶段是通过非法手段获取的，那么其便无法继续发挥证明案件事实的作用。符合《刑事诉讼法》相关规定的，司法机关甚至有权适用非法证据排除规则予以排除。

不过问题在于，判断检察机关调查核实所获证据合法与否的标准是什么。对此，笔者认为应当以调查核实的专门性规定为依据，不得以《刑事诉讼法》相关取证规则为依据。毕竟此类证据是通过专门的调查核实程序取得的，并非通过刑事侦查行为所获得。而且从目前相关规定看，调查核实无论是在可适用的措施种类，还是在对被调查对象权利限制水平等方面，皆与刑事侦查存在一定区别。如果强行要求进入刑事诉讼程序的检察机关调查核实所获证据符合《刑事诉讼法》的相关取证规则，未免有些强人所难。不过，随着调查核实的相关程序性规定越来越充实，对被调查人及其他相关人员的权利保障水平将越来越接近刑事诉讼，这一问题也会显得不那么突出了。

公益诉讼视域下检察机关调查核实权研究*

王 译**

摘 要：2018年修订的《检察院组织法》将“提起公益诉讼”作为检察机关的一项独立职能，其应与法律监督职能之间须作必要界分。检察机关承担调查核实权实施的职能，乃为呈现法律监督职能之运行特质，有别于直接参与公益诉讼的一方当事人身份。从监督效果层面考量，以抗诉、纠正意见为形态的调查核实程序应然具备监督刚性保障的必要性；以检察建议为形态的调查核实应在取证手段和方法上的保持谦抑与权力克减。未来立法完善可进一步考量限定调查核实程序运行范围，明确检察建议形态下调查核实的程序限度，强化抗诉形态中调查核实程序的强制措施保障，构建检察机关调查核实的证据资格确认程序。

关键词：提起公益诉讼；调查核实；调查取证；强制措施；法律监督

一、问题的提出

在民事行政检察领域常见检察机关“调查核实”之相关表述，其主要乃就事后的书面审查实现监督功能。而在当前《中华人民共和国人民检察院组织法》（以下简称为《检察院组织法》）第20条第4项确立的“提起公益诉讼”职能，将检察权之范畴进一步扩充。上述“提起公益诉讼”职能与该条第5至7项的“法律监督”职能在互动过程中不可避免地发生着制

* **基金项目**：2020年湖南省教育厅科学研究一般项目（项目编号：20C1781），国家“2011计划”司法文明协同创新中心资助项目（教技函2013［26］）。

** **作者简介**：王译，湘潭大学法学院讲师、硕士生导师，湘潭大学公益诉讼检察理论研究中心研究员。该文已刊于《河北法学》2021年第11期。

度运行上的碰撞，这集中表现为检察机关在提起公益诉讼过程中基于当事人主体身份行使“调查核实权”，而第5项职能表述的“对诉讼活动实行法律监督”在实践中检察机关作为一方当事人参加至公益诉讼进行过程中能否同时对诉讼活动实施法律监督，当前立法并未给予明确的答案。对照“调查核实”的概念内涵可知，从狭义上论，检察机关调查核实权乃指检察机关依照法律授权为有效履行法律监督职能，从事实、证据等角度补充掌握案件信息，核查原审裁判的合法性、正当性或审查诉讼程序的违法行为问题，判断案件是非曲直及裁判争议问题的辅助性权能。① 广义上检察机关调查核实权从属于法律监督职权范畴，这仍然集中体现为居于诉讼参与者之外的监督主体，在履行法律监督过程中可应然行使的调查手段，从范围上不限于已决裁判或诉讼程序甚至已然涵盖至行政违法行为。从比较大陆法系当中的立法例可知，检察监督功能实现目的在于确保监督时效与控制监督成本。以德国的民众诉讼为例，其监督为确保时效。② 以法国“越权之诉”的主体为例，对于公益侵害的态度其将诉讼实施权赋予了公民与社会团体，而此种立法目的在于节约监督成本，弥补违法监督缺憾。③

检察机关行使“调查核实权”的前提，须以法律监督主体身份呈现。在事后监督而非直接参与诉讼过程中，这还需要从规范层面作进一步探讨。公益诉讼职能视域下检察机关“调查核实权”从性质、特征与表现形式上易同检察机关“调查取证权”相混淆，从而形成运行逻辑上的概念与身份重构。在检察机关可作为直接的诉讼参与主体介入到公益诉讼时，如何将“法律监督主体”与“公益诉讼起诉人”之间的身份界定、职权范围、权力形态以及保障方式作有效区别，考量检察权范畴下基于不同主体身份的权利义务界限。立法应完善检察机关提起公益诉讼的取证模式、证据资格与证明标准以明确其与法律监督职能中的“调查核实”应然界限。从调查核实权公权力属性出发，笔者赞成赋予调查核实以必要强制保障的观点，这是因为国家监察体制改革剥离了检察机关的职务犯罪侦查权，极大地影响了法律监督效果权威，诉讼监督的刚性由此受到了相当的减损。本文以下将从调查核

① 樊华中：《检察公益诉讼的调查核实权研究——基于目的主义视角》，《中国政法大学学报》2019年第3期。

② 韩成军：《法德日行政执法检察监督机制对我国的启示》，《江西社会科学》2015年第11期。

③ 王名扬：《法国行政法》，中国政法大学出版社1989年版，第670－678页。

实权的规范基础、实然形态、应有限度与保障机制等四个方面作进一步阐释。

二、检察机关调查核实权的性质及其形态界定

因法律监督从主体上存在唯一性与独立性，实践中往往与“检察监督”概念并用。对于对于已决生效裁判文书的调查核实，其主要体现为申请再审、纠正违法启动再审以及抗诉等。且以申请型法律监督为例，检察机关乃出于被动而进行法律监督，不可就对民事案件中已经发生法律效力的判决和裁定作主动审查。检察监督在“调查核实”过程中乃就利害关系人或其他渠道提供的抗诉信息予以审查确认。① 而在依照职权启动的调查核实程序，既可因刑事诉讼违法侦查行为提出纠正意见，又可为作出检察建议形成必要依据。由此，检察机关可基于当事人的申请或依照职权在诉讼或者非诉讼程序中行使调查核实权，其反映在申请型、诉讼型与职权型法律监督的种类上。且以职权型法律监督为例，就违法裁判纠正的主动监督可适用于再审启动程序中。② 因有别于行政执法的一般监督功能，检察机关基于个案方可启动诉讼上之监督权限。由此，在履行法律监督职责过程中，检察机关“调查核实”职能仅可在以将来可能产生的诉讼案件作为前提，而非可以类似行政监管效能作为监督效度的对照。③ 在提起公益诉讼中，倘若检察机关对乃属当事人权利义务范畴的调查取证同“调查核实”混淆，则必然导致检察机关职能上的界定存在混同之处。因此，立法须从调查核实权的来源归纳其属性中蕴含的应然特质，从而界分不同形态的法律监督职能下调查核实权适用的应有边界。

（一）调查核实权形成的规范来源

从检察机关法律监督职能行使的具体范围上，观察“调查核实”业已涵摄刑事、民事、行政检察监督等方面。从宏观上论，我国宪法确立了检察机关以法律监督主体之身份，而从《检察院组织法》第21条明确将“调查

① 张卫平：《论民事再审事由审查的法定化》，《法学》2000年第2期。

② 在诉讼进行过程中，检察机关提出纠正意见同样可因纠正违法的刑事审判行为而明确其调查核实的启动原因乃基于职权而产生。

③ 韩成军：《检察建议的本质属性与法律规制》，《河南大学学报（社会科学版）》2014年第5期。

核实”作为法律监督职能实现的方式。2012 年修订的《民事诉讼法》第 210 条，以法律位阶的效力文本赋予了检察机关在民事法律监督中的调查权，《行政诉讼法》第 32 条亦明确检察机关“调查核实”的职能。《刑事诉讼法》就纠正违法通知书与纠正意见的调查核实予以明确规制。① 从微观上论，就调查核实的种类、程序以及效力等内容其主要以司法解释的形式呈现。检察机关“调查核实权”首次以司法解释形式出现在我国即为 2001 年最高人民检察院《人民检察院民事行政抗诉案件办案规则》，第 18 条规定在四种可能需要抗诉的情形下“人民检察院可以进行调查”。在 2011 年“两高”联合发布的《关于对民事审判活动与行政诉讼实行法律监督的若干意见》中，其第 3 条明确检察机关对于已经发生法律效力的判决、裁定、调解可能存在三种违法情形时“可以向当事人或者案外人调查核实”。《人民检察院民事诉讼监督规则（试行)》（以下简称为《民事检察监督规则》）对调查核实的适用条件与程序保障措施作了初步规制，但仍未就检察机关在公益诉讼中如何开展诉讼监督，包括调查收集证据的主体、范围、程序与救济等方面作进一步限定。甚至当扩展至刑事检察职能范畴中，从《关于侦查监督部门调查核实侦查违法行为的意见（试行)》中可知，检察机关可在作出纠正意见与纠正违法通知书两类情形中启动调查核实程序。② 直至 2017 年，当立法允许检察机关可在特定情形下提起民事、行政公益诉讼作为两大诉讼法的修正案内容后，2018 年 11 月确立的《检察院组织法》方才将“提起公益诉讼”作为第 20 条第 4 项的法定职能。作为检察机关可提起公益诉讼后的代表性司法解释，2018 年 3 月两高发布的《关于检察公益诉讼案件适用法律若干问题的解释》（以下简称为《检察公益诉讼解释》）中，其第 6 条赋予了检察机关在诉讼进行过程中可实施 7 种“证据调查”手段。而有别于诉讼监督的调查核实，此种证据收集方式的限定乃可出于双重情形考量，其一者为避免“公益诉讼起诉人”身份与“普通民事原告”形成重构，其二者为凸显以检察机关为主体的“公益诉讼起诉人”在不特定多数人利益或将来扩散利益遭受侵害的情形中体现法律监督主体在证据采集与发挥监

① 参见 2018 年修订的《刑事诉讼法》第 49 条、第 57 条、第 95 条、第 100 条、第 117 条、第 177 条、第 209 条、第 251 条、第 266 条、第 267 条、第 273 条、第 274 条、第 276 条。

② 此类调查核实从诉讼程序属性上形成了刑事、民事二元的分野。

督效能上的主动性。以行政公益诉讼诉前建议的作出程序为对照，相较于民事诉讼监督中的“调查核实”，其还须以“诉前程序”作为检察机关调查核实的前置，从而以先行“调查核实”的特定情形出现。① 此外，检察机关还可在立案监督阶段就当事人是否存在虚假诉讼的情形进行“调查核实”。②

由此，从上述可由检察机关实施“调查核实”的情形可知，“调查核实”从范畴上不仅涵盖了民事、行政刑事诉讼监督，甚至扩展至公益诉讼范畴。其规范基础涵盖了宪法、组织法以及程序法，呈现规范效力层级的多重性与规范内容上的概括性。当具体到适用主体、运行范围、程序界限乃至法律效果等方面，从当前的司法解释中仍未形成明确的统一态度。③ 多层级、分散化的概括性规范导致了检察机关“调查核实”从立法形成的逻辑上产生了概念理解上的混淆乃至法律适用上的冲突。

（二）检察机关调查核实权的实然形态

法律监督职能范畴下的“调查核实权”须明确其行使过程中的具体形态，此不仅可厘定法律监督的应有内涵，更可将基于监督权能的“调查核实”运行的证据规则区别于诉讼进行中的证据规则。既然现有法律文本中业已明确“调查核实权”在检察监督中的重要意义，本文须就不同形态下的调查核实作必要梳理，以明确在处置效果差异化的调查核实程序中检察机关应恪守的义务本位。④ 因此，基于法律监督职能的应有形态，检察机关“调查核实”的实现应与法律监督实现方式中的检察建议、纠正意见与抗诉相对应，其在以下情形之中可呈现为不同的权力形态：

1. 检察建议中的调查核实。以行政公益诉讼为例，除存在职务犯罪须

---

① 参见《检察公益诉讼解释》第6条。

② 作为近年来检察工作的关注重点，民间借贷中以“套路贷”为典型的的虚假诉讼，检察机关在其监督过程便须运用到“调查核实权”。在调查核实过程中通过多方询问、线索情报收集与分析可实现证据调查与线索处置等功能，因其目的在于纠正错误裁判，故通过虚假诉讼监督的调查核实而形成的检察建议既可衔接刑事侦查又可实现法律监督的应然效果。

③ 此种司法解释上的不统一，其典型表现为以“检察建议”为处置形态的调查核实与刑事诉讼监督中“纠正违法”的调查核实从权力实施的效度上呈现出迥然的处置效果。

④ 李强、常海蓉：《民事检察调查核实制度若干问题探究》，《人民检察》2017年第2期。

移送监察机关管辖外，检察机关在诉前程序当中的“调查核实”程序逻辑往往存在两种典型种情形：其一，“立案—调查—检察建议”；其二，“立案—调查—检察建议—期限届满提起行政公益诉讼”。两者存在的共性表现为“检察建议”既可产生终结诉前程序的效果，亦可作为提起行政公益诉讼的前置。在“立案—调查”阶段中，即可就行政公益诉讼的事由及线索进行核实。① 此过程并非介乎于公益诉讼进行之中，因而从此处“检察建议”作用的时空场域，即可知晓该“调查核实”应有别于检察机关在公益诉讼进行当中的“调查取证”。笔者认为，既然“调查核实”属于法律监督职能的附带性权力，“检察建议”作为法律监督的处置形态即已表明了“调查核实”应然的程序效果。在以行政公益诉讼为参照的调查核实程序中，其作为诉前建议的检察建议实质上反映了调查核实的基本形态。有学者认为，此类检察建议中的诉前调查核实权存在不完善之处。② 这主要表现在检察机关可在诉前对行政机关违法行使职权或不作为行为可以采取调阅、复制卷宗等7种方式进行调查核实，但当前的调查对象范围、同职务违法监察调查权力行使的边界竞合乃至程序性保障措施的立法阙如，这些问题使得该种形态下的调查核实欠缺必要的强制力。③

2. 纠正意见中的调查核实。纠正意见乃为纠正违法的刑事侦查、起诉、审判以及刑罚执行行为，其可将调查核实作为纠正意见作出的基础前提。而因纠正意见因不涉及民事、行政诉讼过程中的监督，其适用范围存在相对局限性。侦查监督中的调查核实作为刑事诉讼范畴下的法律监督职能的实现方式，其以《刑事诉讼法》第55条为基础，对于侦查违法行为知情困难、核查不易、纠正乏力的现象作了有效回应。④ 因此，作为在刑事法律监督中的调查核实须以报案、控告和举报为前提，在调查核实后可作为纠正意见的形成基础，性质上与刑事裁判文书中存在错误的纠正意见保持了高度的一致。而在国家监察体制改革前，最高检于2013年制定了《关于侦查监督部门调

① 石东坡、仝欣笛：《行政公益诉讼检察调查权性质的多维考察》，《浙江工业大学学报（社会科学版）》2019年第2期。

② 张晓飞、潘怀平：《行政公益诉讼检察建议：价值意蕴、存在问题和优化路径》，《理论探索》2018年第6期。

③ 行政公益诉讼中的诉前建议作为检察建议的形态之一，其调查核实权来源于《人民检察院提起公益诉讼试点工作实施办法》第33条规定。

④ 参见《刑事诉讼法》第57条。

查核实侦查违法行为的意见（试行)》，其针对违法侦查行为的调查核实予以具体规制，从内容上涵盖了违法侦查行为的认定、调查核实程序、方式及期限，对调查核实结束后的处置方式及执行效果，并确立了对调查结论不服的复查与复核制度。① 笔者认为，从《刑事诉讼法》到《检察院刑事诉讼规则》，在纠正意见作出前的调查核实，其针对的违法侦查乃至渎职而作出的纠正意见须满足尚未构成犯罪的前提条件，否则仅以纠正意见为处置结果断不足以遮蔽渎职行为牵扯到涉罪判断的严重程度。

同时，在该种情形下的“调查核实”须同“侦查”予以区分。纠正意见依据的调查核实体现为程序上的被动特征，从执行过程上亦无强制措施保障。而侦查与纠正意见、检察建议之间的差别在于性质上的犯罪属性和效力上的强制特性。从“纠正意见”的内涵上可知，当前《刑事诉讼法》对于“纠正违法通知书”的定性应与“纠正意见”相差无几，但与2019年颁布的《人民检察院检察建议工作规定》（以下简称为《检察建议工作规定》）第5条第2项的“纠正违法检察建议”应存在明显界限。基于“检察建议”的效力刚性程度不同，该规定第12条业已明确“纠正违法通知书”的制定应适用相应规定。

3. 抗诉中的调查核实。该情形中的调查核实因涉及原审裁判“事实认定”与“适用法律”上的错误，其调查对象涵盖至诉讼中的证据部分，因而在调查手段的范围上相较于之前两种情形更为宽泛。本情形中的调查核实对象为原审裁判，因而相较于尚未生效的二审抗诉，此种形态下的调查核实应对此两者情形作有效界分。此外，有别于英美法上抗诉的审查对象范围，我国抗诉实行的全面审查将调查核实的范围予以扩展。② 从程序运行的功能定位上，由抗诉引发的再审须恪守民事检察监督的谦抑性，而在二审抗诉中的调查核实则应服务于审判目的需要。因此，对以抗诉为形态的调查核实应须甄别原审裁判的作出处于何种诉讼阶段。

4. 其他情形中的调查核实。检察机关“调查核实权”在不同的法律监督形态下，范围边界上也呈现了差别。且以“检察建议”为例，检察机关

① 该意见第3条确立了与渎职犯罪侦查部门的并行调查核实程序。因检察机关保留有限侦查权故须与监察机关、检察机关形成配套的违法侦查行为的共同调查核实机制，此涉及监察调查职能因而在本文中不作详述。

② 韩成军：《检察机关抗诉权及其优化配置》，《中州学刊》2012年第3期。

在作出建议前的“调查核实”可从《检察建议工作规定》第14条中寻找依据，即“调查核实”可以包括：查询、调取、复制相关证据材料；向当事人、有关知情人员或者其他相关人员了解情况；听取被建议单位意见；咨询专业人员、相关部门或者行业协会等对专门问题的意见；委托鉴定、评估、审计；现场走访、查验等。由于该规定已经明确，检察建议中的调查核实不得采取限制人身自由和查封、扣押、冻结财产等强制性措施。而对于其他情形的调查核实，可采取的调查措施具备了共性，即至少应包括“查询”“调取”“复制”“咨询”“鉴定”等。措施以“纠正违法通知书”形态呈现的“纠正意见”和针对已决裁判文书的“抗诉决定”，在区别“检察建议”的前提下，从学理层面如何进一步探讨其可适用的调查核实措施范围？这个问题对于检察公益诉讼中探讨优化“调查核实权”内容具有较强的借鉴意义。

（三）调查核实权的基本属性

检察机关调查核实权源于法律监督职能的司法实践反馈，在表现形式上体现为不同的实然形态。通过全国人大及其常委会颁布的法律以及两高发布的司法解释可知，从权力属性上调查核实权作为法律监督权范畴下的公权力部分，权力外观上可呈现出公法效力上的强制性。相较于“调查权”而言，调查核实可反映出法律监督职能的“谦抑性”。在公益受到侵害的情形下，“调查核实”更具有存在相对人申请情形的“被动性”色彩。因“核实”须建立在相对人提交线索的举报过程，而非基于“调查”主体的主动探寻。因此，基于法律监督职能目的考量，调查核实权属于法律监督职能的派生性权力，须依附于法律监督职能而存在。且在行使路径上，调查核实遵循《检察院组织法》第20条、第21条关于法律监督权力的实现方式，不得僭越应有界限。

有学者认为，检察机关在提起公益诉讼时，可因国家利益或社会利益受到侵害，突破两造对立的诉讼结构享有超出一般诉讼当事人主体人调查核实证据的公权力。① 笔者对此不敢苟同，既然《检察院组织法》将第20条职

① 胡思博：《民事检察监督证据的应用规则》，《当代法学》2017年第1期。

权事项予以例示，意在说明各项职权间的内容上并非从属关系。① 倘若仅以突破当事人对立的诉讼结构为依据，认可检察机关基于诉讼主体“调查核实”的法律监督功能，则无需就检察机关作为适格的公益诉讼主体作比较探讨，更无将检察机关作为提起诉讼的主体参与法庭调查与辩论的必要。从功能主义立场考量，检察机关以法律监督的形式维护公益即为已足，而以诉讼的方式解决纠纷乃是最不效率、最不经济的方式。②

当检察机关提起公益诉讼表现在以“公益诉讼起诉人”身份直接参加诉讼时，其行使的“调查核实权”实际上是“调查取证权”。这一取证适用的证据规则并非适用检察监督的证据规则，而应适用与普通“原告”一致的证据规则，即以诉讼当事人身份而享有“调查取证权”，此可从组织法规范中寻找依据。③ 从法律位阶的效力上论，《检察院组织法》相较于其他部门法规范乃至法律解释均体现为上位法规范特性。因《检察院组织法》第21条将“调查核实”作为法律监督的法定实现方式，其应然适用于法律监督全部职能的履行过程之中。④ 对此须明确两点，一是第20条法律监督职权的范围应予明确，“提起公益诉讼”能否作为法律监督职权对待，若可则调查核实即涵盖调查取证。若不可，则是否须将检察机关提起公益诉讼的“调查取证”严格区别于“调查核实”？二是须甄辨“应当予以配合”中“应当”表述的立法用意。笔者认为，该条中明确的“应当配合”表明了检察机关“调查核实”的法律监督强制效力。从当事人“调查取证”的权利内涵观之，其不应具备法律监督中的“应当”效力。即便当前立法用语上对检察机关“调查”“调查取证”以及“调查核实”存在模糊之处，但从

---

① 从立法技术上论，《检察院组织法》第20条所列举的检察职能使用了例示列举方式，第4项与第5至7项之间应属互斥的并列关系。从类型上亦不存在将法律监督职能与提起公益诉讼职能产生混同的可能，否则断然不必将“提起公益诉讼”的职能单列。

② 占善刚、王译：《检察机关提起民事公益诉讼的理论困境及其合理解脱》，《学习与探索》2018年第10期。

③ 在职权型检察监督中，其仅可在“履行法律监督职责提出检察建议”或基于“抗诉的需要”时，方可具备自行调查收集证据的权力。而在申请型检察监督中，即“调查核实”的前置基础乃为对申请人提供的待核实信息须作优先审核。

④ 参见《检察院组织法》第21条内容“人民检察院行使本法第20条规定的法律监督职权，可以进行调查核实，并依法提出抗诉、纠正意见、检察建议。有关单位应当予以配合，并及时将采纳纠正意见、检察建议的情况书面回复人民检察院”。

立法目的考量“调查取证”体现在支撑作为当事人一方的检察机关向法院提起公益诉讼的主张。而“调查核实”将当事人申请的内容或基于维护公益，或以诉讼主体外的监督者身份体现法律监督的权威。由此，即应推定《检察院组织法》第21条所指的“法律监督”不应涵摄第20条第4项的“提起公益诉讼”。

我国检察机关调查核实权在运行过程中存在理论与实务上的冲突，具体表现在：其一，调查核实权形成规范的效力层级相对较低。除三部程序性部门法之外，基本集中在以司法解释为内容的权力建构基础之上。其二，调查核实权的行使范围与表现形态界限相对模糊。此则表现“调查核实”对象范围的不确定，其适用空间可根据司法解释的需要而延展，因此存在相对恣意的弊端。从形态上，检察机关在提起公益诉讼中的“调查核实”亦超出了法律监督职能的应有范围，从属性上应归为当事人的“调查取证权”。其三，调查核实权在行使过程中缺失必要的强制保障。① 早在检察机关提起公益诉讼改革的试点时期，从《人民检察院提起公益诉讼试点工作实施办法》（以下简称为《检察公益诉讼实施办法》）第33条内容可知，检察机关在“调查核实”过程中不可采取查封、扣押、冻结等财产性强制措施或限制人身自由。作为制约调查核实效果的重要因素，实践中承担调查核实的配合协助义务的相对方多因该权力缺失强制措施保障而往往造成配合调查几近形同虚设。②

正因我国立法在检察机关“调查核实权”的属性定位上存在边界不够清晰的问题，立法完善的首要之处在于确定调查核实的对象范畴。根据学界理论通说可知，“调查核实”的对象是指以法律监督为基础的申诉人申请、违法侦查行为以及存在错误的生效裁判文书。倘若将《检察公益诉讼解释》

---

① 尤其在以检察建议作为调查核实处置形态的情形中，由于相关的主要规范效力层级停留于司法解释，非法律的规范难就法定配合义务与责任进行规制，因而欠缺相对方配合的调查核实程序的强制力被弱化。参见牛向阳、王瑞霞：《检察机关提起行政公益诉讼举证责任分配辨析》，《人民检察》2018年第5期。

② 此种配合的强制效力缺失，从保障法律监督权威上往往可阻却其效果实现。在当前的国家监察体制改革制度成果中，立法对于法律监督权威的强制保障往往还须借助监察调查中的职务违法调查程序，其可在前期的配合协助义务中将相对方不予配合协助作为线索移送监察机关处置。参见江国华：《国家监察与刑事司法的衔接机制研究》，《当代法学》2019年第2期。

中的证据“调查收集”混同为“调查核实权”，这已然僭越了法律监督的应有范围。而当前学界仍有不少学者认为，检察机关提起的公益诉讼，作为当事人面貌出现在诉讼当中的取证环节时，“调查取证”可作为“调查核实”的特殊形态。笔者认为，这实质上人为拔高了检察机关以“当事人”身份或“公益诉讼起诉人”身份参与公益诉讼的取证能力。倘若以法律监督主体的身份行使“调查取证权”，势必对另一方当事人造成不公。且取证手段或者能力上的不对等，这对民事、行政公益诉讼的客观证明标准而言，无疑形成了鲜明的冲击。对超出法定取证方式而获得的证据，不应具备进入法庭调查的证据资格。由此，混同二者概念不仅对法律监督职责本身定位产生影响，还可造成证据资格与证明标准设定的混乱。

基于直接提起公益诉讼的角色定位，其对检察机关法律监督职能业已产生不小的冲击。而检察机关基于直接参与的起诉主体角色，其可行使的调查核实权尚未在公益诉讼中形成逻辑上的高度自洽。在国家监察体制改革后，国家监督的形式发生了新的变化。监察机关的监察监督同检察机关的法律监督一并成为国家监督体系的重要组成部分。而检察机关诉讼监督的刚性在剥离大部分职务犯罪侦查权后大幅削弱，其使得调查核实权难以通过自身侦查权能形成效力强制。为确保调查核实程序的顺畅运行，检察机关调查核实可从国家监察体制改革中借鉴监察监督的比较优势，即融合监察处置职能的检察监督可借助工作配合机制实现“调查核实”的应然效果。综上，检察机关“调查核实权”在当前制度背景下呈现出新的特色，这须从三个方面界定其是否具备法律监督属性的必备条件：第一，检察机关作为代表国家的法律监督主体，其宪法位阶权力规范是其根本的行权依据。第二，检察机关可行使的“调查核实”具备了强制措施保障的立法必要。第三，检察机关调查核实从效果上应具备可救济性。

三、检察机关调查核实权运行的应然限度和程序保障

对“调查核实”新的理解，应建立在检察机关实施调查核实权的法定启动情形之上。由此，法律监督权力运行限度范围内，处置意见与相关程序方能妥适衔接。因此，从法律监督的应然形态出发，检察机关调查核实权运行限度须以检察建议、纠正意见以及抗诉作为前提。在限定的程序运行范畴内，再可考量赋予检察机关在调查核实过程中必要的强制调查手段，从而体现法律监督刚性所在。

（一）限定调查核实程序的运行范围

由前述可知，检察机关在公益诉讼进行过程中的“调查取证”不可作为“调查核实”对待，其因检察机关职能差异所致。从目的和效果出发，调查核实同“调查取证”的界限集中在启动程序的条件设定。从证据效力与证明标准层面，限定调查核实的适用范围，更可反映在以公益诉讼当事人主体之外法律监督义务的具体化。① 从诉讼义务层面考量，“调查取证”是检察机关实现其在公益诉讼中主张的诉讼义务具体形式，并非延伸到法律监督职能当中的调查核实范畴。由此，从立法目的、程序效果与措施保障三方面，立法应限定检察机关调查核实之范围。其一，检察机关在公益诉讼中进行调查核实仅可依托法律监督的法定形态实施。有学者认为立法应当强化检察机关在公益诉讼进行过程中的调查取证。② 对此笔者不予赞同，检察机关直接提起的公益诉讼，不论身份上抑或职能上均非法律监督，套用超然的法律监督地位及权限，实则混淆了“诉讼参与主体”与“监督者”之间的界限。由此，是否在行使法律监督权力是判断检察机关能否予以调查核实的基本前提。其二，调查核实对象范畴须以上位法及相关司法解释明确规制的特定情形为限。当前，调查核实权的行使规范虽不能涵盖其全貌，但未来立法必须明确不同形态的调查核实权应当界分调查程序和保障措施。由此，检察机关在调查核实终结后对处置结果实现类型化。其三，调查核实可运用的强制手段从效果上须与提起公益诉讼的“调查取证”严格区分。倘若赋予检察机关在调查核实中采取一定的强制措施权限，这从程序效果上既可确保程序衔接的顺畅，又可通过取证、证据固定上的便宜而强化庭审上的实质证明力。对于“公益诉讼起诉人”身份定位，参与诉讼中的调查取证既无取证强制效力约束的必要，又无再就证据效力作出二次认定的可能。作为一方当事人主体，检察机关参与公益诉讼的调查取证规则更可从民事诉讼证据规则

---

① 僭越一般行政监督职责的调查核实存有恣意之嫌，须从立法层面予以严格规制。参见刘畅、肖泽晟：《行政违法行为检察监督的边界》，《行政法学研究》2017 年第 1 期。

② 其认为，应赋予检察机关必要时可采取司法强制措施调查取证的权力，以解决被调查对象不配合的问题；且应赋予有权要求其他机关或组织对调查取证行为予以举证之权力，以减轻检察机关调查取证的压力。参见王春业：《论公益诉讼中检察机关的调查取证权》，《浙江社会科学》2020 年第 3 期。

中寻根溯源。①

(二) 明确检察建议形态下调查核实的程序限度

从法律监督职能本位出发，检察机关在提起公益诉讼中的“调查核实”以“检察建议”调查核实权为建构基础。在公益诉讼进行过程中，“调查核实”应明确检察机关“法律监督”职能的主体身份。从诉讼当事人的视角审视检察机关提起公益诉讼中“调查核实”的应有范畴，其措施范围边界亦应与一般民事诉讼、行政诉讼的“原告”等同。即检察机关不可混淆两种身份，而将“法律监督者”可采取的调查措施直接代入至公益诉讼进行过程当中。由此，基于超然监督主体身份的证据调查核实存在效力上的优益性，从而可导致公益诉讼对立的两造在调查证据能力、方法与效果上的不对等。检察机关须从内设机构的职能分工视角明确《检察院组织法》第 20 条第 4 项“提起公益诉讼”与“法律监督”的差别所在。当履行法律监督职能时须满足“纠正意见”的刑事案件范围，“检察建议”与“抗诉”应以生效裁判文书作为必要前提。而民事或行政公益诉讼从程序设定上并未创设出新的诉讼类型，由此可知“调查核实权”不应作为“诉讼当事人”身份享有。至于诉讼当事人调查取证权，调查措施范围可适用民事诉讼或行政诉讼的一般性规定。

检察建议从“建议”的属性上有别于“命令”的权威性、指挥性和强制性。在缺乏强制手段保障的前提下以“检察建议”为基础的调查核实程序呈现出“建议”作出方与接收方之间的“平行”和“对等”关系。“检察建议”的调查核实并不具备“刑事侦查”可赋予的强制措施保障，相较于生效裁判文书的强制执行力，其亦不得作为强制措施手段采取的依据。因此，检察机关主导的调查核实程序应属法律监督职责之下的“软强制”。②笔者认为，以检察建议形态形成的调查核实，其在强制措施设定基础上可明

---

① 大陆法系传统民诉理论明确了支配证据收集的法理，例如证明妨碍、协作查明事实以及真实完全陈述义务等，且民事诉讼中一方当事人的调查取证，应以向法院申请为前提。因而，此种证据收集要求从程序运行目的上与调查核实有着本质的区别。参见熊跃敏：《大陆法系民事诉讼中的证据收集制度论析——以德国民事诉讼为中心》，《甘肃政法学院学报》2004 年第 4 期。

② 张智辉：《论检察机关的建议权》，《西南政法大学学报》2007 年第 2 期。

确“调取、复制、阅卷”等取证手段之合法性。[①] 同时，立法还可考量将调查核实作为缺失既判力制度之下回复原状的程序救济路径之一，这应与刑事侦查和监察调查中可采取的强制处分予以甄别。

（三）强化抗诉形态中调查核实程序的强制措施保障

调查核实的措施保障可增加法律监督的刚性，其与作为诉讼当事人的“调查取证”的行权保障有着本质的区别。前者属于行使公权力形态，而后者由“纠纷性质决定诉讼构造”的基本法理所衍生。即便为“公益诉讼”的“起诉人”身份定位，检察机关作为一方当事人主体直接参加诉讼而非超越两造居中监督时，仍不应僭越“民事诉讼”或“行政诉讼”的当事人权利义务本位。在全面审查裁判文书是否存在错误的前提下，基于“事实认定”与“法律适用”两类情形的调查核实应区别对待。检察机关在提起公益诉讼过程中存在抗诉情形时，“调查核实”的基本形式可界定为裁判文书形成过程中或已决生效裁判文书的错误。按照《检察建议工作规定》第5条规定，检察机关提出“检察建议”或“抗诉”就是在履行法律监督职责。而实现“检察建议”与“抗诉”的效果，在决定作出之前就首先完成调查核实程序。因此，以检察建议为参照，检察机关可采取的调查措施范围须援引《检察建议工作规定》第14条的内容。

而以检察机关提起的公益诉讼为例，若检察机关提起抗诉，从时空上即已表明其以“诉讼当事人”身份参加到公益诉讼的审理阶段业已宣告终止。而以法律监督主体身份对法院裁判文书作出的“调查核实”显然不同于公益诉讼进行过程中的“调查取证”。此时，可考量借鉴行政执法中的行政强制措施对证据的收集和固定方式予以强化。从法律效果上反推，由程序相称性原理可知抗诉与检察建议在作用效果和强度上二者显然不可相提并论。由此，立法应对抗诉情形赋予更为强力的调查核实手段，以凸显违法或错误裁判修正的即时性与紧迫性。在现行立法规范中，尚无法探知检察机关在公益诉讼中的调查取证权是否具备强制性。但从2018年两高联合发布的《检察公益诉讼解释》第6条中可见，对于妨碍调查取证的行为，该解释尽管未赋予检察机关以采取强制措施的权力，但是“公益诉讼起诉人”的身份并

---

① 行政公益诉讼中的诉前建议的调查核实方式范围限定为7种；而《检察公益诉讼解释》并未规制取证方式，仅告知具有调查核实权限。

非意味着检察机关参与公益诉讼时调查取证可适用的规则必然等同于一般原告。同理，检察建议形态中的调查核实，从建议本身的非诉讼文书性质可知欠缺类似诉讼监督的刚性，更无法对检察建议的发出对象实施取证上的强制手段。但是，在“抗诉”形态下，检察机关可以“通知书”或“决定”的形式使得诉讼文书接受方在妨碍调查核实时须得承担相应法律责任。

因此，从调查核实程序完善的立法角度出发，检察机关在公益诉讼中可针对“抗诉”这一特定情形赋予必要的强制措施实施权，这具体包括两个层面：第一，司法工作人员的渎职行为可纳入“调查核实”的对象范围。当前渎职犯罪侦查的有限保留使得诉讼监督的刚性大幅加强，而在诉讼监督以外的法律监督事项中，则无法就此种情形予以强制。第二，检察机关在诉讼监督的“调查核实”过程中可采取传唤询问、线索移交以及立案侦查等方式就妨碍调查核实的行为予以处理。而对以当事人主体参与到公益诉讼过程中的调查取证，则在“检察建议”调查措施外不应享有超然的强制效力。

（四）构建检察机关调查核实的证据资格确认程序

有学者认为，在公益诉讼中检察机关举证责任、证明标准实际上高于一般的诉讼主体。检察机关派员出庭提起公益诉讼，法律专业知识、硬件设备及财政资金保障等方面均优益于其他组织或相对方当事人。因此，将检察机关证明责任与标准与一般原告一视同仁可导致诉讼上义务的不对等。① 笔者认为，此尽管为当前实然运行的现象之一，但相比一般民事或行政诉讼，检察机关并非以当事人身份参与诉讼而作为法律监督主体予以诉讼监督。本文认为，检察机关在公益诉讼调查取证的手段上应与普通的起诉人一致。由此，举证责任与证明标准对应诉讼属性而非诉讼主体身份，否则混淆“公益诉讼起诉人”与“法律监督主体”之间的关系。

由此，检察机关调查核实中取得证据存在需要确认时，该类证据的证明力应当得到确认。赋予调查核实取得的证据以相应证据资格须从以下三个方面予以完善：其一，从主体上应由检察机关将证据依照证据类型列明；其二，从内容上应涵盖支撑履行法律监督职能所需的资料；其三，从程序上应将调查核实的证据随案移送。只有从程序建构上完善法律监督履职过程中检

---

① 徐淑琳、冷罗生：《反思环境公益诉讼中的举证责任倒置——以法定原告资格为视角》，《中国地质大学学报（社会科学版）》2015 年第 1 期。

察机关调查核实证据的证明力，方能形成调查核实、诉讼监督与法院审判程序间的衔接和协调。法院应在检察建议或抗诉书基础上就一并附随的证据资料予以审查，确认证据资格后其方可作为二审或再审证据在审理过程中予以出示。① 囿于调查核实不同场景中可发挥的监督刚性存在不小的差异，立法还应当从证据资格确认程序中设定相对独立的证明标准。这不仅能摆脱调查核实在权力属性和定位上的尴尬处境，更可将检察机关直接参与诉讼的证据收集义务、证明标准等方面与法律监督主体可行使的职责予以区分。从民事行政检察监督效果来看，检察机关在此二者中的调查核实既可产生程序中止的效力，又可对程序流向以及审判效果产生影响。重塑检察机关在公益诉讼中的调查核实权力，既可避免动摇法院裁判的效力，又防止调查核实结果法院终局裁判形成冲突，而为实现实体错误更正与程序纠偏。②

四、结语

检察机关调查核实权应然存在于检察建议、纠正意见与抗诉之中，其将公权力手段作为调查核实的强制效力的来源。在以诉讼参与人身份出现时，检察机关不得将“调查核实”作为取证手段，且不应阻却法律监督功能在公益诉讼进行过程中的主动性，否则有悖于法律监督的实质要求。检察机关作为备位的诉讼实施权人可明确其在公益诉讼起诉主体范围中的意义，此可从完善检察机关在公益诉讼中的证据规则层面上将调查取证要求予以规范。③ 以此为前提即可在“固有的当事人适格”与“法定诉讼担当”两类情形下明确检察机关调查取证的程序规制范围。即在公益侵害对象为不特定多数人时，仍应得遵循以原诉讼实施权人请求为基础的调查取证。尤其是当主位起诉主体不具备应诉能力时，在突破其诉讼请求上应严格依照职权行使

---

① 张丽萍：《虚假诉讼检察监督调查核实权的规范化运用》，《中国检察官》2019 年第 21 期。

② 检察机关法律监督的程序效力体现在终止原裁判的执行与强制审判机关启动再审程序。参见韩成军：《民事行政检察监督与公平审判权的实现》，《国家检察官学院学报》2012 年第 6 期。

③ 黄忠顺：《诉讼实施权配置论——以群体性诉讼中的当事人适格问题为中心》，《东方法学》2014 年第 6 期。

调查取证权。[①] 唯当满足法律监督程序启动条件时，“调查核实”功能才能相应呈现。

---

① 占善刚、王译：《检察机关提起民事公益诉讼的理论困境及其合理解脱》，《学习与探索》2018年第10期。

检察公益诉讼线索发现与调查核实问题研究*

重庆市人民检察院课题组**

摘　要：检察公益诉讼线索发现、调查核实是检察公益诉讼制度建设中最重要的问题之一。其中，线索发现是检察公益诉讼“案前阶段”的核心，有必要进行准确的界定、探讨其价值并提出具体的识别方法。即基于对明确立案标准的实践需求，创新提出检察公益诉讼案件线索量化分析时可将其立案标准纳入包含刑事立案标准和行政执法标准在内的大标准体系，通过逐一比照，提出公益诉讼立案标准设置的一般方法。在此基础上，准确界定检察公益诉讼调查核实机制，并明确其工作原则、重点内容、工作办法。

关键词：检察公益诉讼；线索发现；调查核实；立案标准

自党的十八届四中全会决定探索建立检察机关提起公益诉讼制度以来，检察公益诉讼制度已从试点探索进入到立法授权全面推行与发展的阶段。检察机关以法律监督者和公益代表人身份积极履行公益诉讼检察职能，在促进依法行政、追究损害公益侵权责任、完善国家治理体系中的公益保护体系等方面发挥着越发显著的作用。但初代检察公益诉讼制度立法遗留下许多重要的问题未进行明确规定，检察公益诉讼制度在实践过程中面临许多问题无立

* **基金项目**：本文系2019年度重庆市人民检察院重大课题“检察公益诉讼线索发现与调查核实问题研究”（项目批准号：CQJCY2019A02）的研究成果。

** **作者简介**：重庆市人民检察院课题组负责人：梁田，重庆市人民检察院党组成员、副检察长。课题组成员：庞伟华，重庆市奉节县人民检察院党组书记、检察长；彭劲荣，重庆市人民检察院检察五部副主任；刘昌强，重庆市人民检察院第一分院检察四部主任；梁琴，重庆市人民检察院第五分院检察四部副主任；刘祚洋，重庆市人民检察院检察五部检察官助理；卢彦汝，重庆市人民检察院检察四部检察官助理。

法指引，特别是公益诉讼的线索发现与调查核实已成为制约检察公益诉讼制度健康发展的瓶颈问题，亟待在实践中探索、在探索中解决。本研究即着眼于公益诉讼检察线索发现和调查核实两个重要问题来展开，聚焦公益诉讼“案前阶段”和“调查阶段”，提出一些理论和实践层面的分析和意见，为公益诉讼办案实践及制度规范提供有益思索。

一、公益诉讼案件线索的界定及甄别

线索是案件之源。梳理公益诉讼案件线索的来源、类别，并对其进行界定与甄别，是公益诉讼办案的首要环节和重要基础。公益诉讼的案件范围是由“公益”的内涵和外延所决定的。何为“公益”，需要我们在理论和实务两个层面同时厘清，因为“公益”既是检察公益诉讼制度设计的出发点，也是制度运行的落脚点。

（一）对“公益”的法学层面研究

公共利益简称“公益”。哲学、法学、政治经济学、社会伦理学等多个领域均涉及对“公益”问题的研究和表述。对“公益”的认识和概念界定可谓百家各表，难以形成统一确定的结论。本文侧重从法学层面对“公益”进行梳理总结。

1. “公益”词源的溯源

人类社会自群居活动开始，就有公益的产生。原始的公益即原始人群共生共存的需求，包括族群生存必需的物质利益和依靠宗族血亲等关系维系的基本秩序。原始人群的生活与社会结构相对简单，公益的外延小，有限性特征明显。在群体、氏族、阶层、城邦、国家等社会形态递次出现以后，公益的内涵愈来愈丰富，相对性特征更明显。除了直接的物质利益和基本秩序，生态文明、社会公德、政治文明、精神利益、智力成果等也逐渐被纳入新的“公益”范畴。公益概念在古罗马法时代产生，并在随后的社会学、哲学、法学等诸多领域引发关注和讨论。在我国古代，“公”的概念最早指国家乃至天下。《诗经·小雅·大田》有曰：“雨我公田，遂及我私”；《礼记·礼运·大同篇》则称：“大道之行，天下为公”。可见，早在古代中国就有了“公”的概念，涉“公”之益主要指国家社稷和苍生福祉。① 西方语境的公

① 参见张雪樵副检察长在国土资源部公益诉讼专题学习大讲堂上的课件材料。

益最早来源于希腊词汇“pubes”以及“Koinon”，指对他人甚至集体的关心与关怀，而“common wealth”最早出现于1470年左右的欧洲，含义为普遍社会的福利，后转而为国家、国民、联邦、共和国等意。[①] 20世纪初的“公益”之“公”不仅指“公众”，也包含了“国民”“社会”，出现了“社会”等新名词。[②] 通过对“公益”词源溯源，可帮助我们掌握这一范畴的发展脉络。

2. “公益”的比较研究

亚里士多德认为，国家的目的在于实现最高的善，而表达这种最高的善的形式就是公共利益。[③] 法国自然神论者卢梭在《社会契约论》中提出，“公意”是社会契约的基础，国家产生的目的在于保障基于个人利益之上的公益。18世纪末功利主义者边沁则称只有个人利益，没有“公共利益”，“公共利益”如不能通兑为个人利益，则“公共利益”是虚幻的。[④] 洛厚德在《公共利益与行政法的公共诉讼》指出，将“公共利益”界定为“一个相关空间内关系人数的大多数人的利益”。学者纽曼在洛厚德观点的基础上去掉了地域性因素，将公共利益界定为“一个不确定之多数成员所涉及的利益”。

德国最有影响的解释“公共利益”的理论是“量广”“质高”理论。所谓“量广”即指“受益人的数量最多，尽可能地使最大多数人能均沾福利”；“质高”指利益的根本性，“以对受益人生活需要的强度而定，凡是受益人生活愈需要的，即‘质最高’的标准”。[⑤]

日本民法中并没有“公益”一词，而是采用了表达公共福利的“公共福祉”，以突出其社会性特点。而日本宪法中的“公共利益”包括自由国家公共利益（以平等地保障每个人的自由权为其首要目的）和社会国家公共利益（宪法不只满足自由国家，还要进一步保障社会权，建立社会国家理

---

① 沟口雄三：《中国的公与私·公私》，郑静译，三联书店2011年版，第24页。

② 刘姗姗：《近代中国“公益”的来源、概念及其话语功能分析》，《淮北师范大学学报（哲学社会科学版）》2015年第2期。

③ 胡建淼、邢益精：《公共利益概念透析》，《法学》2004年第10期。

④ ［英］边沁：《道德与立法原理导论》，时殷弘译，商务印书馆2000年版，第58页。

⑤ 陈新民：《德国公法学理论基础》（上册），山东人民出版社2001年版，第18页、第203页。

念）两个侧面。[1] 在日本，公共利益更侧重作国家利益理解。黄遵宪先生在其所著《日本国志》中更详细地阐述了日本明治时期的政治改革，而谋求“公益”正是立宪政体建立的重要标准。

中国本土的“公益”语汇至少在清代中期已经出现，并具有经济效益、国家利益与地方公事三种用法。受日本近代“公益”概念的影响，于十九世纪末随着维新思想著述传入中国。中国“公益”的开端与国家制度的转型存在同构关系[2]。与政治变革联系的具有近代意义的“公益”一词，很可能是在黄遵宪所著《日本国志》发行于世后，才引起了人们的普遍注意和巨大的社会反响的[3]。史尚宽先生认为，公共利益应当包括社会利益[4]，并且国家利益应为公共利益的下位概念，社会公共利益和国家利益是并列存在的。也有学者认为，“公益”与“社会公共利益”“国家利益”没有上下位阶之分。因为在国家利益、社会公共利益之间，区别确实难以界定，但是两者的最终目的是相同的，即人民利益。[5] 陈新民教授认为，公共利益不仅在法律、法学、行政及司法实务上以各种形式上类似或不同的表达方式，而被普遍使用，甚至可以说是一个用以架构公法规范体系及公权力或国家权力结构的根本要素或概念。但是到底什么是公共利益，却没有哪个国家的法律有明确的规定。这是由公共利益“利益内容”的不确定和“受益对象”的不确定所决定的。[6]

通过前述比较我们注意到，古今中外论者对“公益”的研究是多维度的，既有分歧，也不乏诸多共识。分歧在于不少论者认为“公益”根本就是一个伪命题，是一个生造概念，不能被定义，或认为不能兑现个人利益的“公益”是虚幻的。但多数论者对“公益”的认识和态度是积极的。认为“公益”的内容非常宽泛，受益对象包含公民与国家；“公益”高于个人利

---

① 黄遵宪：《黄遵宪全集（下）》，北京中华书局 2005 年版，第 1197 - 1211 页。

② 武洹宇：《中国近代“公益”的观念生：概念谱系与结构过程》，《社会》2018 年第 6 期。

③ 刘姗姗：《近代中国“公益”的来源、概念及其话语功能分析》，《淮北师范大学学报（哲学社会科学版）》2015 年第 2 期。

④ 张明楷：《刑法格言的展开》，北京大学出版社 2013 年版，第 141 页。

⑤ 颜运秋：《公益诉讼法律制度研究》，法律出版社 2008 年版，第 344 页。

⑥ 陈新民：《宪法基本权利之理论基础》，元照出版公司 1999 年出版，第 134 - 139 页。

益，是社会契约的基础，包括公众利益、社会福祉、国家利益等，是具根本性的利益需求，是涉及不特定多数人的利益与普遍的价值认同，跟政治、经济社会发展阶段高度关联。根本性、共享性、一致性等系“公益”的一般属性。[①]“公共利益就是对不确定多数人需要的满足”，具有广泛性、主体的不确定性、多样性、整体性、价值性等。[②] 中华法系中的中国是一个资源丰富陆地广袤的内陆国家，因自给自足的经济生活条件影响和国家统治的需要，形成了家国一体、集体本位的法制传统，强调集团（宗族）主义和义务本位，以及以刑为主的公法文化传统，对国家利益、社会公益和集团利益的认可度更高、维护手段也更为强势有效。而以古希腊罗马法、英国中世纪法为本源的大陆法系和英美法系，因其邦国林立、长期征战和海上贸易促进了万国法的发展，强调个人本位和个体利益，以权利为核心，将社会关系契约化，私法文化发达。故亚里士多德虽较早地提出了国家的目的在于实现最高的善，即公益，但其后的西方论者要么否定公益的存在，要么认为公益系个人利益基础之上的公益。可见，西方诸法系尤其是大陆法系、英美法系论者对公益的认可和概念界定是附设了诸多条件的。

3. “公益”的内涵与特征

“公益”的概念很难进行规范性表述，但明确“公益”的概念是研究公益诉讼制度不可回避的问题，对确立公益诉讼案件线索发现与调查核实的目标导向具有重要意义。公益的概念可以是政治学意义的，社会学意义的，也可以是法学意义上的。

（1）“公益”的内涵

按照大陆法系法学方法论之通说，“公共利益”属于涵义模糊的“不确定法律概念”。[③] 由于其涵盖领域过于广泛以及语义的开放性，立法不可能对其涵义作出精确规定。“公共利益”涵义的确定具有“立法委托”的意味——立法者将高位阶法中的笼统、原则性规定留待低位阶法的创制者根据具体立法事项予以进一步类型化、明确化，甚至授权法律适用者在根据个案事

① 参见梁田在重庆市检察机关首次公益诉讼培训班《关于检察公益诉讼若干问题的思考》的课件。

② 最高人民检察院民事行政检察厅主编：《检察机关提起公益诉讼实践与探索》，中国检察出版社2017年版，第3页。

③ ［德］卡尔·恩吉斯：《法律思维导论》，郑永流译，法律出版社2004年版，第133页。

实明确其具体含义。[①] 因此，不少学者认为对“公共利益”的定义总是存在着无法回避的“阿特琉斯之踵”——“公共利益”永远只能被说明而不能被定义。换言之，“公共利益”概念的涵义具有“不可言说”或“无法定义”的性质，通过一般性的阐释无法形成关于其涵义的实体规则。[②] 有学者总结到，“公共利益”这一概念具有内涵开放、外延不确定之特性。马克思也曾对“公共利益”的实质进行定义：不是仅仅作为一种“普遍的东西”存在于观念中，而是首先作为彼此分工的个人之间的相互依存关系存在于现实中。[③]

从检察公益诉讼的角度来看，“公益”尽管是一个相对抽象的概念，但仍是可以被定义的，只是需要寻找适合的定义的方法。通过梳理我国宪法、法律规范中的公益内涵，着重对“公益”从法学层面进行分析，可为公益诉讼制度设置提供理论参照。

2004 年宪法修正案增加了“公共利益”这一内容，分别规定在土地和公民私有财产的征收征用制度，《土地管理法》也作了相应修订。但是，由于缺乏对“公共利益”的明确法律定义，加之公共利益分类存在范围混乱、逻辑不清等问题，《土地管理法》的修改虽被学界视为“合宪性”修订，但仍未能解决我国土地征收纠纷频发的实务现状。同时，《土地管理法》第 45 条第 1 款第 6 项规定的征收农民集体所有土地的兜底条款“法律规定为公共利益需要可以征收农民集体所有的土地的其他情形”，更是存在立法扩张的风险。[④] 新修订的《土地管理法》虽对土地征收法律制度重大缺陷进行了一定修正，但公权制衡与私权救济不力，宪法中公共利益的内涵并未通过这一部门法得以充分彰示。如兜底条款导致实践中出现以超出公共利益目的开展的征收行为，受到了理论界和社会群众的质疑。这些也为公益诉讼制度如何明确“公共利益”这一根本目的为指引，提出了更高的要求。回到宪法本身，在其第 51 条之中，还规定了“国家的、社会的、集体的利益”，这些

---

① 杨仁寿：《法学方法论》，中国政法大学出版社 1996 年版，第 135 页。

② 刘连泰：《“公共利益”的解释困境及其突围》，《文史哲》2006 年第 2 期。

③ 陈新民：《德国公法学理论基础（上册）》，山东人民出版社 2001 年版，第 18 页。

④ 肖楚钢：《土地征收法律制度的公共利益反思》，《农村经济》2020 年第 7 期。

利益与“公共利益”又存在着差异或者从属关系，并不能简单对等。①

（2）“公益”的特征

根据上述公益“内涵”的梳理，我们尝试推导出检察公益诉讼制度中所指涉的公共利益具有以下特征：

①受众的广泛性。此即公益惠及主体的广度，类似于德国较为流行受众的广泛性。此即公益惠及主体的广度，类似于德国较为流行的解释“公共利益”的“量广”理论。即“公益”不是小范围、少数人享有的利益，而是不特定的大多数人的利益，“尽可能地使最大多数人能均沾福利”，即多数主体能共同享有公共利益带来的好处。如果“公益”受众数量少，或仅限于特定范围或特定圈层，则不宜作为普遍性的“公益”考量。

②范围的开放性。公共利益范围很难界定大小，范围大的利益不意味着就是公共利益，范围小的利益也不意味着是私人利益或集体利益。其决定因素是该范围是开放还是封闭，开放范围的受体是不特定的人，封闭范围的受体是特定的私人或者集体。因此，公共利益的范围必须是开放的。

③内容的多样性。公共利益不仅包括法律规定的生态环境和资源保护、食品药品安全、国有财产保护、国有土地使用权出让和英烈保护，还应包含公共安全保护、传统文化保护、弱势群体保护、公序良俗保护等诸多内容。只要与不特定多数人生产、生活、生存有关并共享，都属于公共利益的内容。

④价值的正当性。“每一方都追求着自身的目标，都力图最大限度地扩大国民收入中自己的份额，或最大限度地增强自己在社会等级中的地位，这些个人或者组织的利益就像它们实际行动所表现的那样，并不是天生的相互吻合，所有这些利益相加之和也并不等于一般利益。”② 也就是说公共利益要具有价值的正当性，倡导人类文明进步的方向、公平正义、人与自然的和谐共生等价值取向。价值的正当性也是不特定多数人渴望获得的较为迫切的一种根本需求，对人的生存和发展能带来较大的影响。

⑤保护的层次性。公共利益的概念并不是一成不变的，随着经济社会的

---

① 胡锦光、王锴：《论我国宪法中“公共利益”的界定》，《中国法学》2005 年第 1 期。

② ［美］哥伦比斯、沃尔夫：《权力与正义》，白希译，华夏出版社 1990 年版，第 120－121 页。

发展，其内涵和外延也不断演化，不同时期保护的重点不同，具有层次性。从纵向上看，我国建国初期，让全国人民吃得饱、穿得暖是那一时期重点保护的公共利益；在当前，保护生态环境，守住绿水青山蓝天碧土，则是我们当前公共利益保护的重点。从横向上看，当“量广”与“质高”相冲突时，则“质高而量寡者”优于“量多而质低者”。① 公共利益保护的轻重缓急都具有层次性。

⑥救济的法定性。公共利益的救济必须通过正当的程序来实现。目前，我国对公共利益受损救济的主体包括行政机关、社会组织和检察机关，行政机关通过行政行为救济受损公益利益，社会组织和检察机关通过诉讼行为救济受损公共利益。救济必须依据法定的职责、按照法定的程序进行。

（二）公益诉讼案件线索的价值判断

当某事项符合“公益”的内涵和基本特征，也不必然立即纳入检察公益诉讼保护的范畴，因为公共利益的保护涉及公共利益与基本权利的冲突，如何对案件线索进行价值评估，确保评估结论的合理性与公益诉讼制度启动的正当性、时效性就颇为必要。笔者认为，检察公益诉讼案件线索价值判断应当从以下三个层次入手。

一是对受损公益保护的迫切程度。这是司法手段相较于行政手段更具优势的领域。“公益”的外延具有广泛性，而司法的功能又具有有限性。加之公权力扩张性导致的易被滥用的危险，故检察公益诉讼应限定相对合理的调整范围，而不是过度扩张。“检察机关对所有未依法行政的行为均开展监督，既与检察机关现有的人财物力配备不相适应，也不符合监督权设置的原则，最终可能会干扰行政权力的正常行使”。② 且从大众需求和社会发展需要来看，涉及民生民利的基础需求以及社会亟待倡导的价值应当成为公益诉讼首先关注的领域。前者如食品药品安全，后者如生态环境与资源保护、传统文化、弱势群体保护等。因此当检察机关对“公益”线索进行审视时，必须首先考量其应受保护的紧迫性和现实性，是否属基础性、重要性、亟须保护的现实利益。

二是对“公益”的认同程度。公益是否成其为公益，一般有法定的或

① 城仲模：《行政法之一般法律原则》（二），三民书局1997年版，第161页。

② 刘小：《行政公益诉讼案件线索发现》，《中国检察官》2015年第20期。

社会的认识标准。一般来讲，社会公众对公益还是私益、特定主体的利益还是不特定主体利益、是否具有利益相关性等问题，具有基本的朴素的判断。检察机关应重视这种来自社会层面的判断。如果非司法机关、社会公众普遍认为某种利益不属公益范畴，系个人利益或者少数人利益以及集体利益的，那么检察机关必须考量人民群众法情感因素和一般认同程度，可以重新审视该利益的类型以及保护的途径。

三是对公益诉讼启动的必要性判断。线索并非一个空泛的概念，而是具有特定形式和实质内容的基础材料。良法善治的要求就是保障公共利益不受侵害，但线索与程序启动的关联性并不意味着检察机关可以穷尽司法资源。事实上，在现有的司法背景中，思考稳妥审慎地探索将公共利益概念和分类加以明确，集中精力对特定化、类型化的公共利益进行保护，既是我们从《土地管理法》《国有土地上房屋征收与补偿条例》实施过程中学到的宝贵经验，也是对检察机关履职能力的准确把握。

（三）公益诉讼案件线索的甄别方法

确定案件线索归于民事诉讼，行政诉讼，刑事附带民事、行政附带民事诉讼类型难度较低。如何进一步开展甄别，笔者认为采取可“三属性”审查法、“三要素”判定法。

1. “三属性审查法”

“三属性审查法”就是围绕可查性、真实性、可执行性进行审查。

（1）可查性。可查性包括查办案件线索的必要性、可行性及成案可能性。应当尽早确定公益受损的事实、程度是否可以得到查证，调查取证是否存在客观不能的困难和障碍，要前瞻提起公益诉讼成案可能性，对于一些成案可能性低的线索，可以通过磋商等其他程序进行处理。

（2）真实性。严格审查线索发现渠道，对通过互联网、新闻媒体、公益诉讼观察员、线索举报等渠道提供的线索，应强化调查核实亲历性，初步判定违法行为和公益受损的情形是否客观存在，有无基本的或初步的证据支撑。

（3）可执行性。加强审查诉讼时效、治理实效及社会风险管控。要综合考虑相关诉讼法关于诉讼时效的规定，初步判定公益的损害是否在时效范围内发生或持续；应对初步判定保护公益是否能够达到治理实效进行预判，如民事公益诉讼案件应考察在客观不能或不必要原地修复的情况下，推动替代性修复的可行性和必要性。还应初步判定对案件线索的介入是否会导致社会舆情、信访风险以及引发群体性事件的风险等。

2. “三要素”综合判定法

形式和实体是案件线索甄别不可或缺的两个方面，经过“三属性”从形式上对案件线索进行了初步判定后，就需要从案件的要件事实出发着手“三要素”，即主体、侵权行为、损害后果等，从实体上对案件线索进行综合判定。

（1）主体。主体是指民事公益诉讼的侵权人、行政公益诉讼的监督对象及侵权人。公益诉讼案件必然有特定的主体，案件线索要审查判定监督对象及被侵权人的基本情况、是否特定。民事公益诉讼侵权主体应查明个人身份信息，法人或其他组织的性质、工商信息等。行政公益诉讼要审查判定监督对象的法定行政职能、机构设置等基本情况，同时还要审查判定违法行为人的身份信息等。

（2）侵权行为。民事公益诉讼案件线索要审查判定行为人是否实施了破坏生态环境和资源保护、危害食品药品安全的行为及具体过程。行政公益诉讼案件线索要审查判定监督对象的法定职责，及其违法行使职权或者不作为的过程、方式和状态，同时还要审查违法行为具体过程。

（3）损害后果。即判断是否有损害社会公共利益的情形或者损害风险。应精准把握公共利益的内涵，紧扣“公益”这一核心。一方面要防止“公益”的泛化，避免把具有救济途径的私权益及其他不具有公共性的利益；另一方面又要防止片面、狭隘理解“公益”的范围，导致公共利益不能得到有效的保护。

二、检察公益诉讼案件线索发现机制

检察公益诉讼制度历经 2 年探索起步、4 年多的正式发展，公益诉讼案件线索发现量、案件立案量已不是限制其发展的瓶颈。最高人民检察院 2020 年工作报告指出，2020 年全国检察机关公益诉讼立案 151260 件，同比上升 19.2%。但实务工作也反映出，因检察公益诉讼作为典型的客观诉讼，存在诉讼主体与受损利益相分离的特性，有效的线索发现机制始终是保障办案质效的前提和基础。当前检察公益诉讼线索数量基数虽大，仍存在外部线索移送不充分、获取方式较初级、监督领域不平衡等问题。鉴于此，笔者认为检察公益诉讼线索发现机制仍有必要进一步细化研究，本部分将在探讨其实践困境的基础上，分析现行发现方法，并提出完善相关线索发现路径的建议。

（一）检察公益诉讼线索发现的实践困境

2018 年最高人民法院、最高人民检察院出台《关于检察公益诉讼案件适用法律若干问题的解释》，检察机关与人民法院就公益诉讼工作衔接的诉讼程序有了具体化规定。但诉讼只是检察公益诉讼的最后环节，支撑其整体运作的配套制度却未得到进一步细化，这也决定了“公益诉讼的特殊性，使得公益案件运行于原本服务于私益诉讼的程序时，立刻显现出制度供给的不足”。[①] 总体来说，有以下实践难题。

1. 法律配套制度供给不足

（1）缺乏对“在履行职责中发现”的立法界定。民事诉讼法和行政诉讼法均仅规定，检察机关发现案件线索应在履行职责中发现。[②] 通说认为这是立法部门对线索发现途径的限定，体现了立法部门既授权又限权的思路。有的观点认为这不符合检察公益诉讼实践，限制了检察机关发现公益诉讼案件线索的主动性，应进一步放开或取消限制。[③] 笔者认为，该限制性规定旨在遵循检察权的谦抑性原则，避免检察权的过度扩张，是与行政权相互守界的必然要求，取消限制显然不符合立法原意。可从检察职能的本质属性对“在履行职责中发现”作广义解释，因检察机关各项职责均系依法履行法律监督职能的具体体现，而检察公益诉讼更是一种“法律监督权和审判权协调配合来制衡过于强大行政权的机制”[④]，“更有司法权监督行政权的法律逻

① 刘辉：《检察公益诉讼的目的与构造》，《法学论坛》2019 年第 5 期。

② 在《民事诉讼法》第 55 条中增加一款，作为第二款；在《行政诉讼法》第 25 条中增加一款，作为第四款，规定检察机关在履行职责中发现生态环境和资源保护、食品药品安全、国有财产保护、国有土地使用权出让等领域有国家利益和社会公共利益受损害的情形，相关机关和组织不提起诉讼或行政机关不依法履职的，检察机关可以提起公益诉讼。

③ 刘家璞、孔德雨：《检察机关提起公益诉讼的职能定位》，《人民检察》2017 年第 19 期。

④ 刘艺：《检察公益诉讼的司法实践与理论探索》，《国家检察官学院学报》2017 年第 2 期。

辑”。[①]

（2）缺乏调查取证配套措施。关于检察机关履行公益诉讼职责的调查取证权，规定于《最高人民法院、最高人民检察院关于检察公益诉讼案件适用法律若干问题的解释》第6条[②]，但该原则性规定并未固定相应措施及不配合的后果性内容。《江苏省人民代表大会常务委员会关于加强检察公益诉讼工作的决定》（以下简称《决定》）首次通过地方立法规定，检察机关调查核实证据可以要求行政机关收集、提供，也可以自行调查核实，并赋予检察机关对存在灭失危险的涉案证据可先予登记保存的权力。该《决定》还规定了行政机关、公安机关在开展行政执法调查或刑事侦查时，检察机关可以商请一并收集公益诉讼证据。该《决定》反映出检察机关通过争取地方人大支持，获取调查取证配套制度保障的努力。但总体来看，公益诉讼调查取证配套措施仍缺少全国性立法保障。

2. 专业性要求与专业化配置不匹配

按照达玛什卡的观点，在政策实施型的司法程序中，政府律师、检察机关、审判机关的设置，乃是内部职能分工的专业化需要。检察机关内部同样需要专业化、例行化的职能分工。[③] 检察公益团队的专业化程度，决定了能否有效地发现公益损害线索。目前检察机关公益诉讼干警队伍专业化配置主要存在以下两个问题：一是专业化的履职机构未完全形成。以重庆地区为例，全市三级检察机关仍有15个基层检察院是由同一部门履行民事行政检察与公益诉讼检察职能，专业化升级尚未完成。二是专业化人才力量缺口较大。从事公益诉讼工作的检察人员主要是原从事民行检察工作的人员，熟悉行政及特定监督领域的专业性人才较少，办案人员对所涉相关领域的专业知识掌握不充分，对行政管理及执法规律储备不足，对行政法规的掌握停留在检索筛选的状态。

---

① 梁鸿飞：《检察公益诉讼：逻辑、意义、缺漏及改良》，《安徽师范大学学报（人文社会科学版）》2019年第3期。

② 《最高人民法院、最高人民检察院关于检察公益诉讼案件适用法律若干问题的解释》第6条规定，人民检察院办理公益诉讼案件，可以向有关行政机关以及其他组织、公民调查收集证据材料；有关行政机关以及其他组织、公民应当配合；需要采取证据保全措施的，依照民事诉讼法、行政诉讼法相关规定办理。

③ ［美］米尔伊安·R·达玛什卡：《司法和国家权力的多种面孔：比较视野中的法律程序》，郑戈译，中国政法大学出版社2015年版，第202页。

3. 检察机关与行政机关存在履职对抗张力

随着公益诉讼制度的全面深入推行，行政机关总体上也从抵触、履职不及时逐步转为认识提高、整改主动。但监督与被监督的制度设置，决定了检察机关与行政机关之间存在履职角色上的天然对抗张力。部分地区行政机关探索开展的考评追责制度，变相打击了行政机关主动移送线索的积极性，如有的地区将行政公益起诉纳入“行政诉讼败诉率”地方政府绩效管理考评，或以败诉后果作为不依法履职追究主管领导责任。如何消解此种对抗张力，解决检察机关与行政机关信息上不对称的问题，又避免新的衔接平台陷入此前“两法衔接平台”声微式弱的局面，也是检察机关在构建线索发现机制上必须寻求突破的重点。

4. 公众对公益维护的参与缺失

公共利益的特征之一在于其受益对象的不确定性①，无特定的受害者使得“主观诉讼涉及的反馈机制不会被激活，公共利益将面临无法表达的尴尬”。② 正是为了解决“公地悲剧”，法律赋予检察机关代表公共利益提起诉讼。虽然法律拟制了诉讼代表，但损害公共利益的事件发生在公众身边，公众对损害公益的行为才是第一知情者和真正的利益相关者，公共利益的维护需要公众的参与，才能产生应有的效果。公众对检察公益诉讼制度相应的履职机构、履职方式和能达到效果还存在一个较长认知过程，在此过程中，如何加快公众认知、激发其主动性，畅通公众发现渠道也是必须解决的问题。

（二）检察公益诉讼线索发现的一般方法

纵观各地检察公益诉讼案件线索发现的现行方法，归纳起来主要有以下几种：

1. 依托内外协作机制移送线索

一是内部协作移送。疏通检察公益诉讼部门与刑检、民事行政、控告申诉等部门案件线索双向移送渠道，实现检察内设机构间的信息共享、监督联动。二是外部协作移送。通过争取地方党委、人大的领导和支持，改善公益

① 陈新民：《德国公法学基础理论》，法律出版社2010年版，第231页。

② 李成、赵维刚：《困境与突破：行政公益诉讼线索发现机制研究》，《四川师范大学学报（社会科学版）》2018年第4期。

诉讼办案的外部环境。加强与行政机关、审判机关和社会组织的联系协作，畅通外部渠道获取线索，如加强与审计、监委等部门以及“河长办公室”“林长办公室”等议事协调机构协作，通过会签会议纪要、联合引发协作机制等方式，常态化固定外部协作移送机制。

2. 履行公益检察职责主动外巡线索

检察公益诉讼线索发现途径主要是通过主动履职自行发现公益诉讼案件线索。如重庆市人民检察院出台《重庆市检察机关公益诉讼巡查工作办法（试行）》，明确巡查人员组成及巡查任务和工作规范，对全市辖区范围生态环境和食品药品等领域进行现场查勘。重庆市人大常委会出台《关于加强检察机关公益诉讼工作的决定》，从地方立法明确检察机关要开展公益巡查，发现案件线索。检察机关还可探索与行政机关建立联合巡查机制。

3. 利用信息平台、大数据技术分析获取线索

当前不少地区检察机关推进搭建大数据智能检务平台，为线索数据分析、收集提供帮助。智慧检务系通过整合业内大数据以及关联第三方大数据，实现检察办案与大数据技术的深度融合，其核心在于打破对数据资源的分割与垄断，实现数据整合、开放、共享。[①] 后期，检务平台还通过对接行政机关、新闻媒体数据平台信息端口，实现执法信息、社会信息向检察机关移送。据 2019 年 1 月 19 日的吉林日报报道，长春市检察院研发的“行政检察大数据应用平台”，对接了长春国土、环保、食药监等 42 家行政执法部门的数据、采集了近百个互联网政务公开及新闻媒体网站数据[②]，共获取有价值案件线索 1323 条。

4. 关注舆论热点挖掘线索

借助各类新兴传媒、地方电视台、两微平台、地方网络媒体上收集信息报道，通过有关领导批示、有关机关交办等方式，转化为检察机关在“履行职责中”发现公益诉讼的案件线索。从舆论热点掘取的线索具有典型性和影响力，更易推动增加相关部门整改。

5. 人民群众举报发现线索

人民群众线索举报是检察机关获得公益诉讼线索的重要力量。重庆检察

---

① 林竹静：《“人工智能 + 大数据”驱动的智慧检察路径规划——兼论检察大数据（上海）实验室的发展》，《上海法学研究》（集刊）2019 年第 9 卷，第 76 – 89 页。

② 《科技做引擎数据会“说话”——长春市检察院打造公益诉讼大数据平台纪实》，《吉林日报》2019 年 1 月 19 日，第 005 版。

机关出台了覆盖三级检察院的线索举报奖励机制，对提供案件线索并成案的给予物质奖励。

（三）构建公益诉讼案件线索发现的运行机制

从上述实践困境及发现方法的分析中可知，检察机关获取线索的途径虽多，但缺乏制度规制、渠道整合、专业引领。因此，构建线索发现的运行机制应重点落在“制度化、科技化、专业化”上进一步完善升级。

1. 取得制度约束——建立有约束力的线索流转制度

一是建立由上级检察机关管控的内部一体化线索流转管理机制。以省、市一级为中心建立纵向的一体化线索管理平台，解决不同层级检察机关线索流转不畅的问题。二是建立有约束力的外部线索流转机制。检察机关可通过积累公益诉讼办案经验，争取地方人大或常委会出台具有地方立法性质的决定，细化线索移送方式，并明确规定移送线索的约束性效力。如江苏省、重庆市两地人大常委会出台的决定中，通过明确检察机关的调查取证配套措施、对相关人员的追责权力，对线索移送的约束性效力进行保障。

2. 打造外驱引擎——建立以省级检察机关为中心的大数据中心

以信息化手段助力检察工作是未来发展的必然趋势。长春市检察机关大数据运用的经验已经证明有效性。建立公益诉讼检察大数据中心，通过与行政执法单位建立实时数据获取和动态系统对接机制，同时联结互联网端的公益舆论热点等海量数据，推动解决外部移送不力、舆论发现偶然性、国有财产及国有土地使用权领域监督难等问题，保证线索关联、移送的准确性、高效性，节约审查资源。

3. 提升内驱动力——检察公益诉讼专业化建设

稳定和拓宽线索发现需要建立在检察公益诉讼专业化建设之上。基于目前专业化中存在的问题，可作以下尝试：一是建立专门化的公益诉讼办案部门或办案组，避免混淆职责交叉办理案件导致的专业化升级困难；二是建立专业人才选调机制，加强行政法专业人才吸纳，探索“互派”或选调的方式强化检察机关与行政机关的人才流动，弥补熟悉行政法领域检察人才缺口；三是借助专业“外脑”，可通过建立生态环境资源以及食品药品安全领域方面的专家库、对公益损害技术性检测进行专业外包、邀请行政法或环境法等领域的专家学者等方式整合外部专业人才资源。

三、检察公益诉讼线索的量化分析研究

检察公益诉讼线索量化分析，是指对侵害公共利益违法事实的相关证据进行总结、梳理，抽离出特定的、具体的数据用于评判公共利益受损程度的过程。它向前衔接公益诉讼线索发现程序，是对线索发现成果的“再加工”，向后与公益诉讼诉前程序联系，是案件进入立案程序的基础。

公益诉讼案件线索量化分析缺少较为明确的立法规定，相关领域研究工作也尚在初期，细分领域公益诉讼案件缺少立案标准，这些制约着检察公益诉讼启动程序规范性运行。检察机关在启动公益诉讼诉前程序、提起公益诉讼时，因存在“两阶段标准”，导致出现公益诉讼选择性司法、立案标准不一、滥诉怠诉偏诉等问题。① 完善公益诉讼案件线索量化分析机制，离不开对公益诉讼立案标准的界定。本部分将对公益诉讼线索量化分析机制和立案标准开展必要的分析，试图提出如何开展量化分析、如何制定立案标准的建议，旨在为检察人员在具体案件线索审查中，对国家利益、社会利益以及个人利益这三者的边界进行有益的具体考察分析，实现对这些利益的平衡和取舍，进而为检察机关启动公益诉讼程序找准依据，保障提起公益诉讼的必要性、正当性。

（一）量化分析与立案标准的关系

公益诉讼案件线索量化分析与立案标准之间存在着质量转化关系，二者相互依存，相互作用。首先，立案标准来自于量化分析结果，没有办案量就不能反映检察机关公益保护效果，更无法准确归纳出检察机关把握和运用量化分析的一般方法。唯有在大量个案办理过程中统一开展量化分析工作，从量化分析结果中总结同一领域、同类行为公益侵害结果量化分析的属性、特征、参数，才能最终形成该领域的立案标准。其次，立案标准又作用于量化

---

① “两阶段标准”即检察办案人员在公益诉讼诉前程序启动过程中侧重从形式上判断行政机关是否履职到位，在诉讼程序启动过程中则重点考察是否实质上维护了国家利益或社会公共利益。这种因阶段不同采取不同标准的做法，虽然从一定程度上减轻检察机关对案件线索的审查难度，但从长远角度看，仅以粗放的“两阶段标准”判断是否应当启动公益诉讼诉前程序、提起检察公益诉讼，是不能应对实践中的各类情形，也不利于检察公益诉讼工作深入发展。参见刑昕：《行政公益诉讼启动标准：基于74份裁判文书的省思》，《行政法学研究》2018年第6期。

分析工作。具体体现在：量化分析应围绕立案标准所规定的具体参数、数值、指标等确定取证方向、查证内容；量化分析过程、方式应当符合立案标准的限定性条件，确保量化分析结论的合法性；量化分析结果应当与立案标准进行比对。最后，立案标准作为一个动态的、变化的范畴，也依赖于量化分析工作所提炼总结的结果和办案经验，促使自身不断修正、补充。总的来说，量化分析是形成立案标准的前置条件、形成依据、基本手段，立案标准是对量化分析结果的提炼和归纳，是一套经量化的、具有普遍参考意义的公共利益受损评价体系。

（二）量化分析比照体系

将公益诉讼案件线索量化分析纳入与传统刑事、行政诉讼案件线索分析的比照体系，参考后者的立案标准形式、保护法益位阶等，进而为公益诉讼立案标准的确立提供可行的参考依据，是当前尽快明确公益诉讼立案标准的路径之一。

1. 立案标准形式比较

在刑事追诉标准和行政执法标准中，针对常见生态环境和资源保护领域违法行为、犯罪行为，一般多采取列举加概括的方式对行为类型进行界定，并围绕相关领域公益受损设置具体指标，如危害影响范围、存续时间、社会危害影响大小、生态损失数额等，这些指标被规定在相应的立案标准、执法标准中。笔者认为，公益诉讼案件立案标准可参考这种形式，结合实务中案件线索量化分析的相关经验，在兼顾案件公益性、诉讼选择优位、行政程序前置、举证责任倒置等公益诉讼特有制度程序特征的基础上，通过指导意见、司法解释对常见领域标准进行固化。

2. 保护法益位阶比较

比较公益诉讼案件与刑事案件追诉标准、行政执法标准等在保护法益位阶的差异，也有利于检察机关确立符合立法精神和体系自洽性的公益诉讼启动标准。

第一是与刑事追诉标准进行比较。刑法是维护法治的最后一道防线，进入刑法评价视野内的污染环境、破坏生态资源等侵害公益行为具有较强的社会危害性，立案追诉标准较为严苛，以保证被追诉行为与应受刑罚责任严苛性相匹配。公益诉讼制度立法目的是保护国家和社会公共利益，与刑法所保护的法益存在重合之处，但不意味其立案标准就应与刑事追诉标准等同。一是因为公益诉讼强调对国家利益和社会公共利益的专门制度保护，且对公共利益受损程度本身不作要求，如若与刑事追诉标准持平，将致使公益诉讼保护对象限缩至较小范围。二是公益诉讼制度作为新创设的法律制度，国家向其倾注的司法资源有限，检察机关在启动公益诉讼程序时，应考虑救济效果可实现性、司法经济性。

第二是与行政执法标准进行比较。行政执法行为是指行政机关依照行政执法程序和法律法规的规定，对具体事件进行处理的具体行政法律行为，在涉及社会公共事项、社会公共事务管理等情形中，其所保护的法益与公益诉讼制度所保护的公共利益存在交叉关系，行政执法所调整、保护的这一部分公共利益同样具有法定不可贬损性特征。通过对行政公益诉讼制度运行过程进行推演，笔者认为，行政执法标准可以作为设置公益诉讼立案标准的重要“锚定物”，检察机关对于行政机关是否履职的评判标准之一，便是考察行政机关是否违反行政执法标准的规定，对于符合执法条件的违法行为未依法履职，即为存在不作为、乱作为情形。而假设行政相对人所实施的行为并未违反行政执法标准的规定，行政执法机关自然不具备行政执法的事实基础，也就失去了不履职行为的可追责性。

（三）检察公益诉讼立案标准设置

检察公益诉讼线索量化分析机制的重要一环便是如何明确检察公益诉讼立案标准。笔者认为，公益诉讼立案标准应在由刑事诉讼制度、行政执法制度所构建的刑事追诉、行政执法标准体系中，综合考量公益诉讼制度目的、所保护法益位阶，权衡政治决策、地域差异考量、程序制度设计背景等多重因素，总结实践办案中量化分析经验，采取高效、开放、适用性强的设置方式，针对公益诉讼各细分领域设置较为全面的案件立案标准，以实现行政机关自我省思、检察机关不越边界、人民法院中立裁判、社会公众有效监督的全新公益诉讼格局。

尽管公益诉讼专门立法还为时尚早，但公益诉讼主要办案领域的部门法立法支撑还较为完备。在刑事追诉标准方面，刑法及相关司法解释对追诉标准作了明确规定。在行政执法标准方面，除相应部门法及其实施条例、实施细则均有体现行政执法启动标准、行政处罚裁量标准外，更多的行政执法标准还散见于各省市级行政主管机关所制定的区域性行政处罚裁量基准、执法标准之中。笔者将通过梳理归纳公益诉讼常见领域的现行刑事标准、行政执法标准，在分析梳理的基础上，尝试提出设置公益诉讼立案标准的方法建议。

1. 公益诉讼办案领域相关标准梳理

现行刑事立法中，立法者为部分涉生态环境保护领域的刑事案件罪名设定了较为明确的追诉数额标准，也不可避免存在情形覆盖范围较小、行为类型归纳不全的问题，个别领域无相关刑事追诉标准。而少部分行政执法标准、裁量基准已由部门法及其实施条例进行明确，更多的是由各地行政主管机关根据本地域情况自行制定，不同领域规定、标准不一，部分领域同样存在无相关标准的情形。

（1）生态环境和资源保护领域

生态环境保护领域一般均有相关部门法加以调整保护，如《土壤污染防治法》《水污染防治法》《大气污染防治法》等，这一领域的部门法多对污染情形进行了较为细致的分类，并规定了相应污染风险管控和修复制度。以土地生态环境和资源保护领域举例。土壤环境污染是指因人为因素导致某种物质进入陆地表层土壤，引起土壤化学、物理、生物等方面特性的改变，影响土壤功能和有效利用，进而危害公众健康或者破坏生态环境的现象，其污染成因具有复杂化、调查取证专业化，故《土壤污染防治法》主要以土地性质为区分，规定了污染风险管控和修复制度，固体废物污染环境防治法则对固体废物进行了较为细致的分类。我国刑法并无专门条款对土壤污染情形进行单独规制，主要是将其纳入由污染环境罪、重大环境污染事故等罪名的调整范围，所设置的追诉标准主要考察公共财产损失、土地基本功能丧失破坏情况、人民群众伤亡情况、是否达到突发公共卫生事件标准等因素。①又如《水污染防治法》对污染情形进行了类别化的分别规定，共列举了工

---

① 参照《最高人民检察院、公安部关于公安机关管辖的刑事案件立案追诉标准的规定（一）》第60条，污染环境罪追诉标准为：“①致使公私财产损失三十万元以上的；②致使基本农田、防护林地、特种用途林地五亩以上，其他农用地十亩以上，其它土地二十亩以上基本功能丧失或者遭受永久性破坏的；③致使森林或者其他林木死亡五十立方米以上，或者幼树死亡二千五百株以上的；④致使一人以上死亡、三人以上重伤、十人以上轻伤，或者一人以上重伤并且五人以上轻伤的；⑤致使传染病发生、流行或者人员中毒达到《国家突发公共卫生事件应急预案》中突发公共卫生事件分级Ⅲ级以上情形，严重危害人体健康的；⑥其他致使公私财产遭受重大损失或者人身伤亡的严重后果的情形。”

业水污染防治、城镇水污染防治、农业和农村水污染防治、船舶水污染防治、饮用水水源和其他特殊水体保护等五种水污染情形，并列明常见水源污染物种类，包括油类、酸、碱液、剧毒废液，倾倒放射性固体废物、含有高放射性和中放射性物质的废水、不符合水环境质量标准含热废水、未经消毒处理含病原体的污水、工业废渣、城镇垃圾等常见水源污染物。

总体来说，生态环境保护领域相关标准的设置方式一般是围绕污染对象类型①、污染范围面积②、自然资源损失量③、造成经济损失④、恢复治理

---

① 《最高人民法院关于审理破坏土地资源刑事案件具体应用法律若干问题的解释》第3条：“（一）非法占用耕地“数量较大”，是指非法占用基本农田五亩以上或者非法占用基本农田以外的耕地十亩以上。（二）非法占用耕地“造成耕地大量毁坏”，是指行为人非法占用耕地建窑、建坟、建房、挖沙、采石、采矿、取土、堆放固体废弃物或者进行其他非农业建设，造成基本农田五亩以上或者基本农田以外的耕地十亩以上种植条件严重毁坏或者严重污染。”

② 《最高人民法院、最高人民检察院关于办理环境污染刑事案件适用法律若干问题的解释》第1条第12项：“致使基本农田、防护林地、特种用途林地五亩以上，其他农用地十亩以上，其他土地二十亩以上基本功能丧失或者遭受永久性破坏的。”

③ 《土地管理法》第43条：“因挖损、塌陷、压占等造成土地破坏，用地单位和个人应当按照国家有关规定负责复垦；没有条件复垦或者复垦不符合要求的，应当缴纳土地复垦费，专项用于土地复垦。复垦的土地应当优先用于农业。”

④ 《最高人民检察院、公安部关于公安机关管辖的刑事案件立案追诉标准的规定（一）》第60条第1项：“违反国家规定，向土地、水体、大气排放、倾倒或者处置有放射性的废物、含传染病病原体的废物、有毒物质或者其他危险废物，造成重大环境污染事故，涉嫌下列情形之一，应予立案追诉：（一）致使公私财产损失三十万元以上的；（二）致使基本农田、防护林地、特种用途林地五亩以上，其他农用地十亩以上，其他土地二十亩以上基本功能丧失或者遭受永久性破坏的；（三）致使森林或者其他林木死亡五十立方米以上，或者幼树死亡二千五百株以上的；（四）致使一人以上死亡、三人以上重伤、十人以上轻伤，或者一人以上重伤并且五人以上轻伤的；（五）致使传染病发生、流行或者人员中毒达到《国家突发公共卫生事件应急预案》中突发公共卫生事件分级Ⅲ级以上情形，严重危害人体健康的；（六）其他致使公私财产遭受重大损失或者人身伤亡的严重后果的情形。”

费用、是否违反行政强制性规定①等特征进行量化，进而设置符合立法目的的标准。

（2）食品、药品安全领域

食品、药品安全领域现刑法有较为明细的罪名设置，也有较为完备的部门法如《中华人民共和国食品安全法》《中华人民共和国药品管理法》等规定，其相关刑事追诉、行政执法标准相对生态环境领域有着较为详细、可参考性的规定。② 现行法律法规和司法解释主要围绕销售金额及种类③、销售

① 《土壤污染防治法》第25条："建设和运行污水集中处理设施、固体废物处置设施，应当依照法律法规和相关标准的要求，采取措施防止土壤污染。地方人民政府生态环境主管部门应当定期对污水集中处理设施、固体废物处置设施周边土壤进行监测；对不符合法律法规和相关标准要求的，应当根据监测结果，要求污水集中处理设施、固体废物处置设施运营单位采取相应改进措施。地方各级人民政府应当统筹规划、建设城乡生活污水和生活垃圾处理、处置设施，并保障其正常运行，防止土壤污染。"

② 《食品安全法》《最高人民法院、最高人民检察院关于关于办理危害食品安全刑事案件适用法律若干问题的解释》《食品中可能违法添加的非食用物质名单》《保健食品中可能非法添加的物质名单》《最高人民检察院、公安部关于公安机关管辖的刑事案件立案追诉标准的规定（一）的补充规定》第19条、第20条等相关规定。

③ 《最高人民法院、最高人民检察院《关于办理危害食品安全刑事案件适用法律若干问题的解释》第3条："生产、销售不符合食品安全标准的食品，具有下列情形之一的，应当认定为刑法第143条规定的"其他严重情节"：（一）生产、销售金额二十万元以上的；（二）生产、销售金额十万元以上不满二十万元，不符合食品安全标准的食品数量较大或者生产、销售持续时间较长的；（三）生产、销售金额十万元以上不满二十万元，属于婴幼儿食品的；（四）生产、销售金额十万元以上不满二十万元，一年内曾因危害食品安全违法犯罪活动受过行政处罚或者刑事处罚的；（五）其他情节严重的情形。"另《重庆市食品药品监督管理局行政处罚裁量权实施基准》规定了应当从重处罚的情形，其第17项为："生产、销售不符合食品安全标准的食品（餐饮服务环节、保健食品），足以造成严重食物中毒事故或者其他严重食源性疾患的，对人体健康造成严重危害的，或者销售金额在5万元以上的"，故参照行政从重处罚数额标准的60%确定公益诉讼立案标准。

对象数量及范围①、销售平台责任②、产生侵害消费者人身③、健康权④等特征、结果进行量化，作为相应执法和追诉标准。最高人民检察院、最高人民法院等七部门在《探索建立食品安全民事公益诉讼惩罚性赔偿制度座谈会会议纪要》中，也再次强调考察侵权人主观过错程度、违法次数和持续时间、受害人数、损害类型等因素，这些既是提出特定诉讼请求的必要前提，也可作为检察机关提起民事公益诉讼立案标准的考察要求。

（3）国有财产、国有土地使用权出让领域

现行立法对于国有财产认定的相关规定散见于法律法规之中，物权法从立法上对国有财产范围进行规定，但主要侧重于民事权利保护。学理上对国

---

① 《最高人民法院、最高人民检察院《关于办理危害食品安全刑事案件适用法律若干问题的解释》第3条："生产、销售不符合食品安全标准的食品，具有下列情形之一的，应当认定为刑法第143条规定的'其他严重情节'：（一）生产、销售金额二十万元以上的；（二）生产、销售金额十万元以上不满二十万元，不符合食品安全标准的食品数量较大或者生产、销售持续时间较长的；（三）生产、销售金额十万元以上不满二十万元，属于婴幼儿食品的；（四）生产、销售金额十万元以上不满二十万元，一年内曾因危害食品安全违法犯罪活动受过行政处罚或者刑事处罚的；（五）其他情节严重的情形。"另《重庆市食品药品监督管理局行政处罚裁量权实施基准》规定了应当从重处罚的情形，其第17项为："生产、销售不符合食品安全标准的食品（餐饮服务环节、保健食品），足以造成严重食物中毒事故或者其他严重食源性疾患的，对人体健康造成严重危害的，或者销售金额在5万元以上的"，故参照行政从重处罚数额标准的60%确定公益诉讼立案标准。

② 《食品安全法》第131条第1款："违反本法规定，网络食品交易第三方平台提供者未对入网食品经营者进行实名登记、审查许可证，或者未履行报告、停止提供网络交易平台服务等义务的，由县级以上人民政府食品药品监督管理部门责令改正，没收违法所得，并处五万元以上二十万元以下罚款；造成严重后果的，责令停业，直至由原发证部门吊销许可证；使消费者的合法权益受到损害的，应当与食品经营者承担连带责任。"

③ 《刑法》第143条："生产、销售不符合食品安全标准的食品，足以造成严重食物中毒事故或者其他严重食源性疾病的，处三年以下有期徒刑或者拘役，并处罚金；对人体健康造成严重危害或者有其他严重情节的，处三年以上七年以下有期徒刑，并处罚金；后果特别严重的，处七年以上有期徒刑或者无期徒刑，并处罚金或者没收财产。"

④ 《刑法》第142条："生产、销售劣药。对人体健康造成严重危害的，处三年以上十年以下有期徒刑，并处销售金额百分之五十以上二倍以下罚金：后果特别严重的，处十年以上有期徒刑或者无期徒刑，并处销售金额百分之五十以上二倍以下罚金或者没收财产。本条所称劣药，是指依照《中华人民共和国药品管理法》的规定属于劣药的药品。"

有财产范围的界定，则多以自然资源型国有财产、行政事业型国有财产以及企业经营型国有财产三种类型进行区分。当前，检察机关在国有财产保护领域中，以办理自然资源型国有财产保护类案件为主，主要原因是该领域案件相较于后两者有两个特点，一是负有国有财产监督管理、保护职责的行政机关主体身份更易查明、认定；二是财产流失现象相较于经营性损失、收入型损失更容易发现和审计。国有土地使用权出让领域违法现象仍较为严重，通说认为主要有国有土地使用权出让收入流失类、土地闲置类、违法使用土地类、违法审批许可类等国有土地使用权出让领域的违法情形。总体而言，国有财产、国有土地使用权出让领域的相关标准，多数围绕国有财产或土地出让金损失的数额①、造成特定领域资产损失或其他严重后果、土地资源利用不当②等情形加以设置。

（4）英雄烈士保护领域

维护公共利益是检察公益诉讼的根本目的，保护英烈权益正是检察公益诉讼维护公共利益在实践中的具体体现。无论是2018年实行的《中华人民共和国英雄烈士保护法》，还是2021年《中华人民共和国刑法修正案（十一）》新增加的侵害英雄烈士名誉、荣誉罪条款，都彰显着我国立法者对英雄烈士合法权益的保护，是社会主义核心价值观在英雄烈士保护领域的具体体现。此外，针对英雄烈士领域重点保护文物保护，还可依据故意损毁文物罪、过失损毁文物罪追究行为人刑事责任。《最高人民法院、最高人民检察院关于办理利用信息网络实施诽谤等刑事案件适用法律若干问题的解释》

---

① 《最高人民法院、最高人民检察院关于办理渎职刑事案件适用法律若干问题的解释（一）》第1条第1款：“国家机关工作人员滥用职权或者玩忽职守，具有下列情形之一的，应当认定为刑法第397条规定的‘致使公共财产、国家和人民利益遭受重大损失’：（一）造成死亡1人以上，或者重伤3人以上，或者轻伤9人以上，或者重伤2人、轻伤3人以上，或者重伤1人、轻伤6人以上的；（二）造成经济损失30万元以上的；（三）造成恶劣社会影响的；（四）其他致使公共财产、国家和人民利益遭受重大损失的情形。”

② 《土地管理法》第38条第1款：“第38条禁止任何单位和个人闲置、荒芜耕地。已经办理审批手续的非农业建设占用耕地，一年内不用而又可以耕种并收获的，应当由原耕种该幅耕地的集体或者个人恢复耕种，也可以由用地单位组织耕种；一年以上未动工建设的，应当按照省、自治区、直辖市的规定缴纳闲置费；连续二年未使用的，经原批准机关批准，由县级以上人民政府无偿收回用地单位的土地使用权；该幅土地原为农民集体所有的，应当交由原农村集体经济组织恢复耕种。”

第2条关于利用信息网络诽谤他人情节严重的规定，同样可以作为英烈保护领域公益诉讼立案标准的参考。①

2. 公益诉讼立案标准设置方式

通过前述分析，笔者尝试总结并提出公益诉讼立案标准设置的几种方式。

（1）数额参照法

所谓数额参照法，是指通过分析梳理现行刑事追诉标准、行政执法标准，对于特定侵害公共利益行为因具备刑事违法性或行政违法性，有关法律法规已有较为明确的数额规定的，公益诉讼可以参照相关数额确定公益诉讼立案标准。这一方法显然具备直观、线性的设置优势。

具体述之，基于本文前述公益诉讼制度与刑事追诉、行政执法所保护法益位阶的比较分析，公益诉讼案件立案标准中有关数额标准的设定，应低于刑事追诉标准。对于有明确刑事追诉数额标准的，公益诉讼立案数额标准可在其10%至50%之间合理设定，从而在检察公益诉讼制度公益保护全面性特征和刑事追诉的严苛性特征之间进行兼顾和平衡。

基于前文行政执法标准是公益诉讼立案标准“锚定物”的分析结论，笔者建议公益诉讼案件立案标准特别是关键考察指标数额标准的确立，可以参照、比对行政执法标准进行设置，确保检察机关、行政机关对国家利益和社会公益判断的相当性、合理性。

本方法的具体适用规则可设置为：对有明确的刑事追诉数额标准而无行政执法启动数额标准，在刑事立案数额标准的10%至50%的范围内提出公益诉讼相关立案数额标准的建议，以期保障公益诉讼制度公益保护全面性、审慎性；对既有刑事追诉数额标准，也有明确行政执法数额标准的，原则上参照行政执法标准，在相关数额标准的合理范围进行调整设定，切实保障公益诉讼立案正当性、相当性。

---

① 《最高人民法院、最高人民检察院关于办理利用信息网络实施诽谤等刑事案件适用法律若干问题的解释》第2条：“利用信息网络诽谤他人，具有下列情形之一的，应当认定为刑法第246条第1款规定的‘情节严重’：（一）同一诽谤信息实际被点击、浏览次数达到五千次以上，或者被转发次数达到五百次以上的；（二）造成被害人或者其近亲属精神失常、自残、自杀等严重后果的；（三）二年内曾因诽谤受过行政处罚，又诽谤他人的；（四）其他情节严重的情形。”

（2）情节参照法

情节参照法主要系针对特定领域既无刑事追诉数额标准，也无行政执法相关数额标准之情形，但是却有“行为犯”、从重处罚、从严打击的细分规定，如《依法惩治长江流域非法捕捞等违法犯罪的意见》规定的非法捕捞水产品罪的追诉标准中，有“在禁捕区域使用电鱼、毒鱼、炸鱼等严重破坏渔业资源的禁用方法捕捞的”“在禁捕区域使用农业农村部规定的禁用工具捕捞的”的条款，反映出司法机关、执法机关在考量生态环境领域侵害公益行为的危害程度时，如遇无法量化特定行为损害后果时，也可以从行为恶劣程度、影响范围、手段违法性等角度进行评判，给出与特定数额标准相当的立案标准。公益诉讼可参考相同领域的类似规定，探索将特定情形纳入公益诉讼立案标准中。

（3）社会性分析法

随着公益诉讼制度影响力的提升，越来越多的社会力量不断参与到公共利益保护工作之中。以重庆检察工作举例，随着重庆市“河长＋检察长”全面协作机制全面推行，辅以覆盖该市三级检察院的“公益诉讼观察员制度”、公益诉讼线索举报奖励机制、公益诉讼公开听证制度等一系列社会协作机制的有效运行，以检察机关依法履职为主、新闻媒体积极参与、社会群众参与监督反馈的监督格局逐步建立。在这一工作背景中，笔者所指社会性分析法，即检察机关在明确国家利益或社会公共利益受损事实的基本前提下，虽法律法规、部门规章因立法技术、社会发展等原因，未明确规定特定行为公益侵犯性、行为违犯性，也无类似情形规定可参考时，检察机关可主动利用社会评价机制，对公益诉讼案件立案正当性、必要性进行评议。这一方法当然存在就案找法、就案造法的风险，但在社会主义法治体系不断健全的新时期，法律法规有关公益侵犯行为违法的原则性规定基本完备，检察机关开展履职的基础法律前提存在，只是限于立法滞后、职责规定不明等因素，无从寻得具体监督依据时，依靠开放的社会评价机制进行立案标准确定。在实践中，检察机关公益诉讼探索监督——推动地方立法——上升为国家立法的公益保护办案逻辑已有尝试。检察机关在个别公益诉讼案件中，对行政机关整改方案合理性、整改完成认可度探索开展公开评议，取得较好的办案效果。社会性分析法就是建议在此类探索的基础上，将特定侵犯公共利益线索纳入公开听证的范畴中，逐步明确公益诉讼案件立案标准设定标准公允化。

四、检察公益诉讼的调查核实

公益诉讼制度中检察机关的调查核实权，是指检察机关在公益诉讼工作中，为履行法律监督职责，保护国家利益、社会公共利益，所采取的询问、调取证据、勘验、鉴定等措施。① 公益诉讼调查核实权是坚持以法律监督为核心构建中国特色检察公益诉讼制度的必要保障。要明确公益诉讼调查核实权的具体内容，必须综合考虑公益诉讼工作根本目的、检察机关诉讼地位、举证能力、举证便利等诸多因素。同时，也应将公益诉讼调查取证权与现行立法中其他调查取证权进行广泛比较，合理借鉴现行规则中的有益部分，推进调查核实权刚性保障机制建设，更好实现检察公益诉讼制度的诉讼目标和制度价值。

（一）公益诉讼中调查核实权的内涵

1. 调查核实权是法律监督权的下位权力

检察机关提起公益诉讼，本质上是法律监督权在公益诉讼领域的体现，是检察权对行政权监督与制约体系的重要组成部分，是保障法律有效实施的重要环节。调查核实权是检察机关推进法律监督权行使的辅助性权力，其权源是检察机关的法律监督权。

2. 调查核实权是提起公益诉讼的必要前提和保障

没有调查核实权，提起公益诉讼的检察机关就无法充分收集案件的相关证据，进而影响检察机关发出诉前检察建议针对性。调查核实权是查明、核实案情的必备手段，是提起公益诉讼的前提条件，是为公益诉讼服务的基础，要更好地维护公共利益，就必须通过调查核实权的充分行使来保障，从而更好地实现检察机关的法律监督权。

3. 公益诉讼中的调查核实权具有独特性

在检察公益诉讼这种特殊的诉讼制度中，检察机关的调查核实权既不等同于刑事侦查权，又不等同于目前民事、行政诉讼监督中的调查核实权，属于特殊的一类调查权。就相同之处而言，公益诉讼调查核实权的目的同样为查明案件事实，切实保护国家利益和社会公共利益。但其特殊性体现在，其

---

① 张庆辉：《检察机关公益诉讼调查核实权保障制度研究》，《上海法治报》2019 年 09 月 04 日，第 B05 版。

一，区别于刑事侦查权，公益诉讼调查核实权派生于法律监督权；其二，区别于公诉部门补充侦查权，公益诉讼调查核实权行使具有非强制性，侧重于核实性；其三，其保护对象即国家利益和公共利益具有不可减损性。有学者认为，基于公益诉讼目的的特殊性，赋予强制性的保障性措施并不影响调查核实权的权利属性，对于重大国家利益和社会公共利益存在损害案件，相关部门、组织负责人具有潜在渎职或其他犯罪嫌疑，调查核实权如不具有刚性程序措施保障，将难以保障公益诉讼案件调查有序开展。①

4. 调查核实权需要有相应的保障性措施

调查核实作为检察机关查明案件事实的重要审查手段，应当规定相应的措施予以保障。否则，当出现被调查核实对象不配合甚至妨碍检察机关行使调查核实权的行为时，检察机关没有保障措施，不利于案件的审查办理，不利于检察监督职能的顺利实现。《人民检察院提起公益诉讼试点工作实施办法》第 6 条第 3 款规定："人民检察院调查核实有关情况，行政机关及其他有关单位和个人应当配合。"最高人民法院、最高人民检察院《关于检察公益诉讼案件适用法律若干问题的解释》第 6 条规定："人民检察院办理公益诉讼案件，可以向有关行政机关以及其他组织、公民调查收集证据材料；有关行政机关以及其他组织、公民应当配合；需要采取证据保全措施的，依照民事诉讼法、行政诉讼法相关规定办理。"按照规定，这些调查行为仅由"司法警察协助"，相关组织及个人若不配合调查义务，也只是由检察机关"警告拒绝配合调查人员"，但对于违反义务的法律后果未予规定。在案件办理实践中，由于缺乏相应的保障性措施，检察机关在调查取证过程中遇到很多障碍。如，检察机关仅凭介绍信或者调查函等，存在部分行政机关、金融机构、企业等单位出于对自身利益的保护及对公益诉讼认识不够，不配合检察机关的调查核实工作。

（二）行使调查核实权的原则

1. 依法规范原则

要做到取证方式和证据内容都符合法律规定，确保证据的真实性、合法性、关联性。检察机关在获取证据材料过程中，不应超越现有法律、司法解

---

① 林仪明：《我国行政公益诉讼立法难题与司法应对》，《东方法学》2018 年第 2 期。

释等关于取证方式、范围的规定，更不能追求凌驾于其他诉讼参与人之上的诉讼地位，影响诉讼程序的基本构造。

2. 客观全面原则

要把能够认定案件事实的所有证据材料尽可能地搜集固定到位。在行政公益诉讼过程中，检察机关既要收集证明行政行为违法的证据材料，又全面收集行政机关履行职责的相关证据。在综合判断后，只有在证据证明力达到关于行政机关拒不纠正违法或者不依法履行职责，而国家利益或者社会公共利益仍处于受侵害状态的证明标准时，才向人民法院提起行政公益诉讼。① 在司法实务中，检察机关承担了较重的举证责任，以期达到良好的诉讼效果，这其中既有其监督对象为行政机关的原因，也有检察机关代表国家提起公益诉讼的内在特性，但同时这也客观提高证据不被采纳的诉讼风险。② 因此，坚持客观全面原则有助于提升公益诉讼证据质效。

3. 必要审慎原则

无论是立法、司法解释中原则性的条文设置，还是学界对于检察机关行使调查核实权应遵循“谦抑性”“接受监督”的呼声，都反映出对于防止检察机关滥用调查核实权的隐忧。不当诉讼和过度诉讼会对行政机关工作造成干扰而影响行政效率。③ 在这样的时代背景下，检察机关更应注重调查取证活动的适度性。对于行政公益诉讼调查取证活动，同样应遵守司法审查的有限性原则，以确保行政的自主性。

（三）调查核实的重点内容

公益诉讼调查核实的内容，主要是结合民事公益诉讼和行政公益诉讼的举证责任来分别确定。

1. 民事公益诉讼调查重点

在民事诉讼中，由于存在证据偏在现象，即在公益侵权主体、相关行政机关、检察机关三者之间，公益侵权主体知晓自身实施的侵权事实、资料、数据，相关行政机关则掌握着侵害公益的法人、组织的生产经营材料，二者

---

① 徐全兵：《检察机关提起行政公益诉讼的职能定位与制度构建》，《行政法学研究》2017 年第 5 期。

② 任芙英：《行政公益诉讼检察机关的强制调查权》，《经济师》2019 年第 7 期。

③ 胡卫列：《论行政公益诉讼制度的建构》，《行政法学研究》2012 年第 2 期。

在诉讼活动中具有先天的证据优势。而传统民事诉讼的“谁主张，谁举证”的原则，则为检察机关介入民事公益诉讼设置了较高的取证难度。在调查的内容上，民事公益诉讼重点围绕侵权主体、侵权行为、过错、损害结果、因果关系五个方面调查取证。

一是查清民事公益诉讼起诉主体的情况。公益侵权主体是个人的，调查身份信息、户籍信息等；侵权主体是法人或其他组织的，调查工商登记注册信息、组织机构代码证、经营执照、经营状况等信息。这其中，除去少量生产经营资料信息可通过公开渠道获取外，检察机关合法、高效获取相关信息则依赖下一步立法授权、信息共享机制建设。

二是查清行为人侵害公益的违法行为具体的情况，即行为人实施了破坏生态环境和资源保护、危害食品药品安全的行为及具体过程。这一方面内容取证质量与检察机关调查取证能力存在直接对应关系。在检察机关检察院反贪污、反渎职职能移转的大背景下，对破坏生态环境和资源保护、危害食品药品安全等新领域违法犯罪行为开展调查取证，客观上于检察机关侦查能力是一大考验。

三是查清行为人事实违法行为对公共利益造成的损害后果。包括社会公共利益遭受损害处于持续状态，以及损害的类型、具体数额等。对于损害结果的取证、核查、定性，涉及公益侵害本身的复杂性、专业性。以环境污染问题为例，司法实践中污染行为、污染原因各异、涉及多学科、多专业交织的专业难题，很难期待检察机关独自完成专业而准确的调查取证工作。且损害后果的相关证据，有时还需要得到侵权者、鉴定机构、行政机构的积极配合。在司法实务中，行政机关不配合检察机关相关工作、鉴定机构未能保持中立、侵权行为人抗拒调查取证等情形并不少见。

四是查清违法行为与损害事实之间的因果关系。其中，对于破坏生态、污染环境案件而言，因果关系的举证责任虽在侵权行为人，但根据《最高人民法院关于审理环境民事公益诉讼案件适用法律若干问题的解释》第8条规定，提起环境民事公益诉讼应当提交被告行为已经损害社会公共利益或者具有损害社会公共利益重大风险的初步证明材料。即检察机关提起环境民事公益诉讼需要提供证明被告方污染行为与结果之间有因果联系的初步证明材料。

五是考虑侵权主体的主观过错程度。结合侵权主体实施违法行为的次数、持续时间、手段和方式、获利情况、是否曾接受行政处罚或刑事处罚等综合确定。

2. 行政公益诉讼调查重点

在行政诉讼中，行政机关负有证明其具体行政行为合法的义务，而行政相对人不承担证明责任。《行政诉讼法》第 34 条第 1 款规定：“被告对作出的行政行为负有举证责任，应当提供作出该行政行为的证据和所依据的规范性文件。”有学者认为，公益诉讼是一种特殊的诉讼，作为公益诉讼起诉人的检察机关应该承担全部举证责任，这种观点有失偏颇，行政公益诉讼的举证责任分担不能简单地搞一刀切、搞绝对化，而应考虑公平、经验规则等多种因素，根据待证事实需要来合理分配双方举证责任，不应过度加重公益诉讼起诉人和被告任何一方的证明责任。

从办案实践来看，检察机关在办理行政公益诉讼案件中，重点围绕行政机关的法定职权、行政手段及违法行使职权或者不作为致使国家利益或社会公共利益遭受损害的事实等三个方面调查取证。

一是查明行政机关的法定职责、权限和法律依据。检察机关提起公益诉讼涉及专业的社会管理领域、专业化的行政法律问题。因此，对发现的行政违法线索，要查清主管部门以及职责权限，整理对应的法律依据，并以此为切入点进一步调查核实案情、收集固定证据。

二是查明行政机关不依法履职的事实。即行政机关违法行使职权或者不作为的过程、方式和状态。对于一起侵害公益的违法行为，在弄清直接侵害行为的相关事实、证据等情况下，也要着重分析相关行政机关是否正确依法履行了行政监管职责。在全面了解行政机关具体职责的相应法律依据后，才能依据案件实际情况认定行政机关是否存在违法履行职责或未履行职责的情况，并作出相应的处理意见，为下一步诉前检察建议做好准备。

三是查明国家利益或者社会公共利益受到侵害的事实及状态。行政公益诉讼特殊性还体现在，司法实践中行政机关以已将相关公益侵害行为人移送司法机关，认为自身已履行法定职责，但此时国家利益或社会公共利益仍处于被持续侵害状态，行政机关未采取有效行政处罚手段制止这一状态发生。因此，围绕公共利益受到侵害的事实及状态这一方面取证就显得尤为重要。

四是其他需要查明的事实。

（四）检察公益诉讼调查核实的方法

检察机关在办理公益诉讼案件中开展调查核实工作，应当在严守调查核实原则的基础上，围绕调查取证重点内容，充分发挥检察智慧，用好用活调查核实方式方法，扎实有效推进调查核实工作。

1. 做好调查核实的准备工作

开展调查核实工作要细致做好前期准备工作，理清头绪，分清轻重缓急，有序开展调查取证工作。一是确定调查思路。研究确定调查的思路、方法、步骤及拟收集的证据清单等，制定调查计划。二是熟悉法律规定。收集与本案有关的法律法规、行业规范、国家和地区标准等。三是人员分工明确。针对具体的案件，将调查取证工作量化、细化、实化到办案组每位人员，做到工作任务明、工作目标明、工作标准明、工作职责明。做到既有明晰分工，又有协作配合，形成责权统一、职责分明、井然有序的公益诉讼调查工作链条。四是做好装备保障。准备执法记录仪、相机、无人机、便携式检测仪等调查取证设备。

2. 灵活运用多种调查方式

要根据案件的不同情况，灵活运用多种调查取证方式。公益诉讼调查取证方式较多，包括调阅有关行政执法卷宗材料；询问违法行为人、证人等；收集书证、物证、视听资料等；委托鉴定、评估、审计；勘验物证、现场；咨询专业人员、相关部门意见等。检察机关进行调查核实，除了不能采取限制人身自由以及查封、扣押、冻结财产等强制性措施外，其他的调查方式均可采用。同时，还应注意办案调查方案的及时调整，如，某检察院起诉S省某公司跨省倾倒危废生态环境民事公益诉讼案，由于政府部门在污染造成后启动了应急处置，按照2017年环保部关于存在应急处置费就不再适用虚拟治理成本计算生态修复治理费的规定，此案在办理中一度陷入生态修复费诉求难以提起的局面。办案组调整思路，转换角度，从对长江水生动植物资源造成的损害这一小切口入手委托司法鉴定，最终使生态修复的诉求从另一个角度得以实现。

3. 注意把握调查取证时机

从司法实践来看，公益诉讼案件证据存在变化频率高、灭失风险大等特征。发现公益诉讼案件线索后，立即着手调查取证工作，对关键证据及时采取固定措施，防止时机延误，证据灭失，影响监督效果。

4. 加强实地调查取证

调查取证工作要积极主动，强化“现场”意识，深入实地踏查、现场勘查，掌握好第一手证据材料，全面了解公益受损情况。要勤去案发地点调查了解情况，直听辩解、旁听佐证，既听取加害人对案件的陈述，也收集证人的相关证言。要勤于与相关部门沟通，了解职责、分析原因，根据机构改革三定方案的职责划分准确定位被监督机关，在问的过程中还应注重消除行政机关认识误区和抵触情绪，在线索摸排、调查取证、法律政策理解与适用等方面取得支持和配合。

5. 全面调查收集案件证据

要根据具体案件的待证事实和证明标准，全面收集与案件相关的证据材料，法律法规查询全面、到位，杜绝想当然和经验主义。从收集证据的类型上，包括询问笔录、物证、书证、视听资料、电子证据、咨询意见以及检测、评估、鉴定报告等。

6. 严格把握证据固定形式

要强化证据固定意识，按照法定程序收集固定证据，结合案件待证事实和法律适用问题，核对和使用证据材料，抓住重点，排除疑点，使证据材料更确实充分，确保证据效力。在具体个案中，要利用行政机关卷宗、刑事卷宗、行政执法检察监督平台等，及时固定证据并做好证据转化。如，通过对已开庭的案件在庭审举证质证环节的情况分析，对方当事人通常会对检察机关拍摄和录制违法排污现场相关证据提出调取证据的真实性、合法性、关联性的质疑。因此，在调取该类证据时，要注意提取人员、提取时间、地点的说明，同时可邀请第三方中立人员或公证机构的参与取证。

7. 借助外力破除调查阻力

要破解公益诉讼案件取证难的问题，除了充分利用好现有的制度资源和调查手段外，针对不配合等特殊情况，还要学会借助外力，如积极争取地方党委、人大和政府的理解支持，重点推进省级人大常委会出台决定，推动建立与提起公益诉讼职权相适应的调查取证保障机制。加强与人民法院的协作配合，运用好民事诉讼法、行政诉讼法规定的证据保全等措施，强化调查取证刚性保障。加强与纪委监委沟通联系，对于不配合检察机关调查取证的国家机关工作人员，可视情节轻重，移送当地纪委监委给予相应处分。

8. 加强智慧办案

充分运用大数据分析平台、无人机取证等科技手段辅助提升调查取证能力，提高调查取证质量。要善于借助“外脑”协助解决有关专业难题，对一些专业证据的调取，积极吸纳社会力量，提高取证能力，如邀请相关方面专家作为案件咨询人，协助调查取证。条件具备的可以推动组建公益诉讼专家咨询委员会和公益诉讼技术专家库，为开展公益诉讼提供专业咨询支持。

运行难题与对策

立足于已有公益诉讼运行现状，挖掘公益诉讼实践面临的难题和问题，并提出相应的对策和建议。具体而言，主要围绕行政公益诉讼第三人的定位、环境公益诉讼诉前检察建议的效力机制、检察公益诉讼协作机制，以及环境民事公益诉讼原告主体资格认定四个方面展开研究。实践表明，检察公益诉讼作为一项新制度，其运行虽然得到各方的支持和配合，但无论在第三人权益保障，还是检察建议效力配置，抑或是协作机制等层面，都面临较大阻碍，亟需建立健全相关制度予以应对，最终通过制定专门性的公益诉讼法予以立法保障。

行政公益诉讼第三人的定位与制度完善*

吴 勇 宁 婷**

摘 要：从定位上分析，行政公益诉讼第三人应为“间接利害关系”第三人，但相较于一般“间接利害关系”第三人，行政公益诉讼第三人具有“权益影响更大”“诉讼地位更低”“证明责任更重”等特点，这决定了其制度建设具有特殊性。但是，我国行政公益诉讼的实践出现了一些与其第三人诉讼地位不匹配的情形，包括第三人的范围杂乱、参诉方式不合理、判决的证明标准过于严苛、证明关系衔接失灵等问题。对此有必要进行制度完善：首先，法律应当确定行政公益诉讼第三人制度以维护第三人合法权益为主，兼顾查明案件事实的诉讼目的；其次，行政公益诉讼应当采用“客观合理”的证明标准；再次，应合理保障第三人的诉讼权利；最后，为了节约诉讼资源，法院应当对关联行政判决中与行政公益诉讼判决证明内容相同的事实直接认定，并且，对未参诉的第三人区别其未参诉的原因和为参诉的时间分别救济。

关键词：行政公益诉讼；第三人；间接利害关系

行政公益诉讼第三人制度作为一种主客观诉讼结合的制度，在理论上探讨不足，在实践中颇受争议，不同法院对是否认可第三人参诉、第三人如何参诉及其诉讼权利等问题都存在不同的司法实践，同时，法律中也缺乏关于行政公益诉讼第三人制度的专门规定。因此，为了更好地发挥行政公益诉讼

---

* **基金项目**：最高人民检察院检察理论研究课题“生态环境领域刑事诉讼与政府诉讼衔接”（GJ2019D15）。

** **作者简介**：吴勇，湘潭大学法学院教授，博士生导师，湘潭大学公益诉讼检察研究中心研究员。宁婷，湘潭大学法学院硕士研究生。

的作用，也为了保护相关利益关系人的权益需要，有必要明确行政公益诉讼第三人的法律定位，并在此基础上讨论行政公益诉讼第三人的制度完善。

一、行政公益诉讼第三人的定位

明确行政公益诉讼第三人的定位是完善行政公益诉讼第三人制度的基础，从利害关系类型分析，行政公益诉讼第三人应为“间接利害关系”第三人，但是也应当考虑到该制度具有主客观诉讼结合的特点。

（一）行政公益诉讼第三人属于“间接利害关系”第三人

行政公益诉讼第三人制度本质上仍属于行政诉讼第三人制度，由于目前我国行政公益诉讼规定于行政诉讼法，而实践中对行政公益诉讼第三人的认定也立足于行政诉讼第三人制度，因此研究行政公益诉讼第三人制度，首先要研究行政诉讼第三人制度。《最高人民法院关于适用〈中华人民共和国行政诉讼法〉的解释》（以下称《解释》）第12条规定了“利害关系”的具体情形，理论界对行政诉讼第三人的分类也大致有三种不同观点，第一种将行政诉讼第三人分为直接利害关系第三人和间接利害关系第三人；① 第二种分为权利关系第三人、义务关系第三人和事实关系第三人；② 第三种分为必然性利害关系第三人、或然性利害关系第三人以及预决性利害关系第三人。③ 此三种区分方式中，第一种区分方式更适合行政公益诉讼第三人制度，第二种和第三种区分方式都存在一定的局限性。一方面，对于第二种区分方式，其将第三人分为权力关系第三人、义务关系第三人和事实关系第三人，区分依据为第三人参加诉讼时所可能具有的权利义务关系，而行政公益诉讼第三人天然的与公益诉讼人相对立而又不同于一般的义务关系第三人，同时其权利义务受法院判决影响方式也不同于事实关系第三人，因此，此种分类方法不适用行政公益诉讼第三人制度。另一方面，对于第三种区分方式，由于涉及行政公益诉讼第三人案件复杂，这三种第三人在案件中难以区分，选择此种区分方式不利于行政公益诉讼第三人制度的普遍化。而基于对《行政诉讼法》第29条的认识，采用第一种区分方法，将行政公益诉讼第

① 王红岩：《行政诉讼第三人探析》，《政法论坛》1991年第4期。

② 马怀德、解志勇：《行政诉讼第三人研究》，《法律科学》2000年第3期。

③ 余明永：《对行政诉讼第三人的法律界定》，《诉讼法论丛》1998年第1期。

三人分为“直接利害关系第三人”和“间接利害关系第三人”更能够揭示第三人与本诉的联系。直接利害关系第三人是指被诉的具体行政行为直接调整了第三人的权利、义务，直接影响了第三人权利与义务的增减。① 而“间接利害关系”则是指当事人虽然与案件处理结果没有直接地利害关系，或者法院判决不会直接减损其权益，但是该判决间接的减损了其权益。② 根据行政公益诉讼第三人与案件处理结果的特点——第三人一般不会被法院直接判决承担权利义务，判决中法院通过指明行政机关具体作为对象第三人的名称的方式，使判决间接对第三人发生法律效果。因此，行政公益诉讼第三人应当属于间接利害关系型第三人。而间接利害关系包括与具体行政行为所认定的事实有利害关系、与判决结果有利害关系、以及与被诉行政主体的相对方有法律关系的个人、组织等三种类型。③ 行政公益诉讼第三人的“间接利害关系”应当属于上述事实认定上的利害关系，即当法院在审查公益诉讼合法性的同时会对行政机关与行政机关第三人之间的权利义务关系进行审查。④

（二）较于一般“间接利害关系第三人”的特殊性

不同于一般的行政诉讼第三人的“间接利害关系”，行政公益诉讼第三人具有自身特点：首先，与一般的行政诉讼“间接利害关系”第三人相比，行政公益诉讼对第三人的权益影响更大。在行政公益诉讼中，检察机关的起诉对象虽为具体的行政机关，起诉内容为行政机关行为违法。虽然作为被告的行政机关，其一定程度上也不想败诉，但是，这种不想败诉的愿望并不是

---

① 应松年：《行政诉讼法学》，中国政法大学出版社 1994 年版，第 130 – 131 页。

② 杨海坤、马生安：《中外行政诉讼第三人制度比较研究》，《比较法研究》2004 年第 3 期。

③ 马怀德、解志勇：《行政诉讼第三人研究》，《法律科学》2000 年第 3 期。

④ 比如，在贵州铜仁紫玉旅游工艺品有限公司、铜仁市国土资源局资源行政管理环境公益诉讼一案中，铜仁市国土局、梵净山管理局根据江口县检察院的行政公益诉讼对贵州铜仁紫玉旅游工艺品有限公司的违法采矿行为进行处罚，法院在审查国土局和管理局不正当行政行为时，就一并处理了紫金旅游工艺品有限公司与江口县国土局签订的采矿许可合同、颁发许可证等事实认定问题，对紫玉旅游工艺品有限公司与国土局的权利义务关系进行了审查，当法院作出确认违法判决或者责令履行职责判决会给行政公益诉讼第三人的权益带来影响由此，这刚好符合事实认定上的利害关系构成要件，行政公益诉讼第三人的利害关系是事实认定型“间接利害关系”。

特别强烈。因为从权益影响角度来看，当公益诉讼人胜诉，只能证明该行政机关需要履行某种义务，但这个作为义务不会真正影响该机关的利益，公益诉讼的最终利益受损者为该诉的第三人，这种最终利益受损者的身份承担，使得行政公益诉讼第三人比一般的诉讼第三人权益影响更大。①

其次，与一般的行政诉讼“间接利害关系”第三人相比，行政公益诉讼第三人的诉讼地位更低。无论是民事诉讼第三人抑或行政诉讼第三人，第三人都与原诉的原告或者被告处于同一法律地位。而在行政公益诉讼中，第三人作为私权利主体，其需要对抗两个公权力主体，这就使得该第三人诉讼地位比一般的“间接利害关系”第三人低，权益更容易受到侵害。

最后，与一般的“间接利害关系”相比，行政公益诉讼第三人证明责任更重。在行政公益诉讼第三人制度中，当行政机关被公益诉讼机关起诉时，其主要的证明内容为自身已按照法律规定履行“合理合法作为”义务，而第三人主要证明内容为其本身不存在违法行为，进而行政机关本身不存在作为义务。此二者证明内容之间为包含关系，第三人证明内容包含了行政机关证明内容。换言之，如果第三人的证明内容得到法院的支持则行政机关的主张也不证自明，反之，当行政机关的主张得到法院支持时并不必然导致第三人的主张能够得到法院的支持。行政公益诉讼第三人制度的判例也间接证明了这一点。在所有的265份行政公益诉讼第三人案例中②，第三人参加行政公益诉讼时，行政机关的证明目的大多为举证证明本机关已合法合理纠正自身行为，只有个别判例，行政机关证明自身已合理行政（已满足当时条件下可作为的条件尽力作为）而附带性证明了第三人的权利义务，但是从根本上来说也不等同于第三人的证明内容。

鉴于上述三个特点，单纯的使用行政诉讼“间接利害关系”第三人诉

---

① 如在李秀莲、叶海明财政行政管理（财政）再审审查与审判监督行政裁定书一案中，一审中作为被告辅助参加第三人的李某某在二审中直接起诉一审原被告，并且二审中，一审被告（被诉不作为的行政机关）也站在了一审第三人的对立面，提供证据证明一审原告（公益诉讼人）的诉讼请求，该判例最终演变成一审被告同一审原告在二审中共同证明一审被告的行为违法，这也间接说明了行政公益诉讼第三人比一般的诉讼第三人权益影响更大。

② 以“行政公益诉讼”和“第三人”为关键词查找无讼案例，从2015年到2020年6月共有340个案件，除去其中84个无关案件，剩下256个行政公益诉讼第三人有效的案例。

讼规则去适用行政公益诉讼第三人，实际上是不利于第三人权益保护的，因此，为了兼顾公共利益保护与第三人权益保护，行政公益诉讼第三人制度应当在“间接利害关系”的基础上，考虑其特点进行完善。但从实践的情况来看，该制度的运行并不理想。

二、行政公益诉讼第三人制度的实践困境

由于公益诉讼规范性文件中，对行政公益诉讼第三人制度没有规定，加之《行政诉讼法》第29条和《解释》第12条主要解决的是行政诉讼第三人参诉的问题，而行政公益诉讼第三人制度，不同于一般的行政诉讼，具有主客观诉讼结合的特点，这就导致实践中，行政公益诉讼第三人制度的诉讼主体地位、诉讼权利设置、诉讼证据规则、诉讼判决等方面都存在一些问题。

（一）第三人范围不明确

我国行政诉讼第三人制度虽然借鉴了民事诉讼第三人制度的原理，但是并没有区分有独立请求权第三人和无独立请求权第三人，这是由行政诉讼自身特点决定的。行政诉讼第三人参加诉讼的依据是与他人争议的事实——被诉具体行为的合法性有直接或间接的利害关系。① 据此行政公益诉讼实践中存在三种不同类型的第三人，第一种以被诉行政行为相对人为第三人，第二种以共同不作为的行政机关为第三人（如：福建省、吉林延边、江苏泰州、安徽宣城、安徽合肥的个别法院判例），第三种将行政行为相对人与行政机关共同列为第三人。这显示司法实践中对不同行政机关之间被告与第三人身份的认定存在不同认识。

但行政机关作为行政公益诉讼第三人是值得商榷的。在行政公益诉讼第三人制度中，出于司法权的界限考虑，行政机关不宜作为诉讼第三人。原因在于，从现有行政公益诉讼第三人案例中来看②，法院除了对行政机关之间

---

① 马怀德、解志勇：《行政诉讼第三人研究》，《法律科学（西北政法学院学报）》2000年第3期。

② 如在新丰县林业局资源行政管理：林业行政管理（林业）一审行政判决书中法院判决：被告新丰县林业局应继续履行依法查处新丰县创联矿业公司林业违法行为职责，并向新丰县创联矿业公司追讨已由被告新丰县林业局垫付的石场植被复绿费用20860元。

的职责争议进行法律认定外，还会一并判处行政机关具体的作为内容，这就会导致司法权对行政权的不正当干涉。客观诉讼的确立，不能逾越行政审判权的界限①，否则会破坏司法监督效果，造成司法权对行政自由裁量权的不当干涉。另外，从案例来看，行政机关为第三人是通过检察机关起诉时直接列明的方式进行的，虽然行政诉讼法规定了对于应当参诉而不愿参诉的原告或被告，可以将其作为第三人参诉，但是该法条主要针对的是私权利主体作为第三人参诉的情况。对于公权力机关第三人来说，行政机关有必须参诉的义务，如果检察机关在起诉时能够直接列明所有的行政机关为被告，既保证行政机关参诉的义务也具有可操作性。因此，对于负有共同作为义务的行政机关来说，应当共同作为行政公益诉讼的被告，而不是由司法机关任选其一作为被告，再任选其一作为第三人，这不符合法律的稳定性。

（二）第三人参诉方式不合理

对法院追加第三人参加行政公益诉讼属于法院的权利或是义务的不同认识，可以将行政公益诉讼第三人大致分为两种类型，一类是认为法院必须追加，另一类是认为法院可以追加。在行政公益诉讼第三人制度实践中存在大量的法院主动追加第三人参诉的情形，统计现有的 265 件案例，除去 14 个案件无法判断第三人参加诉讼的方式之外，法院主动追加第三人参加公益诉讼的案件为 227 件，占比 72.5%。法院可以追加第三人参加诉讼的案件为 44 件，占比 17.5%（指经由相关主体申请，法院同意追加第三人参加诉讼的情况，申请主体包括公诉机关、被告、第三人，此时，法院有权可以同意该申请，也可以拒绝该申请），这与行政公益诉讼第三人制度的诉讼特点不适应。如前文分析，行政公益诉讼第三人应当属于“间接利害关系”型第三人，作为“间接利害关系”型第三人，第三人参加诉讼的方式本应当以第二类方式为原则，但是由于行政公益诉讼第三人制度本身的特殊性，以“法院可以追加”作为第三人的参诉方式，不利于保护第三人的合法权益。

（三）行政公益诉讼第三人诉讼判决的困境

在现行行政公益诉讼第三人判决中，诉讼的判决标准、判决内容和判决

① 马立群：《论客观诉讼与我国行政审判权的界限》，《甘肃社会科学》2011 年第 1 期。

的证明关系衔接也存在一些问题，导致行政公益诉讼第三人判决混乱。

1. 判决证明标准不统一

每个部门法都有与其自身特点相对应的证明标准，比如刑事诉讼法采用“排除合理怀疑”的证明标准而民事诉讼法采用“盖然性占优势”的证明标准，在行政公益第三人制度判决中法院采取的标准各不相同。有的法院认为行政机关要证明自身行政行为的合法性只需证明其已经“已合理履职”，也就是说在一个具体案例中，如果该行政机关已合理履职则认为其不存在违法不作为造成公益受损的情形，与此相对的，有的法院认为行政公益诉讼的证明标准为“恢复到公共利益未受损状态”标准，“恢复到公共利益未受损状态”的证明标准意味着行政机关不仅要证明自身的行政行为已合理作为，并且要使公共利益恢复到未受损的状态才能胜诉。在现有判决中，行政公益诉讼大多数法院采用“恢复标准”。从证明标准来看，“恢复标准”比“合理履职”要严格许多，“恢复标准”意味着不论客观情况如何，只要公共利益处于客观受损的状态，行政机关则有作为义务，这就加剧了行政机关的作为义务和第三人可能要履行的责任。在一些具体案件中，行政机关已经积极履行其作为义务，但是由于某些客观原因造成的履行不能或者履行必要性缺失，此种情况下，检察机关再提起诉讼可能会造成诉讼资源的浪费，因此对行政公益诉讼的证明标准也应当进一步讨论。

2. 行政公益诉讼判决与行政诉讼判决证明关系衔接失灵

一般而言，行政公益诉讼判决存在两个与其关联的诉讼判决——刑事诉讼判决和第三人被处罚后提起的行政诉讼判决。这两种判决，刑事诉讼判决中认定的事实，在实践中能直接得到法院的认可，但是行政公益诉讼中判决认定的事实却不能在后续的行政诉讼中直接适用。

一般来说，证明标准高的事实可以运用于证明标准低的事实，在行政诉讼中，一般采用排除合理怀疑标准，对一些特殊事项采用盖然性占优势标准。① 从证据关系分析，行政公益诉讼必然影响该诉第三人和行政机关之间的另一个诉讼，在证明标准相同的行政诉讼与行政公益诉讼之间，行政公益诉讼中经过证明的事实无需再通过行政诉讼证明，这也就意味着，行政机关有作为义务的事实在行政公益诉讼判决认定后，在随后的相关行政诉讼中不证自明。但是司法实践并不认可行政公益诉讼与其关联行政诉讼之间证据相

① 王晓杰：《行政诉讼证明标准的重构》，《行政法学研究》2004 年第 2 期。

互认可的效果，如叶某某与南雄市财政局财政行政管理一审行政判决书中对于同一个证明事实（行政机关对叶某某具有作出行政处罚的义务）在行政公益诉讼中已经得到判决支持的事实，在关联判决叶某某起诉行政机关的一审判决中，由于法院认为行政机关财政局只提供了行政公益诉讼判决书等证据，而没有提出其他证据证明行政处罚合法而判决财政局败诉。法院通过此种方式否决了同一事实不同判决中的证据衔接，间接性地认为行政公益诉讼中事实的证明力低于行政诉讼判决的证据证明力，切断了行政公益诉讼与第三人提起的关联该行政公益的行政诉讼之间的证据衔接，造成了司法资源的浪费。

三、行政公益诉讼第三人制度的完善

为了解决上述实践中的困境，应当立法完善行政公益诉讼第三人制度，明确第三人制度的目的、健全第三人诉讼权利、合理选择第三人诉讼证据规则、规范第三人诉讼判决等。

（一）设定行政公益诉讼第三人制度的目的

不同的诉讼目的决定了不同的制度设计，行政公益诉讼第三人制度存在两种不同的诉讼目的理论——维护自身合法权利、查明案件事实。如果认为行政公益诉讼第三人参加诉讼的目的是维护自身合法权益，则第三人参加诉讼的权利来源于与案件的利害关系，其参加诉讼的方式为主动参加诉讼和由法院通知参加诉讼两种方式，其诉讼权利与义务应当同当事人一致，有参加庭前会议、提出独立诉讼请求的权利，法院可以判决第三人承担义务。第三人有权提出上诉和申请审判监督程序，如果认为第三人参加诉讼的主要目的是为了查明案件事实，则第三人参与诉讼方式为特定主体向法院提出申请，经法院同意第三人参诉。第三人参加诉讼有举证、质证参与法庭辩论的权利，但其无权提出独立的诉讼的请求，同时法院也不应当判决第三人承担诉讼权利义务，第三人无权提出上诉和申请审判监督程序。以上述两种诉讼目的构建行政公益诉讼第三人制度各有利弊：第一种方式构建第三人制度更符合一般情况下对第三人制度的期待，缺点在于主观目的太多，在制度构建时极难界定其与行政公益诉讼的关系。而第二种构建方式的优点在于，其更符合行政公益诉讼第三人制度属于“间接利害关系”第三人的性质，缺点是由于查明案件事实是一种类似于证人的作用，不能体现第三人制度“利害关系”关联性特点。

因此，行政公益诉讼第三人参与诉讼的目的应当以维护自身合法权益为主，兼顾查明案件事实。确立该目的有以下三个优点：

首先，有利于行政公益诉讼第三人证明责任的分担。不同于一般行政公益诉讼第三人和民事诉讼第三人制度，行政公益诉讼第三人承担更多的证明责任，如果认为行政公益诉讼第三人参诉目的是证明案件事实，则当行政机关与第三人诉讼目的一致时，第三人的证明目的包含了行政机关的证明目的。但是，通过判例可以看出，大多数情况下，行政机关与第三人的诉讼目的不一致，行政机关只要证明已承担作为义务，第三人则承担证明行政机关无需作为的证明责任，在此种情况下，二者的证明目的不一致时，如果仍认为第二人参加诉讼的目的为证明案件事实，不符合行政诉讼第三人参加诉讼的利益，也达不到节约诉讼资源的效果。

其次，有利于行政公益诉讼第三人权益的保护。在现行司法实践中，有些法院会主动追加第三人参加行政公益诉讼，并且会对应参加诉讼而未参诉的第三人缺席判决，被判决承担一定法律责任的第三人拥有提起上诉和申请再审的权利，这有利于维护第三人的合法权益。而与之相反的，为证明案件事实而参诉的行政公益诉讼第三人将不再拥有上诉和申请再审的权利，不利于保护第三人的合法权益，因此，行政公益诉讼第三人制度的参诉目的应以维护自身合法权益为主。

最后，有利于促进行政公益诉讼第三人制度的对抗性关系。行政公益诉讼的对抗关系应当包含检察机关和行政机关的对抗关系和行政机关与第三人之间的对抗关系。单一的检察机关和行政机关的对抗关系是可变的，当这种对抗关系消失则意味着第三人面临着利益可能受损且无法救济的两难局面，因此，行政公益诉讼的发展应当以第三人权益救济可能性为要求。而“证明案件事实”的参诉目的无法体现行政公益诉讼第三人制度保护第三人利益的制度价值，也无法发挥行政公益诉讼的真正作用，不利于行政公益诉讼第三人制度的构建，“证明案件事实”的参诉目的的局限性决定了行政公益诉讼第三人应当以“维护自身合法权益”的参诉目的为主。

（二）保障行政公益诉讼第三人的诉讼权利

为维护自身合法权益而参诉的行政公益诉讼第三人拥有像当事人一样的参加庭审、提供证据、参与举证质证、参加法庭辩论、参加庭前会议等权利，特别是要明确对法院在判决中被涉及权利义务的第三人有权提起上诉和申请再审。

1. 由法院主动追加参诉的权利

目前的行政公益诉讼实践中第三人参诉方式为“法院可以追加”，这符合一般的“间接利害关系”第三人制度构建规则，但是由于行政公益诉讼第三人与一般的“间接利害关系”相比具有权益影响大、诉讼地位低和证明责任重的特点。同时，也应当看到实践中存在一些判例，一审第三人在二审中同时对抗一审原被告的诉讼情形，这说明相对于一般的“间接利害关系第三人”，行政公益诉讼第三人有更加独立的诉讼地位。因此，行政公益诉讼第三人制度完善时法律应当适当向第三人倾斜，第三人参加诉讼的方式应当以法院主动追加为原则，这也有利于行政公益诉讼与后续关联行政诉讼之间的证据衔接。

2. 提起上诉、申请再审的权利

参加诉讼的第三人如果被法院判决承担具体的权利义务则有权提起上诉和申请再审，但是法律并没有对具体的权利义务进行规定。在行政公益诉讼判决中，法院一般通过附带性提及行政机关作为对象——第三人的方式，判决第三人承担具体的权利义务（主要表达：本院判决，某某行政机关在某某时间内对第三人某某履行相应的职责）。通过这种方式，第三人在公益诉讼机关和检察机关的判决中间接承担了相应的权利义务，但是此时判决中承担作为义务的机关为行政机关，第三人只是行政机关作为对象，作为行政行为作为对象的第三人可否上诉仍存疑。如果对行政公益诉讼第三人承担权利义务的内涵作狭义理解，认为只有被判决直接承担义务的第三人才有资格上诉，则行政公益诉讼第三人没有上诉的权利；如果对此处的第三人承担义务作广义理解，认为除了被判决直接承担权利义务的第三人之外，与判决中涉及的权利义务有间接影响关系的第三人也应当拥有上诉权。当然，在行政公益诉讼第三人制度继续适用《行政诉讼法》的前提下，对法条此处的“判决第三人承担权利义务”作广义解释更能体现法律保护当事人合法权益的目的，同时，也回应法院为了赋予第三人适格的上诉资格而在判决中明确第三人义务承担的司法实践。因此，对《行政诉讼法》第三人上诉的“承担义务”作广义理解以赋予行政公益诉讼第三人提起上诉和申请再审的权利。

3. 提出诉讼期限抗辩的权利

一个行政公益诉讼大致包含四个方面涉及诉讼期限的内容：第一，检察机关发现违法行政行为之日起发出检察建议的期限；第二，检察机关发出检察建议之后的起诉期限；第三，检察机关的起诉期限与检察建议期限之间的衔接；第四，违法行为发生之日起可追责的最长诉讼时效期限。作为一种诉权消失的惩罚规则，当诉讼期限经过，检察机关丧失起诉权。因此，立法也应当设置第三人的期限权利救济规则——当第三人认为检察公益机关起诉的行政行为已过诉讼期限时，则有权提出期限经过的抗辩理由，并且法院应当据此裁定驳回起诉。

在行政公益诉讼第三人判例中，第三人引用最多的抗辩理由为诉讼期限经过，而行政机关却很少有主动引用诉讼期限经过的抗辩理由。[①] 这是因为，对于行政机关来说，其最主要的目的为证明自身行政行为合法，引用期限经过的抗辩理由对其没有诉讼利益。与上述情况不同的是，公益诉讼第三人的主要证明目的是公益机关的诉讼没有法律依据，而运用期限经过的抗辩理由就能很好地达到上述证明效果，这也就导致了在司法实践中，此二者对诉讼期限经过的不同态度，而通过立法特别说明的方式有利于加强第三人期限利益的保护。

（三）完善行政公益诉讼第三人制度的裁判规则

被赋予诉讼权利的第三人，也应当受到判决的制约。一个完整的行政公益诉讼的判决范围、证明力、效力等各方面都会对第三人的诉讼权利义务产生影响，因此，法律应当明确行政公益诉讼判决范围、证据衔接关系和判决效果等各方面的内容。

1. 选定行政公益诉讼第三人诉讼证明标准

在行政公益诉讼第三人制度法院判决中，有两种不同的证明标准——“恢复标准”和“合理标准”。“恢复标准”意味着行政机关的作为程度要达到完全恢复权益未被侵害之前的圆满状态，而“合理标准”是指行政机关的作为义务为在合理期限内按照法律规定履行相应职责。此二者之间的区别在于，“恢复标准”类似于结果论，注重行政机关作为的结果；而“合理标准”类似于行为论，更强调行政机关合理履职的过程。此两种证明标准

① 个别案例中，第三人也引用了期限经过的抗辩，但是很少。如，贵州铜仁紫玉旅游工艺品有限公司、铜仁市国土资源局资源行政管理：地质矿产行政管理（地矿）二审行政判决书一案中，行政机关引用了期限经过的抗辩理由。

各有利弊，“恢复标准”过于严苛，不利于发挥行政机关的主动性，而主观的“合理标准”过于宽泛，不符合法律要求的保护公共利益要求。对“合理履职”的认识不同证明标准界限也不相同，理论上，“合理”具有两种不同的理解方式——客观不可为的“合理标准”、主观不可为的“合理标准”。所谓“客观合理标准”是指从案件事实出发，根据案件现有情况分析，公共利益已经得到现有条件下最大程度的恢复状态，某种意义上说，“恢复标准”是最严格意义上客观的“合理”标准。而主观的“合理标准”则是指无论客观上公共利益是否已经达到恢复的圆满状态，从一般理性行政机关的作为标准来看，行政机关已经合理适当履行其作为义务。对此，行政公益诉讼证明标准宜采用“客观合理标准”，客观合理标准有利于中和实践中行政机关作为能力和作为意愿之间的矛盾，既能达到保护公共利益的目的，又能实现客观作为的目的。

2. 规范行政公益第三人诉讼证明关系的衔接

根据民事诉讼证据规则，在另一判决中已经证明事实可以作为无需证明的事采纳于后续民事判决中，行政诉讼不同于民事诉讼，证明规则也不相同，虽然实践中，有些法院不认同行政公益诉讼判决中认定的事实在后续关联诉讼中的证明效力①，但是出于节约诉讼资源的目的，立法应当区别对待。关联行政判决和行政公益诉讼判决的关系分为两种，第一种情形，关联行政判决证明事实与行政公益诉讼判决证明事实相同。在此情况下，实践中应当认同关联诉讼判决效力衔接，因为，同类案件使用相同证明标准，对于经过相同证明标准证明的事实，关联判例中不再认可，既浪费了法律资源，也极大地降低了司法的公信力。第二种情形，关联判例的证明事实小于公益诉讼证明的事实。此种情况出现的原因在于司法权与行政权的分工合作关系，由于行政公益诉讼判决中法院只能判决公益诉讼中行政行为合法与否，对于行政机关本身行使行政权的部分是行政机关的专业性判断，不应当由司法判决决定，如果在后续的行政处罚中，相对人认为处罚力度不合理而提出质疑则会出现新的事实需要法律认定。因此，可以对新出现的问题重新认定，但对于已经证明的部分，法律应当认可。并且，否认行政公益诉讼判决认定的事实对行政诉讼的证明效果，违背了行政公益诉讼设立目的，浪费诉

① 叶海明与南雄市财政局财政行政管理（财政）一审行政判决书，（2018）粤0203行初264号。

讼资源。因此，在行政关联诉讼中，对于证明内容一致的两个诉讼，在行政公益诉讼中已经证明的事实无须再由行政诉讼重复证明，对于证明内容存在涵盖关系的两个诉讼，行政公益诉讼已经证明的事实，行政诉讼可以直接说明引用，也无须再次证明，但是对于在前一诉讼中未证明的事实在后续关联诉讼中应当重新证明。

（四）明确未参诉第三人的权利救济规则

依上所述，第三人参诉时应通过“法院主动追加”的方式，但是，如果诉讼中法院没有主动追加第三人时，法律也应当给予第三人一定的救济。对于由于不可归责于自身原因未参加诉讼的第三人，不论其未参诉原因是申请参诉未获批准或者由于法院未通知而不知情未参加，在法庭辩论结束前，第三人仍然享有参加该诉讼的权利。如果第三人申请参诉时，法庭辩论已结束，则该第三人有权提起上诉和申请再审。上诉后，二审法院有权审查行政公益诉讼一审案件有无遗漏第三人，当发现一审中存在应当参加诉讼的第三人，因不可归责于本人原因未参诉时应当发回重审。通过上述方式强化行政诉讼生效裁判执行中行政公益诉讼第三人的权利保障。

当然，为了防止第三人的一些不诚信诉讼行为，上述救济措施也应设置一定的限制。在行政公益诉讼第三人制度的后续关联诉讼中，当第三人对行政机关作为行为不认可，提起行政诉讼时，由于行政机关的作为义务来源事实已在之前的行政公益诉讼中得到了充分的法律认定，可以直接适用于行政机关与第三人之间的诉讼。若此时第三人提出拿出相反的事实证据推翻原公益诉讼中认定的事实，法院应当根据具体情况予以确认。根据诉讼经济性原则，第三人在参加原公益诉讼并没有提出的证据，如果由于可归责于行政机关或者公益诉讼机关的原因导致的客观提供不能，法院应予以确认；如果由于其他原因造成的提供不能，根据证据的重要程度予以区分，对于决定判决效力的关键证据，法院可以予以确认，也可以不予确认，如果是其他类型证据，法院则可以不予认可；最后对于第三人出于主观恶意，故意不在原公益诉讼过程中提出，而在之后诉讼中提出的证据，法院应当不予认可。

论我国环境公益诉前检察建议效力机制的优化*

——以H省125份检察建议为样本

肖 峰 王佳莺**

摘 要：在国家政策和司法实践的推动下，立法将检察建议确立为环境行政公益诉讼的前置措施。然而在实践中，以诉权为支撑的检察建议却发挥着较诉讼本身更大的作用，这就说明其对我国当前环境利益结构具有强大的适应能力。细辨其间的制度机理，检察建议主体关系、建议内容和实现保障机制，弥补了政府—企业—公众间环保制度成本分担的协调者缺位，并通过整合政治责任与法律责任，达到了生态环境实质保护的规制效果。但也存在建议的制发条件不统一、建议内容与方式不协调等内在性问题，也具有在环境司法权与行政权、检察建议的诉内功能与诉外功能之间引发制度失衡之虞。鉴于检察公益诉权与建议权间有机联系已发挥的卓越功能和巨大潜能，应当深化检察机关与各个环境法主体的互动关系，强化建议内容对基础事实、机构分工、诉外功能的有效衔接。

关键词：生态环境保护；检察建议；效力机制；制度优化

长期以来，检察建议是我国司法实践中一项有效的法律监督措施，但其效力状况也受到使用情境的巨大影响。但是，经过两年左右的检察公益诉讼试点，2017年《民事诉讼法》和《行政诉讼法》修改后，检察建议正式成为检察机关提起行政公益诉讼的前置措施，具有了环境公益诉权的有力支

---

* **基金项目：**中国法学会2020年度部级法学研究课题“完善中国特色环境行政公益诉前检察建议制度研究”（编号：CLS（2020）ZX010）。

** **作者简介：**肖峰，湘潭大学法学院副教授，湘潭大学公益诉讼检察理论研究中心研究员；王佳莺，湘潭大学法学院研究生。

撑。其中，生态环境保护成为检察公益诉前建议最活跃的领域，其功能远超过本应成为主角的诉讼环节本身；同时，检察机关也于2018年适时地出台《人民检察院检察建议工作规定》（以下简称《规定》），对检察建议的性质、制发原则等进行了系统性优化，环保实践需求背景下检察建议日渐规范，共同促成了检察建议成为督促行政机关依法履行环保职能最有力的武器。2016年检察公益诉讼试行一年时，收到检察建议后行政机关纠正违法或履行职责比例仅有76.3%；① 而在2017年修法两年后，诉前整改率高达97.37%。② 相对于作为“正义最后一道防线”的审判环节，诉前建议取得压倒性优势的制度机理何在？这种高度契合我国实践的制度其本身是否还有待完善之处，是检察公益诉讼发挥生态环境保护效能的重要问题。基于此，本文以H省全省检察系统在2018环保督察回头看中，向行政机关制发的125份检察建议文本为基础，剖析检察建议在环保实践中具体的作用机理，并立足生态环境保护的内在需要，探求生态环境领域行政公益诉前检察建议的完善对策。

一、问题的提出：H省125份检察建议的实践启示

《人民检察院检察建议工作规定》出台前，检察建议的相关规定比较分散，制度功能在不同领域中也较为多样，属于典型的柔性规制措施。但《行政诉讼法》修改后其具有了行政公益诉权的硬性支撑，加之两高《关于检察公益诉讼案件适用法律问题的若干解释》对检察建议的赋能，检察建议的规范化及其受到公益诉讼诸领域的接纳，使其具有较为宽广的公益保护功能。当前，检察机关的公益诉权集中于行政公益诉讼领域，对行政机关的不作为、不依法作为，起到了较为明显的督促作用，但也彰显出其存在的制度隐忧。笔者根据H省检察院提供的环保督察回头看活动中，全省检察机关自2017年11月22日至2018年12月24日，向行政机关制发的125份检察建议为样本研究后发现呈现出如下特征：

第一，建议事项涉及环境要素分布来看，污染防治甚于资源保护的倾向

① 曹建明：《最高人民检察院关于检察机关提起公益诉讼试点工作情况的中期报告》，http://www.npc.gov.cn/wxzl/gongbao/2017-02/21/content_2007646.htm，2020-03-10。

② 张军：《最高人民检察院关于开展公益诉讼检察工作情况的报告》，https://www.spp.gov.cn/spp/tt/201910/t20191024_435925.shtml，2020-03-10。

比较明显。在资源保护和污染防治两大主要环保领域中，针对前者制发的检察建议共32例，针对后者的建议数量为89例，占比超过七成，两类事项交叉的案例有4例。分环境要素来看，有80例建议涉及水污染或水生态破坏，占比最高，大气（25例）、土壤（19例）、植被、林地、山体及草丛（17例）、固废（16例）、矿产（6例）、渔业和生物资源（6例）等，涉野生动植物保护的仅1例，且是生态保护而非物种本身。

第二，建议主体与被建议主体的身份方面，检察机关既向同级政府及其职能部门制发建议，也包括跨级的建议情况，具体包括三种情形：

（1）有115例检察建议由区县级人民检察院作出，仅9例为地市级检察机关制发，有1例为该两级检察机关共同作出，未出现省级以上检察机关发出建议的案例。既体现出建议工作重心在基层的特征，也折射出重大事项建议比例不高、硬骨头难啃的制度隐忧。

（2）在被建议的主体中，主要是政府职能部门，向各级人民政府发出的检察建议仅12例，乡镇人民政府发出检察建议的有9例、街道办2例，区县级人民政府的仅1例；而有1例是同时向区县政府城管部门和街道办共同作出的，未出现过向地市级以上政府作出建议的情形。而在对职能部门的检察建议中，最多的环保部门占50例，水行政管理（19例）、林业部门（12例）紧随其后，另包括农业、安监、公安、路政、住建、城管、国土等共计18个部门，其中有3例是向两个职能部门同时作出。

（3）在建议关系双方的级别关系上，有92例为区县检察机关对区县政府职能部门作出的，而剩余的33例存续于不同级机关之间；包括7例地级市检察机关向区县职能部门的建议、1例向乡镇人民政府作出，13例由区县检察机关向地市级人民政府职能部门作出、10例向乡镇人民政府（街道办）作出，1例由地市级、区县检察机关联合向区县政府职能部门作出，1例由区县检察机关同时向区县职能部门和乡镇政府同时作出。

第三，检察建议所针对的行政行为模式和要求方面，125件建议中有120例针对被建议主体不依法履责情形而作出，违法作为的有3例，内容涉及违规发放许可证、批准项目环评文件等行为；还有1例针对行政本应处罚企业破坏林地，却撤销行政处罚决定书的乱作为情形，另有1例是不作为和违法作为相结合的情形。总体看来，行政机关消极不作为是主要建议事项，集中体现为对行政相对人破坏、污染行为应当启动行政权而不启动，也包括已启动但力度不够、停止执法等不履责情况。对所建议事项，检察机关均在建议书中载明收到后回复的期限，时限包括两个月内（118 例）、一个月内（1 例）、30 天（6 例）；此要求旨在督促行政机关作出是否履责的表示，但未提示其是否可提出异议。

从 H 省检察建议文本的上述三方面特征来看，检察机关对行政机关间的建议行为，相继撬动了行政主体对行政相对人、行政相对人对环境要素间作出生态助益行为。在此之前，环境行政行为以部门内部上下级监督为主，公益诉权支撑下检察建议所带来的制度增量，体现为具备穿透后续两层关系而产生保护实绩的效果，这甚至超过了公益诉讼行为本身。笔者认为：H 省实践展示出的“检察建议—行政行为—行政相对人保护行为”递延过程，在行政部门能有效管控相对人的中国语境下，检察建议制度所达致的，实际上是深入行政体制内部，剥离了内部行政行为中混同的外部行政行为，鉴清隐匿于行政裁量名义下的失职行为，并在行政公益诉权支撑下将之与部门责任、官员责任建立关联。同时，H 省的建议文本内容及其作用的发挥过程，也折射出充分实现检察建议制度功能尚有诸多待解难题，是检察建议制度走向深水区必须面对的法治命题。

二、我国环境行政公益诉前检察建议的效力机制

对 H 省建议文本的内容予以一般化思考，检察建议制度对我国生态环境问题治理的有效性，恰在于“建议”这种能一定程度地包容接收者自主性的规范形式，与建议内容的客观实现标准、未实现的明确后果有机结合，使检察机关—行政机关间建议关系与行政主体—行政相对人间监管关系实现了有效联动；在两层关系的交叉点——行政机关身上，检察建议有效地向其输入了环境执法动机，最终转化为对建议关系第三人——行政相对人的行政命令、行政处罚、行政强制等。细究其间，检察建议的实体内容系针对行政相对人而作出的，而建议落实的时限、未落实的诉讼后果等程序内容则针对行政主体。质言之，检察建议的效力机制可归纳为：对行政相对人造成的生态破坏、环境污染，除非行政主体能在规定时限内加以排除，否则将承担否定性法律后果。

（一）主体方面：环境检察权对行政执法权的精准制约

对行政执法行为的法律监督，检察机关以往较多地依靠诉讼监督，虽然有效，但也局限于发生诉讼的情节较严重的情形，对日常性的环境行政行为

监督相对薄弱。对此，诉前检察建议制度借助行政公益诉讼制度的确立，实现了质的转变，形成了专业性、专门性、中立性等多重优势，对环境行政执法形成了精准的制约。

首先，环境检察建议存在的前提就是环境立法内容未得到实现，事实源头必然是行政相对人的生态破坏和环境污染行为，主观上的原因还包括行政行为不适当，对二者行为进行精准的判断是生态环境实质性保护的根本要求。在检察机关——行政机关——行政相对人的三方关系中，检察机关具有释法能力上的专业性，对另两类主体作为、不作为的行为模式，是否契合于环境立法的文义、目的；对不契合性的情形到底属于质变层面的合法性问题，还是量变层面上的合理性问题；抑或在立法空白或规定模糊之处，公私主体究竟应按何种模式作出法律行为，均能作出最为精准的法律专业判断。诚如H省125例检察建议所示，绝大多数案例中行政机关均遵照检察机关的建议内容，对之前的行为模式进行整改；如果建议文本仅对行政机关施加了责任压力，则行政机关仅会接受整改的建议，而不尽然会按照建议的具体内容来调整。因此，行政机关能采纳建议内容，说明检察机关对立法的正确解释具有实体意义上的说服力，其专业性思维取道建议制度转化为制约行政主体、行政相对人的示范性法解释方案。当然，H省文本中也有部分检察建议仅泛泛地要求“依法履行职责”，对具体方式语焉不详，被该省检察院评定为“不规范检察建议”，实质上就是缺失了检察建议本应具有的法解释示范价值。

其次，在检察建议制度未彰显此等制约效果前，对违法行政行为的日常监督，更多地按《环境保护法》第57条、第58条的规定进行，除非出现较严重后果或较大社会影响，才能引发纪检监察的执纪执法和检察机关的诉讼监督。这对严重损害生态环境的重大违法是有效的，但对较隐匿的不作为、轻度违法的作为则有失疏漏，既由于部门体系上下级的行政利益高度同质，所面临的经济社会发展与环境保护关系处理方法相近；也是由于实践中下级面临疑难问题，决策前往往先行请示，事后再由上级监督显然就不具有现实性。而其他监督机构的执纪执法手段比较严格，但更多地针对违法后果较严重、违法情节较明显的显性问题，对日常性行政行为的细致程度、全面程度是存在不足的，特别是对懒政、怠政等隐性问题的规制存在制度盲点。习近平总书记在就《中共中央关于全面依法治国若干重大问题的决定》起草情况向十八届中央全会作出的说明指出：……作出这项规定，目的就是要使检察机关对在执法办案中发现的行政机关及其工作人员的违法行为及时提出建议并督促其纠正”，依托于行政公益诉讼的检察建议在制度设计之初，即定位于补白既往执纪执法手段。在新一轮司法体制改革中，改变了公益诉讼附从于民事、行政检察的状况，在机构设置、法律授权等方面获得独立，专门监督行政机关不作为、乱作为的检察职能重要性日益凸现。在H省的实践中，检察机关从生态破坏和环境污染的现象中倒查问题，所制发的检察建议中作为型权力违法（包括违法作为和乱作为）的仅4例，而不作为型（包括不履职、不完全履职）的多达120例，占比96%，还有1例为二者混合的情况。由此可见，赋能检察机关专门职能、司法中设置专门工作机构、辟出专门针对行政不作为型违法的法律监督模式等凸显环境检察权专门化的举措，成为检察建议有效制约行政执法的内生动力。

再次，生态环境保护效果源自行政相对人、行政主体的行为之和，在政府有效管制企业的情形下，生态环境受损事实上是二者行为的共同后果。以国家发起三大保卫战前中央第一轮环保督察发现的问题为例，能清晰地看到行政权力原因在环境损害中发挥的作用。第一轮中央环保督察分四批于2015年12月至2017年9月进驻工作，笔者大致统计了进驻各省的督察组在工作结束后发布的通报信息①，企业、政府部门单独违法的情形约占23%，九成以上是政府单独违法，企业单独违法的情形极少，意味着几乎所有环境问题中均有政府违法的身影，政府明示或默许企业损害生态环境是我国环境问题的主要面向。而在政府违法的情形中，违规审批等作为型违法情形占比约20%，剩余八成左右的问题均是政府消极违法的情形，各督察组通报的问题主要包括：政府监管不力（占比34.27%）、行政机关执行命令不及时（占比5.24%）、政府缺乏环保理念（占比4.44%）、政府不作为、乱作为（占比25.40%）、落实不严（占比10.48%）。据此可见，我国生态法治的主要矛盾在于行政主体与行政相对人违法行为的共生性，且以企业积极违法+政府消极违法的行为结构为主要表现，这是由于二者除了环境行政关系上，欲严格落实环境立法内容以充分解决生态受损的问题，关键也就在于裂

① 注：笔者通过汇总生态环境部“中央生态环境保护督查”专页第一轮督查进驻各省的督查组反馈报道，对企业违法、政府违法、企业政府共同违法分类汇总。但由于督查组在反馈中的用语存在差异，笔者尽量直接援引其定性的用语，因而文中的分类子项间可能存在同义交叉情况，特此说明。

散二者环境违法的共生关系，将特定生态问题中企业原因与政府原因清晰拆分，行政公益诉讼的制度功能正在于此，诉前检察建议的作用也是相同的。一方面，检察机关与行政相对人不存在因经济社会片面发展而损害环境的利益一致性，检察工作的评价标准与行政机关的政绩观存在本质差异，因而对行政相对人的违法行为排斥力量大于共生趋向。另一方面，检察机关介入后将行政主体、行政相对人视作同一行为体、同一法律责任体，行政主体的执法逻辑因应变化。在之前的行为关系中，企业行为的环境负外部性由行政相对人负责，如行政主体依法查处则获得执法收益，不查处则获得地方经济社会发展的环境法外收益，加之来自地方政府的压力和同级部门的掣肘，消极不作为是较优选择。此种行政法律关系结构下，在企业频繁实施但个别看来又损害轻微的行为，与官员问责启动所需的重大环境事件中间，形成了一个自由裁量的灰色地带，只要损害程度未达到必要限度，则政府机构就处于享有权力但不因生态损害承担行政、刑事责任的地位，政府与企业之间建立起一道严密的防火墙。但是，检察建议中的三方关系，将二者从责任区隔转变为粘连关系。鉴于行政机关依法负有的前置查处义务，作为行政关系的第三方——检察机关的外部视角看来，存在损害事实即推定为企业损害行为背后伴生着行政主体的消极行为，除非其能积极履职才能自证清白。以“建议”这种既指涉其违法又允许其自纠的方式，正是给予了行政机关以证明的时间和机会。否则，公益诉权的启动将对揭示权力违法，并成为党政问责的有力依据。这样一来，在原有的灰色地带中政府与企业的责任得到清楚划分，权责明晰的过程将二者原来的统一立场改造为对立关系，行政行为模式得以重塑。

（二）客体方面：建议内容对生态环境的全要素调整

“对山水田土林等要素全方位的保护，不仅要对污染排放行为进行治理恢复，也要对资源的利用进行管控、对自然和人工两大环境要素进行整体保护”①，H省的125份文本中，建议对象涉及几乎所有陆生、水生生态系统，除较为集中地关注水、大气、土壤保护外，还囊括了渔业和植被等动植物资源、矿产等非生物性资源保护、固废等其他污染类型、自然保护区等生态保

---

① 张军：《最高人民检察院关于开展公益诉讼检察工作情况的报告》，https://www.spp.gov.cn/spp/tt/201910/t20191024_435925.shtml，2020-03-10。

护地的损害情况，属于覆盖整个生态系统的全要素调整模式。这种客体范围设定模式下，检察机关须以人与自然间客观规律、生态系统内在需要为导向，超越部门分割、公私行为分属的碎片化状态，并以纠正个别行为为契机挖掘系于特定生态位点的类似违法和间接原因，形成向外扩散和向深度延伸的制度溢出效应。

第一，检察建议对环境要素实现全覆盖，客体上打破了各要素间主管部门职权划分的状态。由于对建议对象并无范围限制，实践中检察机关遵循凡有损害处均提出建议的建议模式，将依法分别为各部门管理的环境要素视作一个整体。这不仅是工作范围上对部门利益的跨越，对生态全系统的整全性保护理念，必将转化为建议制度运行全过程的生态本位导向。一方面，对特定部门经建议后履责的评价，也不唯其是否在形式上作出了职责要求的行为，更在于对已受损的生态环境是否在事实上得以修复，已出现的原因行为及其引发的风险是否真实地得以根除，实质保护的效果导向是整全性检察视角的必然逻辑。在H省实践中，许多案例中环保执法部门并非完全不履责，或者其履责也较为积极，但由于所取得的实际保护效果不佳而受到检察机关的诉前建议，效果导向对行为导向的替代是检察建议得以发挥制度效能的"压舱石"。另一方面，在面临多部门职责交叉于同一生态位点时，出现管辖权的积极冲突和消极冲突情形时，检察机关通过向其认为的特定或多个法定职权主体制发建议，能解决就特定生态单元上法律规定不明或实践中的部门争议问题，具有协同部际关系的功能。在H省检察机关制发的建议中，即有三例对两个区县级职能部门同时建议履责的情况，还包括一例建议区县部门和街道办共同履责的案例，立足生态利益的客观状况构建跨部门、跨级别的行政主体协同履责，是全要素调整模式重要的制度优势。

第二，基于环境受损具有多种行为累积的实践特征，检察建议能立足后果纵向贯穿叠架的公私行为，理清层次、划清责任。在鉴明救济对象的前提下，检察建议顺溯环境致害的发生逻辑进行结果倒查，将损害原因行为拆解为近于损害后果的行政主体和近于损害源的行政相对人两个层次；由于行政相对人对行政主体具有从属性，因而检察机关先行设定时限由行政主体自证无责。如其在建议期限内穷尽执法手段，仍无法充分救济生态环境损害，则检察机关排除行政主体责任，转而启动民事公益诉权将制度矛头指向行政相对人；若行政主体未在期限内按建议内容自证无责任，则将面临行政公益诉讼不利后果，以及由此可能引发的党政问责机制。在此过程中，围绕特定的待救济生态环境单元，检察机关不论原因行为来自公法主体抑或私法主体，而是首先将二者视作同一责任体中两个平等因素，再采取排除法的方法进行试错，如无法达到救济效果，则或起诉行政机关，或起诉行政相对人达到最终的救济目标。生态本位理念下的全要素调整，即产生打破责任主体、责任性质公私划分的窠臼，具有实践理性意义上的制度贯穿力。

第三，特定检察建议以个案中特定公私行为为调整对象，但特定生态单元受损可能源于多因一果，也可能存在一因多果现象，因此环境检察还具有溢出个案的制度外部性。一方面，检察建议可能触发与涉案事实相同的类案处理，具有广度上的溢出效应。如 H 省某地获得生活污水致湿地破坏的线索，后发现还存在经营活动污水致害的问题，市、区两级检察机关联合发出建议后得以及时制止；但排放源形成的根本原因在于湿地建设中拆建安置不到位，故而以污染湿地为支点，两级检察机关促成了该地区内居民安置、违建拆除、餐饮船拖离的最终解决方案。此外，最高检于 2019 年 10 月发布的典型案例“湖北省武汉市青山区长江武惠堤段违法堆存固体废物破坏生态环境系列案”，也是属于个案建议揭开类案大幕的典型事例，最终通过多轮建议和其他工作措施，使与最初建议对象相关联的系列问题得到彻底解决，体现了检察建议在客体范围上的溢出效应。另一方面，检察建议直接针对的违法行为背后，可能间接地得到地方立法和政策性文件的支持。可能源于上位法缺位、文义模糊，也可能因为地方立法质量不高、政策性文件合规审查不严等问题而引发，如不根除这背后的行为依据，则此类损及生态的行为无法禁止。如在“湖南省常德市金泽置业有限公司等欠缴土地出让金公益诉讼案”中，检察机关还发现该市住建局制定的建设工程前期施工监管政策性文件，存在另行设定行政许可的违反《行政许可法》情节，且未履行规范性文件发文的合规审查程序，后经市检察院向市人民政府法制办公室发出社会治理检察建议，最终市住建局自行纠正并废止了该文件。此外，在长沙市铁路检察院向江西萍乡市、湘东区生态环境局的检察建议中，直接建议“报请江西省生态环境厅尽快出台铊污染物地方排放标准，防止铊污染事件的再度发生”，后被采纳并出台江西省《工业废水铊污染物排放标准》，使包括事发的渌江流域在内的水域执法从此有法可依。可见，检察建议能透过直接违法行为，触及深层次的立法和抽象行政行为，既能发现缺陷并促其纠正甚至废止，也能提供素材推动制度的创制和完善，具有拓展纵向深度的制度溢出效应。

（三）内容方面：弹性建议与刚性诉权有效联结

在H省的125份建议文本中，均给予行政机关30天到两个月不等的期限自行纠正，其间包含着弹性因素与刚性因素融合施效的深层机理。

1. 检察建议制度的弹性面向

检察机关延缓实施行政公益诉权，并在限期内保持行政机关规制行政相对人的自主性，体现出避免检察与行政两项公权力碰撞的弹性处理机制。由于检察建议认定的损害事实与行政主体、行政相对人认知的情况可能存在差异，而建议所面临的行政行为样态也是多元的，有的建议案中执法部门对企业行为尚未察觉，有的案件中行政机关已作出了先期处理但未执行到位，有的案件中已执行了行政强制或处罚文书但未达到修复生态、规避风险的效果程度。

所以，在行政公益诉权启动前，通过检察建议的制发能在事实基础、行政执法手段运用及其充分性、行政关系双方行为效果方面，消除三方主体的认知差异和信息不对称。既有助于督促被建议对象及时作为，提高生态环境保护的行为效率，也能让检察机关了解与行政主体、行政相对人之间可能的争点所在，便于准确地实施行政公益诉权。而从国家环境体制的整体来看，检察机关与行政机关是围绕生态损害发生地所形成的横向互动，与上级监督、环保督察、专项巡视等自上而下式监督不同的是，建议的弹性能在两类机关之间形成制度性交往惯例，是一种更贴近生态损害实际需要的本地治理模式。

2. 检察建议制度的刚性面向

与以往检察建议不同的是，行政公益诉前检察建议与后续的诉权行使间具有刚性的程序联接，一旦制发后如行政机关未依建议内容履职，则检察机关必须启动公益诉权而无裁量空间。

虽然在判定行政机关是否履职的问题上，检察机关具有根据行政行为具体样态加以判定的一定空间，但在审查行政机关已经职责时既具有过程分析上的强制性，也具有结果判定的不可回避性。质言之，对事实上不知情或知情不处理的零作为情形易于判定；但对形式上实施了履责行为，实质上未达到或仅部分达到建议要求的保护效果情形，则要通过审查行政主体是否穷尽了法定手段，各个手段效力发挥的法定实质要求、程序步骤是否周全，事后必须得出一个是或否的明确结论，尔后转向包括民事公益诉讼在内的其他救济手段，最终对履责与否的定性结果判定不可回避。在此基础上，经建议生态环境损害在事实上仍未改善，如果属于行政机关未充分履职，则应当提起行政公益诉讼，对行政主体施加否定性的法律评价。在已进行的诉讼中检察机关无一败诉，而行政机关败诉后不仅需履责，责任人员还将面临党政问责。实际上，检察建议通过诉权通道，一案一议地激活了《环境保护法》第 26 条规定的环境保护目标责任制和考核评价制度，相对年度考核或周期更长的离任责任审计等制度，检察建议督促下的行政主体回应环境受损事实的灵敏性更高，所施加的法律责任压力更精准。

同时，如果属于已履职而行政相对人未充分履行责任，应依法启动民事公益诉讼程序，检察机关在建议后的诉权实施上具有必为性的刚性要求，而不能在生态环境未获保护时从建议措施中擅自退出。所以说，检察建议不仅对行政主体、行政相对人具有时限、程序、涉诉不利后果等方面的刚性，对检察机关也具有制发后按规定步骤、法定行为内容救济生态环境利益的刚性义务。

三、我国环境行政公益诉前检察建议的待解问题

将 H 省的文本内容置于环境司法与检察体制改革的大背景下，检察建议统合行政主体、行政相对人共同救济生态利益的独特功能已初露峥嵘，诉前检察建议正式入法，并在实施以后的迅猛发展趋势，预示着其在我国生态法治体系的角色将更加吃重。因此，其既有效力机制中暗含的内在问题，未来其从制度边缘走向中心地带需克服的新问题，需要我们认真研判。

（一）检察建议对象混同了多元客体

检察机关针对特定生态受损事实制发的建议，目的在于通过行政主体履责驱使行政相对人修复生态、消除风险，但这样的建议对象比较粗浅。相对于支撑其运行的行政公益诉权及其本身的制度定位而言，被建议者从制发到目标达成的过程中，所实施的相关行为性质是复杂多元的，并非检察建议制度所锚定的行政不作为等制度客体。具体体现为两方面的混同：

第一，生态损害的线索发现与履责监督相混同。在 H 省的 125 个建议文本中，行政机关对损害事实知情但不履责的情形共 44 例（占比 35.2%），包括 3 例违法审批许可的作为性情形，还包括环保督察组交办、执法中自行发现、对变更的环评文件审批时已发现的不予处理，已责令改正但不督促落

实、已作出处罚后又撤销情形，甚至出现省、市挂牌联合督办情形下仍整改不到位的情况，此类属于行政机关明知而完全不履责或不完全履责的情况属于检察建议的典型规制对象。而还存在81例（占比64.8%）行政机关尚不知情，也未事先发出整改决定书、意见书或行政处罚决定等，属于其尚未掌握的违法线索；而检察机关仍相同地采取建议的规制方式，此类与行政机关知情而不履责情形不同，属于检察机关无管辖权的案件线索通报行为，显然与建议制度规制政府不履责的定位不尽相符。可见，移送线索的建议情形在实践中占据主流，说明对该制度功能认知不够精准，导致实践运用方式不甚科学。

第二，对行政机关监管职能与生态环境损害赔偿民事诉权的界分不清。“我国环境立法中对特定生态环境事实设定了行政执法权”，可对行政相对人的违法行为采取行政命令、处罚、强制等强制手段，但执法权启用往往不以存在实害为前提，对恢复受损的生态环境而言，部分可由行政执法行为达成，特别是责令改正、责令赔偿损失、责令补种林木等情形，但更多的修复内容并非执法权覆盖范围，应由《海洋环境保护法》第90条第2项规定的海洋环境保护诉权主体和《生态环境损害赔偿改革方案》规定的赔偿权利人，通过行政磋商、生态环境损害赔偿民事诉讼来实现。而在H省的实践中均是建议行政机关履行其公权性监管职责，而无一例建议行政机关行使其具有社会公益性的政府诉权，这也是我国检察建议运行的主流作法；但在个别地方已出现建议行政机关提起生态环境损害诉讼的案例，这代表了对建议事项精细化处理的制度趋势，不过被建议主体如未履行或未充分履行起诉职能时又如果处理，尚有待观察。总体来看，生态环境受损事实是执法权、政府诉权共同的调整对象，检察建议制度应当因应这种客观划分，从而进行优化调整。

（二）建议质量与功能定位存在制度张力

就提高检察建议质量而言，深入调查基础事实、判定行政行为性质、提出精准建议等是较为重要的手段。因而，检察建议纠偏的法律定位，决定了其质量指标对行政主体、社会主体的作为机会、行为效果，具有一定的削弱效应。

一方面，检察建议着力纠偏行政行为，在事实调查、建议要求环节可能与执法权形成紧张。（1）建议质量的前提是事实清楚，检察资源与行政资源不免重复利用。调查核证过程中必然反射性地针对行政相对人，采取与行政机关执法同质，或者一定程度地重复已实施的执法内容。对检察建议的质量要求越高，必然就会对生态受损情况进行更深入细致的事实调查，更深刻地明晰其因果联系、行政相对人致害行为、违法情节等内容。鉴于检察建议主要适用行政不作为与企业积极作为相搭配的场域，在行政机关不知情或知情未启动执法时，检察机关必须像执法机关一样对行政相对人行为、生态受损后果及其间的关联性，进行充分的调查、技术鉴定和认定，事实内容上与执法行为无异；在行政机关已采取或部分采取执法行为的状态下，检察机关欲证成其未充分履责，唯有对行政相对人的生态破坏、环境污染行为，作出内容相同但水平更高的类执法行为，才可能达到否定行政行为的效果。可见，高质量的检察建议是来自填补行政执法空白、重复执行轨迹才可能形成，站在检察机关—行政机关之上的整个国家环境治理体系角度，检察资源与行政资源存在内容重合、重复利用的问题，形成统合检察权—行政权互相强化、降低相互消减的共治合力，须把握二者间的合理限度。（2）检察建议质量最终体现为对行政机关提出的建议要求，其内容越明确、评价标准越严格、责任说明越具体，则对行政权的自由裁量空间压缩越严重。但是，对检察权——行政权在宪法和环境立法上具有明确地分工，由于诉权行使对行政主体及公职人员本身的不利益性，在面对检察建议的明确要求和强硬态度时，怠于指出建议中可能存在的不合理因素，怠于行使除建议内容外的行政裁量权，甚至在建议所施加的法律责任、政治责任的威慑下对建议内容加码，对行政相对人作出超出法定义务的额外要求，表征与违法个人、企业切割关系的执法决心。因此，检察建议不能仅注重起点的制发，和终点的效果验证，还要重视行政机关在采纳过程中与行政相对人互动关系中的合法性和适当性问题。

另一方面，检察建议与社会监督机制在信息联结、公益诉权方面存在功能疏离。由检察建议促成的行政执法，最终也是落脚于对行政相对人施加制度负担，这同时也是环保社会监督的对象。虽然我国《环境保护法》第53条规定了一般性社会监督权，但实施效果较好的也仅是公益诉讼、违法举报、舆论监督等有限手段，无一不以违法信息为启动前提。而建议制度当前仅作为检察权与行政权的信息封闭系统，尚未采取统一有效的方式向社会公开，也就缺乏与媒体、专家、普通公众等社会监督主体形成信息联动。社会主体已有的环保动机对检察权的影响有限，检察建议对权力违法的揭示对外披露有限，既可能造成对同一事项重复地进行社会监督，也使检察建议本身内容的科学性、实施情况、生态保护实际效果如何，缺乏来自社会公众的有力监督。同时，对行政相对人损害生态公共利益的行为，社会组织可依法提起环境公益诉讼，检察机关也可依法支持起诉；适格的行政机关也可依规定作为赔偿权利人，先与行政相对人进行行政磋商，再根据磋商情况提起生态环境损害之诉，起诉的机关未必是检察机关建议的对象主体；而在私益受损所提起的环境侵权之诉中，原告提出的停止侵害、排除妨害等非赔偿性诉求，客观上也具有消除生态环境公益受损的制度功能。可见，与检察建议殊途同归的若干救济程序，实践中尚缺乏横向协调机制。立足特定建议文本，行为内容明确、实现要求严格是其高质量的特征，但立足检察建议作为环境治理体系构成部分的角度，效力强悍、渠道封闭的检察建议客观上对其他协同治理手段，可能产生制度挤出效应。

（三）诉内功能与诉外功能间缺乏平衡

检察建议制度本是检察机关行使其法律监督权的一般行为，长期以来被视为软性监督行为，在检察建议监督形式由试点到全面发展这一时期，检察建议制度已然成为必要的诉前程序，成为以诉权为支撑的制度，理性行使诉权，是评价法实施绩效的重要依据。① 检察建议对行政公益诉讼具有客体服从性，则其也是围绕讼争损害作出建议，但生态环境受损可能有与建议对象相平行的多个事实，而行政机关未依法履责也可能有其法律、政策的依据，这些妨害检察建议达到保护目的的因素，是诉讼客体之外同类事实和间接原因。实践中，检察机关也认识到举一反三、以点及面的重要性，但一旦要根治特定损害所揭示出的法律事实，包括客观原因、行政相对人行为、具体和抽象行政行为，甚至一些立法不适应实践等问题，检察建议的接受主体、建议要求等就不能再拘于个案情节。当前，检察机关也因应地采取了诉前检察建议 + 社会治理检察建议的方式，前者处理个案争议，后者解决类案情况、管辖冲突等行政体制问题、抽象行政行为违法等非讼争事项；但后者与行政公益诉权之间的关系怎样，尚不明确；对于不接受社会治理建议者，也无法与诉前检察建议一样纳入诉权规制下。

但是，这些超越诉讼范围的事项，往往涉及更大范围的加害主体，也将

---

① 章志远：《新时代我国行政审判的三重任务》，《东方法学》2019 年第 6 期。

触及更复杂的体制原因和政策性因素。对于行政公益诉前、诉中发现的诉外事项提出社会治理建议，虽然不具有诉权的制度性支撑，但由于存在对象联通性，有效的诉前检察建议对同类事项可能产生类似于司法既判力的示范效应，而被检察建议纠正的事项正是内部行政行为、抽象行政行为的运行后果，建议落实间接地证明了它们存在瑕疵。可见，在生态损害整体上源于多个直接原因，并且这些直接原因背后还存在抽象行政行为、内部行政行为等间接原因时，检察建议通过作用于其中一个直接原因——特定行政相对人的加害行为，提前对其他致害的直接原因作了预先性评价，并指向该直接原因背后间接原因的制度谬误，制发检察建议具有一石三鸟式制度外溢效应。而要发挥针对此直接原因制发的检察建议，对彼直接原因和间接原因发挥规制作用，在建议文本的内容、制发对象、采纳与执行情况的监督等方面加以制度创新。即是说，仅针行政主体、行政相对人特定行为做出的建议，也必须具有解决被建议问题的内部视角和助益克服同类事项、间接原因的外部视角，值得注意的是："检察建议不再是传统意义上办案的附属物，而是因案而出、因事而生"①，一事一议是检察建议的基本逻辑，如需在其特定化、封闭性作用对象中置入异在视角，又要借力公益诉权的法效性进行更大范围地调整，建议效果与作用范围间的反比关系，不可不察。

四、优化路径的思考

前一部分从三大板块提出了现行生态检察建议制度中的一些问题，接下来就是从法律或政策上进行分析与思考并提出对此策，与上一部分对应，最后一部分首先从文本内容出发，对生态环境破坏事实认定、发出检察建议内容以及检察建议制度的保障问题给出答案，其次在面对制度诉内功能与诉外功能不平衡时，如何给予回应，最后，检察建议制度要如何设置和运行才能更有效探索其实质性的保护功能，如何配合实施才能达到最终对公共利益的保护。

（1）从文本内容出发给出的对策

1. 对生态破坏事实认定给出的对策

生态遭到破坏的过程表现为：环境破坏—发现问题—解决问题—事后影

① 沈倩颖：《环境行政公益诉讼诉前程序研究》，浙江农林大学2019年硕士学位论文。

响的交互过程，这是对生态环境流动性的最佳解读。人类活动产生的影响直接作用到各环境要素之上，各环境要素的双重特性显示出了不同的后果。每一类环境要素都有自己的特征，受到侵害时会产生自己独特的影响力，而其整体性使得损害结果直接作用于人类及人类赖以生存的环境上，生态环境案件多数消化在诉前程序，对环境要素准确认定，需从法律上为生态检察建议制度发挥效用提供保障。生态检察建议制度是检察机关维护公共利益采取的手段，但面对生态破坏的事实，由谁进行更高精度的认定、调查是有效利用资源的关键决策，我们不能为了公共利益的保护而改变两机关原有的职能。因此，行政机关在环境事实认定时仍然处于主导地位，其对生态环境的保护具有直接责任，离案件中心更近，技术手段也相对成熟。面对受损的环境要素，行政机关有权利根据案情选择处理方式，为了避免权力过度也需用法律条文对行政机关的职责范围进行规定。根据不同的环境要素分类进行细化规定，这一点需要在检察建议配套实施法规中予以明确，这是将行政职能与检察职能作出区分、避免检察机关重复调查浪费司法资源的关键举措，不过这并不否认行政机关与检察机关之间进行合作的空间。环境破坏的整体性需要各部门间的协同配合，根据检察机关既督促履职又配合履职的职能定位，为了实现维护公共环境利益的结果导向。

2. 检察建议内容对策思考

建议内容是建议书的命脉，内容要件齐全，检察建议制度运转才会更有活力。第一，用法律法规给予检察机关的调查核实权最大的保障。让检察机关充分行使调查核实权，穷尽调查手段，进行系统性调查，在正确的时刻发出检察建议，提升效率，最大化对公共利益进行保护，生态检察制度作为检察机关的监督手段之一，检察机关和建议制发人员必须站在公平公正的立场之上，对任何行政机关一视同仁，避免因检察机关的过错而牺牲更大的公共利益；在建议书发出后，为避免损害结果的扩大，检察机关必须实时跟踪情况以保障检察建议书发生效用，在《规定》第 14 条第 2 款中明确的是不能采取部分强制措施，我认为这得分情况讨论，在某些生态环境案件中，查实确会给生态造成更大污染的可能性、行为人拒不配合的，可以采取一定的强制措施，“柔”与“刚”的结合，让检察建议制度更有弹性，包容性更大，最大程度保障检察建议的质量和生态环境利益。第二，对被建议单位履职期限作弹性规定。在检察建议制度运行中，即便是在面对不同资源和生态污染情况下，大多数的回复期限都是两个月内，这明显不符合实际情况，拿大气污染来说，空气具有流动性，极易跨行政区污染，不仅要对已存在的污染进行治理，还需对污染源采取措施，两个月时间明显不够。所以首先对回复期限与整改期限要予以区分，书面回复期限不能过于拖延，要留有空间进一步调查整改，这也是对被建议机关异议权的尊重，笔者认为，《规定》第17条第2款中的“可以”应改为“应该”，与各行政机关积极对接，充分了解案情，充分尊重被建议单位的异议权，能使得检察机关发出更高质量的检察建议；恢复生态由行政机关作出保证时间，未完成由法律法规确定相应责任，如在期限内未完成，确有理由，可申请延长一定期限，由检察建议作出机关视法定情况批准，谨记制度始终贯彻的是对公共利益的保护，而不是对行政机关进行处罚。第三，事实与法律篇幅内容应作出要求。不是通篇大论，而是要有目标有针对性的结合法律法理对案件情况进行说明，不显得文本单一，成为一种形式主义，能让行政机关好对症下药开展下一轮工作，达到最大的监督效果。第四，对类案相关规定的建立。类案是相对于个案来说的，面对环境事件，类案处理有更大的优势，类案检察建议不是检察权行使的一个新的独立手段，而是检察建议的特殊类型，不需要具体的司法解释和立法扩权，只需要检察机关将检察建议进一步细致化即可，也是对检察建议制度地位的认定，有自己适用的一套合理程序。新时期的检察建议蕴含着更深刻的承载着监督、治理和保障的功能，在目前的检察建议工作中，类案检察建议的适用已经有了一定的探索，也延伸出了许多的创新机制。在面对某一区域相似案件时，为便于处理，检察机关在制发建议时可以将类案并列，划定一定区域范围，要求行政机关采取措施，类案处理毕竟是针对高发的、普遍的生态环境现象。相对于个案处理来说，准备工作更繁杂，所以，在法律中规定可类案处理的资源类型时要具体明确（一般是对高发环境污染案件或者具有普遍指导意义的事件）对能够形成类案建议的构成要件要明确规定，类案建议的监督内容会更加具体，影响范围更大。

3. 检察建议制度保障的思考

生态检察建议作为诉前程序被广泛应用后，检察权的边界渐渐模糊化[①]，检察机关越来越多的参与到环境事件中，检察权与行政权在实践中有

---

① 王国飞：《环境行政公益诉讼诉前检察建议：功能反思与制度拓新——基于自然保护区生态环境修复典型案例的分析》，《南京工业大学学报（社会科学版）》2020年第3期。

融合之势。因为制发一封高质量的检察建议书需要对环境事件案情有充分了解，要解决这一问题，首先应该对生态检察建议书在处理环境问题时的定位有一个清晰的定位，究竟作为必要诉前程序的检察建议制度是更加偏向法律性手段还是政策性的手段。

第一步，各机构自身职务能力的加强。法律需要对机构调查能力建设提出要求，现在不论是在检察还是行政领域，调查能力建设都摆在核心地位，要求组成更专业的团队、吸纳更多专业化的人才才能在专项领域上取得突破，生态文明建设这一战略目标受到了国家政策的高度关注，新时代的人民群众对环境有了更高的要求，公权力机关履职能力是关键因素。环境事件由负有环境保护责任的行政机关主导，检察机关为了环境利益的保护参与进来，两机关成为环境事件解决的主导者，一个负责实施、一个负责监督。健全完善检察监督权与各行政权之间的沟通与协同互动机制非常必要，① 目的就是为了实现资源共享、信息互通，有利于在面对环境事件之时有效进行联动，通过信息共享大数据平台，检察机关可全面了解环境行政履职情况，全程参与生态环境损害的预防、磋商和调解。将检察权与行政权之间的互动形式从传统向现代化发展。

第二步，检察建议制度运行的本身就是为了保护环境利益、维护公民健康，是对公民环境权的尊重，当检察建议制度面对行政机关之间的冲突，无论是消极冲突还是积极冲突，检察机关都无权以任何理由干涉行政机关之间的矛盾，如此一来，对环境事件的处理会出现滞后性，甚至出现更大的连带效应，如此一来，外界对检察建议制度的效用认知也会大打折扣，面对此状，法律应对检察建议制度给予保障，在出现积极冲突时，给予检察机关利用检察建议书调和行政机关之间矛盾的权力，在面对紧急环境事件、当公共利益存在迫切危险时，检察机关应有权指定管辖；而当明确行政机关因责任不明或为了减轻负担，特别是在两个机关都不负主要责任时，可能存在逃避、推脱责任的情况，环境事件不解决会使得政府公信力大大降低。要解决这一冲突，在检察建议规定中必须要对有责机关应付负责任进行总的规定，实践中也许很难划定区分，笔者认为可以实行比例制原则，针对不同环境要素，根据各机关所属责任范围进行责任分配，让部门分工由模糊到清晰。这

① 陈晓景：《新时期检察环境公益诉讼发展定位及优化进路》，《政法论丛》2019年第6期。

需要环境立法的保障，对各机关的单个责任、联合执法时的联合责任与当双方都负辅助责任时如何进行责任分配要详细规定。让行政机关更具积极性，奖惩措施是必然需要的，这将大幅提升公益保护效率。

（二）如何平衡诉外功能与诉内功能的思考

作为以公益诉权为基础的必要诉前程序，如何认识诉权，使环境利益最大化保护，生态检察建议制度需在实践中不断探索。现在我国生态检察的重点功能放在了诉内，针对于某一区域生态的恢复，针对于该地区部分群众权利的保护，诉外功能追求的普遍化、一般化的功能还未成熟，这种局面应该打破，这对制度的良性发展有利无害。我们首先应该重新认识检察权与检察机关行使检察权时所用的手段—检察建议书，检察权的运行模式。在当下的我国理论界，对检察权的探讨较多采用本体论方法，检察权按照什么样的模式进行运作而言，本体论的研究方法是具有不可替代的价值的。但是，这种研究方法也忽视了另外一个问题，即检察权为了什么而存在，这也就是我们所说的关于检察权的价值问题。① 作为检察机关行使检察权的手段，检察建议的发展也经历了几个时期，现在我们对检察建议的定位是检察机关行使法律监督权的手段，是检察机关履行职权的行为，并不是无依据而为。检察建议制度的运用对行政机关来说是一种约束手段，能够有效推动行政机关履行职责，加速对公共利益的保护，厘清检察权与检察建议制度间的关系，一定程度对检察建议功能的认识更清晰，对制度发挥作用有所促进。

检察建议程序是必要的公益诉讼程序，不代表所有的环境事件都必须压在诉前程序中解决，利用诉权，提出诉讼在某些环境事件中不失为更优的选择，修改后的民事诉讼法和环境保护法规定了环境公益诉讼制度，反映了我国环境现状对司法保障的现实需求。因此做好诉权与检察建议之间的工作衔接有利于效用最大化，检察机关在整理案情时要对行政机关在检察建议书阶段已完成的事项进行剔除，不再纳入到起诉内容中去，这是对行政机关的保护。起诉人员对行政机关是否“依法履行职责”要作出定性和定量分析，既要看行为的本身，也要看行为的结果。② 检察机关在确定提起诉讼时要及

① 万毅：《检察权若干基本理论问题研究》，《政法论坛》2008 年第 3 期。

② 秦鹏、何建祥：《论环境行政公益诉讼的启动制度——基于检察机关法律监督权的定位》，《暨南学报（哲学社会科学版）》2018 年第 5 期。

时与行政机关进行沟通，说明原由，也要有确实的法律依据，需比提出检察建议时进行进一步实质调查，这也是基于节约司法资源的考量，以免被法官驳回诉求，提起诉讼的程序标准也应该各地统一，不能区别对待。

完全处于平衡状态的事物难以持久维持，事物动态平衡的状态是最理想状态。生态检察制度还处在精进过程之中，正确对待检察建议制度，合理看待、利用诉权，保障现实生态利益。随着制度不断发展，诉内外功能会趋于平衡，不仅对某一环境利益恢复有益，其也能发挥指导作用，给予其他类案警示，维护全体公民的公共利益。

（三）走向生态环境实质性终极保护的思考

对检察建议制度有了正确认知后，首先要做的是对检察建议《规定》中目的条款的修改，从法律上对检察建议制度给予高度重视，明确生态检察建议制度的终极目的是保护公共利益，促进生态与经济发展的可持续。行政机关面对环境问题需要穷尽行政手段，要对行政机关的举措在法律上予以规定，让其有法可依。第一，当违法主体的一般环境违法行为涉及法律条文中已有的惩罚事项时行政机关可直接处罚；第二，涉及生态恢复事项时，如果有专门领域立法，如《海洋环境保护法》第 89 条第 2 款①，就适用专门领域立法，检察机关对此应进行监督。当行政机关能力有限时，可向其他有能力机关提请协助申请，其他机关无正当理由不得拒绝。对那些长远的修复工程，行政机关应出具报告书向上级机关进行报告，并出具其修复计划大纲，这是行政机关对环境利益重视的表现，有利于夯实其与民众之间的信任，树立良好的公权力形象。

检察建议制度要发挥最大效用，对行政机关的约束不能仅表现在对行政处罚方式上，促进行政行为合理性也是检察建议制度运行目标，自由裁量权的扩大，行政行为方式的精进，让我们对行政行为的要求不局限于其合法性，要在合法基础上做到合理，才能对自由裁量的范围达到“度”的限制。建议书只是外部监督的新形式，主导权还是掌握在行政机关手中，不是任何生态案件都要以强制性的行政行为进行压制，以协商方式能用最少的资源达到环境保护的目的。行政行为毕竟是公权力的象征、必须要符合必要的法定

---

① 对破坏海洋生态、海洋水产资源、海洋保护区，给国家造成重大损失的，由依照本法规定行使海洋环境监督管理权的部门代表国家对责任者提出损害赔偿要求。

目的更要基于其他客观因素考量。在生态环境案件中，主要是相关的社会因素和最终是否能达到保护生态环境的目的，这也是对节约行政资源的考量。如果行政机关无法准确判断，那么，在法律规定上可以给予一定的帮助，对环境污染和生态破坏达到一定程度的案件（可从污染范围、涉案标的、污染程度标准来划分），检察机关在制发检察建议时可建议行政机关用一定的行政手段解决问题，或者加入第三方作为监察机构。

检察建议针对的具体行政行为问题，一案一书，达不到考核的要求，将抽象行政行为纳入法律的规定是检察建议制度发展的必然趋势。对具体行政行为的监督，已经不再满足于检察建议制度的发展势头，检察建议在生态环境领域运用占比越来越高，格局的扩张让对建议针对对象有了新要求。生态问题实质是对公共利益的侵害，其实生态环境污染的客体本身就是不特定的人或资源。在具体行政行为中，对象是具体的，这实质上出现了一种倾斜状态，点对面难以协调发展，检察建议的对象包含对抽象行政行为的规定，才能达到一种动态平衡，成为一种系统化的监督形式。但抽象行政行为的概念范围较大，实践中难以把握，面对环境案件，可以运用一定的标准进行分类规定（如普通资源与特殊资源），让抽象行政行为也成为检察建议规制的对象。这样，不仅可以提升检察机关的效率，达到保护环境的目的，也是对检察建议制度升级的回应。

将这些手段串起来成为体系化的方式之后，追求生态保护终极目标中的空缺将得以补齐。通过分析讨论，检察建议制度应是既带有行政性又带有法律性，对象是行政机关、行政执行人员、行政行为，又需要法律作为根据，作为一种特殊的制度，作为检察机关对生态环境保护时所长效利用的手段，要摆正对检察建议的认识，将其发展成现代性的监督制度。

检察公益诉讼协作机制的运行现状与对策

彭劲荣*

摘　要：在当前的检察公益诉讼实践中，行政机关主动移送案件线索较少、信息共享和信息通报难以落实、调查协作和专业支持力度不大、日常联络的稳定性不够等。对此，有必要建立对口联系机制，确保工作沟通顺畅快捷；建立信息共享机制，充分回应各方关切；建立线索移送和交流会商机制，加强执法司法互动；建立取证协作机制，增进互尊互信；建立鉴定评估协作机制，最大限度满足办案需求；建立人员交流和联合培训机制，增强专业能力。

关键词：检察公益诉讼；协作机制；案件线索；信息共享机制

自2017年7月检察机关提起公益诉讼制度正式建立以来，重庆市检察机关积极争取领导支持，会同环保、林业、水利等部门会签了多项加强协作配合的机制性文件，为推动公益诉讼工作持续发展提供了坚实的制度保障。与此同时，在机制建设及应用方面也还存在一些问题和不足，需要研究解决。本文通过对公益诉讼协作机制建设运行情况进行调研，以发现问题提出对策，促进机制建设及应用更加务实、有效。

一、基本情况

2017年12月26日，重庆市委办公厅、市政府办公厅联合印发《关于支持检察机关提起公益诉讼工作的通知》，指出：各级行政机关要全力支持、积极配合检察机关提起公益诉讼工作，提高主动接受司法监督的自觉

* **作者简介**：彭劲荣，重庆市人民检察院检察五部副主任，四级高级检察官，重庆市检察业务专家。

性，积极配合检察机关调查核实工作。此后，各级检察机关主动沟通，得到了多个行政机关的大力支持，截至2019年7月底，全市共有17个检察机关与环保、水务、国土、食药监、林业、卫计委、监察委、法院、公安、国资委、河长办等20个部门会签了加强公益诉讼协作的机制性文件32份。具体情况是：市检察院与环保、国土、食药监、生态环境、河长办会签文件5份；一分院辖区4个基层院与食药监、环保等行政机关会签文件9份；二分院辖区2个基层院与林业、环保、河长办等行政机关会签文件3份；三分院辖区3个基层院与水务、环保等行政机关会签文件4份；四分院与四中法院会签会议纪要1份，四分院辖区1个基层院与国资委、环保局等8个部门会签文件1份；五分院辖区4个基层院与环保、国土等行政机关会签文件9份。此外，一分院与环科院、林科院签订鉴定协作文件2份，原市环保局、市水利局分别印发了支持检察机关提起公益诉讼工作的文件1份，30个区县党委、人大、政府专门制定或联合印发支持检察公益诉讼工作的意见或决定。

总体上看，全市检察机关在会签公益诉讼协作机制方面呈现出以下四个特点：

（一）在参与主体上，覆盖面大且重点突出。全市44个检察院中已有17个与其他机关单位会签了协作机制，占比38.64%。参与协作机制会签的机关单位包括国土、食药监、环保等17家行政机关及监察委、人民法院、公安机关等监察、司法机关，其中环保部门参与会签11份，食药监部门参与会签9份，国土部门参与会签9份，水利部门参与会签7份，人民法院参与会签4份，国资委部门参与会签3份，与检察公益诉讼所涉5大领域有关的行政机关参与会签的次数较多。如南川区院与生态环境局等13个部门会签文件，就贯彻高检院与九部委《关于在检察公益诉讼中加强协作配合依法打好污染防治攻坚战的意见》进行了细化，覆盖了检察公益诉讼所涉的各个领域。

（二）在会签方式上，点对点与点对多并行。检察机关与行政机关会签协作机制的方式主要有两种：一是检察机关分别与单个行政机关会签，突出会签对象的职能特点与协作需求，有13个检察院以此种点对点的方式会签了28份文件，分别占76.47%和87.50%；二是检察机关与多个行政机关及监察司法机关会签，突出公益诉讼协作的整体性和全面性，有4个检察院以此种点对多的方式会签了4份文件，分别占23.53%和12.50%。如江津区检察院牵头，同时与20个相关单位会签了《关于在公益诉讼工作中加强协作与配合的意见》，并印发通知要求各单位遵照执行。

（三）在文件形式上，条款式与板块式并存。市院、分院会签的协作文件，基本上是以板块式的形式行文，分门别类地载明协作内容。如市检察院与市环保局会签的《关于在公益诉讼工作中加强协作的意见》从指导思想、基本原则、协作内容、机制保障四个方面规定了14项内容。基层院会签的协作文件，基本上是以条款式的形式行文，一条一条地叙明协作事项。如涪陵区院与区环保局会签的《关于在环境保护中加强公益诉讼协作配合的若干意见》就协作事项以15条的内容予以确定。

（四）在机制内容上，协作配合事项全面清晰。无论是以何种形式成文，会签文件均对需要各行政机关予以协助配合的事项作了较全面清晰的规定，包括信息共享、信息通报、线索移送、联合专项行动、联合业务培训、调查协作、出庭应诉、专业支持、检测鉴定、联络员等。有的文件还直接明确了各单位的联络部门和联络员，明确搭建联络渠道，如江津区院在会签的文件附件中，确定了21个单位负责联络的部门、联络员及其联系方式。

二、运行现状

据统计，2018年1—12月，重庆检察机关在履行职责中共发现公益诉讼案件线索2259件，立案1962件，办理公益诉讼诉前程序案件1860件，向人民法院提起公益诉讼36件，实现了突破性开局。2019年1—7月，重庆检察机关发现公益案件线索1359件，立案1270件，办理公益诉讼诉前程序案件1053件，提起公益诉讼32件，同比分别上升63%、76%、71%、300%。2019年上半年各项主要工作数据指标均呈现较大幅度增长，已会签协作机制单位的办案数据大多比较靠前。从一定程度上反映出协作机制在推动公益诉讼办案方面具有基础性、支撑性作用。

总体上，协作机制在实际运行中比较顺畅，检察机关与各行政机关的协作配合正在做深做实。同时，调研中也发现了一些问题，主要体现在四个方面：

（一）行政机关主动移送案件线索较少。协作机制中均规定“建立案件线索移送机制”，即行政机关在执法过程中发现需要对污染环境、破坏生态等损害国家利益和社会公共利益的行为提起公益诉讼的，应当向检察机关移送线索。但是据统计，检察机关发现的案件线索自行发现的比例超过98%，只有极个别线索由行政机关移送。

（二）信息共享和信息通报难以落实。协作机制中均对检察机关与行政机关加强信息共享和信息通报作出规定，例如规定“行政机关在移送涉嫌犯罪案件时，应当向检察机关通报情况”“双方共享公益诉讼相关的规范性文件、工作信息”“依托两法衔接平台逐步建立公益诉讼信息共享机制”。在实践中，上述规定落实情况不佳，检察机关知情权难以保障。

（三）调查协作和专业支持力度不大。据基层院反映，协作机制中的工作协作力度不大。例如，在联合开展专项行动方面，行政机关主动性不够；在配合检察机关开展调查时，少数行政机关效率不高，有的工作人员对于接受询问顾虑较大；在协助进行检测、提供监测数据方面，相关单位支持力度不大；在指导鉴定机构推行先鉴定后收费方面，因困难较大而缺乏主动性。

（四）日常联络的稳定性不够。加强日常工作联络是落实协作机制的重要基础。调研发现，当前市、区两级的日常联络工作都缺乏经常性，且在当前机构改革期联络员的变动较大，稳定的联络沟通工作需要进一步建立和巩固。同时，基层反映，在开展联络工作时，有的联络员存在推诿，以不属于岗位职责为由而“踢皮球”，导致工作沟通复杂烦琐。

上述问题，既有人力物力所限等客观上的原因，也有认识不到位抵触检察监督等主观上的原因。2019 年初，最高人民检察院会同生态环境部、发展改革委等九部委印发《关于在检察公益诉讼中加强协作配合依法打好污染防治攻坚战的意见》，提出 21 项针对性很强的措施，有助于促进解决上述问题。

三、对策建议

徒法不足以自行。协作机制并非越多越好，也不是每个基层院都需要把中央和上级的协作文件照样会签。制度的生命力在于实施。关键是把已有机制或高检院的协作文件结合实际落到实处，把制度红利转化为工作便利。针对调研发现的问题，为促进全市检察机关更好地与行政机关加强公益诉讼协作配合，提出以下六点建议。

（一）建立对口联系机制，确保工作沟通顺畅快捷。各单位确定相关职能部门就公益诉讼工作中加强协作配合进行对口联系，负责日常联络、线索移送、会商研判、文件传输、信息共享等工作。市检察院确定检察五部负责联络，各检察分院、基层检察院相应确定负责公益诉讼工作的部门负责对口联系，部门负责人为联络员。区县各行政执法机关参照上级机关的做法相应确定职能部门负责对口联系。各基层检察院应当主动与相关行政机关联系，明确责任部门和联络员。联络部门、联络员应保持相对稳定，发生变更时及时通知，同时承担“首办负责”，一个窗口对外，不能层层分转。

（二）建立信息共享机制，充分保障各方关切。积极运用正在建设推进的“政务数据资源平台”，推动实行部门间数据网络实时共享。在网络数据共享实行前，采用书面形式共享信息。检察机关与同级行政执法机关每季度末定期互相交换有关数据信息。对于涉及公益诉讼领域的行政执法及检察公益诉讼的重大案件、事件、舆情等重大情况，各方应及时通报。各方在工作中需要及时获悉案件信息并提出书面请求的，被请求一方应当及时提供。检察机关提供已办理的涉及生态环境和资源保护领域的刑事犯罪、公益诉讼等案件数据信息。行政执法机关提供本机关涉及公益诉讼领域的行政处罚、生态损害赔偿、监测数据等信息。数据信息的种类、格式由各方商定，力求清晰、简洁、直观。

（三）建立线索移送和交流会商机制，加强执法司法互动。各级行政机关发现公益诉讼案件线索的，应及时移送同级检察机关。行政机关在开展生态环境损害赔偿磋商或诉讼的，可以邀请检察机关参与。检察机关可以根据情况参与赔偿磋商，或者依法支持起诉。各级检察机关定期召集有关行政机关开展执法情况和公益诉讼线索交流会商和研判。一年应至少会商一次，确有需要的可随时召开。有关行政机关可就本系统行政执法和公益诉讼线索情况与检察机关分别交流会商，共同研究解决执法中的突出问题。

（四）建立取证协作机制，增进互尊互信。检察机关在调查取证过程中，应加强与行政机关的沟通协调。对于可能引发媒体和公众广泛关注的重大敏感案件线索，应及时向被监督行政机关的上级机关通报情况，同时向市检察院报告。行政机关应积极配合检察机关开展调取、收集证据和相关询问工作。各行政机关可根据自身工作属性和行业特点，为检察机关在调查取证、鉴定评估等方面提供专业咨询和技术支持，如协助做好涉案污染物的检测鉴定工作、指派专业技术人员提供专家意见等。检察机关可根据行政机关办案需要或要求，提供法律咨询等帮助。检察机关在办案过程中，涉及案件的专门性问题因客观原因难以鉴定或者没有鉴定必要的，可以结合案件其他证据，并参考行政机关意见、专家意见等予以认定。

（五）建立鉴定评估协作机制，最大限度满足办案需求。司法行政机关根据有关法律、法规、规章及司法部、生态环境部《关于印发〈环境损害司法鉴定机构登记评审细则〉的通知》等规定，审核登记一批诉讼急需、社会关注的环境损害司法鉴定机构。定期将《国家司法鉴定人和司法鉴定机构名册》分送检察机关和各行政机关，同时及时告知环境损害司法鉴定机构及鉴定人的登记、变更、延续、注销等信息，以便于委托司法鉴定。检察机关、各行政机关应当定期或者根据司法行政工作需要，向市司法局提供环境损害司法鉴定的委托数量、委托项目、规范执业、服务态度、意见采用、出庭作证等情况。司法行政机关按照司法部《关于进一步做好环境损害司法鉴定管理有关问题的通知》等有关规定，会同检察机关做好检察公益诉讼中“先鉴定、后收费”工作。

（六）建立人员交流和联合培训机制，增强专业能力。检察机关与各行政执法机关互派业务骨干进行挂职锻炼，相互给予支持，挂职期可以为三个月、半年或一年。检察机关根据需要，适时聘请部分行政执法机关业务骨干任命为特邀检察官助理或专家咨询委员，共同参与专项行动和公益诉讼办案工作。检察机关和行政执法机关在业务培训中相互加强沟通和协作，通过为各方预留名额、邀请各方单位领导和办案骨干授课或介绍情况、定期开展业务交流活动、联合举办培训等方式，共同提高行政执法和公益诉讼能力。

●实证分析

充分利用实证分析方法对代表性裁判文书进行定性分析和定量分析，总结检察公益诉讼运行规律。一方面，从整体视角，以生态环境领域司法裁判案例为样本，围绕诉讼主体、证明标准、诉讼时效、审判方式、判决方式等具体环节，对刑事附带民事公益诉讼的诉讼程序展开分析，总结问题，并提出相应建议；另一方面，选取部分视角，以代表性裁判文书为样本，对其中的裁判部分展开分析，即在梳理行政公益诉讼判决类型的基础上，挖掘履行判决、确认违法判决等判决种类适用的场域与限制，并提出相应的改进方案。

刑事附带民事公益诉讼诉讼程序研究

——以生态环境领域司法裁判文书为分析样本*

张 彬 谌妍君**

摘 要：刑事附带民事公益诉讼具有提高诉讼效率、节省司法资源、惩戒犯罪行为与修复受损公益并举等诸多优势，自产生之日起就备受瞩目，发展迅速，极大丰富了我国检察公益诉讼制度。然而，刑事附带民事公益诉讼并非刑事诉讼与民事公益诉讼的简单相加，二者在诉讼主体、证明标准、诉讼时效、审判方式、判决方式等诉讼程序方面存在较大差异，且当前并无明确的法律规则指引，从而导致实践中，刑事附带民事公益诉讼在诉前公告、担责方式、减轻情节、调解制度、法律依据等方面存在较大问题。对此，应当在肯定刑事附带民事公益诉讼所具有的独立价值的基础上，完善相关法律法规，建立健全相关程序规则。

关键词：刑事附带民事公益诉讼；诉讼程序；检察机关；裁判文书

2018年3月，最高人民法院、最高人民检察院联合发布《关于检察公益诉讼案件适用法律若干问题的解释》（以下简称《解释》），第20条规定："人民检察院对破坏生态环境和资源保护、食品药品安全领域侵害众多消费者合法权益等损害社会公共利益的犯罪行为提起刑事公诉时，可以向人民法院一并提起附带民事公益诉讼，由人民法院同一审判组织审理。人民检察院提起的刑事附带民事公益诉讼案件由审理刑事案件的人民法院管辖。"该条

---

* **基金项目**：本文是湖南省社科基金项目"检察机关提起环境公益诉讼的司法鉴定长效机制研究"（18JD67）的阶段性研究成果。

** **作者简介**：张彬，湘潭大学法学院讲师，湘潭大学检察公益诉讼理论研究中心研究员。谌妍君，湘潭大学法学院本科生。

首次提出“刑事附带民事公益诉讼”这一表述①，自此之后，我国检察公益诉讼案件类型的格局发生重大调整，“开始由以行政公益诉讼为中心转入以刑事附带民事公益诉讼为中心”。② 刑事附带民事公益诉讼成为我国公益诉讼中的“主力军”。刑事附带民事公益诉讼基于其“公益性”特点与“刑事附带”属性，使其审理程序既不同于一般的附带民事诉讼，也不同于一般的民事公益诉讼。③ 遗憾的是，现行立法及司法解释都缺乏对刑事附带民事公益诉讼程序的具体规定，已有规定都过于简单，即便是新近发布的《人民检察院公益诉讼办案规则》（2020 年 9 月 28 日最高人民检察院第十三届检察委员会第五十二次会议通过，自 2021 年 7 月 1 日起施行），也仅仅只有两个条文涉及刑事附带民事公益诉讼，即第 14 条第 2 款“刑事附带民事公益诉讼案件，由办理刑事案件的人民检察院立案管辖”和第 97 条“人民检察院在刑事案件提起公诉时，对破坏生态环境和资源保护，食品药品安全领域侵害众多消费者合法权益，侵犯未成年人合法权益，侵害英雄烈士等的姓名、肖像、名誉、荣誉等损害社会公共利益的违法行为，可以向人民法院提起刑事附带民事公益诉讼”。至于具体程序问题，则未有涉及。由此直接导致刑事附带民事公益诉讼在实践运行中存在较大争议，制度效果难以有效发挥。

一、刑事附带民事公益诉讼的样本选取

刑事附带民事公益诉讼自产生之日起，就呈现迅猛发展势头。据统计，2018 年全国检察机关提起公益诉讼 3228 件，其中，行政公益诉讼占 18.2%，民事公益诉讼占 5.1%，而刑事附带民事公益诉讼占 76.7%。④ 而

---

① 陈学敏：《环境刑事附带民事公益诉讼制度的检视与完善》，《华南理工大学学报（社会科学版）》2021 年第 3 期。

② 统计显示，2015 年 7 月 1 日至 2017 年 6 月 30 日两年试点期间，检察机关工作重点是办理行政公益诉讼案件，数量达 1029 件，占比 89.47%；办理刑事附带民事公益诉讼案件只有 25 件，占比 2.174%；而 2018 年 1 月至 12 月，全国检察机关提起刑事附带民事公益诉讼 2476 件，占比 76.70%；提起行政公益诉讼案件 587 件，占比 18.18%；提起民事公益诉讼案件 165 件，占比 5.11%。张嘉军：《论检察民事公益诉讼的“刑事化”及其消解》，《河南财经政法大学学报》2021 年第 3 期。

③ 高星阁：《论刑事附带民事公益诉讼的程序实现》，《新疆社会科学》2021 年第 3 期。

④ 周新：《刑事附带民事公益诉讼研究》，《中国刑事法杂志》2021 年第 3 期。

与其实践热度相比，立法则非常简单，程序性规定更是欠缺，从而导致司法适用难题。为了更好地呈现刑事附带民事公益诉讼程序的运行状况，本文通过“刑事附带民事公益诉讼”+“生态环境”+“检察院”+“年份：2018～2020”的检索式，在“无讼”网站检索判决书，在这一主题范畴之内，经过多轮筛选，最终确定145份裁判文书作为分析样本。

（一）样本地域分布情况

在2018到2020年间刑事附带民事公益诉讼所涉及的省、自治区、直辖市共有30个，其中四川省、安徽省、贵州省、辽宁省、江苏省、湖南省所处理的案件已经超过了150件，位于全国前列。同时，各个省份之间的案件数量也相差巨大，例如北京市、天津市、西藏自治区仅有个位数的案例数量。但从现实层面来讲，以上三个地区的各种生态资源都很丰富，且前两个省份还算检察公益诉讼制度较为发达的地区，因此随之出现的公益违法侵权行为应该不会在少数，但实际能查询到的审判案例只有个位数，可能是由于当地法院没有将该类案件上网，或者是对于该项制度还尚未普遍进行落实而是以原来刑事诉讼、民事公益诉讼分开处理的方式来进行审判等一系列现实原因所导致的。

除此之外，各省由于地理位置的不同，所频繁出现的具体违法行为也有所不同。例如，处在长江流域的四川省、湖南省常出现以“非法捕捞水产品”为案由的刑事附带民事公益诉讼；而森林资源丰富的福建省、江西省、浙江省相较于其他省份来说，以“滥伐林木”为案由的刑事附带民事公益诉讼较多；在四川、河南等动物资源丰富的地区，以“非法收购、运输、出售珍贵濒危野生动物、珍贵濒危野生动物制品”为案由的刑事附带民事公益诉讼时有发生。基于以上分析，笔者从每个省份都选取了一定比例的案例，确保了样本选择的全面性及多样性。

（二）案件类别标准

从实践来看，刑事附带民事公益诉讼案件主要集中在生态环境、资源保护领域。因此，本文亦以生态环境领域的案例为分析样本。具体而言，《刑法》第六章第六节破坏环境资源保护罪。其中，非法捕捞水产品罪42起，非法猎捕、杀害珍贵、濒危野生动物罪35起，滥伐林木罪15起，污染环境罪13起，非法占用农用地罪10起，非法采矿罪10起，盗伐林木罪12起，非法收购、运输、出售珍贵濒危野生动物、珍贵、濒危野生动物制品罪8起。

二、刑事附带民事公益诉讼诉讼程序样本指标分析

虽然《解释》提出了刑事附带民事公益诉讼这一新的公益诉讼类型，但理论界和实务界对于这一类型的独立性存在不同认识。有学者认为，附带民事诉讼和民事公益诉讼标的不同，人民检察院并不能当然的成为附带民事公益诉讼的适格主体，刑事附带民事公益诉讼没有单独存在的必要。① 亦有学者认为，刑事附带民事公益诉讼具有惩罚和预防犯罪、节约司法资源、破解取证难题等制度价值，当前附带民事诉讼和民事公益诉讼无法为附带民事公益诉讼提供有效的程序框架，有必要单独设置。② 另有学者提出，刑事附带民事公益诉讼本质上属于一种民事公益诉讼，是民事公益诉讼和刑事诉讼相结合的产物，刑事附带民事公益诉讼的独立性在很大程度上取决于其是否能够从刑事诉讼和刑事附带民事诉讼中分离出来。③ 其实，刑事附带民事公益诉讼不同于附带民事诉讼，也不同于一般的民事公益诉讼，不能简单地套用刑事诉讼，或附带民事诉讼，或普通民事公益诉讼的程序，有必要单独予以明确。而现行立法规定简单，理论界和实务界认识存在较大偏差，从而直接导致司法实践中的不统一。结合刑事附带民事公益诉讼诉讼程序所涉及的主要问题，本文重点围绕诉前公告、级别管辖、担责方式、量刑情节、诉讼调解五个方面展开分析。

（一）诉前公告程序

《解释》第13条规定："人民检察院在履行职责中发现破坏生态环境和资源保护、食品药品安全领域侵害众多消费者合法权益等损害社会公共利益的行为，拟提起公益诉讼的，应当依法公告，公告期间为三十日。公告期满，法律规定的机关和有关组织不提起诉讼的，人民检察院可以向人民法院提起诉讼。"在民事公益诉讼中设置这一诉前公告程序，目的在于保障适格

---

① 程龙：《刑事附带民事公益诉讼之否定》，《北方法学》2018年第6期。

② 谢小剑：《形式附带民事公益诉讼：制度创新与实践突围——以207份裁判文书为样本》，《中国刑事法杂志》2019年第5期。

③ 周新：《刑事附带民事公益诉讼研究》，《中国刑事法杂志》2021年第3期。

主体的公益诉权，同时也强调检察机关作为公益诉讼辅助人的身份，落实监督职责。刑事附带民事公益诉讼是否需要履行诉前公告程序，学界对此有过诸多争议，各地实践也有所不同。

2019 年 12 月，最高人民法院、最高人民检察院《关于人民检察院提起刑事附带民事公益诉讼应否履行诉前公告程序问题的批复》（以下简称《批复》），明确规定："人民检察院提起刑事附带民事公益诉讼，应履行诉前公告程序。对于未履行诉前公告程序的，人民法院应当进行释明，告知人民检察院公告后再提起诉讼。"同时，为保证刑事诉讼顺利进行，避免出现超期羁押的情况，《批复》还规定："因人民检察院履行诉前公告程序，可能影响相关刑事案件审理期限的，人民检察院可以另行提起民事公益诉讼。"这一《批复》对刑事附带民事公益诉讼诉前公告程序的适用问题作了明确指引，实践中应当据此进行适用和审理。然而，从 2020 年的 84 件样本来看，仅 17 份判决书在"审理经过"中写明："经查，xxx 人民检察院于某年某月某日公告了案件相关情况，公告期内未有法律规定的机关和有关组织提起民事公益诉讼。"另有将近 80% 的案件并没有对这一程序的适用进行审理。当然，相较于《批复》实施之前，刑事附带民事公益诉讼履行诉前公告程序的比例得到显著提高（2018 年和 2019 年样本中适用诉前公告程序的案件仅占 5%），但从样本分析来看，实践中仍未统一适用诉前公告程序。

（二）级别管辖

从样本案例来看，刑事附带民事公益诉讼一审案件都由基层法院管辖。因为，按照一般法理，刑事附带民事公益诉讼中，刑事诉讼是主诉，民事公益诉讼是附带的，因此，附带民事公益诉讼与刑事诉讼应当保持一致，由基层人民法院进行一审。《解释》第 20 条第 2 款："人民检察院提起的刑事附带民事公益诉讼案件由审理刑事案件的人民法院管辖。"即是此理。根据《刑事诉讼法》的规定，基层人民法院管辖第一审普通刑事案件，中级人民法院管辖两类特殊的刑事案件。[①] 因此，刑事附带民事公益诉讼原则上由基层人民法院管辖。而《解释》第 5 条规定："市（分、州）人民检察院提起

① 《刑事诉讼法》第 20 条："基层人民法院管辖第一审普通刑事案件，但是依照本法由上级人民法院管辖的除外。"第 21 条："中级人民法院管辖下列第一审刑事案件：（一）危害国家安全、恐怖活动案件；（二）可能判处无期徒刑、死刑的案件。"

的第一审民事公益诉讼案件，由侵权行为地或者被告住所地中级人民法院管辖。基层人民检察院提起的第一审行政公益诉讼案件，由被诉行政机关所在地基层人民法院管辖。”由此可见，一审民事公益诉讼案件，原则上由市人民检察提起，由中级人民法院管辖。可见，刑事附带民事公益诉讼与民事公益诉讼在级别管辖存在差异，理论上也存在诸多争议。有学者认为，“从级别管辖的角度审视，刑事附带民事公益诉讼与民事公益诉讼的管辖出现了错位，由此可能导致在适用中出现混乱。”① 亦有学者认为，在附带民事公益诉讼的性质未发生实质性改变的情况下，这种附随性有可能影响民事公益诉讼的公正处理。②

从立法意图考量，《解释》之所以规定由中级人民法院审理一审民事公益诉讼案件，其主要原因在于公益诉讼案件涉及国家和社会公共利益，往往人数较多，案情较为复杂，审理和执行难度较大，社会关注度普遍较高，且该制度是我国诉讼制度中新增的一种诉讼类型，其影响力较大却没有成熟的经验可供借鉴，虽已推行四年有余，但相对于实施几十年的传统诉讼类型而言，这一新制度仍存在诸多探索空间，更何况民事公益诉讼本身就突破了私法自治这一法理，相对于行政公益诉讼而言，立法对民事公益诉讼的规定更为严格，也更为谨慎。那么，争议的关键是，由基层法院审理附带民事公益诉讼是否不利于公共利益的保护，是否损害了当事人追求中级人民法院审理的审级利益呢？

对此，并不能简单地从审级出发得到肯定结论。相反，由基层法院审理刑事附带民事公益诉讼案件亦有其优势，不仅能够充分发挥基层检察官和法官人员数量上的优势，激发基层办案活力，而且可以有效利用基层检察官和法官最接近案源地的地理优势，快速查明案件事实。正是基于此，在民事公益诉讼实践中，诸多地方已经开始了由基层法院独立管辖的有益探索，且效果良好。因此，随着社会经济的日益快速发展，以及社会大众对民事公益诉讼制度认识的不断提升，民事公益诉讼管辖由中级人民法院转向基层人民法院可以说是必然趋势。但现行立法中的一个重要问题是，如若基层检察院撤

---

① 高星阁：《论刑事附带民事公益诉讼的程序实现》，《新疆社会科学》2021 年第 3 期。

② 陈学敏：《环境刑事附带民事公益诉讼制度的检视与完善》，《华南理工大学学报（社会科学版）》2021 年第 3 期。

回起诉，那么附带的民事公益诉讼该如何处理。这一点并未明确，有待于实践进一步探索。

（三）担责方式

刑事附带民事公益诉讼的判决结果通常由多种责任方式构成。《最高人民法院关于审理环境民事公益诉讼案件适用法律若干问题的解释》第 18 条规定："对污染环境、破坏生态，已经损害社会公共利益或者具有损害社会公共利益重大风险的行为，原告可以请求被告承担停止侵害、排除妨碍、消除危险、恢复原状、赔偿损失、赔礼道歉等民事责任。"在样本案例中，法院的判决结果通常包括恢复原状、赔偿损失以及赔礼道歉这三种方式。恢复原状的案件约占 54%；赔偿损失约占 46%；赔礼道歉约占 43%；判决停止侵害约占 16%；判决消除危险约占 12%。

随着社会发展，根据具体侵犯公共利益的情况，在原有民事赔偿责任中又增加了一些新颖且灵活的担责方式。比如在恢复原状中，对于植被、鱼类资源的破坏，法院通常判决被告人承担补植补苗的责任，在被告人主动修复生态环境后，如果没达到当地标准、行业标准或者怠于履责，则再应对以上所需要付出的生态修复费用进行赔偿。除此之外，有的法院直接判决被告赔偿相关生态修复费用或让被告自行修复。另外，在一些案件中法院还判决被告人承担三倍、十倍等惩罚性赔偿。

（四）量刑情节

实践中被告人承担民事赔偿、修复受损公益对于减轻其刑事部分的量刑具有一定作用。通过样本分析，可以发现，绝大多数裁判文书都存在着被告人"自首""坦白""认罪认罚"等法定从轻处罚的事由。除此之外，几乎所有案件的被告人都有良好的认罪态度，能够主动承担经济赔偿、主动承担生态修复的责任，并能在案件还在审理之中就及时的完成公开赔礼道歉、预交赔偿金、退缴违法所得、购买树苗鱼苗来着手进行生态环境修复等民事责任。因此，鉴于以上积极的悔罪行为，绝大部分法院在裁判时都会酌情减轻处罚。

从刑期来看，大多数案件的刑事部分都以缓刑为主，而没有缓刑的，除犯罪情形特别严重的以外，一般判处拘役、管制，并处一定的罚金。这一量刑充分体现了在刑事附带民事公益诉讼中"刚柔结合"的原则。毕竟刑罚不是目的，更重要是通过刑罚达到对违法犯罪行为人的教育效果，让其亲自参与到环境保护、修复的过程中，切身体会环保的重要性，进而实现惩戒与预防相结合。

然而，在实践中，应当注意的是，行为人积极、主动承担附带民事公益诉讼的责任并不必然属于刑罚的减轻或从轻情节，以防止犯罪行为人通过民事赔偿逃避刑罚制裁。也即，要根据犯罪行为人的具体情况来具体分析，而不能一刀切。法官在实际审判中，要准确认定减轻情节、把握从轻处罚的标准。除此之外，由于法律规定不清导致的各地区同类型案件判决畸轻、畸重的问题，也要通过明析相关法律法规来解决。

（五）诉讼调解

在近几年的刑事附带民事公益诉讼案件中达成调解协议的案件极少，样本案例中民事部分经调解的案件仅有 19 件，并且主要是由人民法院主动来主持调解工作，只有一个案件属于双方当事人先行调解，达成调解协议。

问题是法院是应当进行调解还是可以进行调解，何种情况下应当进行调解，何种情况可以进行调解，何种情况不能进行调解，对此，尚未有明确的法律规定。因为，附带民事公益诉讼并非纯粹的民事诉讼，其所涉利益不是原被告双方之间，而是往往涉及公共利益，因此，原告是否能够或者有权代表公共利益自愿进行调解，很难证明。从样本案例来看，在实践中，法院在进行调解之前往往会进行为期三十日的公告，期满后未收到任何意见或建议的，法院予以确认，调解书经各方当事人签字后具有法律效力。此外，还有一个关键问题是，如何保障调解书能够完全履行，有何监督措施或手段。现实中已存在调解执行难问题，如何避免调解书沦为一纸空谈，从而造成二次损害，是摆在检察机关面前的现实难题。

三、刑事附带民事公益诉讼诉讼程序的完善建议

（一）完善刑事附带民事公益诉讼的诉前公告

诉前的公告程序具有一定的必要性。提前在全社会进行公告就是为了找到一个最适格的主体来支持起诉，不仅有利于保障在案件审理过程中原告的专业性，同时也减轻了检察院的负担。虽然《批复》明确，人民检察院可以在可能影响相关刑事案件审判期间的前提下，单独提起民事公益诉讼，尽量避免出现超期羁押的情况，但实践中还是出现了拖延、适格主体没有及时

担责的情况。基于此，首先我们可以统一一个发布公告的平台。目前很多案件是跨省份的，如果仅在某省官网上发布公告，很有可能外地的适格原告不能及时的看到公告信息。并且现在处于大数据时代，每天网络上的信息数以亿计，很难保证公告被适格主体看到。所以建立一个特定的公告平台对此是很有帮助的。除此之外，我们是否可以考虑一些可以不适用诉前公告程序的例外情况呢？一些学者不赞同履行诉前公告程序的原因在于，该制度是刑事诉讼与民事公益诉讼一并进行的诉讼制度，其出发点是公共利益在受到侵害时能够迅速得到修复，重点放在“效率”二字上。如果加一个诉前公告程序会拖慢对公益修复的速度，并且不公告也更有利于节约司法资源，注重到一些案件涉及信息的保密性。① 以上观点也不是没有道理，因此我认为可以采取一个折中的方式。

我们可以把各类案件进行一个具体的分类，制定详细的划分标准。对于涉及保密信息的案件、急于对环境资源进行修复的案件、涉及广大人民群众生命安全和重大财产利益的案件或者一些轻微、案件事实简单的案件，我们就可以把“效率”这一要素放在首位，直接由人民检察院作为民事公益诉讼的原告人，以此来探索程序与效率的结合。

（二）完善刑事附带民事公益诉讼的担责方式

虽然法律规定了民事责任的六种承担方式，但在司法实践中，也根据实际情况创新了一些方式方法，但结合以上的145份案例来看，还有很多方式并没有进行细化，没有一个严格的使用标准。例如赔礼道歉这一担责方式。根据统计，不同案件的被告人可以在不同范围内的社交媒体上道歉，有市级媒体、省级媒体以及国家级媒体。一般的道歉判决都能很好的对应到公共利益被损害的范围内，但还是有一些判决忽略了部分流动性强的被损害的群体。在食品产品安全类犯罪上，有些法院只让被告人在他所活动的省、市或生产工厂所在地周围的社交媒体上进行道歉，并没有考虑到经过流通后的其他地方，无法保障处在外地、人身财产权益受损害的其他人。因此，我们可以依据不同的案件类型对各类民事责任划分一定的等级，把标准都明确的摆出来从而保障公平公正，也减少纠纷的产生。

---

① 王克涛：《刑附民公益诉讼应无需履行诉前公告程序》，《江苏法制报》2018年11月1日。

（三）完善刑事附带民事公益诉讼的减轻情节

在刑事附带民事公益诉讼案件中，大多数案件的被告人具有“自首”“坦白”“认罪认罚”等法定从轻情节，同时态度良好能够及时纠错补救，因此法院最后作出的判决结果中依据民事责任的承担情况而减轻刑事部分处罚的情况经常发生。用民事责任去弥补刑事责任这一新的承担方式虽然更有人性化，也体现了惩罚和教育相结合的理念，对于公共利益的及时修复也具有有利影响，但仍然存在一些违法犯罪分子钻法律的漏洞，表面上认错态度良好，实际上是为了减轻刑事部分的处罚，而其内心依旧屡教不改。面对以上这样的情况，国家可以通过司法解释列明具体可以通过民事担责来减轻刑罚的情形，在法律明确规定的框架内，在法律允许的范围内，法官可以根据案件的具体情况行使自由裁量权。除了在审判过程中对减轻情节进行把控之外，我们还可以建立案件信息数据库，将所有涉及刑事附带民事公益诉讼的案件放入其中，以便法院及时发现被告人是否属于惯犯。针对再次犯同类型罪的被告人，可以不适用酌定减轻刑罚的制度规定，增加犯罪分子的违法成本，迫使他们遵守法律。

（四）完善刑事附带民事公益诉讼的调解制度

以判决结案的方式在司法实践中占据大多数。随着对司法效率的不断追求，对于一些事实清楚、没有争议的案件以调解来结案的形式也逐渐被大众所接受。调解相较于判决而言，具有更多的灵活性，没有复杂严格的审判程序需要遵守。同时，在始终贯彻当事人主义的调解上，双方当事人能够自由的调整解决纠纷的进度，快速的单刀直入案件争议问题的核心，从而更有效率、更有人情味儿的解决双方之间的纠纷。调解结案的优点显而易见，但如果直接运用到刚开始起步探索的刑事附带民事公益诉讼制度上，则可能会出现一系列的问题。该类诉讼的目的就是维护社会公共利益，产生的相关违法犯罪行为也必然波及除了双方当事人之外的其他第三方，损害的利益具有广泛性的特征。如果案件一般通过调解来解决，当双方当事人对协议结果不满意，也没考虑到其他受损利益时，就会违背该项诉讼制度的初衷。而我们又需要兼顾效率的要求，因此在将来的立法中可以以法院判决结案的方式为主，同时明确适用调解结案的情形，把调解作为辅助性的手段。

根据收集到的 19 份以调解结案的刑事附带民事诉讼调解书可以了解到，

运用该方式的案件都比较简单，事实清楚且被告人的认罪态度良好，能快速落实自己的民事责任。基于以上特点，在将来适用调解方式结案时，也应该考虑以上几项指标，尤其是被告人对民事责任的落实。为了避免最后出现救济难、追责难的问题，人民检察院以及审判机关可以在调解协议形成前，对被告人进行严格的考核，从经济条件、社会征信记录、被告人亲属态度、单位态度等各方面进行综合评估，达到规定标准后，双方当事人才能运用调解的方式结案。

（五）完善刑事附带民事公益诉讼的法律依据

任何制度的实施都离不开法律依据。在检察公益诉讼不断发展壮大的今天，我们也需要未雨绸缪提前考虑到相关法律法规的健全问题。比如，不同诉因的刑事附带民事公益诉讼案件的量刑存在差异，不同地区类似案件的判决结果也不尽相同，还有一些需要进行惩罚性赔偿的案件中惩罚赔偿金的规定也并不清晰等等很多的细节方面都需要法律进一步进行规定。因此，我国相关法律制定机关可以在理论基础的前提下，结合好实践经验，单独制定一部有关于检察公益诉讼的法律。内容上再根据不同案由对刑事附带民事公益诉讼案件进行分类，设定一套独一无二、仅仅适用该类型案件的量刑标准、惩罚性赔偿规则等具有独特性的规定。同时，各省、自治区、直辖市可以以上级制定的法律为依据，因地制宜地进一步调整措施，并根据当地实际情况加以细化。只有有法可依，才能有助于提高我国司法机关的效率，完善我国的公益诉讼制度。

结语

刑事附带民事公益诉讼作为我国法治进程中的新生事物，既涉及刑事诉讼程序，又涉及民事公益诉讼程序。由于笔者能力有限，还有一些问题没有进行更深入的研究，比如刑事诉讼与民事诉讼之间的制度衔接问题，举证责任的分配问题，取证难等方面。

实践是检验真理的唯一标准。刑事附带民事公益诉讼想要继续发展完善、取得成果就必须要紧跟实际，在实践中不断试错、不断优化自身。同时，要进一步完善相关法律法规和司法解释。从理论和实践两方面实现新的突破，帮助我国的公益诉讼更上一层楼。在以人为本的宗旨目标下，实现公平和效率的平衡，维护好社会的公共利益。

行政公益诉讼裁判实证分析

——以代表性裁判文书为样本*

谭达宗**

摘　要：在行政诉讼已成行政公益诉讼与行政私益诉讼双重结构的情况下，需要特别注意区分两者，结合行政公益诉讼自身的特质进行制度设计。通过实证分析，可以发现目前行政公益诉讼裁判制度表现出立法上排除给付判决，实践中判决类型集中等不同于行政私益诉讼的特点。在具体规则层面，存在履行判决构成要件不够明晰，与确认违法判决关联的制度设计不合理，过度解读公共利益限制原告资格的问题。需要从司法经验中提取履行判决构成要件的判断体系，对与确认违法判决关联的制度设计进行改造，肯定公益与私益相融合案件的可诉性。

关键词：判决类型；履行判决；确认违法判决；原告资格

2017年《行政诉讼法》修正时在第25条第4款增加了关于行政公益诉讼的依据性规定，这标志着我国行政诉讼正式进入到“民告官”的行政私益诉讼与“官告官”的行政公益诉讼相结合的新阶段。

从学理上来看，这两种诉讼种类的差异是明显的。行政私益诉讼在性质上属于主观诉讼，与之相对应的行政公益诉讼属于客观诉讼，两者在诉讼目的、诉讼对象、原告资格、判决效力等方面存在区别。① 问题在于，在当前

* **基金项目：**国家社会科学基金重大项目“行政诉讼类型制度的构建研究”（项目编号：19ZDA163）的阶段性成果。

** **作者简介：**谭达宗，湘潭大学法学院讲师，湘潭大学公益诉讼检察理论研究中心研究员。

① 马立群：《论客观诉讼与我国行政审判权的界限》，《甘肃社会科学》2011年第1期。

行政公益诉讼尚处于立法初创、实践尚浅的阶段，未必已全面实现与行政私益诉讼具有差异性的制度安排。尤其是在两种不同的诉讼种类共生于以行政私益诉讼为主体的统一立法模式下，行政公益诉讼制度究竟在哪些具体规则上存在与行政私益诉讼的区别，又有哪些具体规则存在不适应的现象？这两个问题需要学界共同关注，本文聚焦于其中的裁判制度，通过实证分析的方法，试回答：行政公益诉讼判决类型从哪些方面表现出与行政私益诉讼不同的特征，行政公益诉讼各类裁判的适用存在哪些问题？

一、行政公益诉讼裁判类型的特征

（一）立法上排除给付判决

我国现行《行政诉讼法》第69—77条为行政私益诉讼确立了驳回原告诉讼请求、撤销判决、履行判决、给付判决、确认判决（确认违法判决与确认无效判决）、变更判决共6种主判决类型。与其相对应，两高联合发布的《关于检察公益诉讼案件适用法律若干问题的解释》（以下简称两高解释》）第25条是行政公益诉讼判决的主要依据，集中规定了除给付判决外的5种判决类型。

《两高解释》与《行政诉讼法》的上述差异，并非疏漏，反而透露出司法部门对行政公益诉讼属于客观诉讼的清晰认识。这一点可以从以下四个方面得以印证：其一，履行判决与给付判决属于广义上给付判决的子类型，前者对应的是行政决定的给付义务，后者主要指向财产性的给付义务。由于财产性的给付义务所解决的是财产利益的归属问题，天然勾连着个体公法上的财产请求权，属于主观公权利的范畴，只能通过主观诉讼寻求救济①，作为客观诉讼属性的行政公益诉讼自然没有适用该判决类型的空间；其二，《两高解释》第25条第3款与《行政诉讼法》第75条对履行判决均完全一致地表述为“被告不履行法定职责的，判决被告在一定期限内履行”，因而行政公益诉讼中的履行判决无法扩大解释为包含给付判决的内容，这进一步证明了立法上排除给付判决的意图；其三，无论是《行政诉讼法》中作为行政公益诉讼依据性条款的第25条第4款，还是《两高解释》中的第21条，

---

① 林莉红、马立群：《作为客观诉讼的行政公益诉讼》，《行政法学研究》2011年第4期。

均将“法定职责”进一步阐明为“监督管理职责”，而未涉及与之对应的给付性职责；最后，司法案例也从侧面体现了将监督管理职责与财产性给付职责区分开来的认识。例如，如在德惠市检察院诉德惠市朝阳乡政府不履行环保监督管理职责案中，吉林省高院采纳了二审法院的观点，认为行政机关对生态环境行政管理职责包含两方面的含义：一是使用公共资金，分阶段建设垃圾处理设施等对生态环境进行治理的职责；二是运用公共权力依法制止生产企业排放大气污染物等对破坏生态环境的违法行为进行监督管理的职责。行政公益诉讼中行政机关的法定职责应当限定在行政机关运用公共权力对破坏生态环境的违法行为进行监督管理的范围内。①

（二）实践中判决类型集中

为探知行政公益诉讼的裁判实况，本文选取了2017—2020年最高人民法院、最高人民检察院公布的指导性案例、典型案例，北大法宝和裁判文书网公布的具有代表性案例的裁判文书作为分析样本。通过统计分析发现：目前行政公益诉讼判决以履行判决为主，确认判决次之，撤销判决和变更判决基本缺位，实然的适用类型明显窄于立法的5种类型。具体而言：

1. 履行判决为主

履行判决以行政机关具有法定职责和履行职责的可能性，但事实上没有履行职责的情形。从统计结果来看，当下行政公益诉讼实践中遇到的绝大多数案件表现为不作为形态。② 这主要是因为：一方面，行政规制的领域十分广泛，市场和社会主体的大量违法行为可能危及公共利益，以有限的行政执法资源应对存在隐蔽性的违法行为，难免存在“捉襟见肘”的监管盲区；另一方面，在严格执法与地方经济发展与政治利益之间存在一定的张力，如地方政府可能基于就业、税收等经济原因的考虑，在环境与生态规制上有所松懈。实践中有些案件，企业的违法行为持续数年甚至十数年，未得到及时制止，这其中的原因离不开地方利益的考量。

2. 确认违法判决次之

《两高解释》第25条第1款对行政公益诉讼确认判决作出了规定：“被

① 吉林省高级人民法院行政裁定书（2018）吉行再21号。

② 由于确认违法加履行判决适用的情形与单独的履行判决完全一致，因而在统计时计入履行判决。

诉行政行为具有行政诉讼法第74条、第75条规定情形之一的，判决确认违法或者确认无效，并可以同时判决责令行政机关采取补救措施。”结合《行政诉讼法》第74条和第75条的具体内容，包括情势变更的确认判决、由撤销判决或履行判决转化的确认判决、程序轻微违法的确认判决、被告改变违法行为的确认判决这四类确认违法判决和确认无效判决。从检索到的裁判样本结果来看，没有发现确认无效判决，且所有确认违法判决只适用于被告在诉讼中改变违法行为（纠正违法行为或履行职责）这一种情形。

3. 驳回原告诉讼请求稀少

驳回原告诉讼请求的判决形式意味着检察院提起的行政公益诉讼败诉。在样本案例中适用该判决形式的主要有以下三种情形：一是行政机关不具有诉争的法定职责。如在寿县检察院诉被上诉人寿县林业局、一审第三人孙贤辉不履行法定职责案中，法院认为在司法机关已经追究了第三人刑事责任，实现了相关法益保护的情况下，要求被告再对第三人进行行政处罚，于法无据；① 二是行政机关在检察建议要求的期限内履职不具有可能性。如在大安市检察院诉市林业局案中，法院认为行政机关对违法第三人处罚决定的执行受到起诉期限和申请法院强制执行期限的限制；② 三是在检察院提起行政公益诉讼之前，行政机关已然履行法定职责，恢复受损的公共利益。如在珲春市检察院诉市国土局不履行法定职责案中，一审法院认定珲春市国土局在接到检察建议后，主观上不存在拒绝履行或者怠于履行的故意，客观上积极履行了职责，不存在拒绝履行、拖延履行或者不完全履行的行为。③

4. 撤销判决与变更判决缺位

（1）撤销判决缺位

从行政公益诉讼的受案范围来看，在行政机关违法行使职权的情况下，存在适用撤销判决的可能性。然而，从本文检索的裁判样本结果来看，并未发现撤销判决的适用，这主要是因为两个方面的原因：一方面，当行政公益诉讼聚焦于行政机关的“监督管理职责”是否依法履行的同时，就决定了行政公益诉讼案件是“违法行为人 + 不依法查处的行政机关 + 公共利益受损”的基本结构，在这种情形下行政机关承担的是作为的义务，这种情形

① 安徽省淮南市中级人民法院行政判决书（2018）皖04行终69号。

② 吉林省白城市中级人民法院行政裁定书（2018）吉08行终10号。

③ 吉林省延边朝鲜族自治州中级人民法院行政判决书（2018）吉24行终104号。

下不存在适用撤销判决的空间；另一方面，无论是违法行使职权还是不作为，当产生公共利益受损这一结果之后，行政机关的法定职责实际上已经产生了增量，即增加了恢复受损公共利益的职责，此时撤销判决也会自然转化为履行判决。

（2）变更判决缺位

《两高解释》第25条第4款对行政公益诉讼变更判决作出规定：“被诉行政机关作出的行政处罚明显不当，或者其他行政行为涉及对款额的确定、认定确有错误的，判决予以变更。”这一规定与《行政诉讼法》第77条第1款规定的变更判决完全一致。早有学者指出，变更判决审判实践存在绝对数量不多、适用率呈下降趋势、适法者“敬而远之”的态度较明显等怠用问题。① 及至行政公益诉讼，变更判决的适用空间将被进一步压缩，这主要是因为以下两个方面的原因：一方面，变更判决和撤销判决均以作为形态的行政行为为前提，前者是在后者消灭行政行为效力仍不足以确定行政相对人的权利状态情形下适用的判决种类，而目前行政公益诉讼中撤销判决已然难得一见，变更判决的适用率可见一斑；另一方面，《两高解释》所规定的行政公益诉讼变更判决适用的两种情形决定了适用的空间有限。其中“行政处罚明显不当”因涉及合理性判断，法院出于对行政自主性的尊重而表现得更加谨慎，“其他行政行为涉及对款额的确认、认定确有错误”主要涉及金钱给付义务，已在立法上的给付判决中排除。

二、行政公益诉讼裁判的具体问题分析

从当前行政公益诉讼裁判实践来看，履行判决构成要件不明晰、与确认违法判决关联的制度设计不合理、过度解读公共利益限制原告资格三个问题较为突出。

（一）履行判决的构成要件不明晰

学界早已对行政私益诉讼履行判决的构成要件达成基本共识，即是否具

① 张静：《论行政诉讼变更判决》，《行政法学研究》2015年第2期。

有法定职责、是否具备客观上履行职责的可能性、以及是否实际履行职责。① 这一框架亦被行政公益诉讼履行判决沿用②，问题是，立法中并未对各个要件的具体判断提供明确指引，而行政公益诉讼涉及的法律关系又更加复杂，这导致法院在判断各个要件时可能产生分歧，严重影响司法裁判的稳定性和统一性。

对此，本文系统整理了司法审判实践中提炼出的高频争点及有益的判断标准，归纳如下：

1. 是否具有法定职责

（1）职责来源的多元性

被告行政机关是否对特定的公益领域具有监督管理职责，判断的法律依据并不局限于正式法律渊源的法律、法规和规章。如有学者认为，行政机关的作为义务来源形式多样，包括法定来源、规定来源、指定来源、裁定来源、约定来源、诺定来源、先行行为来源等。③《检察机关行政公益诉讼案件办案指南（试行）》也规定，在确定行政机关法定职责时，需要综合考量法律、法规、规章，并参考权力清单和有关规范性文件。在司法审判实践中，法院亦从广义上认定“法定职责”的依据。例如：在甘肃清水县检察院诉县畜牧兽医局不履行水资源环境保护监督管理职责案中，上级机关的行政命令构成下级机关的职责来源。法院认为县畜牧兽医局没有关闭或搬迁养殖场的作为义务，也与县环境保护局存在畜禽污染防治监管交叉的问题，但清水县政府已经明确由其负责制定关闭搬迁计划，故理应由其负有相应监管范围内“一揽子”的作为义务。④ 又如，在安义县检察院诉县国土资源局不履行矿山地质环境保护职责案中，规范性文件构成了职责来源。法院认为，《安义县人民政府办公室关于印发安义县国土资源局主要职责、内设机构和

① 周佑勇：《行政不作为构成要件的展开》，《中国法学》2001 年第 5 期；杜仪方：《从“三鹿事件”看我国行政不作为赔偿的法律空间——兼论〈国家赔偿法（修正案草案）〉的相关规定》，《现代法学》2009 年第 3 期；章志远：《司法判决中的行政不作为》，《法学研究》2010 年第 5 期。

② 王清军：《环境行政公益诉讼中行政不作为的审查基准》，《清华法学》2020 年第 2 期。

③ 杨小军：《行政机关作为职责与不作为行为法律研究》，国家行政学院出版社 2013 年版，第 56—61 页。

④ 甘肃省天水市秦州区人民法院行政判决书（2019）甘 0502 行初 5 号。

人员编制规定的通知》确定了被告对矿山地质环境的监督管理职责。①

（2）职责竞合的复杂性

从样本分析的结果来看，判断是否具有法定职责的最大困难在于职责竞合的复杂性。由于我国的行政管理体制具有明显的条块分割特点，政府与政府部门之间，政府各部门之间的职权职责配置存在着交叉重合的问题十分突出，这对检察院而言是起诉时选择适格被告的困境，对法院而言是审查时判断是否具有法定职责的困惑。另外，部分案件涉及行政责任与刑事责任的竞合，使得是否具有法定职责的判断更显复杂，具体而言：

①行政系统内部的职责竞合。这类职责竞合通常表现为三种形态：

首先，政府工作部门与所属政府之间的职责竞合。由于国务院与地方政府组织法仅明确了各级政府综合性和抽象性的职责，其他单行行为法或“三定方案”虽对政府工作部门的职责进行了规定，但在很多情况下，行政管理过程中的各个要素性权力仍分散于两者之间，如立案、调查、审查的权力往往下沉到政府工作部门，但决定、执行可能仍然归属于一级政府。典型如在绥德县环境保护局诉县检察院案中，法院认为，在水源保护区排污口的拆除、罚款的处罚权属于绥德县政府，但对违法行为的立案、调查、向有处罚权的主管部门建议处罚、配合有处罚权的绥德县政府确定处罚对象、涉及违法依法应当实施行政拘留的案件移送公安部门的职责仍属于被告应当履行的职责。② 从样本分析的情况来看，法院在面对政府工作部门与其所属政府之间存在职责竞合的案件时，几乎都倾向于认定政府工作部门具有法定职责。

其次，乡镇政府与县级工作部门之间的职责竞合。由于从地方政府组织法来看，乡镇政府除地域管辖的范围最为狭窄以外，在事务管辖上如经济、教育、科学、卫生、体育、财政、民政、治安、司法行政、计划生育等各项职责上与县级以上政府并无实质差异。③ 但从组织建构来看，因为乡镇政府下并无设置相应的工作部门，而如行政许可、行政处罚、行政强制等常见的公权力手段基本都属于县级以上政府及其工作部门，这就导致乡镇政府容易遭遇与县级政府工作部门之间的职责竞合。法院在判断乡镇政府是否具有法

---

① 南昌铁路运输法院行政判决书（2018）赣7101行初1461号。

② 陕西省榆林市中级人民法院行政判决书（2018）陕08行终2号。

③ 参见《地方人民政府组织法》第61条。

定职责时存在一定程度的分化。有的案件认为乡镇政府具有法定职责，典型如在德惠市检察院诉朝阳乡政府不履行环保监督管理职责案中，法院认为，《环境保护法》中地方各级政府出现16次，乡级政府出现1次。乡级政府的环境保护职责已经在环境保护法中予以明确。并且《村庄和集镇规划建设管理条例》亦规定了乡级政府责令停止侵害，处以罚款等具体职权；① 也有案件认为乡镇政府不具有法定职责，典型如在甘州区检察院诉党寨镇政府案中，虽然甘州区诉请被告依法履行职责，拆除党寨镇小寨无证非法砖厂砖窑及构筑物，但法院认为张掖市国土资源局甘州分局对本行政区域内城乡土地有监督检查、管理职责，有权对党寨镇小寨无证非法砖厂违法建筑予以处罚，加之在诉讼过程中张掖市国土资源局通过非诉执行程序进行了拆除，最终判决驳回甘州区检察院的诉讼请求。②

最后，政府工作部门之间的职责竞合。政府各部门职责涉及的是不同事务的分工，一方面，部门利益的分化容易滋生消极推脱和积极争权的难题；另一方面，现代社会越来越需要打破块状事务分割的局面，寻求跨部门的协调与综合治理，"九龙治水"在一定意义上既是问题又成了解决问题的对策。尤其在涉及自然资源与环境保护的行政公益诉讼当中，土地、环保、农林等主管部门之间职责竞合情况非常普遍。法院在面对这类案件时，并未将审查的重心置于被告与其他相关责任部门之间的职责竞合本身，而是从促使公共利益摆脱受损状态的目的出发，典型如在安义县检察院诉县国土资源局案中，法院并不是从法律规范角度界定矿石清理和植被恢复的职责归属，而是将本案定性为危险防止型案件，由于此类案件被侵害的法益重大、危险具有急迫性、防止危险发生具有可能性，推导出被告当然具有矿石清理及后续植被恢复的职责。③ 甚至，在最高人民法院公布的宜昌市西陵区检察院诉利川市林业局案中，尽管承认不同行政机关应在各自的管辖范围内承担监管之责，但是对特定资源负有监督职责的行政机关推诿赛责，简单将案件移送其他部门处理的行为亦属于行政不作为的范畴。④

②行政责任与刑事责任的竞合。早期有学者将行政责任与刑事责任的衔

① 吉林省高级人民法院行政裁定书（2018）吉行再21号。

② 甘肃省高台县人民法院行政判决书甘0724行初69号。

③ 南昌铁路运输法院行政判决书（2018）赣7101行初1461号。

④ 最高人民法院发布10起人民法院服务保障新时代生态文明建设典型案例之九。

接关系总结为选择适用、合并适用与附条件合并适用三种类型。① 随着 2001 年国务院颁布《行政执法机关移送涉嫌犯罪案件的规定》，行政责任与刑事责任的衔接关系基本明确：在顺位上，原则上刑事责任优先实现，不得以罚代刑；在移送刑事处理前已经作出不可抵扣的行政处罚的，不停止执行，作出可抵扣的行政处罚的在刑事处理时予以抵扣；刑事部分不予立案、不需追究刑事责任或已经作出处理，依法仍应当追究行政责任的作出行政处罚。样本案件的分歧集中于刑事程序后是否仍应当追究行政责任的判断，并具体分化为三种观点：持肯定观点的如在江苏响水县检察院诉县林业局案中，法院认为，“责令补种树木”系林业主管部门法定职责，属特有的行为罚，与滥伐林木罪刑罚种类不能折抵；② 持否定观点的如在寿县检察院诉被县林业局、一审第三人孙贤辉案中，法院认为在滥伐林木的第三人已被追究刑事责任后，要求被告再对第三人进行处罚，于法无据。③ 此外，还有一种观点如在珲春市检察院诉市国土资源局案中，法院认为，在刑事程序结束后，是否对行政相对人实施处罚，属于行政机关自由裁量的范畴。④

上述三种观点分歧的实质，在于是否以客观诉讼的定位来分析行政公益诉讼中刑事责任与行政责任的竞合问题，如坚持以恢复受损公共利益为导向，则毫无疑问地偏向于支持第一种观点。

2. 是否具有客观上履行职责可能性

在满足具有法定职责要件后，需要从法律与事实两个层面来判断履行职责的可能性，若存在客观上的障碍，则阻却不作为的成立。具体而言：

（1）法律上的可能性

从样本分析来看，主要涉及实体上职权配备的限制与程序上行政周期的限制两个方面。

①实体上职权配备的限制。按照职权职责的统一性原则的要求，在依法设定行政机关相应职责时应该同时配备相应的职权手段，以保障行政的效能。因此，行政机关执法手段不够充分可能构成履职的一种客观障碍。从样本案件来看，虽然一些案件中被告只享有部分监管职权，法院倾向于认为实

---

① 周佑勇、刘艳红：《论行政处罚与刑罚处罚的适用衔接》，《法律科学》1997 年第 2 期。

② 江苏省盐城市中级人民法院行政判决书（2018）苏 09 行终 119 号。

③ 安徽省淮南市中级人民法院行政判决书（2018）皖 04 行终 69 号。

④ 吉林省延边朝鲜族自治州中级人民法院行政判决书（2018）吉 24 行终 104 号。

体上职权配备的限制，不构成不作为违法性阻却的事由，行政机关仍应在自己的权限范围内履行职责。例如，在陕西省绥德县检察院诉县环保局案中，法院认为，虽然被告不具有处罚决定权，但具有立案、调查和向有权主体反映和配合执法的职责，最终作出确认违法判决。① 类似的案件还有如福安市环境保护局诉市检察院案等。

②程序上执法周期的限制。因多数履行判决涉及行政机关对违法相对人的查处，但完整的行政过程往往需要经过立案、调查、决定、送达、执行等多个环节，法律对各环节均设置了期限制度，公共利益的及时恢复与执法周期之间存在一定的张力。从样本案件来看，法院倾向于承认程序上执法周期限制，认为只有行政机关超出了法律上规定的最长期限，才构成违法不作为。例如，在吉林大安市检察院诉市林业局案中，法院认为由于违法第三人不服行政处罚决定具有6个月的起诉期限，法律没有授予被告自行强制执行的权力，被告须在起诉期限届满后3个月内方可申请法院强制执行，只有期限届满后被告不申请法院强制执行，才属于不履行法定职责。②

（2）事实上的可能性

从样本分析来看，主要涉及自然周期限制与经济负担限制两个方面。

①自然周期限制。在行政公益诉讼当中，涉及生态环境与自然资源保护类的案件数量庞大，而这类案件在受损公共利益的恢复上有一个自然的过程。例如草原植被、林木补种、土地或河道原状的恢复等，行政机关的整改措施无法一步到位。在样本案件中，法院倾向于承认自然周期的限制，但仍需结合被告的其他履行表现来进行综合判断。典型如在最高人民检察院公布的第30号指导性案例中，郧阳区法院委托十堰市林业调查规划设计院对被毁林地当前生态恢复程度及生态恢复所需期限进行了鉴定，鉴定意见为：在造林时间、树种、苗木质量、造林密度、造林方式等符合林业造林相关技术要求，在正常管护的情况下修复期限至少需要三年的时间才能达到郁闭要求。然而，被告由于对违法第三人作出处罚后未进行催告和申请强制执行，致使受损的公共利益未得到及时恢复，最终败诉。③

---

① 陕西省榆林市中级人民法院行政判决书（2018）陕08行终2号。

② 吉林省白城市中级人民法院行政裁定书（2018）吉08行终10号。

③ 检例第30号：湖北省十堰市郧阳区人民检察院诉郧阳区林业局行政公益诉讼案。

②经济负担限制。同样是在生态环境与自然资源保护类案件中，当违法的第三人在经济上无力采取有效措施恢复原貌时，即便是行政机关实施代履行，也涉及财政上难以承受且事后费用无法追回的问题。从样本案件来看，法院倾向于并不将经济负担限制作为不作为违法性的阻却事由。例如，在山丹市水务局诉市检察院案当中，未能恢复原有地貌涉及开采深度过深、采坑过大，开采量过多，恢复难度极大，预估算恢复回填约需资金1000余万元，根据“谁破坏、谁恢复”的原则，回填所需资金须由采砂企业支付，但因采砂企业前期投入较大，现又停止经营，没有经济承担能力。然而，法院仍然认为被告仍继续履行河道采砂监督管理职责，督促案涉采砂企业继续回填平整河道，消除公共利益受侵害的状态。①

3. 是否实际履行职责

对于是否实际履行职责这一构成要件，主要是结合行为标准与结果标准进行综合判断。② 前者关注行政机关是否以及采取何种行动，后者聚焦是否达到制止违法行为与恢复公共利益的效果。从样本分析的情况来看，表现出行为标准要求穷尽执法手段，结果标准区分两个层次，结果标准不具有绝对刚性的三大特征。具体而言：

（1）行为标准要求穷尽执法手段

一般情况下，行政机关在追求管理目标实现的过程中，可以根据情况对是否采取行动进行选择裁量，对采取何种行动方式进行效果裁量。③ 然而，行政公益诉讼的特殊性在于面对的是处于持续受损状态的公共利益，这导致法院对是否实际履行职责的判断上，严格压缩行政机关的自由裁量，只有穷尽一切尽可能的执法手段，方能通过行为标准的审查。实践中，完全不作为的情况极为少见，大量案件涉及的是部分履行、不完全履行的情形。无论是未对违法行为人作出处罚决定、未进行强制执行还是未采取恢复公共利益的措施，行政机关在任何一项行动上缺位，都将面临败诉的后果。例如，如在剑川县检察院诉县森林公安局案中，虽然被告在查明违法行为人擅自改变林地用途的事实后作出了罚款决定，但在违法行为人缴纳罚款后3年多的时间

① 甘肃省矿区人民法院行政判决书（2019）甘95行终1号。

② 崔瑜：《行政公益诉讼履行判决研究》，《行政法学研究》2019年第2期；刘超：《环境行政公益诉讼诉前程序省思》，《法学》2018年第1期。

③ 周佑勇：《裁量基准的技术构造》，《中外法学》2014年第5期。

里，被告没有督促违法行为人对受到破坏的林地恢复原状，也没有代为履行，致使违法行为人擅自改变的林地至今没有恢复原状。①

（2）结果标准区分两个层次

是否实际履行职责的结果标准较为清晰地区分为制止违法行为与恢复公共利益两个层次。这两个层次之间根据具体的情况或表现为重合关系，或表现为递进关系。前者如在随县检察院诉县水利局案中，被告没有查处库区内已存在的筑坝拦汊，也未制止新筑坝拦汊的修建，导致侵占库容、妨碍行洪、持续危害水库工程安全，并可能影响公众饮水安全。② 在这类案件当中，制止违法行为与恢复公共利益属于一体两面的重合关系；后者如在山丹市水务局诉市检察院案中，尽管山被告制发了《责令停止违法行为通知书》《水政监察执法检查整改通知书》《行政处罚决定书》，通过停水、停电等行政强制执行手段督促采砂场退出搬迁，将采砂点全部关停，拆除了采砂、洗砂设备，使涉案企业停止了违法行为，但未及时回填治理超深超限开采区域，恢复原有地貌。③

（3）结果标准不具有绝对刚性

行政公益诉讼的最终目标是通过司法监督保护公共利益，因而原则上行政机关只有恢复了受损的公共利益才能免于败诉的后果。但是，这并不意味着结果标准具有在任何情况下均必须满足的绝对刚性。如在西安铁路运输检察院诉周至县财政局案中，被告作出了责令违法两公司缴纳被骗取的专向补助资金及处以罚款的处罚决定书，两公司缴纳了部分资金。为督促两公司全面履行处罚决定书的内容，被告进行了催告、向法院提交了强制执行申请。虽然在诉讼期间欠缴的资金尚未全部追回，国家利益仍然处于受侵害的状态。法院最终认定被告已经充分履职，只是因为程序限制，并非违法行使职权或不作为。④ 由此可见，在行政机关完全通过行为标准审查的情况下，法院不会静态地认定诉讼中公共利益的恢复情况，而是从长期的动态过程审视行为标准与结果标准的内在一致性。

---

① 最高人民法院发布人民法院环境资源审判保障长江经济带高质量发展典型案例之九。

② 湖北省随县人民法院行政判决书（2018）鄂1321行初27号。

③ 甘肃省矿区人民法院行政判决书（2019）甘95行终1号。

④ 西安铁路运输中级法院行政判决书（2018）陕71行终819号。

（二）与确认违法判决关联的制度设计不合理

在行政公益诉讼中，与确认违法判决相关联的主要是履行判决和准予撤诉裁定，表现为确认违法判决与履行判决的主从关系，确认违法判决与准予撤诉裁定的选择关系。然而，由于履行判决与确认违法加履行判决适用情形的完全相同，确认违法判决与准予撤诉裁定的任意选择，这两个关联的制度设计存在明显的不合理之处。

1. 确认违法判决与履行判决的主从关系不合理

《两高解释》第25条第1款以援引行政私益诉讼部分第74条与第75条的方式规定了确认违法可以同时附加责令补救判决。但在实践中，无论是检察院还是法院普遍以此为依据作出确认违法加履行判决。如在本文的判决样本中，确认违法加履行判决成为行政公益诉讼实践当中最为常见的判决形式。然而，确认违法加履行判决的存在有无必要，确认违法判决能否附随履行判决？带着这两个疑问，笔者通过以下分析得出了一致的否定结论。

（1）确认违法加履行判决的存在没有必要

在行政机关未依法履行法定职责的情况下，无论是作出单独的履行判决还是确认违法加履行判决，其实际效果没有任何差别。其形式上的差异，仅在于检察院提起诉讼时，是否同时提出确认违法与责令履行职责的诉讼请求。这种“多此一举”的做法实际上是混淆了违法性判断与确认违法判决之间的差异，违法性判断隐于撤销判决、变更判决、履行判决、给付判决、确认判决等多种判决类型当中，而确认违法判决只是适用于特定情形，在与其他判决类型适用的关系上，具有补充性特征。在实践中，已有个别法院意识到这一问题，如在山丹市水务局诉市检察院案中，法院认为，如果对一个被诉行政行为能够作出撤销判决或者履行法定职责判决的，应当优先考虑作出撤销判决或者履行判决，只有在不能或者不需要作出撤销判决或者履行法定职责判决的情况下，才应作出确认违法判决。①

（2）确认违法判决不能附随履行判决

按照《两高解释》第25条第1款的规定，可将确认违法判决分为情势变更的确认违法判决，由撤销判决或履行判决转化的确认违法判决，程序轻

---

① 甘肃省矿区人民法院行政判决书（2019）甘95行终1号。

微违法的确认违法判决，以及被告改变违法行为的确认违法判决四类。[①] 这四类情形原本是针对行政私益诉讼的有效救济进行的设定，在这四类情形中，唯有第一类和第二类，因存在继续确认的私人利益，具有在确认违法判决的基础上附随其他判决来实现救济实效性的需要。问题在于，即便涉及这两类，行政公益诉讼也因不存在继续确认的私人利益而无需附随判决，换言之，行政公益诉讼的确认违法判决根本就不存在任何附随判决的空间。

此外，即便退一步承认《两高解释》第 25 条第 1 款规定的确认违法判决存在附随责令补救判决的空间，也不能将之与履行判决相混同。因为责令补救判决在性质上属于从判决，而履行判决属于主判决，两种主判决之间具有排斥关系，不可能同时适用。

2. 确认违法判决与准予撤诉裁定的选择关系不合理

《两高解释》第 24 条第 1 款借用了行政私益诉讼中关于被告在诉讼中改变被诉行政行为的规定，规定："在行政公益诉讼案件审理过程中，被告纠正违法行为或者依法履行职责而使人民检察院的诉讼请求全部实现，人民检察院撤回起诉的，人民法院应当裁定准许；人民检察院变更诉讼请求，请求确认原行政行为违法的，人民法院应当判决确认违法。"据此，可以认定确认违法判决与准予撤诉裁定之间是一种选择关系。其不合理之间在于以下两个方面：

（1）导致同案不同判的结果

由于两者适用的客观前提完全相同，其诉讼结果的差异仅取决于检察院的主观选择，这就导致本质上的同类案件，可能产生被告败诉与否的不同结果。如在南京市栖霞区检察院诉市文化广电新闻出版局案中，因诉讼中被告积极履职，提起行政公益诉讼的目的已基本实现，最终检察院申请以诉讼终结的方式结案；[②] 而在响水县检察院诉县林业局环境资源案中，因被告在诉讼中对违法第三人作出责令补种的处罚决定且实际履行，在检察院申请变更诉讼请求的情况下以确认违法判决结案。[③]

（2）不利于督促行政机关及时履行职责

由于在确认违法判决之外，存在准予撤诉裁定的又一可能。一方面，这

---

① 王贵松：《论我国行政诉讼确认判决的定位》，《政治与法律》2018 年第 9 期。

② 南京铁路运输法院行政裁定书（2018）苏 8602 行初 2097 号。

③ 江苏省盐城市中级人民法院行政判决书（2018）苏 09 行终 119 号。

意味着行政机关迟至诉讼阶段纠正违法行为或履行职责，仍可以免于败诉的结果，既消解了诉前程序的实效性，又减弱了确认违法判决督促行政机关依法履行职责的威慑力；另一方面，在明确禁止行政公益诉讼适用调解的情况下，准予撤诉裁定如同变相鼓励被告与检察机关形成合谋，实际构成对行政公益诉讼不适用调解的隐形突破。

（三）过度解读公共利益限制原告资格

由于司法公开的裁定属于结案性质的裁定，检索到的裁定书样本主要涉及不予受理、驳回起诉，准予撤诉、终结诉讼这几种裁定形式。在应然层面，行政公益诉讼案件可能因原告不适格、未履行诉前程序、被告不适格、不符合受案范围、超过起诉期限、法院无管辖权等不符合起诉条件的原因被裁定不予受理或驳回起诉。然而，实然的层面是多数案件表现为以原告不适格为由裁定不予受理或驳回起诉，并且可以归结为以下两种类型：

1. 公益与私益分离型

在公益与私益相分离的情况下，由于目前立法确定检察院为行政公益诉讼的唯一适格原告，凡公民、法人或其他组织提起此类诉讼，毫无疑问地将因原告不适格而被裁定不予受理或驳回起诉。如在张岳兵诉如皋市公安局、如皋市公安消防大队案中，张岳兵向如皋市公安局、如皋市公安消防大队要求对如皋大润发商业有限公司存在安全的隐患予以查处，该行为属于举报性质。现行法律及司法解释均未赋予公民个人享有提起行政公益诉讼的原告资格。①

2. 公益与私益融合型

在公益与私益融合的情况下，存在行政公益诉讼与行政私益诉讼并行的可能性。然而，样本案件中多以案件属于行政公益诉讼为由，拒绝以行政私益诉讼的形式受理案件。例如，在拖湾村民小组诉泸西县政府、旧城镇政府以及红河州环保局案中，原告诉称当地圭山煤矿的环境污染给其造成了巨大影响，三被告均没有认真履行环境保护监察和监督管理职责，法院认为该案不应由原告单独提起诉讼，从解决问题及权益保障的角度而言，可依法由检察机关提起行政公益诉讼，以更好、更利于保护包括起诉人在内的所有涉案

---

① 江苏省高级人民法院行政裁定书（2018）苏行申1075号。

当事人的合法权益。① 又如，在赵大容、饶德进、葛文学等诉峨边彝族自治县政府、综合行政执法局案中，垃圾填埋场的建立、运行造成周边环境污染，严重侵害起诉人利益，法院以起诉人赵大容、饶德进等作为自然人并无提起本案行政公益诉讼的原告资格。②

此外，在个别案件中，也有法院认识到公益与私益相融的情况下，不应过度解读公共利益限制原告资格。例如，在冯培诉嘉善县干窑镇政府案中，法院认为，行政公益诉讼与行政相对人或利害关系人提起的诉讼最本质的区别在于前者的起诉主体与被诉行为没有直接利害关系，而后者则有利害关系。行政公益诉讼不排斥行政相对人或利害关系人因自身特定权利受到侵害而对违法行政行为提起诉讼。③

三、结论

在行政诉讼已成行政公益诉讼与行政私益诉讼双重结构的情形下，应当特别注意厘清两者之间的关系，根据行政公益诉讼自身的特质进行针对性地制度构造。在当前行政公益诉讼呈现出立法上排除给付判决，实践中判决类型集中的情况下，应当对适用频率最高的履行判决、确认违法判决予以特别关注。针对履行判决构成要件不够明晰，与确认违法判决关联的制度设计不合，过度解读公共利益限制原告资格的问题。应当考虑从以下三个方面进行完善：

其一，从司法经验中提取履行判决构成要件的判断体系。在判断是否具有法定职责要件时，注意职责来源的开放性，提炼处理政府与政府部门之间职责竞合、政府工作部门之间职责竞合、刑事责任与行政责任竞合的具体规则；在判断是否具备客观上履行职责的可能性的要件时，合理考量法律上的职权配备限制、执法周期限制，事实上自然周期限制，经济负担等因素；在判断是否实际履行要件时，把握穷尽执法手段的行为标准，从制止违法行为与恢复公共利益两个层次界定结果标准。

其二，应对与确认违法判决关联的设计进行制度改造。考虑到目前确认违法判决适用的所有案件完全可以由《两高解释》第 24 条规定的单独确认

---

① 昆明铁路运输中级法院行政裁定书（2019）云 71 行初 44 号。

② 四川省乐山市中级人民法院行政裁定书（2019）川 11 行初 186 号。

③ 浙江省高级人民法院行政裁定书（2018）浙行申 718 号。

违法判决予以解决，第 25 条第 1 款的确认违法加责令履行判决不仅在理论上无法自圆其说，又容易产生误读，建议在今后修法时删除该款规定；为避免同案不同判和督促行政机关及时履行职责，将第 24 条修改为被告在诉讼中纠正违法行为或履行职责的情形下仅适用确认违法判决。

其三，肯定公益与私益相融合案件的可诉性。在行政审判实践当中，需要特别注意区分公益与私益相分离，公益与私益相融合的两种案件类型。避免简单地以行政公益诉讼案件为由，阻碍符合行政私益诉讼原告资格标准的当事人，以行政私益诉讼的方式维护自身的合法权益。

第二编
体制机制建设
（部分选编）

●整体工作机制

2017年7月以来，在中共湖南省委和最高人民检察院的正确领导下，在省人大、省政府、省政协和社会各界的监督支持下，湖南省检察机关认真贯彻落实“讲政治、顾大局、谋发展、重自强”的检察工作新要求，坚持以人民为中心，以公益为核心，把检察公益诉讼工作放到经济社会发展大局中谋划和推进，全省检察公益诉讼工作呈现出上下一体、内外联动、稳妥推进的良好态势。

湖南省人民检察院
关于当前做好公益诉讼工作的通知

湘检发民字〔2017〕4号

各市州、县市区人民检察院，各派出检察院：

2017年6月27日，第十二届全国人大常委会第二十八次会议通过《全国人民代表大会常务委员会关于修改〈中华人民共和国民事诉讼法〉和〈中华人民共和国行政诉讼法〉的决定》，检察机关提起公益诉讼正式确立。为指导各地全面开展公益诉讼工作，最高人民检察院下发了《关于全面开展公益诉讼工作有关问题的通知》，省检察院亦于6月29日下发了《湖南省人民检察院关于学习贯彻实施修改后〈民事诉讼法〉和〈行政诉讼法〉的通知》。7月6日，游劝荣检察长又听取我省民事行政检察、生态环境资源检察工作情况汇报，重点部署我省检察机关提起公益诉讼的相关工作。7月18日，省检察院就各级院开展公益诉讼工作又下发了《湖南省人民检察院关于深入贯彻实施修改后民事诉讼法和行政诉讼法全面推进公益诉讼工作的通知》。为进一步贯彻落实高检院通知、省检察院两个通知和游劝荣检察长的重要指示，积极稳妥推进我省民事行政公益诉讼工作，经省院领导同意，现就当前全省各级院民行部门做好公益诉讼工作通知如下：

一、要加强统筹组织。尽快向院党组作专题汇报，进一步认识公益诉讼的重大意义，增强做好这项工作的使命感、责任感和紧迫感，积极为院党组的决策部署当好参谋助手。要主动做好公益诉讼部署、方案实施、机制建设等各项具体工作。明确省市县三级院的职能分工，省院民行处主导全省公益诉讼工作开展，对提起公益诉讼的案件严格把关，省院公益诉讼办公室成员全程指导、参与办理各地前2件提起公益诉讼案件；市州院民行部门是公益诉讼工作的主力军，要加强对本地区公益诉讼工作的组织和对基层院民行科的指导，办理民事公益诉讼案件，全程指导、参与基层院前期办理的行政公益诉讼案件；各基层院是公益诉讼工作的基础，要充分发挥公益诉讼一线主体作用，打牢工作基础。

二、要加强业务学习。全体民行检察干警要认真学习领会全国人大常委会《关于修改〈中华人民共和国民事诉讼法〉和〈中华人民共和国行政诉讼法〉的决定》(2017.6.27)、曹建明检察长关于《中华人民共和国行政诉讼法修正案（草案)》和《中华人民共和国民事诉讼法修正案（草案)》的说明（2017.6.22)、《人民检察院提起公认诉讼试点工作实施办法》（以下简称《检察院实施办法》）（2015.12.24)、《人民检察院提起公益诉讼试点工作法律文书》(2016.2.24)、最高法《关于审理环境民事公益诉讼案件适用法律若干问题的解释》（2015.1.6)、最高法《人民法院审理人民检察院提起公益诉讼案件试点工作实施办法》（2016.2.25)、《关于审理消费民事公益诉讼案件适用法律若干问题的解释》（2016.5.1）等法律法规、司法解释、规范性文件，高检《关于全面开展公益诉讼工作的有关问题的通知》(2017.6.28)、省院《关于学习贯彻实施修改后〈民事诉讼法〉和〈行政诉讼法〉的通知》(2017.6.29)、《湖南省人民检察院关于深入贯彻实施修改后民事诉讼法和行政诉讼法全面推进公益诉讼工作的通知》（2017.7.18）等相关文件，以及曹建明检察长在高检司法体制改革领导小组第十六次会议上就检察机关提起公益诉讼制度工作的六条指示（2017.6.30)、高检民行厅胡卫列厅长在新闻发布会上回答关于修改民事诉讼法和行政诉讼法的决定有关问题（2017.6.27）等领导重要讲话，以及高检发布的指导性案例，并与司法办案实务密切结合起来，做好公益诉讼理论和实践知识的储备，切实提高公益诉讼业务水平。每一位民行干警要配备《检察机关提起公益诉讼实践与探索》这本工具书。要积极学习借鉴试点地区有益经验，既要学习各试点地区部署推进工作的好做法，也要学习典型案例中的办案经验；既要学习文书制作，也要学习调查取证、庭审应诉等操作技巧。省院民行处拟于8月举办一期培训班，将邀请相关学者、试点地区办案人员作公益诉讼专题讲座、实务培训。有条件的地区可以组织本地民行干警到试点地区观摩庭审、座谈交流。

三、要加强线索管理。要强化线索摸排，各地要以生态环境和资源保护、食品药品安全、国有财产保护、国有土地使用权出让等领域为重点，依托今年环保部对我省的环保专项督察、县级以上饮用水源保护、专项调查校园食品卫生安全专项活动，摸排适宜提起公益诉讼的案件线索。要提前收集资料、掌握相关情况。要牢牢抓住公益这个核心，坚持从维护国家利益和社会公共利益出发推进工作，要坚持范围法定，防止把不具有国家利益和社会公共利益属性的案件以公益诉讼的方式进行保护。要从试点地区办理的类似案件中寻找经验，针对不同情形分别确定工作预案。建立三级院公益诉讼联络员制度，确定专人管理公益诉讼案件线索。各地须于每周五上午12点前将公益诉讼线索报省院公益诉讼工作指导小组备案审查。各地要通过接受举报、与侦监、公诉、反贪、反渎、控告、案管部门、基层检察室联动等各种途径，建立检察机关内部各相关职能部门之间对生态环境资源保护、食品药品安全、国有财产保护、国有土地使用权出让等领域案件的“一案三查、双向移送”制度，即查有无立案监督可能、查有无职务犯罪可能、查有无公益诉讼可能，切实提高案件线索发现几率，促进内部资源和力量的整合，形成工作合力。前期阶段，由省院对市县两级院收集的线索统一认真进行研究评估、甄别，筛选出具有可行性的线索全程跟踪指导，参与办案。要积极与法院、行政机关沟通协调，营造公益诉讼工作良好外部环境。建立与人大、政法委、审判机关、行政机关、律师协会、法律援助中心、消费者权益保护协会、公益组织等外部协作机制。加强与公安、环保、国土、国资、食药监、城建、林业、城管等行政机关沟通协作，建立信息共享、线索移送、技术咨询等协作机制。各地以7月1日为重要节点，针对已有的成熟线索，抓紧开展调查取证等工作，力争有公益诉讼案件尽快进入诉前程序。

四、要加强案件办理。借鉴自侦部门一体化工作模式，统筹整体推进案件办理。全省实行案件线索统一管理，由省院统一管理与研判线索、统一备案审查进入诉前程序的案件、统一指导办理诉讼案件。各地要系统周密考虑诉前程序、调查取证、起诉、出庭审理、裁判等各环节，制定提起诉讼的完备方案，层报省院审核把关，确保公益诉讼积极稳妥推开。在案件办理中注意把握以下几个方面的问题：

1. 法律适用问题。从7月1日起依据修订后《中华人民共和国民事诉讼法》和《中华人民共和国行政诉讼法》的相关规定开展公益诉讼工作。关于立案、调查、发出检察建议、提起诉讼等具体程序，在高检新的司法解释出台前，可以参照适用《检察院实施办法》等司法解释。在督促履职探索实践中曾经向有关社会组织或者负有监管职责的行政机关发出检察建议，社会组织没有起诉或者行政机关没有依法履行职责，符合提起诉讼条件的，应当依据修订后《中华人民共和国民事诉讼法》和《中华人民共和国行政诉讼法》关于检察机关提起公益诉讼的相关规定报请检察长决定立案并履行诉前程序。

2. 关于民事公益诉讼问题。一是检察机关在履行职责中发现侵害社会公共利益的违法行为后，首先应当督促法律规定的机关和有关组织提起民事公益诉讼。在适格主体不起诉或者没有适格主体的情况下，检察机关可以向人民法院提起民事公益诉讼。二是对于食品药品安全领域侵害众多消费者合法权益的案件，如果食品药品仍处于流通中，对不特定的多数人造成侵害危险的，检察机关可以在履行诉前程序后提起民事公益诉讼，可以提出请求被告停止侵害、排除妨碍、消除危险、赔礼道歉等诉讼请求。三是检察机关在履行职责中发现破坏环境资源保护罪或生产销售伪劣商品罪的刑事案件犯罪嫌疑人的违法行为侵害社会公共利益，符合提起民事公益诉讼条件的，可以探索一并提起刑事附带民事公益诉讼。拟提起刑事附带民事公益诉讼的，附带民事公益诉讼部分应当层报省院审查批准。四是检察机关在提起民事公益诉讼前，应当在全国范围的媒体上公告，督促适格主体提起诉讼，公告期为三十日。适格主体不起诉或者没有适格主体的情况下，检察机关向人民法院提起民事公益诉讼。

3. 关于行政公益诉讼问题。一是行政公益诉讼是检察机关对行政违法行为进行监督的一种方式。在经过诉前程序后，行政机关仍然不纠正违法行为或者不履行法定职责，国家利益和社会公共利益仍处于受侵害状态的，检察机关应当提起行政公益诉讼。二是要根据法律、法规、规章确定行政机关的职责，可以参考地方政府制定发布的权力清单。对于行政机关的派出机构，如其职权来源于法律法规规章授权，则应直接以其为被告提起行政公益诉讼；如其职权来源于行政机关委托，则应以委托的行政机关为被告提起行政公益诉讼。三是诉前检察建议应载明行政机关违法行使职权或者不作为的事实、构成违法行使职权或者不作为的理由和法律依据以及建议的内容。应当针对行政机关的违法行为，提出督促其依法正确履行职责的建议内容。四是对于同一侵害国家利益和社会公共利益的损害后果，数个行政机关均存在未依法履行职责情形的，可以按数案分别发出检察建议。同一行政机关对同类多个违法事实存在未依法履行职责情形的，可以合并为一案发出检察建议；同类违法事实数量较大时，应当重点监督重大、典型案件。五是发出检察建议后，应当积极跟踪行政机关的整改情况。判断行政机关是否真正纠正违法行为，不仅要看行政机关的书面回复内容，更要看行政机关的整改行动和效果。只要行政机关仍未依法完全履行相应职责，国家利益和社会公共利益仍处于受侵害状态的，检察机关就应当提起行政公益诉讼。六是行政相对人的违法行为同时触犯行政法律法规规章和刑法，且已经移送公安机关处理或已经追究刑事责任的，如果行政机关存在没有依法正确履行职责的情况，检察机关可以进行监督，符合提起行政公益诉讼条件的，应当提起行政公益诉讼。七是检察机关起诉时提出的撤销或者部分撤销行政违法行为、在一定期限内履行法定职责的诉讼请求应当与向行政机关发出的检察建议内容相匹配。八是在部分公益案件中，既存在公民法人或其他组织侵害社会公共利益的违法行为，又存在行政机关违法行使职权或者不作为的违法行为。在两种违法行为造成同一损害后果，且均符合提起公益诉讼条件的情况下，检察机关可以向人民法院提起行政公益附带民事公益诉讼，既督促行政机关依法正确履行职责，又同时追究社会公共利益侵害人的民事责任，由人民法院一并审理。

4. 关于起诉案件审批问题。各地对摸排的公益诉讼线索发出诉前检察建议或者督促法律规定的机关和组织提起公益诉讼的前 2 件案件拟决定立案的，以及向人民法院提起公益诉讼的案件，层报省院审查批准。报送给省院的立案审批材料包括层报审批表、线索初核报告、市级人民检察院请求、案件初步证据材料；报送给省院的起诉审批材料包括导报审批表、市级人民检察院请示、市（县）级院民行部门案件审查终结报告、公益诉讼起诉书和主要证据材料。

5. 关于庭审程序问题。一是检察机关提起公益诉讼，参照《实施办法》的相关规定提交公益诉讼起诉书、国家利益和社会公共利益受到侵害的初步证明材料和检察机关履行诉前程序的证明材料，不需要提交法定代表人身份证明、组织机构代码证和授权委托书。二是检察机关收到人民法院发送的出庭通知书后，应及时向人民法院提交派员出庭通知书。派员出庭通知书应当写明出庭人员的姓名和法律职务。三是庭审过程中，当发生需要变更诉讼请求或者撤回起诉等情形时，出庭检察人员应当向法庭说明原因，要求休庭。

6. 关于撤诉案件审批问题。在高检新的司法解释出台前，各地提出公益诉讼的案件拟决定变更诉讼请求或撤回起诉的，必须层报高检审查批准。报送给省院的审批材料包括市级人民检察院请示、民行部门案件审查终结报告、公益诉讼起诉书和有关证据材料。

7. 关于办案数据统计问题。在公益诉讼案件纳入统一业务应用系统之前，请各地按照要求于每月 25 日上午十点前向省院民行处报送当月办案数据。

8. 关于文书备案问题。在公益诉讼案件纳入统一业务应用系统之前，各级检察机关应当在发出或收到立案决定书、检察建议书、起诉书、判决书等法律文书后三日内层报省院民行处备案。

9. 关于新闻宣传问题。严格把握宣传纪律，正确引导社会预期。拟对公益诉讼案件进行宣传报道的，层报省院审查批准。

请各级院民行部门根据本通知认真抓好贯彻落实，确保公益诉讼工作顺利进行。各地工作中遇到的情况和问题，请及时报送省院民行处。

湖南省人民检察院关于明确公益诉讼工作推进过程中有关事项的通知

湘检发民字〔2017〕6号

各市州、县市区人民检察院，各派出检察院：

为贯彻落实第十二届全国人大常委会《关于修改〈中华人民共和国民事诉讼法〉和〈中华人民共和国行政诉讼法〉的决定》，深入推进公益诉讼工作，进一步加大公益诉讼案件办案力度，提高案件质量，现将有关事项通知如下：

一、关于加强组织领导和统筹协调的问题。建立检察机关提起公益诉讼制度，是重大司法改革举措法治化的标志性成果，是司法制度、诉讼制度创新发展的重大成果，对加强公益保护、促进法治政府建设具有重要作用，对健全权力运行制约和监督体系、推进国家治理体系和治理能力现代化具有十分重要的现实意义。全省各级检察机关要把公益诉讼工作抓紧抓实，切实加强组织领导，确保公益诉讼工作开展势态良好、行稳致远。各级院党组要高度重视，再次听取民行公益诉讼专题汇报。各级院检委会要专门组织一次公益诉讼业务学习。各级院要加强民行检察队伍建设，县（市）区院要配备公益诉讼办案组或专班，人员按一名员额检察官、一名检察官助理和一名书记员配置。基层院检察长要亲自参与、指导、督导至少1件公益诉讼案件办理。要积极争取向党委、人大常委会汇报公益诉讼工作，力争市州、县（市）区党委、政府、人大常委会等主要领导对公益诉讼作出批示或出台专门文件；加强与人民法院协调，力争出台会议纪要；与行政执法机关或部门联合下文，开展生态环境保护或国有财产保护、国有土地出让领域的专项活动，如国有土地出让、防空地下室易地建设费等。要把民行工作与侦监、公诉等工作摆在同等重要位置，为公益诉讼配备必要的诸如执法记录仪、摄影机、航拍无人机、手提电脑等取证设备。要购置公益诉讼业务学习资料。

二、关于线索管理的问题。检察机关提起公益诉讼是一项系统工作，全省各级检察机关要树立全院“一盘棋”思想，作为“一把手”工程来抓，以民行检察部门为主导，根据各项业务的职能特点，整合资源，形成监督合力。要建立检察机关内部各部门之间案件线索双向移送的横向协作机制，侦查监督、公诉、反贪、反渎、控告申诉等部门在履行职责中发现公益诉讼线索的，应当移送民行部门或具有公益诉讼职能的部门，着力推动各部门实现信息共享、监督联动。各地可探索建立公益诉讼线索举报奖励机制。注重将“两法衔接”平台、新闻媒体报导信息、走访行政机关和人民群众反映强烈的案件线索转化为公益诉讼线索，要与消费者权益保障和环保等社会公益性组织建立信息交流联席会议机制。有条件的地方可与行政机关建立行政检察与行政执法信息共享平台，找准摸排工作的切入点，拓宽案件线索来源渠道。要建立案件线索台账，实行一案一登记，逐案跟踪、分析、整理，并于每周五上午12点前将新增公益诉讼线索（含生态环资检察部门收集的公益诉讼线索）层报省院公益诉讼工作指导小组备案审查。

三、关于报批程序的问题。全省各级检察机关对摸排的公益诉讼线索拟决定立案的、拟发出检察建议的、以及发出诉前检察建议或者督促法律规定的机关和组织提起公益诉讼到期后拟向人民法院提起公益诉讼的案件，今年内必须层报省院审查批准。省院听取各级院案件汇报时间确定为每周四、周五，由市州院提前跟省院公益诉讼指导小组预约时间，并递交报批纸质材料及电子文档。报送给省院的立案审批材料包括层报审批表（一式四份）、线索初核报告（六份）、市级人民检察院请示、案件初步证据材料（需装订成卷）；报送给省院的起诉审批材料包括层报审批表（一式四份）、市级人民检察院请示、市（县）级院民行部门案件审查终结报告（六份）、公益诉讼起诉书和主要证据材料（需装订成卷）。基层院第一起公益诉讼案件汇报检察长参加。

四、关于文书规范的问题。法律文书是检务公开和执法规范化建设的重要内容，是衡量司法机关执法公正和公平的重要依据，规范的法律文书有利于诉讼参与人和社会各界准确理解检察机关的司法行为，有利于强化检察权的行使，有利于提高司法公信力。省院内网“公益诉讼实践与探索栏目”中，《民事行政公益诉讼专刊（第10期）》已将省内部分优秀法律文书予以刊载，“学习园地”子栏目中已上传第一批公益诉讼法律文书样本，请自行下载学习，并严格按照文书格式规范制作文书。法律文书制作要特别注意检察建议提出的整改事项一定要具体明确，法律条文的适用要准确，必要时把相关法律条文附在文书后面。各市州院要切实发挥指导、办案主体的作用，把好县（市）区院报送法律文书的质量关。

五、关于文书备案的问题。在公益诉讼案件纳入统一业务应用系统之前，全省各级检察机关（含生态环资检察部门报批的案件）应当在发出或收到立案决定书、检察建议书、起诉书、判决书等法律文书，或者违法行政机关回复函后三日内，将上述文书层报省院民行处备案。可邮寄纸质文书至省院民行处或者扫描文书发送至内网邮箱（huxiluo@ hn. pro）。

六、关于加大办案力度的问题。公益诉讼是检察机关的一项新职能，法律监督的新领域，是检察机关全局性的、基础性的新业务，是规范行政行为、促进法治政府建设的新手段，是检察机关工作发展的新机遇，在监察体制改革及司法体制改革新形势下，公益诉讼制度适逢其时，意义深远。全省各级检察机关要加大公益诉讼案件办案力度，坚持全面履职与突出重点相结合，结合本地实际突出办案重点，选准办案突破点，最大限度地保护受损公益，重点放在群众反映强烈的突出问题上，扩大公益诉讼的社会影响力。省院将对中央环保督察活动、全省饮用水水源地排查整治工作专项督查行动中反映的突出问题进行分析研判，从中筛选出5—10件公益诉讼案件线索予以督办或提办。各地对公益诉讼工作中好的经验做法、典型案例要认真总结宣传，个案宣传报省院审批；对工作存在的问题或不足，积极进行基层探索，加强理论研究，形成调研报告或理论文章供上级院决策参考。所有基层院在2017年12月底前应办理1件以上公益诉讼案件，包括公益诉讼案件立案并发出诉前检察建议。12月底，达不到基层院院均一件公益诉讼案件的，市州院主管检察长到省院说明情况。省院民行处将公益诉讼工作开展情况纳入年度对市州考核评先的重要内容。

请各级院根据本通知要求认真抓好贯彻落实，确保公益诉讼工作深入推进。各地工作中遇到的情况和问题，请及时报送省院民行处。

湖南省人民检察院

2017年11月7日

湖南省人民检察院关于转发常德市人民检察院《关于建立“一案三查”工作机制的若干规定（试行）》的通知

湘检发民字〔2018〕38号

各市州院：

常德市人民检察院于2018年5月30日制定发布了《关于建立“一案三查”工作机制的若干规定（试行）》，该规定是建立及时高效的检察机关公益诉讼内部案件线索发现和移送机制的有益探索，是在公益诉讼工作开展以来的工作实践基础上总结提炼的工作经验。这项工作制度是省院要求在全省推行的，现将常德市人民检察院《关于建立“一案三查”工作机制的若干规定（试行）》转发给你们，请各地按照规定的各项要求开展工作，在执行过程中遇到问题或有意见建议，请及时上报省院民行处。

湖南省人民检察院

2018年6月7日

常德市检察机关
关于建立“一案三查”工作机制的若干规定
（试行）

为了加强检察机关公益诉讼办案力度、增强监督实效，根据《中华人民共和国民事诉讼法》《中华人民共和国行政诉讼法》《中华人民共和国刑事诉讼法》《人民检察院民事诉讼监督规则（试行）》《人民检察院行政诉讼监督规则（试行）》以及《最高人民法院、最高人民检察院〈关于检察公益诉讼案件适用法律若干问题的解释〉》等相关规定，结合工作实际，制定本规定。

第一条　开展公益诉讼工作，应当建立检察机关业务部门之间“一案三查”工作机制，即各业务部门在案件审查过程中，应当综合审查案件当事人、其他与案件有关的个人、单位、组织是否存在承担刑事责任、行政责任、民事责任的情形，形成监督合力，强化监督效果。

第二条　刑检部门、控申部门、案管部门在审查、处理案件过程中，兼顾审查案件是否存在涉及公益诉讼、督促履职、支持起诉等案件线索，并依照本规定将发现的案件线索移送民行部门处理。

第三条　民行部门在审查公益诉讼案件中，发现当事人有可能涉嫌刑事犯罪的，应当按照本规定将案件线索移送刑检部门处理。发现行政机关工作人员涉嫌贪污贿赂、渎职侵权等职务犯罪线索的，在报请分管院领导批准后，移送相关主管单位。

第四条　刑检部门在审查案件过程中发现相关行政机关或其工作人员存在下列情形，尚未构成犯罪的，应移送民行部门处理：

（一）行政机关知道或者应当知道存在违法情形，未依法履行监督管理职责或者履行职责不当的；

（二）行政机关作出处罚决定但未依法执行或者未依法申请法院强制执行的；

（三）行政机关或其工作人员因徇私徇情、收受贿赂而不依法履行职责或者违法作出行政行为的；

（四）行政机关或其工作人员玩忽职守或滥用职权的渎职行为致使国家或社会公共利益遭受损失或有遭受损失的危险，尚未采取有效措施挽回损失或避免危险的；

（五）行政机关不依法履行职责的其他情形。

第五条　刑检部门在审查案件过程中发现相关行政相对人违反行政管理法律法规，尚未构成犯罪的，应移送民行部门处理。

第六条　刑检部门在审查案件过程中发现有违法、犯罪行为侵害社会公共利益或使社会公共利益有遭受侵害的危险，可能涉及民事公益诉讼的，应移送民行部门处理。

第七条　控申部门接到的控告、举报线索，经审查涉及生态环境与资源保护、食品药品安全、国有财产保护、国有土地使用权出让等领域案件，应将行政机关可能未依法履行职责的线索交民行部门审查。

第八条　各业务部门在办理涉及下列罪名的案件时，应当重点筛查、发现公益诉讼案件线索：

（一）破坏环境资源保护类犯罪；

（二）生产、销售伪劣商品类犯罪；

（三）走私类犯罪；

（四）食品药品领域侵犯知识产权类犯罪；

（五）扰乱市场秩序类犯罪；

（六）妨害文物管理类犯罪；

（七）危害公共卫生类犯罪；

（八）贪贿类、渎职类犯罪；

（九）其他可能涉及公益诉讼案件线索的罪名。

第九条　各业务部门在办理案件过程中发现需要向其他业务部门移送案件线索的，应当在案件审查终结报告中“其他需要说明的问题”部分进行说明。

需要移送案件线索的，应当制作《案件线索移送函》，经分管院领导批准后，附相关材料及时移送控申部门，由控申部门统一登记管理后，再移送其他业务部门。

接收线索部门应当出具或者签收案件线索移送回执。

第十条　对于其他业务部门移送的案件线索，民行部门经审查符合提起公益诉讼的，应当将案件线索报分管院领导批准进入立案程序。

决定立案的，民行部门应当将《公益诉讼立案决定书》抄送案件线索移送部门，

第十一条　民行部门审查案件线索不符合公益诉讼立案条件，但行政机关有不依法履行职责情形的，应当按照督促履职案件办理。

第十二条　民行部门审查发现当事人存在损害国家利益或者社会公共利益、他人合法权益，应当承担民事责任的情形，但不符合公益诉讼立案条件的，可以支持受害人提起诉讼。

第十三条　各业务部门因发现案件线索需要，报经分管院领导批准并经提供查询部门的分管院领导审批，可查阅具体业务部门办理的相关案件材料、查询统一业务应用系统和“两法衔接”信息共享平台等，相关业务部门应提供协助。

第十四条　员额检察官及辅助人员在履行职责过程中发现、审查、移交案件线索的，应记入员额检察官及辅助人员的司法档案，纳入年度考核体系。

第十五条　各接收线索业务部门对案件线索处理结果应及时向线索移送部门进行反馈。

第十六条　本规定由常德市人民检察院负责解释，自印发之日起试行。

●协作配合机制

各级党委、人大、政府、政协和社会各届高度重视、大力支持全省检察公益诉讼工作。省委常委会听取检察公益诉讼工作情况汇报，时任省委书记、省人大常委会主任杜家毫就支持保障检察公益诉讼工作作出重要工作安排。省政府出台《关于支持检察机关依法开展公益诉讼工作的意见》，明确要求把诉前检察建议办理情况纳入法治政府建设考核内容，加强检察公益诉讼工作经费保障，建立全省公益诉讼工作联席会议制度。省政协在2018年全省“两会”期间就检察公益诉讼工作提出专题议案。岳阳、益阳、永州等7个地市和平江、桂东等49个县市区党委、政府出台支持检察公益诉讼工作的文件；长沙市人大常委会和攸县、桃源等14个县市区人大常委会形成全面推进检察公益诉讼工作的决议。多地党委、政府从经费、机制保障等方面为检察公益诉讼工作开辟“绿色通道”。

湖南省人民政府关于
支持检察机关依法开展公益诉讼工作的意见

湘政发〔2018〕16号

各市州、县市区人民政府，省政府各厅委、各直属机构：

根据《全国人民代表大会常务委员会关于修改〈中华人民共和国民事诉讼法〉和〈中华人民共和国行政诉讼法〉的决定》（以下简称《决定》），自2017年7月1日起，人民检察院在履行职责中发现生态环境和资源保护、食品药品安全、国有财产保护、国有土地使用权出让等领域负有监督管理职责的行政机关违法行使职权或者不作为，致使国家利益或者社会公共利益受到侵害的，应当向行政机关提出检察建议，督促其履行职责，行政机关不依法履行职责的，人民检察院依法向人民法院提起诉讼。人民检察院在履行职责中发现破坏生态环境和资源保护、食品药品安全领域侵害众多消费者合法权益等损害社会公共利益的行为，在法律规定的机关和组织不提起诉讼的情况下，人民检察院可以向人民法院提起诉讼。为支持检察机关依法开展公益诉讼工作，结合我省实际，现提出以下意见：

一、充分认识建立检察机关提起公益诉讼制度的重要意义

检察机关是保护国家利益和社会公共利益的重要力量。建立检察机关提起公益诉讼制度，是党中央推进全面依法治国的一项重大改革举措，是完善行政监督体系、加强司法监督的重要制度设计，是检察机关行使法律监督权的制度保障。各级行政机关要牢固树立“四个意识”，深刻理解立法精神，准确把握立法要义，充分认识检察机关开展公益诉讼工作对于维护国家利益和社会公共利益、完善公益保护体系、规范行政行为、推进依法行政、加强法治政府建设的重要意义，切实增强接受司法监督的自觉性，积极支持和配合检察机关依法开展公益诉讼工作。

二、努力营造开展公益诉讼工作的良好环境

检察机关开展公益诉讼工作是支持、促进行政机关依法正确履职，从源头预防行政不作为、乱作为现象，塑造行政机关依法行政良好形象的重要手段。要全力支持、配合、保障检察机关依法开展公益诉讼工作。各级行政机关负责人要切实贯彻执行认真落实中央有关规定，不得插手、干预检察机关依法开展公益诉讼工作，积极支持检察机关排除、抵制不当干预，相关情况要纳入党风廉政建设主体责任检查内容。各有关行政执法单位要完善行政信息共享机制，为检察机关获取行政执法信息和数据提供便利条件，对于检察机关调阅执法案卷、档案和其他资料，调查了解情况、收集证据要大力支持和配合。要加强检察机关开展公益诉讼工作的经费保障。有关部门要与检察机关、审判机关一同研究建立健全民事公益诉讼生态环境损害赔偿制度。

三、注重从源头上预防行政不作为、乱作为行为

各级行政机关要以建立检察机关提起公益诉讼制度为契机，按照“法定职责必须为、法无授权不可为”的原则，依法正确履职，从源头上预防行政不作为、乱作为现象。严格执行重大行政决策法定程序，推进行政决策科学化、民主化、法治化。要牢固树立依法行政意识，认真落实重大行政执法决定法制审核制度，严格按照法定权限和程序，全面、正确、及时履行法定职责。在生态环境和资源保护、食品药品安全、国有财产保护、国有土地使用权出让等领域负有监督管理职责的行政机关，要依法全面履行监督管理职责，防止因不作为或者乱作为导致国家利益和社会公共利益受到侵害。要在行政违法行为多发领域和重点地区定期开展执法检查，加强对公益诉讼个案的剖析和类案的研究，系统提出行政违法行为治理纠正意见，完善行政执法工作规程，建立健全长效工作机制，全面提升行政机关依法行政水平。

四、高度重视检察机关的公益诉讼诉前程序

公益诉讼诉前程序，是检察机关通过诉前检察建议推动行政机关纠正违法行为或者依法履行职责，及时保障国家利益和社会公共利益免受侵害，有效减少公益诉讼的重要程序设置。各级行政机关要以落实诉前检察建议为抓

手，完善相关办理机制，严格执法，切实担当起维护国家利益和社会公共利益第一责任人的职责和使命，形成公共利益保护的合力。收到诉前检察建议的行政机关，要对照诉前检察建议全面自查，对确属行政不作为或者违法行使职权的，应当采取有效措施积极主动履行职责或者纠正违法行为，并在两个月内将办理情况书面回复检察机关，不得以各种理由推托、迟延落实和反馈。书面回复应当紧紧围绕诉前检察建议的内容，有针对性提出具体明确的整改措施，确保诉前检察建议的办理效果。诉前检察建议的办理情况纳入法治政府建设考核内容，对于因不落实检察建议导致国家利益和社会公共利益的损失进一步扩大，检察机关启动公益诉讼程序的，要依法追究有关单位和人员的责任。

五、认真做好公益诉讼案件的应诉工作

被诉行政机关要严格按照《国务院办公厅关于加强和改进行政应诉工作的意见》（国办发〔2016〕54 号）和《湖南省人民政府办公厅关于加强和改进行政应诉工作的实施意见》（湘政办发〔2017〕9 号）的要求，认真做好公益诉讼案件的应诉工作，尊重和支持检察机关依法独立行使检察权、审判机关依法独立行使审判权，不得借促进经济发展、维护社会稳定等名义，以开协调会、印发文件或者口头要求等形式，明示或者暗示检察机关撤诉、审判机关不受理依法应当受理的公益诉讼案件。要提高答辩举证工作质量，结合公益诉讼案件的类型和特点，确定答辩重点，做到答辩形式规范、说理充分，提供证据和依据全面、准确、及时，不得拒绝或者无正当理由延迟答辩举证。行政公益诉讼案件，被诉行政机关负责人应当出庭应诉。人民法院作出的裁判生效后，被诉行政机关必须依法自觉履行。

六、加强组织领导和沟通协调

各级行政机关要加强配合公益诉讼有关工作的组织领导，建立与检察机关、审判机关的工作沟通协调机制，及时互通公益诉讼案件线索、违法行政行为整改等情况，推进行政执法信息和司法监督信息资源共享。要坚持自我纠错与司法监督纠错相结合，共同推进和保障检察机关依法开展公益诉讼工作。建立省公益诉讼工作联席会议制度，统筹协调解决公益诉讼工作中的重大问题，加强指导和督促检查。

各市州、县市区人民政府和省政府各部门要根据本意见，结合本地区、本部门实际，抓好公益诉讼有关工作的落实。

湖南省人民政府
2018 年 6 月 8 日
（此件主动公开）

湖南省人民检察院
关于印发《湖南省检察机关公益诉讼内部协作暂行规定》的通知

湘检发〔2020〕6号

各市州、县市区人民检察院，各派出检察院，本院各内设机构、直属事业单位：

《湖南省检察机关公益诉讼办案内部协作暂行规定》已于2020年4月30日经湖南省人民检察院检察委员会2020年第7次会议通过，现印发给你们，请结合实际遵照执行。执行中遇到的问题，请报告湖南省人民检察院。

湖南省人民检察院

2020年5月13日

湖南省检察机关
公益诉讼办案内部协作暂行规定

第一条　为加强对国家利益和社会公共利益的司法保护，完善检察机关内部横向协作配合，充分发挥检察办案一体化机制作用，规范全省各级人民检察院公益诉讼检察办案协作，根据《中华人民共和国民事诉讼法》《中华人民共和国行政诉讼法》等法律，制定本规定。

第二条　人民检察院各内设机构在履行职责中应当就公益诉讼案件线索的发现与移送、信息共享、案卷查询、调查取证、办案服务保障等方面加强配合协调，形成合力。

第三条　公益诉讼检察部门负责公益诉讼案件线索的登记备案管理。

人民检察院12309检察服务平台受理的群众来信来访，属于公益诉讼案件线索的，控告申诉检察部门应及时移送公益诉讼检察部门。

人民检察院各检察业务部门在履行职责中发现公益诉讼案件线索，应当及时将案件线索及相关材料移送公益诉讼检察部门。

第四条　下列案件线索，属于公益诉讼线索：

（一）生态环境和资源保护领域：因侵权人实施的污染环境、破坏资源等行为造成水土流失、土地荒漠化、土地盐碱化、生物多样性减少，造成大气污染、水污染、土壤污染、固体废物污染，以及土地、林地、草地、矿产、水产等生态资源遭受侵害，或者有重大危险的行为的。

对生态环境和资源保护负有监管职责的行政机关对污染环境的事实或者破坏资源的事实违法行使职权或者不作为，致使国家利益或者社会公共利益受到侵害的。

（二）食品药品安全领域：因食品、药品存在缺陷，食品、药品可能危及消费者人身、财产安全，未作出真实的说明和明确的警示，未标明正确使用的方法以及防止危害发生方法，对提供的食品、药品质量、性能、用途、有效期等信息作虚假或引人误解宣传，以格式条款、通知、声明、店堂告示等方式，在食品药品安全方面作出排除或者限制消费者权利、减轻或者解除经营者责任、加重消费者责任等对消费者不公平、不合理规定等情形侵害众多消费者合法权益的。

对食品药品安全负有监管职责的行政机关，在对食品、药品的研制、生产、流通、使用等进行监督管理的过程中违法行使职权或者不作为，致使国家利益或者社会公共利益受到侵害的。

（三）国有财产领域：对国有财产负有监管职责的行政机关违法行使职权或者不作为，致使经营性、行政事业性、税收类、费用类、财政补贴类、社会保障类等国有财产受到侵害的。

（四）国有土地使用权出让领域：在国有土地供应、土地使用权出让收入征收、出让土地使用监管等环节负有监管职责的行政机关违法履行职权或者不作为，致使国家利益或者社会公共利益受到侵害的。

（五）英雄烈士名誉荣誉保护领域：以侮辱、诽谤或者其他方式侵害英雄烈士的姓名、肖像、名誉、荣誉，损害社会公共利益的。

（六）其他领域：群众反映强烈的危化品管理、产品及工程质量等公共安全，未成年人、残疾人、老年人、妇女、农民工权利权益保护，个人信息安全、辟除网络谣言等互联网公益保护，扶贫、国防军事、文物和文化遗产保护等领域侵害国家利益或社会公共利益的或者在上述领域负有监督管理职责的行政机关违法履行职权或者不作为，致使国家利益或者社会公共利益受到侵害的。

第五条　人民检察院各业务部门移送公益诉讼案件线索，应当在检察机关统一业务应用系统内制作《案件线索移送函》，经部门负责人批准后，与相关材料一并移送本院公益诉讼检察部门。

对是否属于公益诉讼案件线索把握不准的，可将相关案件信息移送本院公益诉讼检察部门。

第六条　公益诉讼检察部门受理公益诉讼案件线索后，应当及时进行审查。作出立案或不立案决定后，应当在七日内将相关法律文书复印件抄送线索移送部门。

第七条　公益诉讼检察部门因案件办理需要，可以向案件管理部门申请使用检察机关统一业务应用系统进行其他业务部门案件信息查询，向其他业务部门申请查阅相关案件卷宗。

公益诉讼部门因案件办理需要，可以向本院“行政执法与刑事司法衔接信息共享平台”主管部门申请查询行政执法案件信息。

公益诉讼检察部门查询相关业务系统应当指定专人负责，并填写《案件信息查询表》报检察长批准，对所查询的案件信息应当严格履行保密责任。公益诉讼部门查询相关案件信息和查阅案卷，案件管理部门和其他业务部门应当予以配合，提供协助。

第八条　公益诉讼检察部门每半年应就各相关业务部门移送的案件线索数据向检察长进行报告，每年度向移送线索的业务部门集中反馈线索移送情况，并提交绩效考评部门列入绩效考评内容。

第九条　办理重大、复杂公益诉讼案件，经检察长同意，可以由公益诉讼检察部门与其他业务部门检察官联合组成公益诉讼检察官办案组。检察长应指定一名检察官担任主任检察官，组织、指挥办案组办理案件。办案组根据办案需要可以配备检察官助理、书记员、司法警察、检察技术人员等检察辅助人员。

第十条　公益诉讼检察部门根据办案需要，可以在刑事案件立案侦查、审查逮捕阶段参与并会同侦查机关、刑事检察业务部门开展公益诉讼案件调查工作。在刑事案件的委托鉴定评估中，可以同步提出公益诉讼案件办理的鉴定评估需求。

第十一条　根据办案需要，检察技术部门应当协助开展下列工作：

（一）对现场进行拍照、录像、勘验、测绘及对物证、电子证据进行记录、提取、固定等取证工作；

（二）对办案中收集的物证、电子证据或其他需要检验鉴定的项目，委托有资质的鉴定机构进行检验鉴定；

（三）对涉案的证据材料进行技术性审查；

（四）需要依靠检察技术手段发现案件线索，收集、固定证据的其它事项。

第十二条　公益诉讼检察部门请求检察技术部门予以技术支持，应当出具相关文书，明确载明请求事项，同时应向检察技术部门移送相关检材、样本和数据等相关资料。检察技术部门接受请求后，应当及时指派具有相应技术能力的检察技术人员开展工作。

第十三条　检察技术部门应按照最高人民检察院的部署和要求，在全省各市州人民检察院建立快速检测实验室、公益诉讼巡回工作站和无人机“三位一体”公益诉讼快速检测工作模式；各基层人民检察院配置勘查箱及现场勘查、取样基础设备。

第十四条　根据办案需要，司法警察部门应当派员协助并依法履行下列职责：

（一）维护办案场所秩序与安全；

（二）进行现场保护及协助案件的调查核实工作；

（三）保护调查收集证据、出席法庭检察人员的安全；

（四）法律、法规规定的其他职责。

第十五条　对需要申请司法警察参与公益诉讼办案的，公益诉讼检察部门应当填写《人民检察院办案用警申请表》，经公益诉讼检察部门和警务部门主要负责人批准后，警务部门派遣司法警察参与公益诉讼案件办理。

用警时间超过三个月或跨省用警的，需经检察长批准。用警时间超过三个月的，用警期间司法警察日常管理由公益诉讼检察部门负责。

第十六条　本地区重大公益诉讼案件或重大公益诉讼活动等信息由新闻发布管理部门依照相关规定统一对外进行新闻发布，其他需要统一发布的信息，应及时报新闻发布管理部门进行审核。

第十七条　计划财务装备部门应当依照相关规定及时保障公益诉讼案件办案经费的支出，公益诉讼检察部门根据办案需要，可以向计划财务装备部门申请专项办案经费。

第十八条　公益诉讼检察部门应当加强与本院相关内设机构的沟通协调和信息通报，建立联席会议机制。

第十九条　公益诉讼检察部门在办理公益诉讼检察案件中，发现其他检察业务案件线索，按照本规定相关要求移送。

第二十条　本规定由湖南省人民检察院负责解释。

第二十一条　本规定自印发之日起施行。

协同推进公益诉讼工作座谈会议纪要

2020年6月19日，湖南省人民检察院与有关行政机关、社会组织以及我省部分高校、省律师协会就如何协同推进全省公益诉讼工作召开座谈会。会上，湖南省人民检察院通报了湖南检察机关公益诉讼办案情况，与会人员围绕如何协同推进公益诉讼进行了深入交流，认真讨论了《加强协作配合共同推进公益诉讼工作的意见（征求意见稿）》。

与会人员一致认为，公益诉讼制度是坚持和完善中国特色社会主义法治体系、推进国家治理体系和治理能力现代化的重要举措，对促进依法行政、严格执法，维护国家利益和社会公共利益，维护宪法和法律权威以及社会公平正义具有重要意义。保护公益是全社会的共同责任，公益诉讼也不能单打独斗，需要检察机关和行政机关、社会组织共同参与，互相协作，形成合力。会议就协同推进公益诉讼工作达成以下共识：

一是行政机关与检察机关加强协作配合，共同推动公益诉讼工作全面发展。检察机关、行政机关应当建立信息共享机制，及时共享行政执法信息和公益诉讼信息。行政机关应及时移送公益诉讼案件线索，并在检察机关办理公益诉讼案件过程中给予调查取证、鉴定评估等方面的支持。秉持双赢多赢共赢理念，通过建立双方或多方联席会议制度，共同研究本辖区内公益诉讼工作中存在的新情况、新问题、新特点，推进本辖区公益诉讼工作全面发展，提高依法行政水平。

二是高校与检察机关加强学术交流，积极提供智力支持。高校加大公益诉讼理论研究探索，尤其是在公益诉讼相关法律尚不健全的领域，为完善检察机关提起公益诉讼制度提供理论指引。积极发挥高校学术优势、专业优势，通过专家帮助、人才培养等方式为检察机关提供智力支持。检察机关根据工作实际情况，适时向高校反馈实践中面临的理论性、实践性难题，并为高校展开相关研究提供工作便利。

三是各级律师协会与检察机关加强联系互动，积极为公益诉讼工作提供法律实务支持。全省各级律师协会发挥法律实务方面的优势，与检察机关加强联系沟通，支持律师参加公益诉讼工作，主动提供公益诉讼案件线索，为行政机关和社会组织提起公益诉讼提供法律服务。加大公益律师培养力度，并通过设立定点联系单位、个案邀请有经验的协会法务人员参与讨论等方式加强公益诉讼交流协作。

四是相关社会组织与检察机关加强协作配合，形成保护公益合力。相关社会组织及时向检察机关提供行政公益诉讼案件线索，对自行发现的民事公益诉讼案件线索决定不起诉的，应将该案件线索及有关材料向人民检察院移交，由人民检察院进一步调查分析，确保不浪费线索案源，不放过违法行为。相关社会组织加大提起民事公益诉讼力度，检察机关依申请积极支持起诉，并采取提供法律咨询、协助调查取证、向人民法院提交支持起诉意见书和出席法庭等方式予以充分支持。检察机关在办理环境公益诉讼案件过程中，可以邀请相关社会组织作为独立第三方参与对受损公共环境修复情况的监督和评估。相关社会组织可就调查取证中的专业知识以专业咨询、无人机操作等方式为检察机关提供支持。

五是共同加强公益诉讼宣传，提高公益诉讼社会影响。检察机关、行政机关、社会组织、以及高校、各级律师协会，共同推动公益诉讼宣传工作，联合开展拍摄微电影、公益广告、电视公益专栏、进校园进企业进社区等形式多样的公益保护法治宣传活动。检察机关和相关社会组织办理具有代表性、典型性的民事公益诉讼案件时，可以邀请人大代表、政协委员、人民监督员和群众代表参加听庭，向社会公众上好“法治公开课”，讲好公益保护故事，努力提升公益诉讼社会影响。

六是建立协同推进公益诉讼常态化工作机制。建立联络员日常联系机制。参加此次会议的单位分别确定一名联络员（联络员信息请及时告知省检察院），负责日常联络、文件传输及信息通报等工作。建立工作信息交流机制。本单位发布的相关文件和全国、全省有重大影响、疑难复杂的公益诉讼案件线索信息，互相即时通报。人民检察院对破坏生态环境资源保护或者危害食品药品安全等违法行为以民事公益诉讼立案的，应当在公告发出后及时告知本辖区的相关行政机关和社会组织。社会组织拟提起民事公益诉讼的，应当主动告知诉讼管辖地的人民检察院，对已经判决的民事公益诉讼案件，应及时将判决结果反馈人民检察院。建立工作问题研讨机制。针对工作联系交流不顺畅、信息和技术共享不充分、办案协作不紧密、公益诉讼法律不健全等制约全省公益诉讼发展的问题，检察机关、行政机关、高校、律师协会和社会组织可以根据工作实际组织开展公益诉讼问题研讨，研讨方式与规模按照务实、高效的原则灵活掌握，重在推进公益诉讼突出、疑难问题解决。建立年度座谈会议机制。检察机关、行政机关、高校、律师协会和社会组织每年至少组织召开一次座谈会议，围绕协同推进公益诉讼工作主题展开，总结工作经验，共同研究、协商全省公益诉讼遇到的新情况、新问题，力争达成共识。

湖南省人民检察院

2021 年 1 月 7 日印发

●整体工作机制

全省检察机关树立双赢多赢共赢的理念，与执法司法机关形成良性互动的工作格局。检察机关加强与监察委的沟通协调，建立线索双向移送等工作机制。加强与环保、食药、国土、林业等行政执法部门沟通联系，建立联系会议、信息交流反馈、线索移送、案件协查等工作机制，共同会签相关文件70余份。

长沙市人民检察院
关于加强公益诉讼案件线索管理的规定（试行）

长检发〔2018〕5号

为加强检察机关内部的协作配合，推动检察机关公益诉讼工作的全面开展，根据《中华人民共和国民事诉讼法》《中华人民共和国行政诉讼法》《人民检察院提起公益诉讼试点工作实施办法》《最高人民法院、最高人民检察院关于检察公益诉讼案件适用法律若干问题的解释》等有关规定，结合全市检察工作实际，特制定本规定。

第一条 【案件范围】公益诉讼案件的范围是：

（一）民事公益诉讼案件：检察机关在履行职责中，发现破坏生态环境和资源保护、食品药品安全领域侵害众多消费者合法权益等损害社会公共利益或者有重大损害危险的行为；

（二）行政公益诉讼案件：检察机关在履行职责中，发现生态环境和资源保护、食品药品安全、国有财产保护、国有土地使用权出让等领域负有监督管理职责的行政机关违法行使职权或者不作为，致使国家利益或者社会公共利益受到侵害或者有重大侵害危险的案件。

第二条 【案件线索发现机制】各业务部门在履行批准或决定逮捕、审查起诉、诉讼监督等职责中发现附则所列举的公益诉讼案件范围且有下列情形的，应当将案件线索及相关材料移送控告检察部门：

（一）涉案单位或个人在生态环境和资源保护、食品药品安全等领域侵害众多消费者合法权益的行为，损害社会公共利益或者有重大损害危险的；

（二）行政机关及其工作人员在生态环境和资源保护、食品药品安全、国有财产保护、国有土地使用权出让等领域违法行使职权或者不作为，致使国家利益或者社会公共利益受到侵害或者有重大侵害危险的；

第三条 【案件线索发现机制】有下列情形之一的，公诉、侦查监督部门应向控告申诉检察部门移送案件线索：

（一）在立案监督和侦查监督中，发现公安机关或其他行政机关以罚代刑需要撤销行政处罚决定的，致使国家利益和社会公共利益受到侵害或者有重大侵害危险的；

（二）在审查逮捕、审查起诉工作中发现行政执法违法行使职权或者不作为，致使国家利益和社会公共利益受到侵害或者有重大侵害危险的；

（三）不起诉决定案件和法院判决无罪的案件中发现行政机关及其工作人员违法行使职权或不作为，致使国家利益和社会公共利益受到侵害或者有重大侵害危险的；

（四）刑事犯罪造成国家利益和不特定人群公共利益遭受重大损失或者重大危险，符合公益诉讼条件的；

（五）在履职本部门职责中发现的其他行政违法行为线索的。

第四条 【案件线索发现机制】控告申诉检察部门在履行职责中发现有下列情形之一的，应当经分管副检察长同意受理后，三日内将线索及相关材料移送公益诉讼检察部门；刑事执行检察部门发现有下列情形之一的，应向控告申诉检察部门移送案件线索：

（一）在自然人、法人或者其他组织及其律师控告、申诉、举报中，发现行政机关严重违法行使职权，选择性行使职权或不作为，致使国家利益和社会公共利益受到侵害或者有重大侵害危险且没有其他救济渠道的；

（二）在办理刑事申诉、国家赔偿和刑事被害人救助案件中发现的行政机关违法行使职权或者不作为的，致使国家利益和社会公共利益受到侵害或者有重大侵害危险；

（三）在履职过程中发现行政机关违法采取行政强制措施，侵犯公民人身权、财产权的；

（四）在履职过程中发现的除第四条之外的其他领域，有侵害国家利益和社会公共利益或有重大损害危险的。

第五条【案件线索移送机制】侦查监督、公诉、刑事执行检察等部门移送公益诉讼案件线索应当制作《案件线索移送函》，经分管副检察长签署意见后，附相关材料移送控告申诉检察部门，控告申诉检察部门应当签收移送回执，在案件线索受理之日起三日内将线索及相关材料移送公益诉讼检察部门。

第六条【案件线索管理机制】控告申诉检察部门负责公益诉讼案件线索和其他案件线索的统一受理，公益诉讼检察部门负责公益诉讼案件办理。

公益诉讼检察部门应对控告检察部门移送的案件线索建立台账，实行一案一登记、一案一跟进。案件管理部门负责公益诉讼案件的登记管理。其它业务部门负责案件线索的移送。

第七条【案件线索审查机制】公益诉讼检察部门收到案件线索后应及时审查，不属于本院管辖的，应当制作《案件线索移送函》，移送有管辖权的人民检察院办理，受移送的人民检察院受理后应及时办理并上报案件进展情况（各区、县（市）人民检察院移送长沙市人民检察院的除外）。受移送的区、县（市）人民检察院认为不属于本院管辖的，应当报请长沙市人民检察院指定管辖，不得再自行移送。

第八条【案件办理协作机制】公益诉讼检察部门在办理公益诉讼案件过程中，因工作需要可向相关业务部门请求人员、文书等支持或协作；因发现案件线索需要，案件管理部门应向公益诉讼检察部门开放案件管理平台、"两法衔接"信息共享平台；因案件办理需要，公益诉讼检察部门可以查阅已审查终结的案卷，相关业务部门应当积极配合，提供协助。

第九条【案件线索反馈机制】公益诉讼检察部门收到控告申诉检察部门移送的案件线索后，应当及时审查，公益诉讼检察部门应当自收到移送的案件线索之日起三个月内向控告申诉检察部门书面反馈处理结果或者进展情况，并将相关法律文书复印件抄送控告申诉检察部门。对案件线索有正式处理决定的，应当自作出决定之日起十日内书面反馈控告申诉检察部门。

第十条【案件协作与通报机制】公益诉讼检察部门应当加强与本院各相关业务部门的沟通协调和信息通报，建立联席会议制度，定期或不定期召开联席会议，就公益诉讼案件相关事项开展协作和研究。公益诉讼检察部门每月应主动联系各相关业务部门，寻找公益诉讼案件线索，相关业务部门应提供协助。

第十一条【案件通报与考评机制】公益诉讼检察部门每季度应就各相关业务部门移送的案件线索数据进行通报，每年度向移送线索的业务部门集中反馈案件线索移送情况，并提交绩效考核部门。各相关业务部门要把履职中发现、审查、移交公益诉讼案件线索作为员额检察官工作职责，并列入员额检察官权责清单和检察官业绩考核内容。

第十二条 本意见自下发之日起施行，并由长沙市人民检察院检察委员会负责解释。

附则：

各业务部门在办理涉及下列罪种的案件中，应注重筛查，发现公益诉讼案件线索：

（一）破坏环境资源保护类犯罪。具体包括：污染环境罪；非法处置进口的固体废物罪；擅自进口固体废物罪；非法捕捞水产品罪；非法捕猎、杀害珍贵、濒危野生动物罪；非法收购、运输、出售珍贵濒危野生动物、珍贵、濒危野生动物制品罪；非法狩猎罪；非法占用农用地罪；非法采矿罪；破坏性采矿罪；非法采伐、毁坏国家重点保护植物罪；非法收购、运输、加工、出售国家重点保护植物、国家重点保护植物制品罪；盗伐林木罪；滥伐林木罪；非法收购、运输盗伐、滥伐的林木罪等。

（二）生产、销售伪劣商品类犯罪。具体包括：生产、销售假药罪；生产、销售劣药罪；生产、销售不符合安全标准的食品罪；生产、销售有毒、有害食品罪；生产、销售不符合标准的医用器材罪等。

（三）走私类犯罪。具体包括：走私珍贵动物、珍贵动物制品罪；走私珍稀植物、珍稀植物制品罪；走私固体废物罪。

（四）国有财产保护类犯罪。具体包括：签订、履行合同失职被骗罪、国有公司、企业人员失职罪；内幕交易、泄露内幕信息罪；串通投标罪。

（五）妨害文物管理类犯罪。具体包括：故意损毁文物罪；故意损毁名胜古迹罪；过失损毁文物罪；非法向外国人出售、赠送珍贵文物罪；倒卖文物罪；非法出售、私赠文物藏品罪；盗掘古文化遗址、古墓葬罪；盗掘古人类化石、古脊椎动物化石罪。

株洲市天元区人民检察院
公益诉讼案件线索发现和移送协作机制

第一条　为进一步加强民行检察部门与其他业务部门的协作配合，规范公益诉讼案件线索的发现和移送机制，全面推动检察机关提起公益诉讼工作，根据《中华人民共和国民事诉讼法》《中华人民共和国行政诉讼法》《人民检察院民事诉讼监督规则（试行）》《人民检察院行政诉讼监督规则（试行）》以及最高人民检察院《关于全面开展公益诉讼工作有关问题的通知》等相关规定，结合本院工作实际，制定本办法。

第二条　发现和移送公益诉讼案件线索是指本院业务部门在履行职责中发现并移送民事公益诉讼案件线索和行政公益诉讼案件线索的活动。

履行职责包括审查逮捕、审查起诉、立案监督、侦查活动监督、诉讼监督、执行监督、专项执法活动、控告申诉、“两法衔接”平台以及举报宣传等活动。

第三条　公益诉讼案件线索的发现和移送，要遵循分工负责、归口办理、双向及时移送的原则。

对案件线索必须严格保密。发生泄密事件，对责任人严格追究相应责任。

第四条　民事公益诉讼案件线索，主要包括破坏生态环境和资源保护、食品药品安全领域侵害众多消费者合法权益等损害社会公共利益的案件线索。

行政公益诉讼案件线索，主要包括生态环境和资源保护、食品药品安全、国有财产保护、国有土地使用权出让等领域负有监督管理职责的行政机关违法行使职权或者不作为，致使国家利益或者社会公共利益受到侵害的案件线索。

第五条　相关业务部门对公益诉讼案件线索，需要就是否侵害国家利益或者社会公共利益进行初步甄别。

涉及侵害不特定多数人、具有整体性、基础性、发展性的利益可以视为侵害社会公共利益。如基本农田、生态公益林、自然保护区、饮用水水源保护地、地质公园、湿地公园、水土流失重点防治区、国家级古树名木等。

范围特定的集体利益和个人利益原则上不认定为社会公共利益。

第六条　相关业务部门在履行职责中发现下列民事公益诉讼案件线索的，应当及时移送民行检察部门：

（一）办理污染环境罪、非法处置进口的固体废物罪、擅自进口固体废物罪、非法捕捞水产品罪、非法猎捕、杀害珍贵、濒危野生动物罪、非法收购、运输、出售珍贵、濒危野生动物制品罪、非法占用农用地罪、非法采矿罪、破坏性采矿罪、非法采伐、毁坏国家重点保护植物罪、盗伐林木罪、滥伐林木罪、非法收购、运输盗伐、滥伐的林木罪、走私珍贵动物、珍贵动物制品罪、走私珍稀植物、珍稀植物制品罪、走私废物罪等案件过程中，发现侵权行为可能损害社会公共利益的；

（二）办理生产、销售假药罪、生产销售劣药罪、生产、销售不符合安全标准的食品罪、生产、销售有毒、有害食品罪、生产、销售不符合标准的医用器材等犯罪过程中，发现有侵害众多消费者合法权益等损害社会公共利益的行为的；

（三）其他适宜检察机关提起民事公益诉讼的情形。

第七条　相关业务部门在办理滥用职权罪、玩忽职守罪、非法发放林木采伐许可证罪、环境监管失职罪、食品监管渎职罪、传染病防治失职罪、非法批准征收、征用、占用土地罪、非法低价出让国有土地使用权罪、放纵走私罪、放纵制售伪劣商品犯罪行为等犯罪过程中，发现对生态环境和资源保护、食品药品安全、国有财产保护、国有土地使用权出让等领域负有监督管理职责的行政机关，有下列情形，可能造成国家和社会公共利益受到侵害，经初步判断符合检察机关提起行政公益诉讼情形的，应及时移送民事行政检察部门：

（一）行政机关知道或者应当知道存在违法情形，未依法履行监督管理职责或者履行职责不当的；

（二）行政机关作出处罚决定但未依法执行或者督促执行不到位的，或者未依法申请法院执行的；

（三）在立案监督或侦查监督中发现行政机关以罚代刑，存在应当移送司法机关而不进行移送行为的；

（四）行政机关或其工作人员因徇私枉法、收受贿赂而不依法履行职责或者违法作出行政行为的；

（五）行政机关或其工作人员玩忽职守或滥用职权等渎职行为致使国家或社会公共利益遭受损失或有遭受损失的危险，尚未采取有效措施挽回损失或避免危险的；

（六）其他适宜检察机关提起行政公益诉讼的情形。

第八条　相关业务部门在履行职责中发现民事公益诉讼案件和行政公益诉讼案件线索，应制作《公益诉讼线索移送表》，经部门负责人签署审核意见后附相关材料及时向民行检察部门移送。

因故不能在办案过程中及时移送的，至迟应在案件办结后十五日内移送。

民行检察部门应当出具或者签收案件线索移送回执。

第九条　民行检察部门在收到案件线索移送表后，应在七日内进行审查。

民行检察部门初步审查案件线索，可以向相关业务部门调阅、复制案卷材料，相关部门应予配合。

第十条　民行检察部门对案件线索应当实行专人负责、统一登记、分类管理、及时分流处理、及时反馈的制度。

第十一条　经初步审查符合提起公益诉讼情形的，民行检察部门应将案件线索报检察长批准进入立案程序。

决定立案的，民行检察部门应将立案决定书抄送案件线索移送部门。

第十二条　民行检察部门对相关业务部门移送的案件线索，应当在案件办结后15日内将最终处理情况即相关法律文书向移送线索的部门反馈。

第十三条　民行检察部门根据工作需要并经领导同意，可以查阅、了解相关业务部门案件统计台账以及可能涉及公益诉讼线索的案件办理情况，及时掌握相关信息。

第十四条　民行检察部门在履行职责过程中，发现涉嫌职务犯罪或者其他刑事犯罪线索的，应当及时将犯罪线索及相关材料移送本院相关业务部门。

移送和反馈程序参照本暂行办法第八条、第十一条、第十二条的规定。

第十五条　其他部门发现公益诉讼线索的移送参照本办法。

第十六条　本暂行办法与上级院规定不一致的，以上级院的规定为准。

第十七条　本暂行办法由本院检察委员会负责解释，自公布之日起实施。

●重点领域专项建设机制

全省检察机关深入学习贯彻习近平生态文明思想和习近平总书记关于长江经济带发展的系列重要讲话，积极融入和服务“健康中国”战略，聚焦生态环境和资源保护、食品药品安全领域履行公益诉讼监督职能，组织开展治理能力现代化建设和专项活动，守护青山绿水、保护舌尖安全，守护人民群众的美好生活。

湖南省人民检察院 湖南省自然资源厅关于以检察公益诉讼推进自然资源领域国家治理体系和治理能力现代化建设的意见

湘检〔2020〕32号

各市州、县市区人民检察院、自然资源主管部门：

为进一步加强协作，推进检察公益诉讼工作，促进自然资源领域国家治理体系和治理能力现代化建设，根据《最高人民检察院 国土资源部关于加强协作推进行政公益诉讼促进法治国土建设的意见》（高检会〔2017〕4号）、《最高人民检察院 生态环境部 国家发展和改革委员会 司法部 自然资源部 住房城乡建设部、交通运输部 水利部 农业农村部 国家林业和草原局关于印发〈关于在检察公益诉讼中加强协作配合依法打好污染防治攻坚战的意见〉的通知》（高检会〔2019〕1号）、《湖南省人民政府关于支持检察机关依法开展公益诉讼工作的意见》（湘政发〔2018〕16号）等文件精神，现提出如下意见：

一、充分认识检察公益诉讼制度对自然资源主管部门的外部监督意义

检察公益诉讼制度，是党中央推进全面依法治国的重大改革举措，是完善行政监督体系、加强司法监督的重要制度设计，是检察机关依法行使法律监督权的重要制度保障。机构改革后，重新组建的自然资源部门肩负着保护自然资源和国土空间“两统一”的重要职责。检察机关通过行政公益诉讼督促自然资源主管部门依法全面履行职责，及时纠正违法行为，通过民事公益诉讼追究破坏自然资源违法行为人的生态环境损害赔偿责任，落实“谁破坏谁担责”生态保护基本原则，是协同之诉、监督之诉，有利于促进全省各级自然资源主管部门依法行政、规范执法，有利于强化对自然资源管理的外部监督，有利于降低廉政风险，避免一些苗头性问题演变为行政违法甚至刑事犯罪，重塑行政机关外部执法环境，共同保护自然资源和推进生态文

明建设。

二、准确把握自然资源领域行政公益诉讼的工作重点

生态环境资源保护、国有财产保护、国有土地使用权出让等领域中行政机关不作为或违法行使职权，极易导致国家利益或社会公共利益受到损害，是检察机关办理行政公益诉讼案件的重点。各级自然资源主管部门要自觉依法全面履职，严格履行耕地保护、土地使用权出让、矿产资源开发、矿山地质环境恢复治理、自然资源违法行为查处、专项资金监管等职责职能。2020年重点以耕地保护和生态文明建设为核心，改革重审批轻监管的管理模式，按照土地全生命周期管理要求，加大对土地批而未供、闲置、违法用地特别是违法占用耕地等违法行为的监管，落实最严密的耕地保护基本国策要求，切实保护好耕地尤其是永久基本农田；要按照绿色发展理念，加快推进矿业转型绿色发展，严格矿产资源开发利用和生态环境恢复治理监管，切实维护矿产资源国家权益，保护生态环境。

对耕地保护、绿色矿业发展等自然资源领域内群众反映强烈的突出问题，全省各级检察机关应当有计划地组织开展专项行动。对于自然资源主管部门未依法全面履职、国家利益或者社会公共利益受到严重侵害或侵害危险的，检察机关应当依法立案调查；经立案调查属实的，依法提出诉前检察建议，督促行政机关纠正违法行为；对于行政机关在规定的时间内不积极履职致使国家利益或者社会公共利益仍受侵害已符合起诉条件的，依法提起行政公益诉讼；发现有关单位和人员涉嫌犯罪或者违纪线索的，移送有管辖权的主管机关。自然资源主管部门是否依法全面履职，应当以是否已充分运用现行有效手段监管发现问题、是否及时采取有效措施制止违法行为、是否运用法律规定的行政监管措施解决公共利益侵害问题等认定履职尽责的标准。对于自然资源部门已经采取措施、正在积极履职的，如对违法行为人作出行为决定并提供了切实可行的整改方案的，检察机关可以根据实际情况暂缓采用行政公益诉讼方式监督。

三、建立健全自然资源领域行政公益诉讼磋商机制

全省各级人民检察院应当与同级自然资源主管部门共同探索建立自然资源领域行政公益诉讼磋商机制，将磋商机制贯穿于行政公益诉讼案件立案后至终结前全过程。对于发现的自然资源领域可能存在侵害国家利益或者社会

公共利益的决定立案调查的，检察机关可以与自然资源部门共同磋商，进一步掌握自然资源管理现状、存在的问题、履职的难点，从检察公益诉讼所要达成的目的出发，评估行政公益诉讼的法律效果、社会效果和政治效果，研究确定具有代表性和典型性的行政公益诉讼起诉案件，达到行政公益诉讼案件提起一件、影响一片、规范一类的双赢多赢共赢办案效果。

全省各级自然资源主管部门应主动接受监督，配合调查并积极整改落实。收到检察建议书后，全省各级自然资源主管部门要明确专人收集并提供相关资料，同时组织开展对照自查，确属未依法全面履职的，应当按照法律法规规章的要求，积极采取有效措施进行整改，并在规定的时间内向检察机关书面回复整改情况；因客观原因难以在规定期限内整改到位的，应当制定具体可行整改方案，及时向检察机关说明情况；经磋商后认为所实施的整改措施已经达成一致效果的，检察机关审查后终结案件；对于在规定期间内不积极配合调查的、不认真整改或整改效果不明显、国家利益或者社会公共利益仍受侵害的，检察机关经审查认为符合起诉条件的，应当依法向人民法院提起行政公益诉讼，被诉自然资源主管部门负责人要亲自出庭应诉，并依法履行人民法院作出的生效判决。

四、畅通自然资源领域检察公益诉讼协作配合机制

（一）建立案件线索移送制度。全省各级自然资源主管部门应当与同级检察机关建立自然资源监督管理信息共享机制，每双月末将行政执法、勘验检查、卫星遥感等手段发现的违法信息及其他公益诉讼案件线索通报同级检察机关。具备条件的市州，可以选择一至两个县，将自然资源信息管理平台中相关违法用地、土地闲置等数据延伸同步推送至同级检察机关，丰富公益诉讼案件线索。

（二）建立检察公益诉讼情况反馈制度。省自然资源厅与省人民检察院每半年相互反馈一次检察公益诉讼工作开展情况，就公益诉讼案件线索提供、公益诉讼案件办理、典型或疑难复杂公益诉讼案件处理、公益诉讼成效以及相关工作意见建议等情况进行交流，有关情况可在检察系统或自然资源系统内进行通报。遇重大、敏感问题或情况，双方可随时反馈信息。

（三）建立联席会议机制。双方可以定期或不定期召开联席会议，共同研讨自然资源领域涉及公益诉讼工作中存在的具体问题，对有必要指导和推动工作的一致意见事项，可以以会议纪要等形式明确印发全省各地。

（四）联合组织开展专项行动。就公益诉讼涉及自然资源领域的重点工作，自然资源主管部门应当主动与同级检察机关联系，有重点地组织开展联合专项行动或联合挂牌督办等，充分发挥检察机关公益诉讼、刑事司法等法律监督职能，推动自然资源领域重点工作依法有序开展。

（五）建立人员交流培训制度。为推进全面依法履职，加大对检察公益诉讼和自然资源管理业务的了解和认识，自然资源主管部门和检察机关举办相关业务培训时，可以邀请互派人员讲座和参加培训。检察机关办理公益诉讼案件要求自然资源主管部门就专业事项出具意见时，自然资源主管部门应当予以支持配合。条件成熟的市县，人民检察院和自然资源主管部门可以互派重点岗位骨干挂职或跟班，进行短期学习交流。

（六）建立日常联络联动机制。检察机关由负责公益诉讼业务的部门、自然资源主管部门由法规处（科、股）负责建立公益诉讼日常联络，负责信息的传递、情况通报及相关会议的召集等工作。

五、共同营造自然资源公益诉讼良好氛围

全省各级自然资源主管部门要深刻认识检察公益诉讼制度的重大意义，全省各级检察机关要认真履行公益诉讼检察职责，双方应当共同增强政治责任感和历史使命感，强化服务大局意识，积极争取地方党委、政府对检察公益诉讼的支持，接受人大和政协的监督。要共同努力、协同推进，通过联合发布公益诉讼典型案例、召开新闻发布会发布公益诉讼年度分析报告或白皮书等方式，加大对公益诉讼制度及成效的宣传，引导社会公众参与自然资源生态环境保护，促进共建共治共享，营造良好的检察公益诉讼氛围，以检察公益诉讼推进自然资源领域国家治理体系和治理能力现代化建设迈上新的台阶。

湖南省人民检察院
湖南省自然资源厅
2020 年 6 月 8 日

湖南省人民检察院
关于充分发挥检察职能作用加强“一湖四水”
生态环境资源司法保护的意见

湘检发〔2018〕5号

为了贯彻落实省委、省政府关于“一湖四水”生态环境资源保护的部署要求，根据省政府办公厅印发的《统筹推进“一湖四水”生态环境综合整治总体方案》和《湖南省贯彻落实中央环境保护督察反馈意见整改方案》，结合我省检察工作实际，提出以下意见：

一、牢固树立新发展理念，充分认识加强“一湖四水”生态环境资源司法保护的重大历史意义和现实意义

1. 加强“一湖四水”生态环境资源司法保护是贯彻落实中央和省委加强生态文明建设决策部署的重要举措。洞庭湖吞吐长江，其消纳的湘、资、沅、澧四水，均是长江生态系统的重要组成部分，在维系国家生态安全、粮食安全和防洪安全方面具有重大战略意义。生态文明建设是党中央提出的“五位一体”总体布局的重要组成部分。党的十九大作出了建设美丽中国的重大决策部署。省第十一次党代会对实施山水田湖生态保护和修复工程、加快建天蓝地绿水清土净的生态强省作出了决策部署，提出了明确要求。检察机关是国家的法律监督机关，是保护国家利益和社会公共利益的一支重要力量，加强“一湖四水”生态环境资源司法保护责无旁贷。全省检察机关要牢固树立绿水青山就是金山银山的发展理念，主动对接和积极融入中央和省委关于加强生态文明建设的决策部署，充分发挥检察职能作用，加强“一湖四水”生态环境资源保护，为建设生态强省提供有力法治保障，为建设美丽中国贡献检察力量。

2. 加强“一湖四水”生态环境资源司法保护是主动适应新时代我国社会主要矛盾变化的必然要求。中国特色社会主义进入新时代，人民群众不仅对物质文化生活提出了更高要求，而且在民主、法治、公平、正义、安全、环境等方面的要求日益增长。当下洞庭湖流域生态环境受损状况严重，河道采砂、湖库水产养殖、湖区及周边生活废水和垃圾污染、黑杨种植破坏生态等问题突出，严重影响了人民群众生产生活和经济社会发展质量。习近平总书记反复强调，要像保护眼睛一样保护生态环境，像对待生命一样对待生态环境。全省检察机关要坚持以人民为中心的发展思想，恪守司法为民的根本立场，主动适应新时代我国社会主要矛盾变化，切实增强保护绿水青山的历史使命感和责任感，采取有力措施加强“一湖四水”生态环境资源司法保护，积极回应人民群众关切。

二、加强“一湖四水”生态环境资源司法保护必须遵循的基本原则

3. 依法履职原则。认真履行宪法和法律赋予检察机关的法律监督职责，严格依照法律、法规、司法政策开展执法办案工作，按照法定权限和法定程序行使检察权，正确区分罪与非罪、刑事责任与行政责任及民事责任的标准和界限。

4. 服务大局原则。准确把握中央和省委关于加强生态文明建设的决策部署，主动对接湘江保护和治理“一号重点工程”、洞庭湖水环境综合整治“五大专项行动”“十大重点工程”活动，找准检察工作服务和保障生态文明建设的着力点和切入点，以执法办案为基本途径，为实施创新引领开放崛起战略、建设富饶美丽幸福新湖南创造良好法治环境。

5. 保护公益原则。牢牢抓住公益核心，把环境资源类公益诉讼工作摆在更加突出的位置，进一步强化增强服务和保障生态环境资源保护的自觉性和主动性，重点打击破坏环境资源类犯罪、制裁污染环境和破坏生态、破坏资源类违法行为，在推进生态文明建设中展现检察机关新作为。

6. 规范司法原则。坚持理性平和文明规范的执法理念，把规范司法行为贯穿于“一湖四水”生态环境资源司法保护全过程、各环节，努力做到敢于监督、依法监督、规范监督，让人民群众在检察机关办理的每一个司法案件中感受到公平正义。

三、充分发挥检察职能作用，为“一湖四水”生态环境资源保护提供有力法治保障

7. 依法严厉打击破坏生态环境资源的刑事犯罪。切实加强对水源、空

气、土地、林木、矿产等资源以及珍稀动植物资源的司法保护。严厉打击污染水源、破坏湿地、非法捕捞水产品、非法捕猎野生动物、非法处置危险废物等破坏生态环境资源的各类犯罪，依法铲除破坏生态环境资源犯罪的利益链，强化对破坏生态环境行为的威慑力。探索建立对社会影响大、群众反映强烈、涉及面广的严重破坏生态环境资源类刑事案件优先办理、快速处理、提前介入、引导取证的工作机制，增强打击犯罪的效果。认真审查办理有关机关移送审查起诉的国家工作人员涉嫌在能源资源保护、环境污染防治、环境监管过程中的渎职、贪贿案件，对于在办案过程中发现的相关职务犯罪线索，依法移送有关机关查处。

8. 部署开展破坏生态环境资源专项监督活动。主动对接省委、省政府关于“一湖四水”生态环境资源保护的行动部署，在饮水水源地保护、能源资源保护、生物多样化保护、河湖流域生态治理、环境污染治理、湖（林）区生态治理等领域，与环保、国土、林业、水利、住建、城管、渔业等有关行政执法机关联合开展专项监督治理活动。充分利用专项监督治理活动平台，深挖细查破坏生态环境资源违法犯罪线索，集中查办一批破坏生态环境资源的刑事犯罪、行政违法、民事侵权和公益诉讼案件。

9. 积极推进涉及“一湖四水”的公益诉讼工作。认真学习、深入领会检察机关提起公益诉讼制度的立法精神，围绕“一湖四水”生态环境资源保护开展公益诉讼工作。聚焦污染水源、破坏野生动植物资源、非法采砂、养殖污染、生态破坏等与生态环境资源保护密切相关的重点问题，梳理、汇总其中的公益诉讼案件线索，推进公益诉讼办案工作。从刑事、民事、行政角度进行“一案三查”，既依法追究违法行为人的刑事责任，又追究损害社会公共利益的侵权责任和行政责任。支持法律规定的机关和环保组织对破坏生态环境资源且损害社会公共利益的违法行为提起民事公益诉讼。

10. 加强对涉及“一湖四水”司法案件的诉讼活动监督。继续开展“破坏环境资源犯罪专项立案监督活动”，切实防止和纠正有罪不究、有案不立、立而不侦等问题。加强侦查活动监督，重点监督违法决定、执行、变更、撤销强制措施等侦查违法行为。加强刑事审判监督，依法对有罪判无罪、量刑畸轻的破坏生态环境资源犯罪案件提出抗诉。加强刑罚执行监督，对破坏生态环境资源犯罪案件加强刑罚交付执行监督，对涉及的财产性判项执行情况重点监督，对违法执行、怠于执行背后的职务犯罪行为依法移送监察委。加强民事、行政诉讼监督，依法对符合条件的生态环境资源领域民事行政生效裁判监督、审判程序违法监督、执行监督及非诉执行案件提出抗诉、再审检察建议或者检察建议。

四、创新法律监督方式方法，着力提升“一湖四水”生态环境资源司法保护的针对性和实效性

11. 探索建立生态环境资源保护领域专业化办案机制。针对生态环境类犯罪案件侦查、取证、损害评估、鉴定勘测及因果关系等难点问题，培养具备专门知识的办案人员和办案团队。探索与生态环境资源执法部门设立生态环境资源专家人才库，建立专家出庭协作机制，为生态环境资源检察工作提供专业支持。各地检察机关要因地制宜，探索成立生态环境资源类检察官办案组，培养专门研究涉及环境资源的法律理论与实务、专门办理生态环境资源类刑事、民事、行政及公益诉讼案件的复合型检察官。

12. 建立内外部办案联动协调机制。整合侦监、公诉、民行、执监、环资、控告等部门工作职能，畅通线索移送渠道，及时摸排、分析研判案件线索。对于办案过程中发现可能存在的侦查监督、公益诉讼、刑罚执行监督线索，及时移送至相关办案部门跟进监督。整合办案力量、线索信息、信息化装备等检察资源，形成以省检察院为龙头、市州检察院为主体、基层院为基础，上下一体、区域联动、协作密切、高效运转的刑事、民事、行政、公益诉讼检察一体化办案工作格局。继续推进“两法”衔接工作，建立健全与人民法院、公安机关和环保、国土、林业、水利、住建、城管、渔业等行政执法机关联席会议、信息交流反馈、案件移送、案件协查工作机制，推动形成“一湖四水”生态环境资源执法司法工作合力。

13. 合力推动检察建议落地落实。深入研究和积极探索检察建议落实机制，以制度建设保障检察建议的监督刚性。切实加强与党委、人大和党委政法委的汇报沟通，争取将检察建议回复和整改情况纳入党委政府工作绩效考核、人大执法检查、综治工作考评的内容。加强与监察委的联系沟通和办案协作，实现监督案件线索双向移送，对于明显违法而拒不采纳检察建议进行整改的移送监察委查处，监察委在调查过程中发现有破坏生态环境资源检察监督案件线索的移送检察机关办理。对于已发出检察建议收到回复的，要定期进行回访，对于整改措施不力、效果不明显的，加大跟踪监督力度。

14. 探索恢复性司法实践。加强与人民法院、公安机关和环保、国土、林业、水利、住建、城管、渔业等行政执法部门的办案协作，全面推进

“补植复绿”等生态修复补偿机制，积极引导违法行为人或犯罪嫌疑人进行生态环境修复。达到恢复原状标准的，建议法院酌情从轻或减轻处罚。重点加强对生态环境资源保护行政案件非诉执行监督，督促相关行政机关通过申请非诉执行恢复被破坏的生态环境。加强类案分析和个案剖析，认真总结生态环境资源保护领域案件的基本规律、发案原因，查找行政管理、行政执法等方面存在的漏洞，通过检察建议督促职能部门整章建制、消除隐患、预防犯罪。

五、加强组织领导，增强“一湖四水”生态环境资源司法保护工作实效

15. 加强组织领导和统筹协调。全省各级检察院党组要把“一湖四水”生态环境资源司法保护工作纳入重要议事日程，定期听取汇报，及时研究重大问题，配齐配强办案力量和办理生态环境资源案件必需的调查核实设备装备。党组书记、检察长要坚持亲自动员部署、亲自过问督查、亲自参与重要案件办理、亲自协调解决工作中遇到的问题和困难。分管领导和民事行政检察部门要强化责任担当，积极主动作为，履行好牵头抓总、统筹调度、组织协调和督促检查的工作职责。其他领导要树立“一盘棋”思想，全力协助配合，抓好任务落实。相关职能部门要根据职责分工，加强协作和配合，形成整体工作合力。

16. 加强调研指导。要结合省检察院部署的“调查研究年”活动，组织对“一湖四水”生态环境资源司法保护工作深入开展调研活动，深化对涉及生态环境资源领域法律理论和司法实务研究，加强对生态环境资源领域重点难点问题研究，通过分析、总结同类型案例在法律适用上的区别与联系，指导检察司法办案实践。省、市两级检察院要建立健全对口指导、个案指导、类案指导、现场指导等工作机制，推动“一湖四水”生态环境资源司法保护工作高水平高质量发展。

17. 加强督查考核和问责问效。省、市两级检察院要把“一湖四水”生态环境资源保护工作纳入各条线年度工作考核和基层检察院建设综合考核的重要指标，充分发挥考核“指挥棒”的引领、推动作用。要加强对工作开展情况的全过程督促检查，建立督查工作台账，实行“挂账”整改，推动各项工作措施落地落细。对于在督查过程中发现的问题和困难，要认真研究解决。对于领导不重视、措施不得力、效果不明显、违法办案的单位和个人，采取通报批评、约谈主要负责人和相关责任人等措施予以严格问责，情

况严重、造成恶劣影响的从严追究其党纪政纪检纪责任。

18. 加强检察宣传和法治教育工作。结合“七五”普法工作，充分运用报刊、广播电视和“两微一端”等新媒体，宣传报道检察机关服务保障生态环境资源方面的职能职责、工作成效和查办的典型案件，向全社会传递检察机关服务生态文明建设的立场、态度和决心，为推进“一湖四水”生态环境资源保护工作营造良好的社会舆论环境。创新宣传方式，充分运用新兴媒体资源，结合具体案例，用视频、音频、图片的形式以案说法，广泛宣传生态环境资源保护有关法律法规和政策措施，引导行政执法人员树立正确的执法理念，着力提升全社会生态环境资源保护意识。

湖南省人民检察院

2018 年 4 月 24 日

第三编
典型案例评析

●生态环境与资源保护领域

紧紧围绕饮用水水源地保护、非法采砂采矿、非法捕捞、养殖污染、固体废物污染、江河湖泊非法矮围等重点、难点、突出问题，组织开展系列公益诉讼专项活动，推动“一湖四水”生态环境质量不断改善。2017年至2020年，共立案7751件，发出诉前检察建议6267件，提起公益诉讼520件，其中，民事公益诉讼24件，行政公益诉讼7件，刑事附带民事公益诉讼489件。共督促恢复、保护被毁坏林地、基本农田、湿地84804.38亩，督促治理恢复被污染水源地面积35208.1亩，清理被污染水域50431.74亩，清理河道141.34公里，网箱3030米，拆除非法矮围15900米，保护被污染土壤3414.35亩，督促清除处理违法堆放的各类生活垃圾41211.74吨，督促回收和清理生产类固体废物93273.16吨，督促关停和整治造成环境污染企业435家、关闭排污口320个，增殖放流1804.78万余尾。

湖南省洞庭湖下塞湖非法矮围破坏生态环境资源行政公益诉讼与民事公益诉讼系列案*

【关键词】

洞庭湖湿地保护　下塞湖非法矮围　生态修复　恢复性司法　一体化办案　行政公益诉讼　非法采矿　非法捕捞水产品　民事公益诉讼

【要旨】

检察机关充分发挥公益诉讼检察职能，对破坏生态环境资源类案件坚持"一案三查"和"全面审查"，让"谁违法谁担责"的生态环境损害赔偿基本原则落实在每一个司法案件中，不仅要追究违法者的刑事责任，更要追究违法者破坏生态环境资源的行政责任和民事责任，既督促相关行政机关依法履行生态环境资源保护监管职责，又对侵权行为人提起民事诉讼，修复生态环境资源，守护洞庭湖的"一江碧水"。

【基本案情】

下塞湖是洞庭湖湿地的重要组成部分，沅江市界内大部分下塞湖（约10888.5亩）位于湖南南洞庭湖省级自然保护区内，湘阴县内下塞湖全部位于横岭湖省级自然保护区实验区内。

夏某某于2002年分别取得沅江市下塞湖芦苇场和湘阴县石湖包、响水坎芦苇场的承包经营权，自2005年开始擅自在下塞湖修建矮围、涵闸，至2015年1月，建成一条长18000多米、堤高3－5米的矮围泥堤，形成了一个面积约为2.7万亩封闭性湖泊，从事植树造林、渔业和畜牧养殖、种植油菜等。

自2015年6月至2018年6月，沅江市政府、湘阴县政府相关职能部门

* 湖南省人民检察院第八检察部供稿，该系列案系最高人民检察院挂牌督办案件。

实施拆围，本应由夏某某承担的矮围拆除费用全部由沅江市、湘阴县政府垫付或直接支付给夏某某。

检察机关公益诉讼立案前，下塞湖矮围已全被拆除，但被破坏湿地的生态环境资源尚未恢复原状，依法应由违法行为人承担的拆围费用以及被夏某某领取的拆围资金尚未追回，国家利益和社会公共利益仍遭受侵害。

另查明，夏某某为了谋取非法利益，组织夏某泉等 8 人，于 2016 年 6 月至 8 月，与李某等 6 人共同在沅江市与湘阴县交界的下塞湖水域未经许可非法采砂，截至 2016 年 11 月，在下塞湖北闸出口附近的赤磊洪道未经许可非法采砂，非法获利共计 2243. 333 万元，对洞庭湖湖区和河道地形地貌、岸带稳定性、水文情势和水生生物等产生不利影响，修复河床结构与水源涵养受损和水生生物资源受损所需的费用分别为 865. 61 万元和 7. 969 万元；组织夏某泉等 7 人采取明确禁止的矮围捕捞、赶网和电捕等方式非法捕捞水产品，破坏了下塞湖区域鱼类产卵场的生态环境资源，造成的直接渔业经济损失 844. 9 万元，生态环境损害量化费用为修复渔业资源损失的费用 2534. 7 万元。

【检察机关履行行政公益诉讼职责情况】

该系列案是最高人民检察院在履职中发现，将案件线索挂牌督办交湖南省检察机关办理，2018 年 6 月 19 日最高检派专人到矮围拆除现场督办案件。湖南省检察院党组高度重视洞庭湖矮围系列案的办理，6 月 25 日，省检察院成立“洞庭湖下塞湖矮围”公益诉讼专案领导小组，由省检察院主管副检察长担任组长，岳阳益阳两地组成专案组，省、市、县三级院密切配合联动，实行一体化办案。专案组对“洞庭湖下塞湖矮围”涉及的公益诉讼线索进行全方位的摸排评估和调查取证，调取了夏某某违法修建矮围、自然保护区湿地被破坏和行政机关违法作为、不依法履行监管职责等事实的相关证据材料。同时，将案件初核阶段发现的国家工作人员涉嫌职务犯罪、骗取国家资金的线索及时移送监察机关。

经专案领导小组审查批准，沅江市检察院、益阳市检察院分别于 2018 年 6 月 19 日、7 月 19 日对沅江市水务局、沅江市林业局、沅江市财政局立案调查。湘阴县检察院于 6 月 28 日以事立案调查。9 月 4 日，益阳市检察院、沅江市检察院以公开方式分别向沅江市财政局、林业局和水务局送达诉前检察建议书。建议沅江市水务局依法采取有效措施向夏某某追偿应由其承担的矮围拆围费用 1043. 0837 万元；责令夏某某限期恢复被围垦湖泊湿地原状，修复生态环境；如不履行恢复原状义务，由水务局代为恢复原状，所需费用由夏某某承担。建议沅江市林业局责令夏某某限期恢复湿地自然保护区原状，修复受损的生态环境。建议沅江市财政局及时采取有效措施追回依法应由夏某某自行承担的矮围拆除费用。同日，湘阴县检察院向湘阴县林业局和湘阴县水产局提出诉前检察建议，建议湘阴县水产局依法追回400万元拆围费用；建议湘阴县林业局责令夏某某限期恢复湿地自然保护区原状，修复生态环境；责令夏某某赔偿生态环境损失。

上述行政机关收到检察建议后积极履职并按期回复。沅江市林业局于2018年9月21日对夏某某作出行政处罚，责令其在收到行政处罚决定之日起十日内恢复湿地原状或者采取其他补救措施。因夏某某拒绝履行，10月21日，该局决定予以代为履行，修复湿地生态环境。沅江市财政局发文督促市水务局协助追回夏某某非法占有的财政资金。沅江市水务局于10月22日作出行政处罚告知书，要求夏某某偿付矮围拆围费用1043.0837万元，并在三个月内恢复被围垦湖泊湿地原状，修复生态环境。湘阴县林业局于2018年10月26日作出行政处罚先行告知书，责令夏某某限期一个月内恢复原状或者采取其他补救措施，并赔偿损失。因夏某某拒绝履行，湘阴县林业局已启动代为履行程序。湘阴县水务局于2018年9月28日向沅江市人民法院提起诉讼，要求夏某某、沅江市某劳务服务有限公司支付矮围拆除费用400万元并承担全部诉讼费用。该案正在审理中。

【检察机关履行民事公益诉讼职责情况】

专案领导小组坚持对案件“一案三查”和“全面审查”，在办理行政公益诉讼案件同时，因夏某某等人涉黑非法捕捞、非法采砂破坏生态环境资源构成刑事犯罪，指导益阳市检察院公益诉讼办案组对民事公益诉讼案件线索摸排。根据最高检主要领导批示，对夏某某等人非法采砂、非法捕捞案件线索于2019年初立案调查，并委托司法鉴定机构对生态损害情况以及生态修复费用进行司法鉴定。省检察院多次与省高级人民法院协调，因刑事案件被告人涉及益阳市两级法院管辖，就提起附带民事公益诉讼被告未达成共识。经专案领导小组审查批准，益阳市检察院于2019年7月24日在《检察日报》发出公告，告知适格主体可以提起民事公益诉讼。公告期满后，没有适格主体提起诉讼，社会公共利益仍处于受损害状态，益阳市检察院遂于2019年9月12日向益阳市中级人民法院提起民事公益诉讼，请求判令夏某某等15人承担在各自参与非法采砂数量范围内承担连带赔偿费用共计

873.579 万元等民事责任，请求判令夏某某等 8 人承担连带赔偿费用 2534.7 万元，共计 3379.6 万元等民事责任。

益阳市中级人民法院立案受理上述二案后，为了促使案件顺利快审快结，经专案领导小组统一调度，省、市、县三级检察机关充分发挥主观能动性，就夏某某等 15 人非法采矿民事公益诉讼中批捕在逃的姜某某、钱某某以及未构成刑事犯罪的昌某某的文书送达问题与法院多次对接。在公安机关的配合下，检察机关通过上门做家属思想工作劝说被告主动投案，促使法院将起诉法律文书顺利送达，避免案件因需要公告送达而延长办案期限。2019 年 12 月 25 日，益阳市中级人民法院在益阳市监管中心公开开庭审理两件民事公益诉讼案件。

【典型意义】

1. 主动融入长江经济带发展战略，切实保护洞庭湖环境资源。洞庭湖是“长江之肾”，湖南省检察机关把修复洞庭湖自然保护区湿地生态环境摆在压倒性位置。该系列案中，夏某某修建的近 3 万亩矮围虽被拆除，但被破坏的湿地生态环境一直未得到修复。检察机关贯彻恢复性司法理念，加强与地方党委、政府的沟通协调，提出诉前检察建议督促负有监督管理职责的行政机关依法履职，加快了被破坏湿地生态修复治理工作的进程，切实保护了洞庭湖生态环境资源，得到了省委省人大省政府的肯定。省人大常委会党组书记、副主任刘莲玉作出批示：“省检察院主动推进洞庭湖矮围治理公益诉讼工作并初见成效，值得肯定和总结。在守护蓝天碧水净土的生态环境治理中彰显检察监督的法治力量很重要，进一步探索创新推进环境公益诉讼的方式和路径也很必要，省人大内司委要继续关注和支持。”

2. 主动对接监察机关，充分运用“一案三查”机制移送违法线索。矮围事件发生后，检察公益诉讼第一时间介入调查，将案件初核阶段发现的国家工作人员涉嫌职务犯罪、骗取国家资金的线索及相关证据及时移送监察机关，沅江市畜牧水产局原局长冯某某等相关人员均被立案查处，公安机关同时办理了夏某某等人涉黑系列刑事案件，检察机关及时介入，同时对夏某某等人非法采矿、非法捕捞破坏生态环境行为提起刑事公诉和民事公益诉讼，增强了监督实效，达到既追究刑事责任，又修复生态环境的双重效果。在民事公益诉讼案件开庭审理中，检察机关根据被告李某提出洞庭湖有 27 条船存在非法采砂行为的陈述，对该公益诉讼线索予以调查。

3. 四级院联动，一体化办案机制见成效。洞庭湖下塞湖矮围事件曝光后，最高检迅速挂牌督办此案，并在第一时间派专人前往湖南指导案件办理。湖南省检察院采取一体化办案模式推进办案，迅速成立“下塞湖矮围公益诉讼专案领导小组”，整合省市县三级院办案力量，制定实施方案，明确工作目标、组织领导、职责分工及后勤保障。领导小组先后六次到益阳、岳阳、沅江、湘阴现场研究讨论指导案件办理，并对法律文书严格审核把关，形成了2万多字审查报告，向最高检、省委、省人大、省检察院党组专门汇报非法矮围公益诉讼案件办理情况，充分发挥办案主体作用。民事公益诉讼案件开庭期间，最高检、省检察院派专人进行庭前指导，做足庭前准备工作，确保庭审顺利进行。

4. 推动全省检察机关开展“江河湖泊非法矮围”检察专项监督活动。省检察院以办理该系列案为契机，在全省部署开展了为期半年的“江河湖泊非法矮围”检察专项监督活动，重点整治非法围垦湖泊河道、占用河湖、蚕食水域等破坏江河湖泊生态环境和自然资源的违法行为。共摸排线索512件，立案82件，发出检察建议82件，督促拆除非法网围、矮围16897.9米，清理网箱353910平米，实现了“办理一案、治理一片”的效果。

5. 向损害社会公共利益的黑恶势力提出巨额赔偿金的民事公益诉讼，有助于对其“打财断血”。检察机关向夏某某等公益破坏者已经受到刑事制裁后仍然提起巨额生态环境损害赔偿金的民事公益诉讼，不仅从法律上震慑了电捕鱼等非法捕捞行为、非法采砂对生态环境资源破坏的严重性，宣传了环境保护和检察公益诉讼的重要性，也有助于对夏某某等黑恶势力“打财断血”，起到较好的警示教育作用。

●食品药品安全领域

深入推进最高人民检察院部署的“保障千家万户舌尖上的安全”检察公益诉讼专项监督活动，推动治理食品药品安全、饮用水安全等关系人民群众身体健康的突出问题。2017年至2020年，共立案7054件，发出诉前检察建议5712件，提起公益诉讼81件，其中，民事公益诉讼3件，行政公益诉讼2件，刑事附带民事公益诉讼76件。共查处、督促收回价值567.2万元假冒伪劣食品159.43吨，查处、督促收回销售假药和走私药品80余种，价值2511.26万元。

湖南省涟源市人民检察院诉梁某某生产、销售有毒有害食品刑事附带民事公益诉讼案*

【关键词】

食品安全　十倍惩罚性赔偿金　终身从业禁止　罂粟壳

【要旨】

食品经营者为招揽“回头客”，在食品中违法添加罂粟壳，严重危害食品安全，损害社会公共利益。检察机关在履行公诉职责的同时履行公益诉讼检察职责，依法提起刑事附带民事公益诉讼，探索提出十倍惩罚性赔偿金和终身从业禁止诉讼请求，“保护舌尖上的安全”，贯彻落实了检察机关以人民为中心的发展理念。

【基本案情】

2016 年 11 月始，梁某某夫妇经营荷花园土菜馆，由梁某某负责炒菜。同年 11 月，梁某某父亲在贵州以 700 元的价格买回 2 公斤罂粟壳，交给梁某某使用。为了增加菜的口感，招揽“回头客”，2016 年 12 月至 2018 年 11 月 16 日案发时止，梁某某在明知将罂粟壳掺入菜中熬的汤系有毒、有害食品的情况下，仍将罂粟壳加入水和辣椒炖制成汤，掺入到牛肉木耳、炖牛肉及鱼杂等菜中，销售给不特定多数消费者食用。2018 年 11 月 16 日，涟源市食品药品监督管理局执法人员对涟源市荷花园土菜馆进行现场检查时，发现梁某某生产、销售掺入罂粟壳的食品，并现场扣押了罂粟壳 30 克，疑似含有罂粟壳粉的中药粉末 90 克，罂粟壳汤料 7020 克（含高压锅）。经检验，汤底和牛肉木耳等菜中均含有罂粟碱、吗啡等有毒有害成分。至案发之日止，除被扣押的罂粟壳之外，其余将近 2 公斤的罂粟壳均已被熬制成汤加

* 湖南省人民检察院第八检察部供稿。

入菜里对外销售。

【检察机关履职情况】

该案系涟源市检察院刑事检察部门履行公诉审查职责时发现的公益诉讼案件线索，于 2019 年 3 月 21 日将案件线索移送公益诉讼检察部门立案调查，公益诉讼检察部门依法在涟源市市场监督管理局、涟源市公安局调取了相关证据材料，并找涟源市市场监督管理局的执法人员及梁某某等人调查核实相关情况。2019 年 5 月 16 日，涟源市检察院依法向涟源市人民法院提起刑事附带民事公益诉讼，请求依法判令梁某某承担赔礼道歉、支付 7000 元惩罚性赔偿金的民事侵权责任，并终身不得从事食品生产经营管理工作，也不得担任食品生产经营企业食品安全管理人员。2019 年 6 月 25 日，涟源市人民法院对梁某某生产销售有毒有害食品一案公开开庭审理并当庭宣判。法庭经审理判决：梁某某于判决生效后三十日内在娄底市级以上报刊公开赔礼道歉；支付惩罚性赔偿金 7000 元；终身不得从事食品生产经营管理工作，不得担任食品生产经营企业食品安全管理人员。

【典型意义】

民以食为天，食品安全事关千家万户，社会关注度极高。习总书记强调，要牢固树立以人民为中心的发展理念，落实食品药品安全“四个最严”的要求，切实保障人民群众“舌尖上的安全”。检察机关作为国家法律监督机关，在依法打击违法犯罪的同时，立足民生，守护公益，对梁某某提出刑事附带民事公益诉讼，全方位追究其刑事责任与民事责任，提高了司法效率，彰显了公平正义。湖南都市频道、《娄底日报》、涟源电视台等多家媒体对该案进行了追踪报道，引发热议，检察公益诉讼职能深入人心，办案效果好。

惩罚性赔偿金与从业禁止的提起与判决丰富了检察机关办理食品药品安全领域公益诉讼案件的实践和内涵。梁某某生产销售有毒有害食品一案，系全省检察机关首例提出从业禁止诉讼请求的刑事附带民事公益诉讼，结合惩罚性赔偿金的判处，加大违法行为人的违法成本，降低其继续侵害社会公共利益的可能，切实维护民生民利，体现了检察机关以零容忍的态度坚决抵制和依法打击食品药品安全领域损害社会公共利益的违法行为、确保人民群众“舌尖上的安全”，也警示并教育了食品经营者对任何可能危害食品安全的违法行为都要有敬畏之心。

该案的成功办理体现了检察机关内部部门间协作配合的日趋完善，有助于促进检察机关全面高效履职。该院刑事检察部门在履行职责中发现公益诉讼案件线索，及时进行移送，公益诉讼检察部门及时介入展开调查，依法公告并提起诉讼，由审理刑事案件的法院一并处理，有效节约了司法资源，提高了诉讼效率，促进检察机关依法全面履行法律监督职能。

湖南省湘阴县市场监督管理局、湘阴县发展和改革局对某健康生活馆虚假宣传、高价销售保健品不依法履行职责行政公益诉讼案*

【关键词】

保健品 保健食品 保健医疗器械 功能产品 专项整治行动

【要旨】

检察机关针对保健品销售中存在的虚假宣传和价格违法行为，通过诉前检察建议，督促市场监管部门和价格监管部门依法履行职责，并通过向人大专题汇报，促进行业专项整治。

【基本案情】

湖南省湘阴县某健康生活馆自2017年9月6日开业以来，以赠送礼品等方式吸引老年人进店听课，在门店内设置了产品展示间、营销教室，并安装投影设备和安排专职讲师，以健康宣传为名播放视频和文件，向听课的老年人推销“保健食品”。该店通过上课方式销售美源羊奶粉、维莱钙片、蜂胶软胶囊、紫桑多酶果醋酵素、国肽胶原蛋白肽等“保健食品”，在2018年10月、11月期间主推北京某公司生产的食品紫桑多酶果醋酵素。

某健康生活馆在推销紫桑多酶果醋酵素时强调人体缺紫桑多酶的危害有“糖尿病、高血压、高血脂、妇科疾病、前列腺、心脑血管等多种疾病，严重缺紫桑多酶会导致大肠类癌、肾癌等多种疾病”；声称“科学证实，通过食用紫桑多酶来帮助身体清除毒素垃圾是调理一切疾病的万能钥匙”；补充紫桑多酶能够“提高免疫力，调和生殖系统，增强肾功能，增强肝功能”等十二大功效；宣扬“紫桑多酶清毒排毒，是肠胃、肝肾的保护伞，能利尿，改善便秘，肾结石，胆结石、膀胱结石，具有很强的杀菌效果、促进肠

* 湖南省人民检察院第八检察部供稿。

道消化等”；宣称该商品荣获“巴拿马万国博览会百年庆典最佳产品奖”。某健康生活馆抓住老年人治疗和预防疾病的心理，虚假宣传紫桑多酶具有治疗各种慢性疾病和其他疾病的效果、能够提高人体免疫力，诱导老年人高价购买该商品。

某健康生活馆销售的紫桑多酶果醋酵素未标明产品等级、产地、价格等信息；购进价格为每盒 50 元，会员销售价格为每盒 338 元，违反法律、法规的规定牟取暴利。

【检察机关履职情况】

湘阴县人民检察院接到群众举报称该县某保健品销售门店存在虚假宣传现象，经前期线索研判及初步调查，发现该县存在不少保健品销售门店向消费者特别是老年人通过虚假宣传高价销售保健食品、保健医疗器械和功能产品的违法行为，严重侵害广大消费者生命健康权和财产权益，损害了社会公共利益。该院党组高度重视涉案线索，认为整治保健品虚假宣传高价销售乱象，对于保护消费者尤其是老年消费者的健康权和财产权益具有重要意义，决定成立以检察长何忠伟为组长、5 名员额检察官组成的专案组，拟定了详细周密的调查方案，开展调查取证工作。对线索调查核实后，经岳阳市人民检察院批准，该院以某健康生活馆虚假宣传高价销售保健食品为突破口，于 2018 年 10 月 15 日、31 日分别对原湘阴县食品药品工商质量监督管理局（2019 年 11 月，食品药品工商监管职责由更名后的湘阴县市场监督管理局行使）、湘阴县发展和改革局以行政公益诉讼立案调查。

在老年人保健品销售中，商家为规避法律责任，对老年消费者进行虚假宣传多是通过语言诱导、哄骗，较少留下公开的文字资料，执法人员调查取证难度大。商家一般采取隐蔽的会员制销售模式，阻止陌生人进入宣传现场，发现陌生人进入宣传现场立即停止虚假宣传，改成唱红歌、看视频等形式；老年消费者被“洗脑”后也不愿意配合执法人员调查取证，甚至在询问时对保健品的疗效、功能深信不疑，进一步增加了这类案件的取证难度。湘阴县人民检察院与当地党委、政府事先沟通，争取各方支持配合，由社区安排曾经参加保健品销售现场的老年人带老年检察干警进入现场，检察干警伪装身份着便服，利用手表式录音录像设备拍摄宣传现场的视频资料，以获取商家虚假宣传的直接证据，再结合视频内容对相关证人询问取证，形成虚假宣传的证据链，有效地破解了保健品案件的取证难题。

固定行政相对人虚假宣传、高价销售等直接证据以及相关行政职能部门的法定职责以及履职情况后，湘阴县人民检察院先后于2018年11月21日、26日分别向原湘阴县食品药品工商质量监督管理局、湘阴县发展和改革局分别发出检察建议：一是建议湘阴县食品药品工商质量监督管理局依法查处某健康生活馆虚假宣传的违法行为。二是建议湘阴县发展和改革局依法查处某健康生活馆的价格违法行为。三是建议二行政机关依法履行监管职责，加强市场监管，确保市场交易合法有序。

为落实检察建议办案效果，湘阴县人民检察院提出检察建议同时，专题向湘阴县人大常委会主任（扩大）会议汇报保健品公益诉讼工作，形成会议纪要，由相关职能部门成立专门班子，构建常态化工作机制，对保健品市场进行整治；建立联合执法平台，实现执法信息共享、程序衔接；制定严格的考核责任办法，明确保健品市场监管责任。

收到检察建议后，原湘阴县食品药品工商质量监督管理局、湘阴县发展和改革局迅速立案调查，立即责令某健康生活馆停业整顿，依法给予行政处罚。同时，根据检察建议及县人大主任会议精神，原湘阴县食品药品工商质量监督管理局联合湘阴县发展和改革局、湘阴县公安局、湘阴县卫生和计划生育局（已更名为湘阴县卫生健康局）在全县范围内开展保健品（包括保健食品、保健医疗器械和功能产品）行业专项整治行动，依法对县内多家保健品销售门店进行了现场执法检查，并责令改正违法行为。

2019年1月21日、23日，湘阴县人民检察院相继收到原湘阴县食品药品工商质量监督管理局、湘阴县发展和改革局的回复，对某健康生活会馆及其他保健品销售者进行跟进调查发现：截至2019年5月16日，三家保健品销售门店已经停止营业；其他的保健品销售门店已停止虚假宣传，改变了销售模式，未再发现老年人在店内听课的现象。湘阴县文星镇各社区也以此为契机，相继组织开展了老年人保健讲座和保健品常识科普宣传和文体等活动，丰富老年人的业余生活，关注老年人的心理需求，引导老年人理性消费。

【典型意义】

1. 保健食品、保健医疗器械和功能产品的销售者的虚假宣传、价格欺诈的行为，属于食品药品安全领域的公益诉讼案件范围。随着生活水平的提高，健康成为了人们普遍关心的话题，人们对保健品的需求也日益增大。根据中国保健协会的调查，我国每年保健品销售额超过2000亿元，其中老年人消费占50%以上。在行政机关开展的保健品整治活动中，保健品一般包括保健食品、保健医疗器械和功能产品。《中华人民共和国食品安全法》将保健食品列入“特殊食品”，定义为具有保健功能或者以补充维生素、矿物质等营养物质为目的的食品，规定应当符合由相关部门制定、调整并公布的保健食品原料目录和功能目录，或者经食品药品监督管理部门注册、备案。《医疗器械监督管理条例》将医疗器械定义为直接或者间接用于人体的仪器、设备、器具、体外诊断试剂及校准物、材料以及其他类似或者相关的物品，实行注册、备案制。保健食品和医疗器械功能都包含疾病的预防、治疗或者缓解，生命的支持或者维持；同属于市场监督管理部门重点监管的“三品一械”（药品、医疗器械、保健食品、特殊医学用途配方食品）。部分保健品销售者采取虚假宣传、价格欺诈的方式销售保健食品、保健医疗器械和功能产品，危害了消费者身体健康和财产权益，损害了社会公共利益。

2. 针对不同的监管职责，分别向不依法履行职责的行政机关制发诉前检察建议。同一行政相对人的多个不同类型的违法行为，属于不同行政机关监管范围的，检察机关可以分别向具有对应监管职责的行政机关发出诉前检察建议，督促依法履职，形成监管合力，堵塞管理漏洞。本案中，某健康生活会馆销售“京酿牌紫桑多酶”果醋酵素既存在虚假宣传行为，又同时存在价格欺诈行为，湘阴县市场监督管理局对本县行政区域内的反不正当竞争、食品药品安全和广告负有监督管理的职责，湘阴县发展和改革局对本县行政区域内的价格活动有监督管理的职责，检察机关分别向两部门发出检察建议，督促依法履行职责，对某健康生活会馆的不同违法行为进行处罚，从不同监管角度规范了保健品经营市场秩序。

3. 检察机关在个案办理中，注重发现普遍性、规律性问题，充分发挥检察机关参与社会治理的职能作用。保健品市场乱象是全国各地都长期普遍存在的顽疾，虽然经过多个行政执法部门多次整治，但各类违法行为依然屡禁不止，重复反弹。检察机关在个案办理中，通过向党委人大政府政协汇报工作，推动县政府牵头，相关行政职能部门构建常态化工作机制，对辖区内的保健食品、保健医疗器械和功能产品行业和区域相关问题进行集中专项整治，整治了保健品市场虚假宣传和牟取暴利的乱象，维护了消费者的生命健康和财产安全；推动社区加强活动中心建设，卫健部门加强社区医疗、保健服务建设，促进了社区向人民群众尤其是老年人提供更多关爱和服务，提升了社会治理效能。

●国有财产保护领域

围绕精准扶贫、保障和改善民生等中心工作，督促整治欠缴税费、骗取国家专项补贴、违规领取最低生活保障金、骗取公租房转租等侵害国有财产的违法行为。2017 年至 2020 年，共立案 4362 件，发出诉前检察建议 3891 件，提起诉讼 4 件，其中，2019 年 1 件，2020 年 3 件。在国有财产保护领域，共督促收回国有财产权益价值 6.3506 亿元。

湖南省张家界市发展和改革委员会对某旅游公司未按时缴纳资源有偿使用费不依法履行职责行政公益诉讼案*

【关键词】

国有财产保护　风景名胜资源保护　全面审查　双赢多赢共赢

【要旨】

张家界市检察机关在其他公益诉讼案件办理中对案件进行“全面审查”，发现本案公益诉讼案件线索。针对在风景名胜保护区内相关企业未及时缴纳风景名胜资源有偿使用费的违法行为立案调查，督促发展和改革委员会依法全面履行职责，及时收缴风景名胜资源有偿使用费，为国家级风景名胜资源的保护和管理保驾护航，保护国有财产不受侵害。

【基本案情】

张家界某旅游公司系武陵源风景名胜区某电梯的经营者，根据国务院《风景名胜区条例》、张家界市人民政府《武陵源风景名胜区资源有偿使用费管理办法》的规定，该旅游公司应向张家界市发展和改革委员会（以下简称市发改委）缴纳风景名胜资源有偿使用费。市发改委发布的《关于明确我市旅游景区（点）政府管价范围、权限管理等有关问题的通知》规定，某旅游公司经营的某电梯单程票价为72元，其中由市发改委负责收缴资源有偿使用费11.5元。自2018年1月起，某旅游公司一直没有缴纳资源有偿使用费，截至2019年4月4日，共欠缴资源有偿使用费4754.1635万元，市发改委未依法全面履行收缴职责，致使武陵源风景名胜区的保护和管理费用减少，损害了国家利益。

* 湖南省人民检察院第八检察部供稿。

【检察机关履职情况】

2019年4月3日，张家界市人民检察院在指导该市武陵源区人民检察院办理的行政公益诉讼案件中，发现了该案线索。4月4日决定立案，立即成立检察官办案组调查收集证据，并于4月10日向市发改委发出检察建议，建议其依法及时履行向某旅游公司收缴风景名胜资源有偿使用费的法定职责。

市发改委收到检察建议后，召开党组会专题研究了某旅游公司欠缴资源有偿使用费事宜，安排催收工作，向某旅游公司送达了《责令限期缴纳资源有偿使用费的决定书》，并于6月12日书面回复张家界市人民检察院。截至8月10日，某旅游公司已缴纳欠缴的资源有偿使用费383.4535万元。张家界市人民检察院及时跟进调查，与市发改委进行了反复沟通、协调，释明行政机关依法全面履行职责的标准和提起行政公益诉讼标准。10月21日，市发改委向张家界市中级人民法院申请强制执行行政决定，截至2019年12月7日，某旅游公司已经缴纳欠缴资源有偿使用费3192.5005万元。

【典型意义】

该案系张家界市人民检察院在参与武陵区检察院办理的行政公益诉讼案件中全面审查发现的线索，从线索发现到立案调查、提出诉前检察建议，发挥一体化办案优势，将下级检察院调查收集的证据转化为本案证据，迅速查明案件事实，使国有财产得到及时有效保护。

张家界市武陵源风景名胜区是国家5A级旅游风景区，不仅是该地区旅游业赖以生存和发展最基本的条件，亦是全人类最宝贵的世界自然遗产。保护和管理好张家界市风景名胜区旅游资源，就是保护全人类的共同利益。规范管理即是保护和优化旅游生态发展环境的重要手段。风景名胜资源有偿使用费是专门用于风景名胜资源的保护和管理的财政收入，市发改委收缴资源有偿使用费的旅游景点共10项，某旅游公司是该市应缴纳资源有偿使用费较多的公司之一。由于某旅游公司拖欠应缴纳的资源有偿使用费超过1年，市发改委未及时催缴该费用，对国有财产保护不力，不仅影响了风景名胜资源的保护和管理，亦影响到其他景点经营者按时缴纳资源有偿使用费。通过该案的办理，正面引导了相关企业及时缴纳资源有偿使用费，为政府运用资源有偿使用费保护、管理风景名胜区提供了及时的资金保障。诉前检察建议发出后，在市发改委没有全面履职收回资源有偿使用费的情况下，不是采取立即提起诉讼的方式解决公益保护问题，而是及时与行政机关反复沟通、协调，向其释明行政机关全面履行职责的标准和起诉标准，督促由市发改委采取有效行政措施，提起非诉强制执行申请。目前已收缴绝大部分资源有偿使用费，使国有财产得到有效保护，得到了党委政府和人民群众的一致点赞，实现了双赢多赢共赢的办案效果。

●国有土地出让领域

针对欠缴土地出让金、闲置土地、擅自改变土地用途和容积率等情形，督促行政机关依法履职。2017 年至 2020 年，共立案 569 件，发出诉前检察建议 432 件，提起行政公益诉讼 7 件，其中，2019 年 4 件，2020 年 3 件，共督促收回土地出让金 78.0373 亿元。

湖南省湘乡市自然资源局对某集团有限公司欠缴土地出让金不依法履行职责行政公益诉讼案*

【关键词】

国有土地使用权出让　跟进监督　综合治理　化解社会矛盾

【要旨】

检察机关通过行政公益诉讼前程序，督促国土部门积极履职，催缴土地出让金，同时参与社会治理，化解社会矛盾，营造良好的营商环境，推进国家治理体系和治理能力现代化。

【基本案情】

2013 年 10 月 18 日某集团有限公司以 9742 万元竞得位于湘乡市东山办事处东山村、东林村的湘储 089 - A 号土地，该宗土地面积为 22630.78 平方米。同年 12 月 27 日，原湘乡市国土资源局与该公司签署《成交确认书》。2015 年 6 月 11 日，双方签订《国有建设用地使用权出让合同》，约定受让人应于 2016 年 6 月 1 日前付清全部土地出让金，未按期缴纳的，应支付相应的违约金。某集团有限公司于 2015 年 6 月缴纳第一期土地出让金 4871 万元后，建成某小区一期楼盘。截至至公益诉讼立案时，公司尚欠 4871 万元土地出让金，且有 11300 平方米土地闲置未开发。

2019 年 3 月，湘乡市政府机构改革，组建湘乡市自然资源局，原湘乡市国土局不再保留，其职能由湘乡市自然资源局行使。

【检察机关履职情况】

该案线索系湘乡市人民检察院到原湘乡市国土资源局进行公益诉讼专题调研时发现。经市院批准立案调查后，2018 年 2 月 7 日，湘乡市人民检察

---

* 湖南省人民检察院第八检察部供稿。

院向该局发出诉前检察建议要求该局严格履行对国有建设用地使用权出让后的土地出让金进行收缴的法定职责，依法催缴某集团有限公司缴纳土地出让金、利息及违约金。收到检察建议后，湘乡市国土资源局成立工作小组，多次召开专题会议研究解决方案，并多次约谈某集团有限公司负责人，积极追缴拖欠的土地出让金。

为保证建议内容取得实效，湘乡市人民检察院主动履责、求真务实跟进监督。了解到拖欠土地出让金的主要原因是开发商当时拿地价过高，公司运营状况不佳，资金紧张等原因后，检察机关多次找开发商谈话，释明法律规定及利害关系，彻底打消其想侥幸过关的心理，同时注意与国土部门、开发商等相关各方的良性互动，与他们多次沟通，共同探讨解决问题的多个方案，并认真权衡了各方案利弊，最终确定了由原开发商建房还款的解决方案。历经20个月的各方共同努力，至2019年8月底，该楼盘二期建成并销售，开发商主动补缴土地出让金本息及违约金4921万元。

【典型意义】

当前，经济下行压力大，房地产开发商运营欠佳，欠缴土地出让金的现象时有存在。本案中开发商因资金短缺，在进行房地产一期项目开发后，无力开发二期项目，导致欠缴土地出让金数额特别巨大，且一期已销售的房产无法办证，200余户房主无法拿到房产证，存在社会稳定隐患。湘乡市人民检察院在办理公益诉讼案件过程中，未就案办案，而是在督促行政机关依法履职的同时，注重化解社会矛盾，与行政机关、开发商多方沟通，最终促成以建楼出售回笼资金的方式收回土地出让金本息及违约金近5000万元，实现了张军检察长提出“诉前实现保护公益目的是最佳司法状态”的指示精神。

通过该案的办理，湘乡市人民检察院对国土部门在国有土地出让领域的诸多不规范执法行为予以监督，利用实地调研，事前磋商等方式，促成了湘乡市人民政府对欠缴国土出让金问题的高度关注。政府专门发文成立了土地出让价款征缴领导小组，由主管副市长担任组长，对国土部门不依法追缴国土出让金的违法行为进行了自查自纠。目前，湘乡市自然资源局已依法追缴土地出让金5.7亿元，取得了良好的法律效果和社会效果。

●英烈保护领域

《中华人民共和国英雄烈士保护法》第25条规定："英雄烈士没有近亲属或者近亲属不提起诉讼的，检察机关依法对侵害英雄烈士的姓名、肖像、名誉、荣誉，损害社会公共利益的行为向人民法院提起诉讼。"英雄烈士的姓名、肖像、名誉和荣誉等不仅属于英雄烈士本人及其近亲属，更是社会正义的重要组织内容，具有社会公益性。全省检察机关认真学习落实《中华人民共和国英雄烈士保护法》，积极履行保护英雄烈士权益公益诉讼监督职能。2017年至2020年，湖南省英烈保护及其他领域，共立案1487件，发出诉前检察建议754件，提起公益诉讼10件，其中民事公益诉讼2件，刑事附带民事公益诉讼8件。

湖南省常德市人民检察院诉唐某某侵害刘磊烈士名誉民事公益诉讼案*

【关键词】

民事公益诉讼　英烈名誉　社会公共利益保护

【要旨】

对侵害英雄烈士的姓名、肖像、名誉、荣誉，损害社会公共利益的行为人，英雄烈士近亲属不提起民事诉讼的，检察机关可以依法向人民法院提起公益诉讼，要求侵权人承担侵权责任。此案的办理，旨在弘扬崇尚英雄、捍卫英雄、学习英雄、关爱英雄的社会正能量，践行社会主义核心价值观。

【基本案情】

2019 年 3 月 19 日，江苏省苏州市消防支队吴江区大队盛泽中队副班长、四级消防士刘磊同志在营救苏州市吴江区盛泽镇清溪河新东大桥轻生女子时不幸被水流卷入，壮烈牺牲。次日，中华人民共和国应急管理部批准刘磊同志为烈士，并追记一等功。22 日，中共石门县委发布石委〔2019〕2 号决定，号召全县共产党员向刘磊同志学习。

2019 年 3 月 22 日，唐某某使用微信号 xingyanli3418（昵称樊一桦）在自己创建的微信群“常德人聊天群”中，与网友讨论刘磊烈士的英雄事迹时，公然发表“狗熊”“有什么可惜的”“我说的是实话”等一系列侮辱性言论。此时该微信群共有成员 57 人，唐某某侮辱英烈的言论被群内多人阅看并谴责，后被网友转发至另一成员 216 人的微信群“出城十里迎英雄”。唐某某在石门县公安局立案调查微信侮辱刘磊烈士一案后，先后将其微信昵称从“樊一桦”改成“没有辱骂”“一路狂奔”，并于 3 月 24 日解散了微信

* 湖南省人民检察院第八检察部供稿。

群“常德人聊天群”。唐某某歪曲事实、侮辱英烈的行为，侵害了烈士的名誉，造成了较为恶劣的社会影响。

【检察机关履职情况】

2019年3月28日，常德市检察院在石门县人民政府官网《微信群内辱骂烈士刘磊！石门网民唐某某被行政拘留15日》报道中发现，石门网民唐某某在微信群内公然辱骂烈士刘磊损害了烈士的名誉权。经省检察院批准，2019年4月3日，该院对唐某某侵害英雄烈士名誉民事公益诉讼决定立案调查。经调查取证查明以上事实，检察机关依法履行民事公益诉讼诉前程序，指派检察官赴刘磊烈士家乡石门县，就是否对唐某某侵害烈士名誉的行为提起民事诉讼当面征求了刘磊烈士父母、祖父母、外祖母的意见（刘磊烈士的外祖父已去世）。烈士近亲属声明不提起民事诉讼，并签署支持检察机关追究唐某某侵权责任的书面意见。

2019年5月10日，经湖南省人民检察院批准，常德市人民检察院就唐某某侵害刘磊烈士名誉损害社会公共利益一案向常德市中级人民法院提起民事公益诉讼。6月19日，常德市中级人民法院在刘磊烈士家乡石门县公开开庭审理本案，并于当日作出一审判决，支持检察机关的全部诉讼请求。被告唐某某通过省级媒体当庭向社会公开赔礼道歉。

【典型意义】

一是通过“以案释法”，引导社会公众正确把握言论自由的度。《中华人民共和国英雄烈士保护法》第二十五条规定：“英雄烈士没有近亲属或者近亲属不提起诉讼的，检察机关依法对侵害英雄烈士的姓名、肖像、名誉、荣誉，损害社会公共利益的行为向人民法院提起诉讼。”本案是该法实施之后湖南省首例英烈保护民事公益诉讼案。检察机关邀请人民监督员、行政职能部门、当地人大代表政协委员、消防官兵、当地群众等近二百人到庭旁听，省级媒体同步报道，通过庭审观摩以案说法，让社会公众意识到网络不是法外之地，不得滥用言论自由的权利，言论自由不得与法律相抵触。在融媒体等新媒体蓬勃发展、社会传播媒介呈现多元化的背景下，每个人都会成为自媒体，任何在网络上歪曲、诋毁、丑化、否定英烈事迹和精神的不当言论都会受到法律的追究。

二是向社会传递了弘扬崇尚英雄、捍卫英雄、学习英雄、关爱英雄的社会主义核心价值观。英雄烈士的形象是民族精神的体现，是引领社会风尚的标杆。英雄烈士的姓名、肖像、名誉和荣誉等不仅属于英雄本人及其近亲属，更是社会正义的重要组成内容，承载着社会主义核心价值观，具有社会公益性质。该案的公开宣判，既是检察机关对于侵害英雄烈士名誉的行为，在没有近亲属或者近亲属不提起诉讼时，依法履行捍卫社会公共利益的法定职责，也是履行检察机关作为公共利益代表的神圣使命。

●文物和文化遗产保护领域

作为伟人故里、将帅之乡、红色热土、革命摇篮，湖南在革命、建设、改革开放和中国特色社会主义新时代等各个历史时期形成了大量的重要遗址、旧址、纪念设施或者场所，以及重要档案、文献、手稿、声像资料、实物等，共同构成了丰富且富有特色的红色资源。为将红色资源保护纳入法治轨道，实现有法可依，湖南省人大常委会于2021年7月30日审议通过《湖南省红色资源保护和利用条例》，其第26条规定："检察机关依法在红色资源保护工作中开展公益诉讼。"全省各级检察机关在党委、最高人民检察院的指导下，开展形式多样的红色资源保护公益诉讼检察专项监督活动，以"检察蓝"守护"革命红"。

湖南省平江县文化旅游广电体育局、平江县长寿镇政府对湘鄂赣省委、省苏维埃政府、省军区驻地旧址不依法履行职责行政公益诉讼案*

【关键词】

军地合作　联合送达检察建议　革命文物保护　全国重点文物保护单位　长效机制　检察听证

【要旨】

针对因拆区并乡形成的两不管，红色革命文物面临破损灭失风险，检察机关联合军事检察院以地方性法规为监督依据，积极督促行政机关依法履职，并以个案监督推动辖区内文物长效保护机制的建立。

【基本案情】

湘鄂赣革命根据地旧址位于平江县长寿镇黄金洞乡石田村曾家大屋，该屋始建于嘉庆十六年（1811 年），坐南朝北，夯土筑墙，青瓦盖顶，上下三进，中为天井，有厢房 28 间，总占地面积 2150 平方米，建筑面积 1784 平方米。1934 年 1 月，中共湘鄂赣省委、省苏维埃政府、省军区机关从江西万载小源撤出后，突破敌军重重包围，于当年 7 月入驻黄金洞，自此至 1937 年 8 月，该地成为湘鄂赣三省武装革命斗争的指挥中心，彭德怀、滕代远、黄公略、陈昌寿等老一辈无产阶级革命家先后在此领导革命运动。1991 年湘鄂赣省委、省苏维埃政府、省军区驻地旧址获批为县级文物保护单位，2019 年 2 月 28 日获湖南省人民政府批准为第十批省级文物保护单位，2019 年 10 月 7 日获国务院批准为全国重点文物保护单位。该旧址已近三年无人管理，旧址内杂草丛生，部分房屋被他人占用并居住，旧址内部分房屋已出现倒塌、屋面开裂、屋檐断裂等现象，文物纪念设施受损严重，存

* 湖南省人民检察院第八检察部供稿。

在重大安全隐患。

【调查和督促履职】

2020 年 3 月，平江县人民检察院接到线索举报反映，湘鄂赣省委、省苏维埃政府、省军区驻地旧址无人管理，房屋倒塌，存在安全隐患。经层报审批立案后，通过现场查看、询问相关责任人、调阅文物资料，对旧址受损事实进行了认定。2020 年 7 月，湖南省人民检察院与长沙军事检察院、湖南省退役军人事务厅、湖南省文物局联合开展潇湘红色资源保护公益诉讼专项行动。在省院的指导下，平江县人民检察院和长沙军事检察院开展了联合办案行动，军地检察官组成的公益诉讼办案组共同赴长寿镇实地察看，详细听取县文物部门、镇政府、县退役军人事务局及村民代表意见，查阅旧址文物档案资料，厘清县直行政机关与镇政府的职责范围。2020 年 9 月 25 日烈士纪念日来临之际，军地两院检察官共同向平江县文化旅游广电体育局、平江县长寿镇政府送达了全省第一份红色资源保护联合检察建议。建议其依法履行文物的保护和监管职责，对湘鄂赣省委、省苏维埃政府、省军区驻地旧址进行有效保护。

检察建议发出后，平江县院持续跟进监督，主动向县委、县编委作出案件汇报，推动在长寿镇建立文物管理机构，人、财、物同时到位。县文化旅游广电体育局、县长寿镇政府亦及时召开了专题会议，针对旧址管理问题进行了研究部署，抓好整改，首先是完善了旧址基础工作，树立了保护标志和界碑；会同规划部门划定了旧址的保护范围和建设控制地带；对旧址进行了处险排危和加固；对旧址内外及四周环境进行了全面清理，腾退了占住的无关人员和住户。关于旧址的全面修缮，因旧址为国保单位，其修缮工作需按程序报国家文物局审批，目前县文化旅游广电体育局已向国家文物局申报了项目计划书，等批复下达资金到位后，将对旧址进行全面修缮，以确保文物的全面长期安全。同时上述单位以此为契机，对县境内省级以上革命类文物进行一次系统排查，建立了文物安全台账，切实把革命老区平江的红色资源保护工作抓好。

2020 年 12 月 9 日军地两院就该案是否终结审查在平江县人民检察院举行公开听证会，省市两级院公益诉讼领导现场指导，听证会上由人大代表、人民监督员及老红军家属代表及群众代表担任听证员，同时邀请了湖南省文物局、财政局相关专家进行专业解读。听证会围绕行政机关是否全面履职、革命文物及设施保护中面临的实际困难，该案是否符合终结审查的条件展开。听证员们围绕听证事项相继进行提问，相关行政机关代表一一作出答复，就整改资金的来源、职责范围的界定、修缮方案的制定、维修工程的进度等方面进行了详细阐述，会上省文物局及财政局专家从文物保护、财政安排、法律法规等专业方面对旧址的保护进行解读，并提出了有指导性、操作性、针对性的意见。县文化旅游广电体育局和长寿镇人民政府在最后陈述时表态按省文物局领导的指示不坐等全面修缮方案批复，针对旧址面临倒塌的紧急情况开展急救维修，同时承诺在春节前完成旧址急救维修，确保旧址在全面修缮前不倒塌，不发生次生危险。评议阶段听证员们一致认为县文化旅游广电体育局、长寿镇政府履职积极，整改措施切实有效，等急救维修完成后同意对该案作出终结审查。

【典型意义】

一是充分发挥军地协作的优势，助力潇湘红色资源保护。平江县是全国三大将军县之一，先后走出了 64 位共和国将军，92 位国民革命抗日将领，全县登记在册烈士 21000 余位，享受国家政策的烈属 2000 余名。该案系湖南省军地协作办理的公益诉讼案件，首次由军地检察机关联合向行政机关送达了检察建议，引起了强烈的社会反响，为在全省推广开展红色资源保护公益诉讼工作，起到良好的示范引路作用。

二是充分发挥公益诉讼检察职能，积极助力文物部门加强对革命文物的保护。文物和文化遗产保护是公益诉讼积极探索的新领域，军地检察机关以高度负责的态度，积极办理人民群众反映强烈的革命文物保护公益诉讼案件，为完善相关立法提供实践依据，并及时回应人民群众的关切。

三是在文物保护、英烈设施保护公益诉讼案件中首次引入公开听证。此次听证会上听证员来源广泛，检察机关秉持客观公正立场和公开、公平、公正、效率原则，坚持以事实为根据、以法律为准绳，既依法独立行使检察权又保障了当事人知情权、参与权和监督权，该案相关专家在听证过程中对相关专业问题解读透彻、有利于各方达成共识推动问题解决，有利于形成公益保护的合力。

●野生动物保护领域

全省各级检察机关认真贯彻落实中央关于新冠肺炎疫情防控工作部署，落实省委省政府和高检院工作安排，根据省院《关于认真做好疫情防控期间公益诉讼检察工作的通知》等文件精神，充分发挥公益诉讼检察职能，重点围绕非法猎捕、杀害珍贵、濒危野生动物，非法收购、运输、出售国家重点保护的珍贵、濒危野生动物及其制品，非法狩猎，非法经营“野味”等违法犯罪开展野生动物保护领域公益诉讼检察工作，服务保障打赢疫情防控阻击战。通过办案警示和震慑野生动物非法交易行为，推动革除滥食野生动物陋习，以案释法大力宣传野生动物保护法律法规，切实提高公众的健康安全风险防患意识和生态环境资源保护意识。

湖南省汉寿县人民检察院
诉鄢某某、蔡某某等人非法猎捕、运输、交易
野生动物刑事附带民事公益诉讼案*

【关键词】

刑事附带民事公益诉讼　野生动物资源保护　一体化办案　财产保全　护航企业绿色转型发展 规范执法办案

【要旨】

非法猎捕、出售、收购国家保护的野生动物，破坏野生动物资源和生态环境的，检察机关不仅要追究违法行为人的刑事责任，还要追究猎捕者、出售者、收购者破坏野生动物资源的连带民事责任。检察机关创新办案方式方法，实行省市县三级院一体化办案，采取财产保全确保被告主动上交的生态修复费用在判决后执行到位，积极协调相关部门帮助该养殖企业及时获得退养补偿款，向办案机关发出纠正违法类检察建议，督促其规范野生动物保护执法，避免因执法办案造成野生动物的二次伤害。

【基本案情】

汉寿县龙潭桥镇人鄢某某长期从事野生动物交易，在2016年至2019年期间，先后多次在周边地区内猎捕、收购、出售国家保护的“三有”野生动物用于食用。鄢某某于2019年3月至4月间非法交易国家二级保护动物草原雕1只，于6月底7月初非法猎捕和收购国家保护的“三有”保护动物野生蛇类19条以及野生鸟类8只，公安机关查获时发现蛇类死体12条、鸟类死体8只。同年5月至7月间，无引种证明的鄢某某又与案外人非法猎捕国家保护的“三有”保护动物夜鹭幼鸟419只，出售给从事野生动物驯化养殖的蔡某某，汉寿县林业局委托蔡某某代养期间导致夜鹭幼鸟死亡84只。

* 湖南省人民检察院第八检察部供稿。

经湖南省野生动物救护繁殖中心专家出具专家意见，认定该案野生动物资源损失和生态修复或者替代修复费用共计252100元。

【调查和诉讼】

湖南省汉寿县人民检察院（以下简称汉寿县检察院）在履行审查起诉职责中发现该案线索，于2019年10月31日立案调查并在检察日报履行公告程序，公告期满后无法律规定的机关和有关组织提起诉讼。2020年2月12日，湖南省人民检察院（以下简称省院）挂牌督办本案在内的野生动物保护重点案件。

2020年3月，汉寿县检察院仅以鄢某某为附带民事公益诉讼被告提出公开赔礼道歉、赔偿野生动物资源损失7400元为诉讼请求层报至省院请示起诉。省院经调查和研究论证后认为，野生动物资源属于国家所有，是构建生态环境的自然因素，是自然生态系统的固有组成部分，对生态系统的功能和平衡发挥着不可替代的作用。猎捕、买卖、食用野生动物使其脱离了原种群及原栖息地，大批量地猎捕幼鸟还可能影响生物特种种群及其特种生态，破坏湿地生态功能和平衡，造成了野生动物资源损失、原种群及原栖息地生态损害和生态安全隐患，未经检疫的野生动物作为食物销售流入市场还会危害食品安全和公共卫生安全，野生动物“灰色产业链”上捕、运、售、买、加工环节上的各违法行为人构成共同侵权，应当一并承担连带责任，不仅要承担导致野生动物死亡的野生动物资源损失费用，基于死体还会产生生态平衡修复费用与活体会产生救护和放生等的相关费用，还要承担破坏野生动物（活体和死体）的生态环境资源修复费用。据此，汉寿县检察院委托野生动物专家评估死体与活体野生动物的生态修复费用，追加蔡某某为共同被告，于2020年6月17日向汉寿县人民法院提起刑事附带民事公益诉讼，请求判令：1. 鄢某某承担国家野生动物资源损失费7400元，采取替代性方式修复生态或者承担因猎捕草原雕等野生动物生态修复费用35200元；2. 鄢某某与蔡某某采取替代性方式修复生态或共同承担因猎捕夜鹭幼鸟破坏生态的生态修复费用209500元；3. 鄢某某与蔡某某在省级以上新闻媒体公开赔礼道歉并承担专家鉴定费用4200元。

检察机关在办案中了解到，夜鹭幼鸟收购人蔡某某系某民营养殖企业负责人，经营有餐厅、养殖场和一家省级原种厂，受疫情影响和国家关于全面禁止非法野生动物交易规定的出台，养殖场合法驯养的数万只野生动物不能出售，但高昂的饲养成本和百余名人员工资发放让企业经营举步维艰，检察机关积极协调当地政府和畜牧水产局，加快落实其合法养殖野生动物退养补偿资金，帮助企业及时获得退养补偿款300余万元渡过难关。蔡某某也在起诉前主动要求承担与鄢某某共同侵权部分生态修复费用，经与法院沟通协调，汉寿县检察院于2020年6月19日申请财产保全，法院裁定冻结蔡某某名下银行存款213700元、鄢某某名下银行存款42600元或同等价值其他财产，确保诉讼请求能够在判决后及时执行到位，社会公共利益得到保护。

2020年9月24日，汉寿县人民法院公开开庭审理本案。汉寿检察院检察长黄艳霞出庭履行职务，汉寿县法院院长熊利波担任审判长，法院当庭判决支持了检察机关的刑事指控和公益诉讼全部诉讼请求。部分人大代表、政协委员、人民监督员、被告人家属及群众代表、新闻媒体等听庭观摩，通过庭审活动向公众上了一堂“深刻的”野生动物保护法治公开课。

【典型意义】

汉寿地处西洞庭湖畔，境内西洞庭湖国家级自然保护区是国际重要湿地，野生动物资源丰富，共有底栖动物、鱼类、两栖类、爬行类、哺乳类236种；湿地水鸟8目90种，占全国水鸟种类的33.1%。野生动物是森林、农田、湖泊等自然生态系统的重要组成部分，对维持和平衡西洞庭湖国家级自然保护区生态系统功能具有重要作用。本案的成功办理，让社会公众了解到，检察机关对野生动物“灰色产业链”的捕、运、售、买、食进行全面打击，不仅追究刑事责任，还要追究生态损害赔偿的民事责任，切实保护野生动物资源，守护西洞庭湖国家级自然保护区生态环境。

疫情期间，检察机关对野生动物保护案件实行一体化办案，由省级院把关厘清野生动物资源损失费与生态修复费用的关系，明确死体与活体计算生态修复费用的标准、非法交易链上连带责任主体以及替代性生态修复方式，落实“环境有价，损害担责”的生态环境保护原则。办案中，检察机关既创新办案方法，被告承诺主动承担民事责任的，采取财产保全方式保证赔偿费用在判决生效后及时执行到位；又注重方式方法，坚持打击与保护并重，积极与当地政府、畜牧水产局沟通协调，帮助蔡某某所在养殖企业及时获得退养补偿款300余万元，引导养殖企业拥护国家关于野生动物经营政策的新规定，走绿色转型发展之路；对于未按规定将查获的夜鹭幼鸟及时转交有资质的野生动物收容机构救护导致84只在代养中死亡的问题，检察机关同时向办案机关发出纠正违法的检察建议，督促其规范执法行为，避免因执法办案对野生动物造成二次伤害。

●公共安全领域

安全生产事关人民群众生命和财产安全，涉及重大国家和社会公共利益。2016年《中共中央国务院关于推进安全生产领域改革发展的意见》明确提出“研究建立安全生产民事和行政公益诉讼制度”。在近几年的全国“两会”上，多位代表委员建议探索开展安全生产领域检察公益诉讼。党的十九届四中全会明确要求“拓展公益诉讼案件范围”。最高检作为牵头部门，已与最高法院、应急管理部等责任单位将“探索开展安全生产公益诉讼试点”“推动安全生产法修改时增设公益诉讼条款”作为落实十九届四中全会公益诉讼相关改革任务的重要举措。为贯彻落实中央文件精神，积极探索检察公益诉讼服务保障安全生产，全省检察机关部署开展了安全生产领域公益诉讼专项监督行动，针对矿产、加油站、交通运输、消防等行业领域进行重点监督，启动行政公益诉讼立案程序，运用磋商、公开听证、诉前检察建议等方式督促行政机关全面履职，消除安全隐患。

湖南省桃江县公安局、教育局不依法履行职责行政公益诉讼系列案*

【关键词】

“三无”车辆　校车安全　社会公共利益 未成年人

【基本案情】

据统计，2017 年湖南省桃江县共有民办幼儿园 120 所，其中部分民办幼儿园使用未取得校车许可证、无校车标牌等不符合校车要求、标准的车辆，并由无校车驾驶资格的人员驾驶，上述“三无”车辆达 100 余台。2017 年 6 月，该县因使用“三无”车辆接送幼儿已发生两起刑事案件并致一名幼儿死亡，严重威胁入园幼儿的人身安全，损害了社会公共利益。

【调查和督促履职过程】

本系列案线索系湖南省桃江县人民检察院在履行审查起诉职责中发现，在当时属于“等外”领域。鉴于湖南属于公益诉讼非试点省份，2017 年 7 月才正式全面实施公益诉讼制度，对于此类“等外”领域案件线索的处理极其审慎。考虑到本线索关乎幼儿安全，且高检发未检字〔2017〕5 号《关于依法惩治侵害幼儿园儿童犯罪全面维护儿童权益的通知》中已有“对于因幼儿园食品安全、教育设施质量等问题，需维护儿童群体利益的，要依照法律规定提起公益诉讼”的要求，该院从最大限度维护儿童利益，积极促进校园安全建设，加强和创新社会治理的高度，由检察长带队对本系列案件线索进行层报，经最高人民检察院同意后，于 2017 年 12 月 26 日进行行政公益诉讼立案审查。

---

* 杨桢干、陆科强供稿。杨桢干，湖南省益阳市人民检察院第七检察部副主任；陆科强，湖南省桃江县人民检察院第五检察部检察官助理。

随后，该院对该县桃花江镇、石牛江镇、灰山港镇等多个乡镇的幼儿园进行了深入调查，通过询问幼儿园园长、管理人员、幼儿家长，实地查看、调取教育部门、中心学校有关登记情况，查实相关幼儿园校车驾驶员无驾驶资格和使用无校车许可证、校车标牌等不符合校车要求标准的车辆接送幼儿的情形。在收集完善相关证据后，向该县公安局和教育局发出诉前检察建议，建议县公安局对违反校车安全管理使用未取得校车标牌的车辆提供幼儿园校车服务的违法行为，予以行政处罚；对全县的幼儿园校车使用情况进行清查，做好规范管理工作。建议县教育局对桃江县花果山幼儿园、武潭镇小红帽幼儿园及其他使用未取得校车标牌的车辆提供幼儿园校车服务的违法主体，予以处理；对全县的校车使用情况进行清查，做好规范管理工作。

县公安局收到检察建议后制定了《非法接送学生幼儿车辆集中整治方案》，组织部署校车交通违法专项整治，取缔了全县所有未取得校车许可证、无校车标牌等不符合校车标准接送幼儿的车辆，共查处非法接送学生车辆交通违法 24 起，暂扣使用未取得校车标牌提供校车服务的车辆 11 台，对非法接送学生车辆涉嫌危险驾驶罪立刑案 1 起，并结合上交通课、悬挂条幅、播放交通安全光盘、“微直播”等形式，提醒师生不要乘坐非法、违法车辆上学。县教育局收到检察建议后对涉案幼儿园桃江县花果山幼儿园、武潭镇小红帽幼儿园分别作出取消普惠性民办幼儿园认定资格、年检评估结果认定为不合格、约谈幼儿园园长的处理意见并通报全县。

【典型意义】

未成年人是国家和民族的未来、希望，国家法律法规和政府给予了特殊保护，未成年人的生命安全关系到每一个家庭的幸福安康。国家出台校车安全方面的法律法规，就是要保证每一个坐上校车的未成年人能够安全上学、安全回家。行政监管部门对校车安全的监督缺失，危及到数以千计在园幼儿的生命安全，损害了社会公共利益。

本系列案是全国首例校车领域公益诉讼案件，成功入选《湖南省检察公益诉讼典型案例汇编》。本系列案的办理得到了当地行政机关的重视和支持，公安机关、教育部门从 2018 年 5 月至 12 月分六个步骤在全县开展校车专项整治行动，做到了对幼儿园、车辆、驾驶员全方位监督，真正维护了儿童群体利益，防范了校车安全系统风险。同时多方发力，促使政府投入了 200 万元完善校园周边通行线路标识标牌标线、安全防护设施建设，改善了道路运行环境和幼儿接送条件，新增了民办幼儿园校车 46 台，缓解了运力不足的问题，安排了专人开展校车线路初勘、复勘、校车驾驶员资格审查、校车标牌的核发工作，确保核发校车在最短时间内投入使用，共同维护幼儿生命安全，保障幼儿健康成长。

为巩固治理成果，湖南省桃江县人民检察院会同该县人大常委会监察与司法委员会联合开展了公益诉讼“回头看”专项行动，回访了部分民办幼儿园，对其校车配备情况进行了跟进调查。益阳市检察机关围绕本系列案与益阳市广播电视台倾力打造的全国首档法治系列电视方言情景喜剧《万事和为贵》之《校车“公”略》剧集，以喜闻乐见的形式赢得了老百姓的喜爱和关注；桃江县人民检察院以本系列案为原型组织拍摄的公益诉讼微电影《在路上》，得到社会各界一致好评，被中宣部“学习强国”平台采用；此外，本系列案经湖南省教育电视台制作成宣传片在省检察院向省人大汇报工作时播放，得到与会代表广泛认同。

●个人信息保护领域

2021年8月20日，全国人大常委会会议表决通过《中华人民共和国个人信息保护法》，其第70条规定："个人信息处理者违反本法规定处理个人信息，侵害众多个人的权益的，人民检察院、法律规定的消费者组织和由国家网信部门确定的组织可以依法向人民法院提起诉讼。"21日，最高人民检察院下发《关于贯彻执行个人信息保护法推进个人信息保护公益诉讼检察工作的通知》（下称《通知》），规范相关公益诉讼案件办理，切实履行好公益诉讼检察的法定职责。全省检察机关积极响应，联合公安机关、民政部门、电信部门、邮政部门等执法机关，重点加强对银行、学校、医院、快递、保险、电信等行业侵害公民个人信息的违法犯罪打击工作，保护好老百姓的个人信息安全。

湖南省江华瑶族自治县人民检察院诉范某某等六人侵犯公民个人信息刑事附带民事公益诉讼案*

【关键词】

刑事附带民事公益诉讼　公民个人信息安全　拓展公益诉讼范围

【要旨】

随着信息化、数字化科学的发展和广泛运用于生产、生活之中，微信通过搭载购物、支付、教育、政务等功能后，具有了通讯、金融、政务等完整的社会功能。范某某等六人通过骗取不特定多数人的微信号进行贩卖获利，不仅危害了他人信息安全，而且严重侵害了不特定的众多微信消费者的民事权益。检察机关通过提起刑事附带民事公益诉讼，诉请违法行为人承担赔偿损失、赔礼道歉的诉讼请求得到法院支持。

【基本案情】

2019 年 11 月至 12 月，范某某等六人从外地来到永州市江华瑶族自治县，出资入股租房成立工作室，雇佣人员在网络上通过有偿租用他人微信号、免费领取游戏皮肤方式骗取他人微信密码及微信支付账号密码，骗称租期届满归还微信号，但得逞后即行贩卖，使得他人微信号无法找回，范某某等六人从中获利 7100 元。

【调查和诉讼】

永州市人民检察院在履行公益监督职责时从范某某等六人侵犯公民个人信息刑事案件中发现范某某等六人的行为可能损害社会公共利益，将线索交办江华瑶族自治县人民检察院（以下简称“江华县检察院”）。该院于 2020 年 4 月 21 日立案，6 月 2 日向江华县瑶族自治县人民法院（以下简称“江

* 湖南省人民检察院第八检察部供稿。

华县法院”）提起刑事附带民事公益诉讼，请求：1、判令范某某等六被告连带赔偿损失 7100 元；2、判令范某某等六被告在省级以上新闻媒体公开赔礼道歉。2020 年 6 月 22 日，该案公开开庭审理。江华县检察院检察长唐建球出庭履行职责，江华县法院院长唐建新担任审判长审理该案。同年 6 月 30 日，江华县法院依法作出判决，全部支持了检察机关的诉讼请求。判决生效后，判决内容均已执行完毕。

【典型意义】

这是湖南首例侵犯公民个人信息刑事附带民事公益诉讼案件。近年来，互联网是块“多事之地”，不法分子利用网络犯罪和侵害个人、国家、社会公共利益的案件时有发生，如何利用法律手段保护互联网领域的众多消费者的合法权益，是检察机关在公益诉讼领域需要探索和实践的重大任务之一。党的十九届四中全会明确要求“拓展公益诉讼范围”，全国检察长会议要求各级人民检察院积极办理群众反映强烈的安全生产、未成年人保护、网络侵害、扶贫、文物和文化遗产保护等领域公益诉讼案件。江华县检察院在打击刑事犯罪的同时，依法对侵犯公民个人信息的犯罪行为提起刑事附带民事公益诉讼，并得到了法院判决支持，为办理“等”外公益诉讼案件做了有益的探索。为扩大效果，江华检察院以该案为契机，向电视媒体推介案例素材，该院检察长唐建球同志受邀到湖南经视说法栏目进行普法宣传。该案的办理不仅惩治了犯罪，同时让违法行为人承担了相应的民事责任，为保护公民个人信息安全和社会公共利益筑起了双重的法律屏障。

版权所有 侵权必究

图书在版编目（CIP）数据

检察公益诉讼理论与运行机制研究 ：以湖南为样本 / 张彬等著. -- 湘潭 ：湘潭大学出版社，2021.11
ISBN 978-7-5687-0660-5

Ⅰ. ①检… Ⅱ. ①张… Ⅲ. ①诉讼一研究一湖南 Ⅳ. ① D927.640.504

中国版本图书馆 CIP 数据核字（2021）第 219883 号

检察公益诉讼理论与运行机制研究 ：以湖南为样本
JIANCHA GONGYI SUSONG LILUN YU YUNXING JIZHI YANJIU:YI HUNAN WEI YANGBEN
张彬 等著

责任编辑： 刘文情
封面设计： 张 波
出版发行： 湘潭大学出版社
社 址： 湖南省湘潭大学工程训练大楼
电 话： 0731-58298960 0731-58298966（传真）
邮 编： 411105
网 址： http://press.xtu.edu.cn/
印 刷： 广东虎彩云印刷有限公司
经 销： 湖南省新华书店
开 本： 710 mm×1000 mm 1/16
印 张： 21.75
字 数： 391 千字
版 次： 2021 年 11 月第 1 版
印 次： 2021 年 11 月第 1 次印刷
书 号： ISBN 978-7-5687-0660-5
定 价： 56.00 元